权威·前沿·原创

皮书系列为
"十二五""十三五"国家重点图书出版规划项目

建筑装饰蓝皮书

BLUE BOOK OF
BUILDING DECORATION

中国建筑装饰行业发展报告（2016）

ANNUAL REPORT ON THE DEVELOPMENT OF
CHINESE BUILDING DECORATION INDUSTRY (2016)

主　　编／刘晓一　葛道顺
执行主编／张玉峰

社会科学文献出版社
SOCIAL SCIENCES ACADEMIC PRESS (CHINA)

图书在版编目(CIP)数据

中国建筑装饰行业发展报告. 2016 / 刘晓一，葛道顺主编. --北京：社会科学文献出版社，2016.7
（建筑装饰蓝皮书）
ISBN 978-7-5097-9409-8

Ⅰ.①中… Ⅱ.①刘… ②葛… Ⅲ.①建筑装饰-建筑业-研究报告-中国-2016 Ⅳ.①F426.9

中国版本图书馆CIP数据核字（2016）第147328号

建筑装饰蓝皮书
中国建筑装饰行业发展报告（2016）

主　　编／刘晓一　葛道顺
执行主编／张玉峰

出 版 人／谢寿光
项目统筹／吴　敏
责任编辑／吴　敏　张　超

出　　版／社会科学文献出版社·皮书出版分社（010）59367127
地址：北京市北三环中路甲29号院华龙大厦　邮编：100029
网址：www.ssap.com.cn
发　　行／市场营销中心（010）59367081　59367018
印　　装／北京季蜂印刷有限公司

规　　格／开　本：787mm×1092mm　1/16
印　张：23　字　数：381千字
版　　次／2016年7月第1版　2016年7月第1次印刷
书　　号／ISBN 978-7-5097-9409-8
定　　价／198.00元

皮书序列号／B-2016-517

《中国建筑装饰行业发展报告（2016）》
编　写　组

主　　　编　刘晓一　葛道顺

执行主编　张玉峰

课题核心成员　刘晓一　张玉峰　葛道顺　陈晓东
戴　翔　卢　娟　朱晓岚

编写人员　刘晓一　张玉峰　葛道顺　陈晓东
戴　翔　卢　娟　王娜娜　吴陈锐
刘　芳　张旖旎　汪　勇　郝　丹
吴　琳　任羽菲　喻崇武

主要编撰者简介

刘晓一　中共党员，教授级高级工程师。曾任中建总公司约旦经理部项目经理和中建二局国外工程管理办公室主任，中国建筑装饰工程公司党委书记、董事长、总经理，现任中国建筑装饰协会副会长兼秘书长。

葛道顺　中国社会科学院社会发展战略研究院研究员、博士生导师，工业心理学和工业社会学专业方向学者，中国注册会计师，亚洲开发银行项目顾问，“慈善蓝皮书”创始主编。曾多年担任国家统计局监测中心客座研究员，从事行业调查与消费者分析、投资与资产管理及各类经济发展指数研究，为国民经济统计、行业发展和企业规划提供数据服务，撰写过100多部区域、行业及企业发展研究报告。

张玉峰　曾任广州市社会科学院软科学研究所助理研究员、广州市社会公益事业发展中心拓展部长，参与广州市多项经济社会发展课题研究。现任广东省照明电器协会秘书长、中国建筑装饰协会建筑电气委员会秘书长、中国建筑装饰协会建筑装饰研究分会执行会长。

陈晓东　中国社会科学院工业经济研究所研究员，管理学博士，应用经济学博士后，硕士生导师，国家科技部火炬计划评审专家，全国区域发展与产业升级研究联盟副秘书长兼研究部主任，中国区域经济学会理事，中国企业管理研究会理事。主要研究领域为产业经济学、区域经济发展、企业理论与实践等。发表专业学术论文多篇，出版学术专著若干，获得国家“五个一”工程奖及中国社会科学院优秀对策研究奖等多项荣誉。

王本明　中国建筑装饰协会总经济师，高级经济师，高级工程师。参与多个国家行业标准的制定、编写工作，2001年以来每年撰写《我国建筑装饰行业年度调研报告》，是我国建筑装饰行业发展政策的重要推动者之一，也是本报告重要数据的提供者。

戴　翔　南京大学经济学博士，中国社会科学院经济学博士后，安徽财经大学教授，研究方向为开放型经济理论与实践。在《经济研究》、《管理世界》、《中国工业经济》、《金融研究》、《统计研究》、《世界经济》、《经济学(季刊)》、《数量经济技术经济研究》、《科研管理》、《国际贸易问题》、《经济学家》、《南开经济研究》、《中国软科学》、《世界经济研究》、*Journal of Chinese Economic and Foreign Trade Studies*、*China Economist* 等国内外期刊发表论文80余篇。主持国家社科基金项目、教育部人文社科项目、中国博士后基金特别资助项目以及安徽省教育厅重大项目等多项科研项目。

卢　娟　中央文化管理学院副研究员，科研处处长，主要研究方向为文化经济学、产业经济学。承担多项国家、省部级课题研究，主持或参与多地文化产业和公共文化发展规划编制工作。

主编单位简介

中国建筑装饰协会　建筑装饰研究分会　2015 年 4 月 28 日，中国建筑装饰协会建筑装饰研究分会于广东深圳正式宣布成立。建筑装饰研究分会是由全国从事建筑装饰行业管理、设计、施工、材料生产、产品营销、中介服务、科研、教育等相关事业单位、企业、高等院校、科研机构、中介咨询机构、检测机构、监理单位和个人自愿结成的、非营利性的全国性行业社会团体组织机构。按《中国建筑装饰协会章程》要求，提供行业深度研究服务，反映建筑装饰市场诉求，规范行为，推动我国建筑装饰行业可持续发展。

建筑装饰研究分会承载着进行行业环境、行业结构、行业市场、行业组织机构、行业成长性等方面的科学分析的职能，为进行建筑装饰产业结构分析、研究产业发展方向、引导装饰企业快速转型升级带来科学依据，致力于打造建筑装饰行业“智库”。

微信公众号：中装研究

摘　要

本报告在中国建筑装饰协会委托中国社会科学院社会发展战略研究院承担的“我国建筑装饰行业发展研究”课题成果基础上编写而成，主要由中国社会科学院、政府机构和行业协会从事工业经济、企业管理、数量与技术经济、文化经济、工业社会学等领域专家、学者和博士研究生撰写，旨在通过基础调查及行业研究，揭示建筑装饰产业、行业和行会的发展规律及其对我国经济社会发展的影响。编委会将本着客观、公正、科学的原则，积极探索，努力将该蓝皮书打造成行业权威的年度研究报告。

中国经济发展进入新常态，粗放经营的增长模式不再可取，只有在适度扩大总需求的同时，着力加强供给侧结构性改革，不断提高供给体系质量和效率，才能增强经济持续增长动力。同时，为促使供给侧结构性改革达到成效，需全面落实党的十八届五中全会提出的“创新、协调、绿色、开放、共享”五大发展理念，方能全面推动经济社会更注重内在质量的发展。在改革开放近 40 年的进程中，建筑装饰业及所属的建筑业一直是国家经济发展的重要支柱，为国家建设和社会发展做出了巨大贡献。在新时期的供给侧结构性改革中，建筑装饰业虽然不存在去库存、去产能的压力，但绿色节能、“互联网 +”、智能化等技术革命促发的转型升级压力不亚于传统制造业。所以，建筑装饰业只有顺应市场潮流，坚定推进各项改革，才能一如既往地继续成为领跑者。

总报告围绕经济新常态下中国建筑装饰行业的转型升级展开论述；市场篇集中多个议题全面分析了建筑装饰行业发展现状、面临问题和对策；设计和材料篇首先讨论了装饰设计作为一个子行业的发展现状及其创新驱动，接着讨论了主要装饰材料的市场状况；企业篇专门分析了行业主要竞争企业的发展状况和竞争格局，同时讨论了社会责任战略对企业发展的意义；发展篇对行业发展的新趋势和前景、“十三五”期间建筑装饰行业的投资环境和人力资源战略进行了分析。全篇同时讨论了智能化治理、绿色节能以及“互联网 +”运营模式等供给侧结构性改革对行业发展的引领作用。

作为建筑业的重要组成部分，建筑装饰行业在国民经济发展和人民福祉增长中发挥了十分重要的作用，它是全面建成小康社会不可或缺的重要组成部分，应当引起国家和各行各业的广泛关注。

序

从1984年到2015年，中国建筑装饰行业从默默无闻的小行业发展成为以万亿元为计量单位的庞大产业。这是中国建筑装饰行业高速发展的30年，也是中国建筑装饰行业的黄金30年。30年间，中国建筑装饰行业以两位数的增速高速发展。2015年，全行业总产值达到3.40万亿元，从业人数达到1600万人。培育出营收接近百亿元或百亿元以上的超大型企业2~3家，营收十亿元以上的大型企业达到数百个，营收亿元以上的中型企业更是达到数万家。如果从装饰行业扩大到与之相关的近千种装饰材料领域，装饰行业更是成为带动近百个材料行业、几百万家材料企业发展的火车头。经过30年的高速发展，中国建筑装饰行业取得了令人瞩目的成就，为我国经济发展做出了重大贡献，这是借助中国经济高速发展的东风，行业全体同人共同努力的结果。

回顾我国经济发展的轨迹，2003~2007年，我国经济年均增长11.6%，2008~2011年，年均增长9.6%，从2012年开始，年均增长在8%以下，2015年增速最低至6.9%，从中可以看出我国经济增速从高速转入中高速的清晰脉搏。习近平主席提出中国经济进入新常态阶段，意味着我国经济发展的条件和环境已经或即将发生诸多重大转变，经济增长将与过去30年的高速度告别，与传统的不平衡、不协调、不可持续的粗放型发展告别，开始进入经济转型、调整结构、培育新动力的诸多挑战期。从中国建筑装饰行业来看，行业发展增速一直高于全国GDP的增速。但是，2015年行业发展增速明显放缓。有些企业的营收出现不同程度的下滑，企业普遍面临发展瓶颈。随着人力成本、原材料成本、销售成本的增加，装饰企业净利润普遍减少，大型装饰企业的利润出现明显下滑，多数中小企业的利润微薄，甚至部分企业出现亏损，整个装饰行业的企业明显感觉“日子不好过”。最为关键的是，我国经济转向新常态，不是一年两年的调整，可能要面临几年的调整期，装饰行业如果不能认识到新常态下的经济新特征、新趋势，不仅难以适应现行经济环境，更加难以获得新的发展机遇。因此，装饰行业发展已经到了重要关口，转变行业发展方式，实施产业转型升级，推动装饰行业进入创新驱动的发展轨道已经刻不容缓，整个行业转型升级已经势在必行。

产业转型升级的最终标志就是资源消耗或环境污染更少、产出的利润更高。目前，我们处于经济放缓、互联网对传统产业的影响加大、新的发展动力尚在培育等多种效应叠加期。装饰行业要摆脱传统粗放、低利润的发展模式，实现真正的转型升级，面临诸多挑战，任务艰巨。但是，我们可以清晰地认识到，欲要寻找转型升级路径，就必须把握多期叠加下我国经济的新特点、新趋势，清楚了解装饰行业的产业结构、产业特点、产业状况，找出切实可行的转型升级之路。这要求我们必须结合宏观经济特点，对中国建筑装饰行业进行系统、全面、深入的综合研究，通过科学的研究，找出内在特有规律，以及在目前经济环境下存在的问题，结合未来经济预测，找出我国建筑装饰行业转型升级的科学路径。由此可见，组织进行综合研究非常必要，也是目前整个行业寻找产业升级路径最迫切的基础工作。

中国建筑装饰协会意识到开展综合研究对装饰行业转型升级的重要性和必要性，在 2015 年 4 月，成立了中国建筑装饰协会研究会，负责牵头进行全国装饰行业的综合研究，以此带动和唤起全国各地方协会及广大装饰企业对行业研究重要性的认识和理解，组织整个行业通过科学研究，寻找转型升级之路。中国建筑装饰协会研究会经过一年多的努力，向全国装饰行业及社会各界呈现了第一份研究成果——《中国建筑装饰行业发展报告（2016）》。

该报告是由中国建筑装饰协会研究会携手中国社会科学院课题组开展联合研究的成果。研究报告以问题为导向，结合政策分析与战略规划，全面深入阐述了我国建筑装饰行业的发展现状和方向。主要内容包括：中国建筑装饰行业发展现状、建筑装饰行业主要竞争企业发展、建筑装饰行业发展前景预测、建筑装饰行业发展的新趋势、“十三五”时期建筑装饰行业投资分析，以及建筑装饰行业人力资源战略、建筑装饰行业社会责任战略等。

研究报告突出政府宏观管理和政策导向，着重探讨“一带一路”“全面建成小康社会”等时代背景下我国建筑装饰行业发展的方向、格局和任务。在内容上，报告以纵贯数据和年度最新数据的实证描述为基础，全面、深入、细致地分析市场供求、投资发展趋势和政策走向。在形式上，报告以数据的逻辑分析为主，突出可读性和可视性。研究报告将全面刻画行业整体运营状况和价值企业的市场逻辑，提出富有见地的价值判断和投资建议，结合政策法规的诠释，为广大企业、投资者和业界人士提供全行业动态发展图景。

开展综合研究在装饰行业是新生事物，研究报告是课题组专家及全体成员克服了种种困难才得以完成的，这让我们在全国装饰行业研究方面迈出了第一步。这是中国建筑装饰协会倡导综合研究的一个良好开端。我希望研究报告的发布，能让更多的行业同人认识到这项工作的重要性和必要性，对今后的研究工作给予大力支持和配合，使研究报告的年度发布成为全国装饰行业广泛期待的事件，为企业决策提供科学依据。同时，我希望中国建筑装饰协会研究会在持续做好这项研究的基础上，继续开展诸如企业品牌竞争力、产业结构调整、产业创新驱动等行业发展问题的研究，为探索中国建筑装饰行业转型升级路径提供更多的参考依据。

中国建筑装饰协会会长：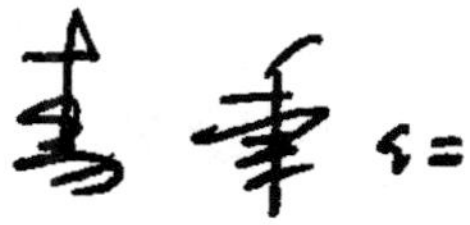

2016 年 5 月 19 日

目　录

Ⅰ　总报告

Ⅱ　市场篇

Ⅲ　设计和材料篇

Ⅳ　企业篇

Ⅴ　发展篇

皮书数据库阅读**使用指南**

总 报 告

General Report

B.1

“新常态”下的中国建筑装饰行业

摘　要：改革开放以来，我国建筑装饰行业迅猛发展，取得了巨大成绩。2015 年，行业总产值达到 3.4 万亿元。“十三五”期间，随着我国经济进入“新常态”，建筑装饰行业也由高速增长期步入中速调整期，行业发展面临一系列结构性压力。只有顺应“互联网 +”、绿色节能、智能化等技术发展趋势，不断推动供给侧结构性改革，才能推动行业转型升级，继续为国民经济发展做出新贡献。

关键词：经济新常态　建筑装饰行业　“互联网 +”　智能化

一　我国建筑装饰行业总体发展状况和面临的压力

（一）我国建筑装饰行业总体发展状况

1. 建筑装饰业是经济发展的重要支柱

据行业协会资料，2015 年，我国建筑装饰行业完成工程总产值 3.4 万亿元，是2010年2.1万亿元的1.62倍。与2014年相比，2015年我国建筑装饰行业完成工程总产值绝对数增长了2400亿元，增长7.6%，增长速度比2014年回落了1.7个百分点，与当年我国宏观经济增长速度6.9%基本持平。2015年，公共建筑装修装饰全年完成工程总产值1.74万亿元，比2014年增加了920亿元，年增长5.6%，年增长率连续五年下滑。

2015年，全行业企业总数共计13.5万家左右。全行业在北京、天津、上海、深圳等地股权交易所（中心）挂牌交易的企业在100家左右。2015年，共有7家建筑装饰工程企业的股票公开发行，成功登陆资本市场。截至2015年底，全国建筑装饰行业共有上市公司23家（公共建筑装修装饰类企业15家、建筑幕墙类企业6家、住宅装修装饰类企业2家）。装饰板块整个资本市场不断扩大，吸收投资的能力在逐步提高。

在严格的行业准入和资质标准的把关下，我国建筑装饰行业达标的资质企业并不多：截至2015年年末，行业共有建筑装饰装修施工一级资质企业1647家、建筑装饰装修设计施工一体化一级资质企业371家、建筑装饰装修工程专项设计甲级资质企业1069家；建筑幕墙施工一级资质企业496家、建筑幕墙工程设计施工一体化资质企业184家、建筑幕墙工程专项设计甲级资质企业477家。

2. 存量房市场主导特征越发明显，建筑装饰业对房地产市场的依赖性正在减弱

目前，我国房地产市场正在从增量市场主导向存量市场主导转变。存量房销售面积超过增量房的格局已经从北京、上海等一线城市迅速扩散到二线城市。也就是说，存量房交易成为房地产主导市场。

建筑装饰业的市场存在二重性，这就是增量市场的建筑装饰和存量市场的建筑装饰。随着中国经济步入新常态，建筑装饰业此前高度依赖房地产业飞速发展的增量房市场趋于稳定下降，而对存量房进行改造和再装饰的存量房市场快速增长。不难看出，存量房市场是相对独立于房地产业和建筑业等上游产业的自有业态，主要由两个方面组成。一是老旧房屋的功能改造。如节能成为国家战略以后，2012年开始逐渐形成了大城市老旧住房的楼顶平改坡、外墙保温、金属门窗置换等社区改造性专业装饰市场。因为我国目前的存量房大部分是老旧房，所以功能改造性装饰市场空间巨大。二是存量房周期性再装饰市场，住宅存量房的再装饰周期一般在10年，公共建筑存量房的再装饰周期一

般为5年。截至2013年年末，我国城镇仅存量住宅面积就达到238.71亿平方米（当期我国城镇居民人均住房面积32.7平方米，城镇常住人口7.3亿），即使其中1/10住房存在再装饰需求也达到23.87亿平方米，远远高出2015年商品房销售面积12.85亿平方米。因此，随着中国新增房地产市场规模的见顶和存量房市场的滚动再装饰，建筑装饰业存量房主导市场的特征越来越明显，房地产交易市场规模的影响力逐步下降。

3. 建筑装饰行业国家技术标准体系初步建立

中国建筑装饰协会自1984年9月11日成立以来，十分重视行业技术标准的制订与推行。1985年，受建设部科技局的委托，依靠地方协会和业内骨干企业，中国建筑装饰协会组织编制了《铝合金门窗质量标准》。1991年6月3日，中国建筑装饰协会参与修订的国家行业标准《建筑装饰工程施工及验收规范》（JGJ73－91）经建设部审批发布。这是我国现代建筑装饰行业第一部国家行业标准。2011年7月，住房和城乡建设部颁布《房屋建筑室内装修设计制图标准》（JGJ/T 244－2011），这是我国室内装饰行业首个行业标准，是行业走向独立、成熟的重要标志。统一的国家技术标准的出台有利于统一设计的图示语言，推动设计、施工质量的提高，创造一个有利的国内、国际竞争环境，对促进我国建筑装饰行业的健康和可持续发展具有重要作用。

我国建筑装饰行业技术标准工作1966年开始起步，至今已有50年的历史。2014年5月，中国建筑装饰协会向住建部选送了12个工程建设标准制订项目。至此，建筑装饰行业技术标准体系基本框架初步形成，细分为公装、家装和幕墙三大子行业，并形成了国家（GB）、行业（工程JGJ、产品JG/T）、地方（DBJ或DB）、协会（CECS）和企业（QB）五级递进式的技术标准层次。据不完全统计，全行业现有技术标准132项，其中全国的83项、地方的49项。

4. 建筑装饰行业信用管理平台开始运行

2014年6月，国务院正式印发了《社会信用体系建设规划纲要（2014～2020年）》，其中工程建设、招投标等与建筑装饰行业密切相关的领域被明确列入为需要加强信用建设的重点领域；9月，住房和城乡建设部下发了《工程质量治理两年行动方案》，国家层面的工程质量治理行动正式拉开了大幕。一直以来就很重视行业自律和信用建设的中国建筑装饰协会以此为契机，拟在国家战略顶层设计的指导下，进一步推动建筑装饰行业信用体系的建设，实现“良心工程”“精品工程”的百年大计。

目前，我国建筑装饰行业大部分企业都参加了中国建筑装饰协会开展的信用评价活动。已参加信用评价体系建设企业的所有工程技术人员的信息资料也录入其中，目前部分地区已实现各省市建筑企业、执业注册人员及其信用行为等信息数据的互通、互用和互认，实现不同地区、不同行业部门之间企业信息、项目信息和信用信息的互通互联。据此建立起一套完整的信用评价体系，对企业进行全过程考核，满分 100 分。该平台具有查询功能，企业若“谎报”注册建造师数量即可验证真伪并扣分，拖欠农民工工资也会被扣分。目前分数最高的 90 多分，低的只有 40 多分。该平台在项目招投标的结果方面产生了重要影响。

（二）经济新常态下建筑装饰行业面临的压力

国民经济增速进入 L 形走势，内外环境出现结构性紧张推动装饰行业转型升级。

1. 去杠杆任务压力大，金融环境出现结构性紧张

已经披露的沪深上市公司 2015 年年报数据显示，中国非金融类企业 2015 年净利润出现了 2012 年以来首次年度负增长，企业债务违约 2016 年很有可能成批出现。英国《金融时报》估算，包括国内外借贷在内，中国 3 月底净债务总额达到 163 万亿元人民币（合 25 万亿美元）。中国的公司债务已上升到约相当于 GDP 的 160%，远远超过了 90% 的风险阈值水平。国际货币基金组织（IMF）发布的报告显示，约 1.3 万亿美元的企业贷款是由那些利润都不够付利息的企业持有。IMF 在 5 月发布的《全球金融稳定报告》估计，超过 15% 的中国商业贷款“可能存在风险”，潜在损失可能达到 4.9 万亿元人民币，相当于 GDP 的 7%。

银行经营状况需引起警惕。2016 年 4 月 26 日公布的 2015 年年报显示，14 家上市银行的不良贷款余额和不良率双升，且多个银行的不良贷款余额增速在 50% 以上。据统计，截至 2015 年年底，中国商业银行不良贷款余额达 1.27 万亿元，较 2014 年大增 51.2%；不良贷款率 1.67%；至 2016 年 2 月末，中国商业银行体系的不良贷款率已经攀升至 1.83%，加上去产能去僵尸企业，银行

不良贷款余额和不良率处在上升通道。

所以，经济未来发展不会一帆风顺，建筑装饰行业需谨慎调整自己的战略。

2. 房地产业和建筑业弯道减速

我国房地产开发投资自2010年以后总体出现明显下滑趋势，2015年房地产企业开发投资实际增长率仅为2.8%。一是房地产施工及竣工面积增速下降，其中，施工及竣工面积增速从2010年的15%左右降至2014年的7%左右，而2015年施工面积比上年仅增长1.3%，竣工面积又下降6.9%。二是房地产土地购置面积增速由2010年高点的25%一路下降至2014年的-14%，2015年比上年又下降了31.7%。三是房地产市场新开工面积增长率自2010年以后总体上呈现快速下滑趋势，尤其2014年新开工面积负增长，2015年又下降了14个百分点。四是房地产销售面积增速下降。2009年之后，房地产销售面积增速总体大幅度下滑，2014年商品房、住宅以及办公楼销售面积增长率跌至-10%左右。2015年商品房销售面积比上年增长6.5%。

建筑业发展同样出现弯道减速，只是不如房地产业这么剧烈。房地产业和建筑业市场的不稳定性将不可避免传递给建筑装饰业。

3. 行业发展的内在结构性压力增大

随着市场规模的迅速扩大，建筑装饰行业自身发展的内在结构性压力愈发明显，突出表现在以下几个方面。

成本上升，行业创利水平降低。建装行业人工成本及材料、设备价格保持不同程度上涨趋势，加上转轨期税费上涨压力，使得社会保险缴费改革以及其他供给侧改革释放的正能量被淹没；另外，由于经济探底走势，工程报价受到打压以及伴之结算周期拉长，建筑装饰工程项目的创利能力不断下降。近年来行业主要企业利润快速下降是不争的事实。

无序竞争，价格的市场信息失灵，阻碍了行业做强。我国建筑装饰企业间缺乏差异化经营，价格仍然是竞争的主要手段。在行业规制弱化和管理水平受限的情况下，恶性价格竞争一直难以克服，成为损人不利己的沉疴痼疾。

市场不够规范，治理体制尚未有效运转。政出多门、制度滞后，对甲方、乙方约束力双差。大量中小企业，尤其是住宅装饰企业游离在行业管理之外，不少地区甚至无主管部门，产业处于自发、无序状态，市场粗放经营。

行业整体设计和创新能力弱，自主知识产权少。很多企业还停留在克隆、仿制阶段，而且不少企业似乎乐在其中。装饰施工的项目管理模式总体上简单、朴素，缺乏专业化、差异化训练，施工技术变革的动力不足，导致行业精品工程数量的增长与行业规模扩大的步伐不相符合，行业的市场渗透力和社会影响力有待形成。

施工质量控制和售后服务体系薄弱，行业标准体系、术语、行业细分与国际不统一，严重束缚了企业“走出去”的步伐，也影响了行业介入“一带一路”的战略。

装饰施工企业法律地位得不到保障，政策弱势明显。因为缺乏强制性规定，业主可以用各种理由扣减企业的业务款；尽管装饰工程从立项到交付使用，政府只提供“消防”这一项服务，但以各种理由向施工企业收费的可不止一两个部门。

传统性内部冲击来自建筑装饰业的设计、施工、材料三大部分，这些矛盾和压力可以依靠内部的技术升级来应对。但是，经济转型带来的压力是全方位的，不仅包括金融支持等直接因素，也包括比如“跨界”大经济模式对装饰业传统经营方式的冲击和挤压，需要全行业联合起来全方位应对。

二　供给侧结构性改革推动建筑装饰行业转型升级

2015 年我国居民存款余额达到 55.2 万亿元，人均存款突破 4 万元，最终消费支出对国内生产总值增长的贡献率达到 66.4%。1998 年住房制度改革启动后，住房消费一直成为全社会和家庭消费的持续热点。其中，因为二重市场结构的形成，装饰市场将长时间保持朝阳产业的特性。但在“十三五”期间，装饰行业与整体国民经济产业一样需要“以供给侧结构性改革作为发展主线”，尽管建装行业自身无须面对去库存的压力，但结构性改革同样迫在眉睫。建装行业供给侧结构性改革的任务是优化生产要素投入，提高全员劳动生产率。对一个轻资产的行业而言，人力资源投入、企业家才能投入、创意和设计投入、新技术投入等方面要“补短板”，核心是推动生产要素配给的升级和产业制度的创新。

（一）推动“互联网+”，促使市场营运模式转型

“互联网+”是我国工业和信息化深度融合的成果与标志，因国务院总理在2015年政府工作报告中提出“制定‘互联网+’行动计划”而成为国家战略。互联网技术因为拥有无限的参与空间而被称为“自媒体”，以完全开放的分享模式正在彻底改变人类的生活和生产方式。扁平化、去中介、参与设计与生产等思路为传统装饰施工注入强大的生命力。

1.“互联网+”让领先企业更加中心化

早在2008年1月，中国建筑装饰协会就开始研究利用门户网站“中国建筑装饰网”开设“装修CBD”网站，搭建装饰工程供应商（材料、销售、中介等）与承包商（设计、施工、中介等）交易平台，亦可供承包商投标报价、发包方（投资者、消费者）复核监理之用，为广大会员，尤其是中小企业提供各类服务。

行业领先企业如金螳螂、亚厦股份、广田股份、洪涛股份等都在第一时间触网。以上市公司金螳螂建筑装饰股份有限公司的行动为例，2014年4月，金螳螂与天津爱蜂潮信息服务有限责任公司（家装e站）的股东方签订合资协议，出资4100万元（占股比例为41%），共同设立电商公司。尽管该次合作更像是“一次恋爱”并在一年多后最终“分手”，但对行业的冲击和促进是不可忽视的。而在宣布与家装e站“分手”的同时，金螳螂几乎同时宣布投资2.7亿元自建家装电商平台——“金螳螂（苏州）电商有限公司”，新平台将力图把“金螳螂·家”打造成家装电商第一平台。

毋庸置疑，大企业具有足够的能力克服家装产业链冗长、电商化复杂程度高等给供应链体系和质量管控体系带来的挑战，成倍、几十倍地扩展企业的销售链，从而不断强化和发展自身的中心地位。

2. 扁平化与中小企业新的发展契机

以扁平化为特征的互联网的兴起成为中小企业发展新的契机。具体说，“‘互联网+’装饰”给业内中小企业提供了在同一个平台上竞争的机会。传统中小企业处在市场的边缘，一般只能在局部市场承接利润率较低的项目。现在，互联网为供给与需求配置的“可见之手”，同步将中小企业展现在客户面前。

上例中的家装e站原是业内家装电商第一品牌，属爱蜂巢（苏州）电子商务有限公司旗下，2010年与阿里巴巴达成战略合作，开创中国家装电商O2O新模式。2012年4月至2013年8月，家装e站相继推出了标准设计包、标准主材包和标准施工包，同时推出免费设计、一口价等承诺，成功消除了用户因信息不对称带来的恐惧、疑虑和不信任，很快成为全国最为成功的线上购物与线下体验一站式家装电商O2O服务交易平台。截至2015年末，家装e站已在全国一、二、三线城市发展了418家线下体验中心（城市运营商），2015年天猫“双十一”当日成交额突破2亿元。随着材料供应链体系、管理体系和施工安装体系的日臻完善，未来三年内，家装e站将在全国发展2000余家线下体验及服务中心，覆盖全国30余个省份及直辖市，力争短期内销售额突破一千亿元，最终实现“让天下没有难做的家装”的公司愿景。①

到2020年，我国固定宽带家庭普及率将从2015年的40%提高到70%；移动宽带用户普及率将从2015年的57%提高到85%。互联网很快颠覆人们的消费选择和决策方式，大企业和小企业将在同一细分市场平台上平等竞争，天平将向具有专门知识的企业倾斜。

（二）跟上智能化，促进建筑装饰行业的技术升级

在生活和工作的各种场景中，智能化的元素越来越占据核心地位，这对建筑装饰业的发展是莫大的促进。

1. 智能化是建筑装饰行业必须融合的未来发展方向

《2013年度中国建筑装饰百强企业发展报告》认为，所谓代表未来的智能建筑是以公共建筑或住宅为平台，利用互联网、物联网、云计算、安防、自动控制、大数据等有关技术集成，构建出的便捷、安全、高效的生活和工作环境。可见，智能建筑给塑造高质量的生活和工作空间提供了无限可能。

智能装饰与普通装饰最大差异在于智能的嵌入，即在装饰装修过程中融入了现代高科技元素。智能装饰被定义为一个过程或者一个系统，利用先进的计算机技术、网络通信技术与居住、办公及其环境中的各种有关子系统互联互通

---

① 《家装e站简介》，家装e站网站，2016年5月10日。

起来。统计数据显示，我国现阶段的建筑智能化与发达国家存在较大差距，日本和美国的智能建筑占新建建筑的比例已经在60%以上，而中国“十二五”末在15%左右。我国智能建筑及智能家居受到国家产业政策大力支持，“十三五”期间市场规模增速维持在25%左右，处于二者之间业态的智能装饰业未来的市场前景巨大，包括新增建筑的智能化、既有建筑的智能化改造和系统升级，以及运行维护三个市场的构成前景都不可小觑。

2. 装饰产业是整合建筑智能和家居智能的集大成者

尽管目前房地产开发商、科技巨头、智能家居家电厂商和系统供应商等纷纷抢滩了相关市场，但都无法撼动建筑装饰行业在嵌入性空间智能化方面的不可替代的地位，装饰行业应当努力成为建筑智能和家居智能的集大成者，抢占成为智能部件设计、结构嵌入和功能拓展的实现者。

行业中一批翘楚早就立足装饰智能化研究，向智能建筑及智能家居两方面探索，在细分市场逐渐形成了自己的核心技术和运营模式。金螳螂装饰股份有限公司于2008年7月成立了苏州朗捷通智能科技有限公司，以智慧城市、云计算研究为基础，开发综合能效分析与管理、数据挖掘与分析、行为分析系统等技术，开拓智慧酒店、智慧办公楼和智慧城市综合体建设等业务，参与了全国数百个智能化工程项目的设计与施工。

浙江亚厦装饰股份有限公司2014年2月出资5000万元人民币投资设立浙江亚厦绿色智能家居有限公司，以满足公司业务拓展和战略发展的需要；同年4月收购厦门万安智能股份有限公司65%的股权，大力布局绿色与智能业务，推动企业的转型升级。

3. 精装修+智能家居

无论是公装还是家装细分市场，智能化精装修（智能办公精装修和智能家居精装修）正在形成共识，将办公和家居环境推向数字化、网络化、集成化的方向，给环境中的人带来工作和生活巨大的便捷性和时空穿越感。

20世纪90年代以来，精装修在我国走过了概念阶段、品牌化阶段、大众化阶段，目前正向智能化阶段转变。2014年宽带互联网特别是手机等互联网终端的普及无限扩展了人类生产和生活的空间，一切皆由“掌”握越来越成为可能。家电巨头们敏锐地观察到了这一转变，纷纷涉足智能家居领域。一些高端楼盘已经根植精装修、配置智能家居产品吸引消费者。至此，房地产精装修楼盘开启了智能家居产品时代。

精装修得到了主管部门的大力推动，早在2002年和2008年，住建部分别发布了《商品住宅装修一次到位实施细则》和《关于进一步加强住宅装饰装修管理的通知》来引导和鼓励发展精装修项目。在各方努力下，2014年全国精装修项目占商品房项目的比重达到20%，市场增长率为15%，其中一线城市增长较快，高达40%，二线城市不甘示弱，增长率也高达30%。可以说，精装修产品发展完全是国家政策和经济发展的产物。2016年5月1日正式施行的《浙江省绿色建筑条例》规定，到2020年底，浙江新建多层和高层住宅将基本实现全装修，房屋交付时，所有功能空间的固定面全部铺装或装饰、管线及终端安装完成，厨房和卫生间的基本设备全部安装完成。不难想象，智能部件和终端的嵌入随着精装修房屋将渐成潮流。

（三）坚持绿色节能，促使建筑装饰消费模式转向

建筑装饰行业作为资源消耗性服务业，在建设资源节约型、环境友好型社会中具有极为重要的地位。不断提高建筑装饰业工程的绿色技能水平，以最小的资源、能源消耗，为社会提供安全、健康、美化、舒适的生活、工作环境，是建筑装饰行业可持续发展的必然选择。

1. 绿色标准将为建筑装饰产业发展塑造全新的模式

2015年1月1日起实施的《绿色建筑评价标准》（GB－T50378－2014）覆盖了各类民用建筑，包括住宅、办公、商用、旅馆等传统建筑，特别增加了“施工管理”类评价指标。2016年5月1日开始实行的《浙江省绿色建筑条例》第二条指出：绿色建筑是指在建筑全寿命周期内，符合节能、节水、节地、节材和减少污染、保护环境要求，为人们提供健康、适用和高效的使用空间，与自然和谐共生的民用建筑（包括居住建筑、国家机关办公建筑和用于商业、服务业、教育、卫生等其他用途的公共建筑）。

北京、深圳等城市已经制定相关规定，新建建筑一律达到绿色建筑标准，否则不得开工。随着绿色建筑的发展，节能等涉及绿色建筑的强制性标准将会陆续推出，以推动绿色建筑的发展，无论在国家层面，还是地方政府，绿色发展已经成为不可逆反的共识。建筑业直接塑造人类的工作与生活的具体环境，绿色节能将成为环境绩效考评的关键要素。绿色标准的出台和使用将促使各行各业担负不可或

缺的环境义务，也将为相关行业塑造全新的发展模式，建筑装饰行业位居首位。

2. 绿色节能将带来建筑装饰消费诉求的转向

在建筑装饰行业，材料对绿色节能发挥着基础性作用。所以，消费需求首先集中在材料的性质和功能，包括主材和辅材的绿色化。

随着环保意识的不断增强，人们对于传统建筑装饰材料和工艺的污染问题日益警觉。现代装饰中，传统建筑装饰材料在使用过程中，会造成很多污染，既不利于业主健康，也对生存环境产生破坏性影响。例如，被广泛应用于如壁纸、油漆等传统建筑装饰材料中的甲醛是一种无色但具有强烈不良刺激物的气体，长期接触含有甲醛的建筑装饰材料会引发眼部疾病，造成咽喉损伤，甚至可以致癌。传统建筑装饰材料中还含有苯、氡、氨等有毒物质和气体。当然，建筑装饰材料可以部件化并植入太阳能发电系统，例如房屋外装饰用多功能幕墙，可以为建筑物提供能量。

国家“十三五”规划纲要已明确指出：“提高建筑节能标准，推广绿色建筑和建材。”全面推进我国建筑装饰业的绿色发展，是必须坚持的重要发展方向。从国家层面以及行业层面的最新动向中可以看出，我国建筑装饰行业的绿色发展已经如火如荼地展开。绿色节能的发展趋势对于新型人才尤其是绿色材料研发人员、绿色设计师团队、绿色施工队伍的需求将大大增加。

三　立足新常态，落实建筑装饰行业发展战略

做好转型升级，首先要克服由互联网、大数据带来的恐惧，认识经济新常态的实质，科学评估其对行业发展带来的影响。新常态带来更多的是结构性机遇，每个企业都应停止迷惘，从供给侧开始主动调整产品结构，提高产品的各类先锋品质，坚持利益与责任并举，用实干精神引领产业的转型升级。

实际上，我国装饰行业发展的空间还处于拓展期，如新型城镇化战略推动的新城镇建设将给建筑装饰业的发展带来增量市场空间。有序推进农民工融入城镇是“十三五”期间的核心任务，人的城镇化首先是工作场所和住房城镇化。我国户籍人口城镇化率从2015年年末的39.9%上升到2020年的45%，需要新增大约1亿人在城镇落户，按人均37.8平方米计算，新增住房将达到37.8亿平方米。所以，对中国这样的新兴国家而言，升级转型意味着新的机会和空间。

（一）经济增速进入L形走势，装饰行业转型恰逢其时

1. 经济步入中高速发展期，装饰行业恰逢其时

经济新常态意味着中国的经济发展不再需要保持高速甚至两位数的增长，也就是说，中国经济发展不会出现U形回转，而是呈现L形走势，在一个中高速的平台上较长时间运行，且不排除在一个更长的时间再下一个台阶，以中等增速前行。其中内在的动因是，一个物品短缺的社会才可能促使经济补偿性高增长。经过30多年的改革开放，2008年中国GDP的总量已经是1978年3650.2亿元的80多倍，短缺性驱动力消失殆尽。所以，中国GDP增速从2007年的14.2%骤降到2008年的9.6%，形成了L形的拐点，表面上是全球性金融危机引发的，实质上是由我国经济发展的内在矛盾转化决定的。后来经济社会发展的"虚胖"也证明，继续以应对短缺经济的投资刺激效果甚微，只可能加速将市场的供求结构推向畸形。

同时，沿海地区的浙江等地率先觉醒，早在10年前就开始推动"腾笼换鸟、凤凰涅槃"式的产业升级转型。到2015年底中央明确提出整体经济的供给侧结构性改革，中国经济的结构畸形开始得到纠正，并呈现积极的局面，如2015年最终消费支出对国内生产总值增长的贡献率达到66.4%，比上年提高15.4个百分点。国家统计局的数据显示，2016年一季度国民经济开局良好，GDP为158526亿元，同比增长6.7%，第一、第二产业比重继续下降，第三产业增加值占GDP比重继续上升至56.9%，比上年同期提高2个百分点，比2015年全年的50.5%提高6.4个百分点，产业结构进一步改善。①

2. 房地产市场一季度出现拐点，为装饰市场提振信心

2016年3月的房地产开发景气指数（简称"国房景气指数"）为94.18，比2月提高0.51点，全国房地产开发投资增速强劲回升。2016年一季度，全国房地产开发投资17677亿元，同比名义增长6.2%（扣除价格因素实际增长9.1%），其中，住宅投资11670亿元，增长4.6%，提高2.8个百分点，住宅投资占房地产开发投资的比重为66.0%；商品房销售面积24299万平方米，同比增长33.1%，其中，住宅销售面积增长35.6%，办公楼销售面积增长

---

① 国家统计局：《2016年1季度我国GDP初步核算结果》，2016年04月16日。

34.4%，商业营业用房销售面积增长8.5%；房屋新开工面积28281万平方米，同比增长19.2%，其中住宅新开工面积19271万平方米，同比增长14.8%，办公楼新开工面积1395万平方米，同比增长48.6%，商业营业用房3743万平方米，同比增长12.5%。① 当然，这次拐点能否引导经济企稳发展尚有待观察。

2016年一季度，建筑业产值为7438亿元，同比增长7.8%，房地产业产值10819亿元，同比增长9.1%，依然是经济增长的火车头。

3. “营改增”是装饰行业调整和规范治理的一次良机

“营改增”作为供给侧结构性改革的具体措施之一，其初衷是统一不同产业税负，并整体上降低税负，从而增强生产商和消费者的活力。始于2012年初在上海启动的“营改增”试点2015年全面推行。试点结果显示“营改增”对大部分企业的减负作用显著。从财务管理视角看，“营改增”要达到减税目的关键在两点，其一是恰当的增值税税率，其二是合法抵扣税项金额占应纳税额的比例。

2016年2月22日，住房和城乡建设部发布《关于做好建筑业营改增建设工程计价依据调整准备工作的通知》，明确建筑业的增值税税率拟为11%，远远高于原来营业税率3%，后者只相当于前者的27%，也就是说，一般情况下，只有建筑装饰业务的抵扣项金额占营业收入的73%以上，才能真正降低税负。

但是，建筑装饰行业施工等主要业务的特点是：工地分布地域广，合作方涉及的经济门类多，绝大多数供应商为小型企业且供货种类繁多、劳动定额价格与市场实际价格差异巨大、工程付款方式复杂、工程款拖欠支付等，导致企业在计算期内能够取得正式抵扣票据的进项金额可能远远低于73%。于是，“营改增”后建筑装饰企业的税负可能不但没有减轻，反而有所增加。其中，人工费无法抵扣成为重要的负面因素。因为建筑装饰行业是劳动密集型产业，据中国建筑装饰研究会的测算，在销售的合同造价中，一般进项材料占比为50%~60%，人工成本占30%~40%，其他费用占比约10%。其中，因为相当比例的材料采购不能取得上游销售人的增值税发票作为抵扣票据、人工成本

① 国家统计局：《2016年1~3月份全国房地产开发投资和销售情况》，2016年04月15日。

无法抵扣、建设单位相当比例的滞后付款等，使得进项抵扣金额严重缩水，导致计算的应纳所得税额可能增加。

当然，以上只是一般算法可能面临的困境，在政策设计不完备的情况下才会出现。全行业只有顺应“营改增”的政策，积极开展生产链整合，规范所有应当抵扣的进项，规范上、下游生产治理，才能享受政策带来的利益。

建筑装饰行业转型恰逢其时，只有按照绿色、智能的要求推动产业转型升级，积极融入“互联网+”战略，不断夯实产业基础，才能推动产业在“十三五”期间继续保持快速增长。

（二）以工业化为基础，推动建筑装饰企业的技术治理

1. 完善工业化基础，推动装饰产业现代化

我国建筑装饰行业大部分企业的主要工艺还是以手工和手动机具操作为主，木、油、瓦、电、水等工种的现场施工整体上还停留在传统的手艺阶段，从原材料开料、构件部件加工直至安装多在施工现场完成，技术装备率仅为西方发达国家的1/20，这是我国装饰业工程效率低、质量参差不齐的重要原因。

从“部件生产工业化”到“施工拼装模块化”，建筑装饰工业化已经成为大势所趋。从21世纪初开始，中国建筑装饰行业开始探究走工业化道路，积极布局家具、石材、玻璃、金属、木业、铝业等配套部件的工业化生产基地，如中国装饰股份有限公司设立了石材基地、木业加工基地，以及机场内饰加工基地，以巩固企业在机场装饰市场的优势。

我国建筑装饰行业工业化面临的一个重要技术障碍是部件生产标准化。标准是行业工业化的基础，因为工业化的本质是社会化大生产，将设计、生产、安装等几个主要环节按照一定原则集成，实现部件工厂规模化生产和现场模块安装。所以，工业化不仅提高了部件的科技含量和生产效率，而且大大提高了装饰工程的质量、工艺和效率。但是，如果缺乏行业认可的统一标准，规模化生产将不可能实现。研究和开发全行业设计、材料、施工的标准体系是“十三五”期间任务的重中之重。

2. 推动建筑装饰企业的技术治理

智能化越来越成为经济社会发展的主流方向，这种趋势既表现在生产领域，也表现在消费场所。传统的建筑装饰企业需要首先完成自身的技术治

理，才能保持与人类环境智能化发展相向而行，不被新兴科技和未来时代所淘汰。

进入智能化时代，建筑装饰企业技术治理的中心任务是开发并装备引导智能装饰发展必需的互联网、物联网、通信、自动化、温控、3D打印、太阳能光伏、大数据等技术，以及机器人、无人机等系统，实现生产力的革命和升级。装饰企业只有不断强化自己的筋骨，才能保持与同样发展中的建筑智能和家居智能相衔接，形成动态的生产链，更新利润增长点，创造更多利润价值。

当然，相比传统的劳动密集型的建筑装饰领域，智能装饰是新兴的市场领域，装饰企业的技术治理不仅表现在技术内核的升级，更重要的是装饰行业生产方式的转型升级和转型升级后的新兴细分领域。从另一角度看，由物联网、温控、太阳能等技术所带来的新冲击，必将颠覆以往装饰行业传统的运行模式，促进建筑装饰产业形态变化。如果建筑装饰企业不关注科技进步，不能及时地把科学技术成果应用于设计、施工和管理，其业务就有可能被建筑企业、房屋开发商蚕食，就有可能被边缘化，甚至被市场淘汰。2013年的全国建筑装饰行业科技大会倡导企业利用信息化提高自身的工业化、标准化和专业化水平，以增强企业创新能力、推进行业转型升级，不是简单的口号，而是基于行业领先企业探索的经验。广田股份一直致力于装饰智能的研究与投入，现已被授予国家数字家庭应用示范产业基地智慧家庭（居住区）试点单位，并参与《居住用综合信息接入箱技术要求》等物联网智慧家庭（居住区）领域的国家标准研发、编制。洪涛股份早在1989年就成立了智能化工程部，从事建筑智能化工程、计算机机房工程、信息系统集成及网络工程、安全技术防范工程（监控工程）承包以及智能型电控配电设备、计算机室的超净化设备的安装，业务遍及全国。中装建设也已经成为深入建筑工程领域的“节能系统专家”，其开发的各种智能化供热、供水、空调、太阳能光伏，以及智能幕墙、智能门窗等应用于建筑节能整体解决方案，收到了良好的社会效益和经济效益。

智能化和技术治理实质是对国家强化创新驱动战略的良好回应。“十三五”规划纲要首次将创新作为发展的驱动机制，并新设置科技进步贡献率指标加以衡量。有关部门预计，经济发展中的科技进步贡献率将从2015年的

55.3%提高到60%。可见，实施创新驱动发展战略，推动产业迈向中高端水平也是建筑装饰产业的迫切任务。

（三）以设计为先导，执着工匠精神，传承中国经典

1. 无设计，不成艺

无设计，不成艺。建筑装饰行业的大中型骨干企业普遍感受到设计的先导作用。设计将越来越成为装饰企业的敲门砖和驱动核。百强企业普遍增强设计引导，推动企业创新升级。

2012年，金螳螂公司收购全球酒店室内设计第一名的HBA 70%股权，跨入了世界顶级装饰设计企业的行列，迅速打开老挝、白俄罗斯、巴哈马、沙特等国外高端市场，承揽了世界知名的官邸别墅、花园酒店、会议中心、大型公共建筑等设计和装饰工程，并相应成立了国外公司，走向了世界。弘高企业一直将设计当作企业发展的灵魂，2014年弘高设计借壳东光微电成功上市，为装饰设计行业的进一步发展开辟了新思路。2014年，维业装饰西南公司与国际知名设计公司新加坡爱浦尔逊中国公司的合作跨出第一步。深装集团历来重视设计，并不断拓展高端设计市场，向全国装饰市场迈进，2014年8月1日正式成立了池州分院、重庆分院、铜陵分院、武汉分院、郑州分院等五家设计研究院分院，帮助集团落实“走出去、引进来”战略，并且为推进深装集团在全国范围内整合资源、提升企业竞争力、拓展高端设计市场搭建了坚实平台。2013年底，建峰集团成立了外籍设计师研发中心，将来自英国、新西兰、韩国、日本、德国、新加坡和美国的知名设计师共同聚集在企业平台上，开创了直接使用国际一流设计人才的有效模式。

但总体上看，我国建筑装饰设计水平与世界差距较大，需要全行业从战略和政策层面同时应对。

2. 执着工匠精神，传承中国经典

首次出现在2016年政府工作报告中的“工匠精神”引发了社会强烈关注。“工匠精神”就是追求精益求精、精雕细琢的精神。这种精神对装饰行业尤为重要，从一个侧面象征着中国建筑装饰工程的质量，应当大力提倡。

目前，中国作为一国第一贸易伙伴国的数量为124个国家，是美国的两倍。中国主导着亚洲、东欧、非洲和澳大利亚的贸易。新丝绸之路将至少包括

一条设计时速为320公里/时的高速公路，于2025年完成。这一网络将帮助连接起全球近40个国家和70%的人口。另外，中国首先提出倡议的亚洲基础设施投资银行（简称“亚投行”）已于2015年底成立，亚投行拥有超过1000亿美元的资本和57个创始成员国。中国掌握了26.06%的投票权，并拥有一票否决权。中国主导亚洲广大地区基础设施建设的时代来临，为建筑装饰行业“走出去”发展提供了无限广阔的舞台。这是机会，也是挑战，唯有执着的工匠精神，才能帮助装饰业传承中国经典。

3. 落实人才和责任战略，开启万年事业根基

在绿色节能和智能化发展趋势中，掌握高新技术的人才和全方位的责任考量对于装饰企业而言都是极为重要的战略。

中国建筑装饰协会2013年报告指出，行业从业者队伍的年龄构成中，20～35岁的从业者主要集中在工程设计、施工管理、工厂加工领域，女性比例在70%～80%；施工现场作业人员主要由35岁以上的中老年人构成，男性比例在90%左右。由于年轻技术工人补充严重不足，施工现场劳动力老化现象日益突出，从业者队伍的年龄、性别结构越来越不合理。另外，行业已经到了改变施工作业方式的临界点，必须通过技术升级才能解决，从而导致人才结构的重大变化。

因此，装饰企业要把建立一支高素质的设计和施工队伍作为迫切任务。大中型装饰企业应调整人才专业设置，把通信、信息、计算机、建筑设备、自动化、大数据等方面的专业人才纳入人力资源配置，建立起自己的智能人才体系，并将相关企业整合进来。当然，人才战略不是单行体系，它需要与技术体系、责任体系共同推进，才能为企业带来整体竞争力。

总之，创新是第一位的。固守传统意味着被边缘化，不是现代企业应该品尝的苦果。作为建筑装饰企业，需要时刻关注科技进步，及时把科学技术成果应用于设计、施工和管理，为消费者创造新的需求、引导新的消费方式、开拓新的市场，从而为自己开启万年事业根基，永远立于不败之地。

市　场　篇

Market Reports

B.2
中国建筑装饰行业发展现状分析

摘　要：　2015年建筑装饰行业总体上依然保持平稳发展。虽然市场需求进入温吞期，成本压力也在增大，但互联网等相关行业的蓬勃发展及“一带一路”战略、新型城镇化等政策支持，助推了我国建筑装饰产业的快速发展，行业内竞争与合作并存，越来越法制化、规范化，建筑装饰行业愈加显示其巨大的发展潜力，建筑装饰行业不仅在建筑业中的重要性增加，同时在经济发展和社会进步、环境保护方面的作用也日益增加，绿色化设计和材料的研发与应用越来越多，实现了社会效益与经济效益的统一。

关键词：　建筑装饰行业　技术创新　竞争合作　绿色发展

一　中国建筑装饰行业发展状况分析

建筑装饰全行业从要素驱动、投资驱动逐渐转向创新驱动，行业结构进一步优化升级；各企业积极调整发展战略，不断开拓创新，努力践行绿色发展理念，中国建筑装饰行业的总体发展态势良好，正处在有条不紊地推进转型升级的过程中。

（一）中国建筑装饰行业的总体发展状况

1. 行业规模

我国建筑装饰行业工程总产值在2015年达3.4万亿元，较2014年的3.16万亿元的总产值增加了2400亿元，增速为7%，比2014年9.3%的增长率回落了2.3个百分点，与国家的宏观经济增长速度基本持平。在细分市场发展方面，公共建筑装修装饰共完成工程总产值1.74万亿元左右，相较于2014年的1.65万亿元总产值，增长幅度为5.6%；在住宅装修装饰领域，2015年工程总产值为1.66万亿元，较2014年的1.51万亿元的总产值，增加了1500亿元。[①]近十年来，我国建筑装饰行业产值不断提升，较10年前的1.4万亿元约增长了2万亿元，增长率近年来呈下降趋势，回落了12个百分点（见图1），这在一定程度上是受经济大环境和其他市场主体的影响。

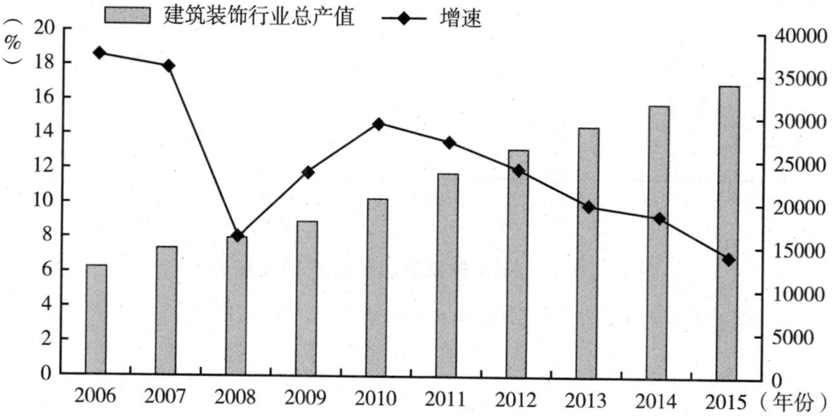

图1　2006～2015年全国建筑装饰行业总产值及增速

资料来源：《中国建筑装饰协会年度发展报告（2006～2015）》。

① 中国建筑装饰协会：《2015年度中国建筑装饰行业发展报告》，中装新网，2016年3月10日。

在细分市场，公共建筑装修装饰的市场结构变化较大。建筑金属门窗幕墙全年共完成工程总产值约3200亿元，比2014年的产值增加了200亿元，增长幅度为6.67%，同时，受绿色节能发展理念的影响，建筑节能窗工程总量增长近20%。建筑幕墙工程总量与2014年的工程总量基本上持平，其中，玻璃幕墙工程总量下降了5%左右，石材、金属等幕墙工程总量略有增长；境外工程产值330亿元人民币，比2014年增加了30亿元，增长幅度为10%。在住宅装修装饰中，成品房精装修2015年共完成工程产值6400亿元，比2014年增加了约400亿元，增长幅度为6.67%，较2014年有些许下降；住宅改造性装修2015年共完成工程产值约4500亿元，比2014年增加了600亿元左右，增长幅度为15.38%。2011～2015年家装和公装产值及增速见图2。

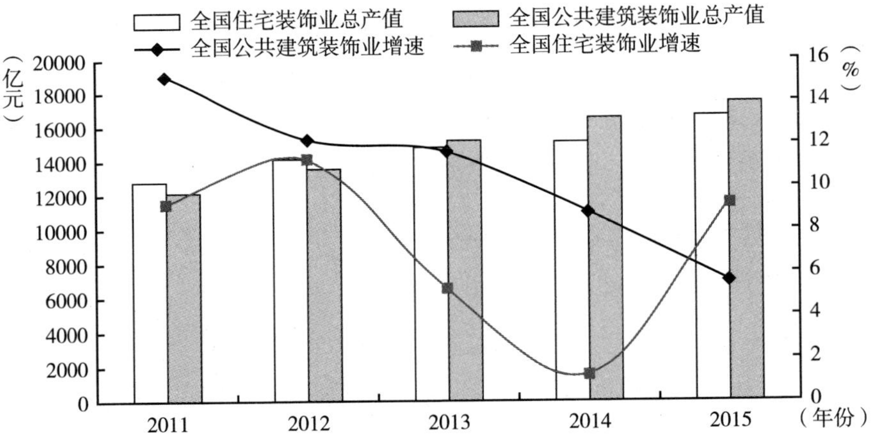

图2　2011～2015年家装和公装产值及增速

资料来源：中国建筑装饰协会《2015年度中国建筑装饰行业发展报告》。

2. 企业状况

2015年，全行业企业总数共计13.5万家左右，相较于2014年的14万家企业，全行业企业总数下降了3.67%。中国建筑装饰研究会的调查数据（共调查了40家大型企业、132家中型企业、195家小型企业、33家微型企业）显示，平均每家大型企业的营业收入为227359.0万元，平均每家中型企业的营业收入为22479.0万元，小型企业为2354.0万元，微型企业为141.0万元，其中，主营业务收入占了企业年营业收入的绝大部分。①

虽然企业的总量有所下降，但有资质、有一定规模的企业没有发生本质变化。具体而言，有资质、业务量稳定的企业退出市场的极少，退出市场的企业主要是一些在三、四线城市，缺乏相应资质，依靠承接住宅散户装修装饰的小微型企业。这种优胜劣汰的结果，净化了市场环境，改善了长期制约建筑装饰行业的散、乱、差的状况；优化了市场结构，有利于提高建筑装饰行业的市场集中度。

全行业在北京、天津、上海、深圳等地股权交易所（中心）挂牌交易的企业在100家左右。2015年，共有7家建筑装饰工程企业的股票公开发行，成功登陆资本市场。截至2015年底，建筑装饰行业的上市公司中，公共建筑装修装饰类企业有15家，建筑幕墙类企业有6家，另外两家是住宅装修装饰类企业，共23家。装饰板块在整个资本市场中不断扩大，吸收投资的能力在逐步提高。

3. 从业者队伍

随着建筑装饰行业的转型升级，从业人员对新技术和先进软件的运用能力成为企业发展创新的重要因素。同时，随着人口红利的逐渐消失，我国曾经具备的丰富劳动力资源这一优势在逐渐降低，且虽然从业者队伍中受过专业训练、高素质的、具备专业技能的人才越来越多，但专业人才缺口仍旧不小。随着建筑装饰业的大发展，人才短缺问题将成为制约行业发展的主要因素之一。

2015年全行业从业者约1620万人，与2014年的从业者数量基本持平，增长幅度为1.25%。中国建筑装饰研究会的调研数据显示，大型企业2015年的从业人员期末人数平均为2585人，中型企业平均为452人，小型企业平均为124人，微型企业平均为39人。但是从业人员性别构成看，女性占比较低，在大型、中型、小型、微型企业中女性从业人员平均为432人、84人、23人、9人，分别占比为16.7%、18.6%、18.5%、23.1%。②

① 资料来自中国建筑装饰研究会，企业规模以2015年销售额划分，其中，大型企业，年销售额≥8亿元；中型企业，年销售额在6000万元及以上但低于8亿元；小型企业，年销售额在300万元及以上但低于6000万元；微型企业，年销售额低于300万元，下同。

② 中国建筑装饰协会：《2015年度中国建筑装饰行业发展报告》，中装新网，2016年3月10日。

行业从业者队伍结构在2015年进一步优化。工作在生产、施工一线青年专业技术工人的数量有60万人，占全部一线人员14%左右。而且接受过中专、职高、技校等专业技术教育的比例持续升高，2015年全行业共接收专业技术工人约30万人，比2014年增加了12万人。在管理领域，2015年金融、法律、计算机、自动化等专业人才数量有了较大幅度增长，使得行业管理、科技人才队伍结构更为丰富，人才储备更为多样化。

随着移动互联网的进一步普及，工程设计标准化水平有所提高，而且通过工业化加工技术装备、施工现场机械化安装设备等先进技术与装备的应用，人均劳动生产率得到显著提高。2015年全行业人均劳动生产率为20.99万元，比2014年提高了1.24万元，提高6.28%，可以说，2015年是近年来人均劳动生产率增长速度较快的一年。①

总之，市场规模的增长速度较前几年虽然有所下滑，但是在合理的区间范围内，各专业市场互有增降、总体稳定，这说明，建筑装饰行业向社会提供重要物质基础和服务的功能仍在不断发展提升。

（二）行业环境

目前，全球经济依然不平静，下行态势明显，各类潜在风险相互交织；在国内，经济下行压力持续加大。在宏观经济下行的背景下，一些企业的业务量增幅变窄甚至出现下滑，应收工程款的数量增加，加大了企业经营的难度。存在风险的同时，经济、社会等大环境也为建筑装饰行业提供了新的机遇。

1. 经济环境

建筑装饰行业受我国经济下行影响明显，且建材和用工成本的大幅上涨，增加了建筑装饰行业的经营成本。但得益于城市中大量既有建筑的改造性装修工程、房地产市场中二手房交易带来的城市住宅改造性装修工程不断增长，建筑装饰行业的发展态势要优于建筑业，仍保持平稳发展。

尤其是房地产行业政策紧、资金紧、市场走势不明朗，房地产市场面临“房地产库存量居高不下”和“房地产开发投资增速连续20个月下滑”的双

---

① 中国建筑装饰协会：《2015年度中国建筑装饰行业发展报告》，中装新网，2016年3月10日。

重压力，这对建筑装饰行业的发展影响巨大。在国家对房地产市场实施了最严厉的调控政策后，房地产投资大幅下滑，新开工面积、房屋竣工面积、房地产企业土地购置面积、土地成交价款全面下滑，下滑幅度达20%以上，全年建筑工程新开工面积也因此减少，2015年比2014年新开工面积减少了16.7%。在这样的背景下，建筑业全年增长幅度在3%左右，较2014年大幅下滑，回落了16个百分点，下降幅度达84.2%，是30多年来增长幅度最低的一年。

虽然建筑工程新开工面积减少，但受益于前期固定资产投资的惯性作用，2015年全国建筑工程开复工面积达到了103亿平方米，仍然保持了较高的水平。[①] 此外，虽然新建大型建筑装修装饰工程有所减少，但改造性装修装饰工程快速增加。得益于深化经济体制与结构改革，我国城市中大量既有建筑的改造性装修工程量、二手房交易带来的城市住宅改造性装修工程量仍在不断增加，存量建筑的节能减排装修改造工程量呈较快增长。

2. 政策环境

我国政府为建筑装饰行业发展提供了诸多政策支持。例如，进一步深化了对建筑装饰行业的简政放权；大力推动国有建筑企业混合所有制改革、增强国有建筑企业的经营活力，持续推进市场化；逐步出台减税政策降低企业的税务负担；完善金融体制改革和体系，丰富企业融资渠道、降低其融资成本。

国家在行政管理层面逐渐减少了对企业不必要的束缚，开启了打破地方保护的步伐，进一步调动激发了企业自主创新的积极性，发挥了市场在资源配置中的决定性作用，市场环境正在得到逐步改善。国家行政审批制度的简化以及建筑业企业资质管理制度改革、建设工程质量治理两年行动、招投标管理制度调整等改革措施的落地实施，消除了诸多长期困扰企业发展的障碍。特别是在打破地方保护、形成全国统一的市场体系方面，政府取消了各地对建筑业企业及工程项目的各类收费、保证金、准入限制等，切实减轻了企业的负担。国家在放宽对企业行政审批的同时，加大了对从业人员资格能力的认证，强化了执业者个人的终身责任制，这对整顿和规范建筑装饰市场具有重要意义。曾经注

① 中国建筑装饰协会：《2015年度中国建筑装饰行业发展报告》，中装新网，2016年3月10日。

册建筑师考核、认证、注册体制与机制等严重脱离建筑装饰工程管理实践所要求的知识和能力，导致业内通过国家统一考试的人员比例极低，新的改革和松绑有利于维护人才市场秩序，推动行业的专业化发展。

国家财政支持科技创新的退税政策得到落实。为了鼓励创新，国家制定了在工程实施中应用新技术予以退税奖励的财政政策，但建筑装饰行业在2015年之前从未利用这一政策。2015年，北京一家大型建筑装饰企业在中国建筑装饰协会的帮助下，通过了国家科技管理部门的审核、认定，实现了应用新技术退税，创新了企业技术发展的资金来源，其他企业可继续探索利用此政策，借助政策提高企业自身的创新和发展能力。

国家在建筑装饰行业推动“营改增”税制改革持非常慎重的态度，“营改增”尚未在建筑装饰行业全面展开，但目前“营改增”对建筑装饰行业的影响已经显现。实行“营改增”的重要目标是减轻企业税负，但目前的征税方案脱离建筑装饰工程企业的运行实践，实施后会大幅增加企业的税务负担。税制改革要增强企业的活力，需要合适的顶层设计和相关行政管理措施与之配套；同时，企业也需要一系列规范化等运作，提升对“营改增”的适应水平。

3. 社会环境

建筑装饰行业的发展与新型城镇化互相促进，互相成就。2015年新型城镇化的重点发展方向是智能、绿色和低碳，所以，新型城镇化呼唤绿色、智能和宜居的建筑产品，它要求建筑装饰行业改变高消耗、高投入、低收益的现状。一方面，加快城镇化建设为建筑装饰行业提供了巨大的市场发展空间；另一方面，建筑装饰行业自身可以实现绿色发展、结构优化。

在建筑及建筑装饰业产能过剩的社会背景下，建设单位，特别是房地产开发商恶意压低造价、拖欠工程款等行为普遍。工程质量治理两年行动中，除了强调建设单位的主体责任外，更应该按照市场规律制定市场准则，注重规范建设单位的行为，通过运用财政、金融、司法等多种手段，形成具有实质约束作用的措施，形成对建设单位的有效监督、管理，规范各主体的市场行为，才能避免工程实施过程的混乱。

4. 国际经济形势分析

近10年来，我国越来越多的建筑装饰工程企业在国际工程市场承接工程，他们具备了在国际工程市场上竞争的实力，并取得很好的业绩和口碑。

"一带一路"战略的出台为国内建筑装饰业带来了新的市场机遇，全球基础设施建设较为落后的地区，对建筑及建筑装饰业具有极大的市场需求，是转移产能、实现互惠互利的最佳地区，可带动建筑装饰工程企业开拓国际工程市场取得良好发展业绩。以印度的建筑市场为例，其房地产市场相当于我国20世纪90年代，发展刚刚起步，但印度的人口孕育了巨大的市场需求。目前印度要建100个智慧新城，这就为我国建筑装饰行业提供了巨大的市场。我国很多建筑装饰工程企业已积累了比较丰富的国际工程市场的运作经验，且具有大型工程项目管理和由国家自由贸易区运作形成的价格优势。作为积极深入践行国家"一带一路"战略的中国建筑装饰企业，宝鹰集团2014年即走出国门，落脚印度尼西亚，成立印度尼西亚宝鹰建设集团，并在印度尼西亚成功签约10亿级装饰项目。同时，宝鹰集团在2015年通过和印度尼西亚熊氏集团、PULAUINTAN集团、国信集团、慈济医院等印度尼西亚企事业单位的深度合作，开展了大批建筑装饰业务，并延伸向基础设施建设等领域。宝鹰集团还在2014年、2015年先后控股了深圳市中建南方装饰工程有限公司、深圳高文安设计有限公司，这两家子公司在"一带一路"沿线国家均有装饰、设计项目。①

（三）中国建筑装饰行业的市场发展情况

1. 市场集中度逐渐提高

建筑装饰行业总体集中度偏低。由于行业准入门槛较低，建筑装饰行业呈现"大行业、小企业"的特征。② 且建筑装饰行业位于建筑业的后端，受到上游产业的影响较大，存在一定的不确定性。同时，大部分中小建筑装饰公司自身的项目综合管理能力、拿单能力、高端设计施工人力资源等有限，大多处于低端价格竞争的状态，更难以快速扩张进行全国市场布局。

但另外，龙头企业特别是上市公司的市场占有率不断升高，建筑装饰行业的市场集中度因为龙头企业上市、小企业退出而逐步增加。这得益于我国对建筑装饰行业管理的日趋规范，行业的组织化和集中化程度的提高。目前

① 中国建筑装饰协会：《2015年度中国建筑装饰行业发展报告》，中装新网，2016年3月10日。

② 张艳艳、刘党举：《基于波特五力模型的建筑装饰业竞争战略分析》，《中小企业管理与科技》2014年第6期。

我国管理部门对建筑装饰工程的承包、设计、安装等方面均有相应的资质要求，进一步提升了建筑装饰行业的准入门槛；管理部门对企业资信、技术装备和管理水平等方面都做了细致的划分和明确的规定，由政府管理部门负责审核颁发资质证书，优化了建筑装饰企业的规模和施工质量，规范了行业竞争。

虽然国内外经济环境严峻，企业面临不少新问题和新困境，但建筑装饰行业发展的基本面没有发生重大变化，表明企业的可持续发展能力有了较大提高，抗风险能力不断增强。

2. 市场需求进入温吞期

就房地产市场而言，面临“房地产库存量居高不下”和“房地产开发投资增速连续20个月下滑”双重压力；人口红利消失，二孩政策刚刚落地，效果如何有待观察，这些都将是建筑装饰行业未来长期会面临的巨大挑战。

但与此同时，我国城镇化率距离发达国家的80%以上，还有较大的发展空间，加速推进新型城镇化是我国很长一段时期的改革方向。另外，棚户区改造、地下廊管建设等也会为建筑装饰行业带来新的投资、提供新的市场。上述新型城镇化发展、棚户区和危房改造、地下综合管廊建设等，都将会为建筑装饰行业提供巨大的市场空间。

除了市场空间的变化外，行业的市场结构也发生了较大变化。由于国家固定资产的投资增幅出现下降，新建大型建筑工程的数量减少，但随着城市经济结构的不断调整，大量既有建筑（我国现有存量建筑520多亿平方米）由于使用功能的变更、室内外环境升级等需要进行改造性装修，这为建筑装饰行业提供了大量的中小规模的装修改造工程。

受严格的房地产调控政策影响，一方面，新建住宅销售在2015年呈现一定程度的停滞和衰退，直接影响到家装公司的客源；但另一方面，投机性和投资性购房需求减少，购房者基本为刚性需求群体，新购住房者的装修装饰比例有了明显的提高，而且造价也有所上升。由于存在刚性需求，二手房交易市场仍然十分活跃，人们为了改善居住条件，住宅改造性装修装饰工程量在增加。[①] 可以说，城市居民自用住宅的装修改造进入新一轮的上升周期。因此，

① 李丽丽：《2016年世界经济展望：分水岭》，《新金融》2016年第2期。

2015年住宅装修装饰市场中，既有住宅改造性装修装饰专业市场的快速发展弥补了新建住宅装修装饰的停止和衰退，建筑装饰行业总体上仍旧平稳发展。另外，建筑节能工程市场需求持续旺盛，且全年保持上升发展态势，为改造性装修装饰提供了新的市场空间，节能改造性装修装饰工程对整个行业的发展贡献率未来会进一步提高。①

在国家“一带一路”战略的指导下，许多大型建筑装饰工程企业走出国门，并利用自身在设计、施工管理经验和国内材料价格等方面的优势，因地制宜、采取本土化经营方式，在国际工程市场上占据一席之地，北京、天津、广东等地区的部分大型建筑装饰工程企业的境外工程量在总量中的比例甚至超过国内工程产值。

3. 成本压力逐年增大

作为具有劳动密集型特征的行业，建筑装饰行业近年来的用工成本不断上升，使得很多家装公司不敢贸然接单。自金融危机之后，劳动力成本快速上涨，部分城市一线工人的工资在近几年间由1000多元上涨到3000～4000元，企业支付员工的社保费用也水涨船高，不断蚕食企业利润，甚至影响企业的进一步转型升级。

建材价格上涨让家装公司的家装预算费用一路攀升，导致行业利润日趋单薄。材料成本是建筑装饰工程项目直接成本的主要组成部分，是影响利润的主要因素。其中，具有“节能、减排、安全、便利和可循环”特征的建材产品的应用，在减少对天然资源消耗和减轻对生态环境影响的同时，因为绿色建材等的科技研发和成果孵化支出，也加大了企业的成本。例如，3D打印建筑节省了人力与现场作业时间，降低了工人的劳动强度，且应用范围极其广泛，通过使用3D打印技术，可以进行城市道路、公共交通、垃圾处理、防洪、地下公共设施及附属设施的土建、管道、设备安装工程。但现在这些新设备、技术还处于初级阶段，要提高其效能、扩大其应用范围需要不断投入研发基金和相关人才，这些都加大了企业的成本。此外，相关部门不断加大对建筑装饰行业的质量标准要求，这促进了行业的规范化发展，但也同时也间接地增加了企业

① 中国建筑装饰协会：《2015年度中国建筑装饰行业发展报告》，中装新网，2016年3月10日。

的成本压力。

总的来说，建筑装饰行业市场规模的增长速度较前几年虽然有所下滑，但是在合理的区间范围内，各专业市场互有增降、总体稳定，虽然企业的总量有所下降，但有资质、有一定规模的企业没有发生本质变化。在宏观经济下行的背景下，用工成本、建材成本、研发成本等不断升高，一些企业的业务量增幅变窄甚至出现下滑，市场需求进入温吞期，但建筑装饰行业的市场集中度在逐年提高，中国建筑装饰行业的总体发展态势良好。

二 中国建筑装饰市场的合作与竞争格局分析

经过长时间的发展，建筑装饰行业内的大型领军式企业在市场资源分配中的作用不断提高，竞争力弱的小装饰企业不断退市，行业竞争结构得到进一步优化提升。①

（一）竞争结构与格局

建筑装饰行业在建设资源节约型、环境友好型行业中虽然取得了一些成就，但劳动密集型、资源消耗型行业的性质尚未根本改变。近年来，随着竞争的日趋激烈和资质要求的提高，行业已进入整合时期。由于企业间经营实力存在巨大的差异，而且中小微企业占有的数量多、比例大，致使建筑装饰行业新技术的外溢速度慢、效益低，传统施工作业方式仍占有极高的比重，行业的转型升级速度缓慢，行业整体运行水平仍有极大的提升空间。

企业间的竞争水平存在较大差异。市场定位准确，例如细分市场（如医疗、养老、教育等专业市场）惠及民生的企业，由于发展环境相对宽松，面临的市场压力较小，企业的发展就相对较快。而以大型新建公共建筑装修装饰工程（如高档办公写字楼、宾馆饭店等专业市场）为目标的企业，面临的形势较为严峻，业务量因此有较大幅度的下降，一般降幅都在20%以上。加快企业专业化发展的步伐，形成在细分专业工程市场的核心竞争优势以扭转现有困境，越来越成为行业内企业家的共识。

---

① 郑立罡：《我国建筑装饰行业特点与发展趋势分析》，《辽宁建材》2011年第6期。

（二）行业竞争总体态势

近几年来，建筑装饰行业不断规范化，行业竞争渐趋理性，行业利润率尤其是高端市场的行业利润一直呈稳定态势。

“互联网+”是2015年行业发展中的一大亮点，互联网与传统行业相融合取得了一些有实际效果的创新成果。“互联网+”势头强劲，构建了一系列新型的工程运作模式，使得行业内线下与线上竞争共存成为新趋势。在新的商业模式中，行业科技创新水平有了很大提升，企业普遍利用互联网技术，建立起整合资源平台，使得成品化技术及智能化技术等的推广和应用水平得到大大提升。尤其是在住宅装修装饰领域，巨额互联网家装电商平台的投资，推动了家庭住宅装修装饰商业模式的创新，传统住宅装修装饰运作的商业模式正在逐步发生变化。苏州金螳螂成立的互联网家装电商平台“金螳螂·家”、浙江亚厦成立的互联网家装平台“蘑菇+”、深圳广田的互联网家装平台“过家家”等都已成功运转。虽然各企业建立的电商平台的特点及侧重点不同，且还处于探索阶段，需要在实践中不断检验与完善，但不得不说，“互联网+”已促进了传统住宅装修装饰企业加快商业模式改革创新的速度。

1. 传统的竞争策略

品牌竞争。各大建筑装饰公司积极推进品牌宣传。不断完善网站、微博、微信公众号、内刊杂志等自媒体平台，并扩大与各大主流媒体的合作宣传力度，强化企业形象传播和企业文化建设。价格竞争。虽然建筑装饰行业面临的大环境并不乐观，如房地产行业市场走势不明朗、建材价格大幅上涨、企业用工成本上升等，但企业之间却在加速过度营销以及大打价格战，互联网家装公司迅速兴起，其中最吸引人的就是其推出的低价套餐。爱空间推出的699元/平方米一口价装修套餐借小米名头一炮打响，几乎成为互联网家装品牌价格基础的奠定者，不少装饰公司不具备核心竞争力，没有创新，跟风推出低价套餐。

2. 由竞争转为竞合

随着我国信息化建设的进一步推进，建筑装饰企业纷纷转变竞争战略，2015年各大建装公司纷纷与其他企业展开合作，身份由竞争对手转变为竞合伙伴，越来越多不同领域的企业选择协力竞市，合作互动性不断增加，也实现了更多的共赢。

一方面，当下的市场环境的进一步优化需要竞合。自上而下的监管存在自身难以克服的困难，而自下而上的行业自律可以与国家的监管双管齐下，促进合理高效自由的市场。行业的自律和行业的监督，需要企业之间自主达成协议，一起制定并遵守行业规则。另一方面，进一步提高竞争的领域和效率需要竞合，在建筑装饰行业，每家企业的优势竞争元素不同，不同企业间的合作可以使得不同企业的人才、材料、施工等优势竞争元素互补共赢。

2016 年 1 月 14 日，广田股份发布公告称，公司拟以自有资金向上海荣欣装潢设计有限公司增资人民币 7000 万元，同时以人民币 8290 万元受让上海荣欣装潢有限公司持有的荣欣装潢设计 23.86% 的股权。完成增资及股权转让后，广田股份共持有荣欣装潢设计 44% 的股权，成为荣欣装潢设计控股股东。①工装龙头企业与家装龙头企业的紧密合作，不仅是双方资源优势的互补，更是两种业态优势的结合，“工装的专业性”和“家装的复杂性”融合，将对行业的整合产生难以估量的效应。同时，家装企业现金流好的优势，也可反哺工装现金流的短板。两种模式的融合，其优势的互补和管理升级，更能为家装行业发展提供有益探索。

2015 年，互联网家装公司等如雨后春笋般兴起，建筑装饰行业迅速分为两大板块：传统建装行业和互联网建装行业。互联网建装作为新型业态尚处于探索阶段。因为涉猎的产品类别复杂、施工流程繁多、服务周期长等原因，互联网建装信誉的建立除了广泛的宣传和优惠的套餐之外，离不开线下服务和体验，也急需高质量的工程和及时良好的售后，这就需要线下建装的支持和配合。互联网建装只有与相关传统产业深度融合，才能实现传统产业升级和互联网建装进一步完善。首先，“互联网 +”的思维就是改变传统建装企业的信息不对称、消费不透明等问题，植入扁平化、去中介化、建立大平台等思想。②互联网家装品牌的官网相比传统品牌家装公司官网更加简单、清晰，例如，合作品牌、装修流程等信息清晰地展现在各家公司的网页上，即便是不懂装修流

① 中国建筑装饰协会：《2015 年度中国建筑装饰行业发展报告》，中装新网，2016 年 1 月 10 日。

② 陶辉、涂婉芸：《互联网对传统家装行业的影响简析》，《市场周刊》2015 年第 1 期。

程的消费者，也能大致判断装修总价，且互联网家装使客户可以更简便地获取信息，并节省了双方的交易成本，弥补了传统建装的不足。另外，传统建装在地方有分支线下机构，这是互联网建装行业所没有的优势，两者相结合，传统行业可以利用互联网的平台，互联网行业可依靠传统行业在实地开展业务，树立信誉，降低交易成本，从长远来看有利于促进专业化分工和提升劳动生产率。

（三）市场竞争规则的转变

由于建筑装饰行业专业性强，消费者与建装企业之间存在信息不对称的问题，内行欺外行的事情时有发生，例如，设计师吃回扣、装修价格不透明、施工过程中恶意加项等，扰乱了市场规则，也破坏了消费者对建装行业的信任。但是随着政府管控的加强以及信息化的不断发展，传统的竞争策略越来越难以适应新的形势，亟须转变竞争规则。

1. 竞争的法治化、规范化

越来越多的互联网家装企业开始明白，线上传播的速度和影响力等都不如树立好的口碑，互联网家装公司的规范化和标准化才是其核心竞争力。互联网家装平台作为第三方监督平台，加强了对装修公司、工长的制约，进一步规范其行为。企业在进军互联网时，不能仅依靠促销降价和压缩工期等手段吸引顾客，而是应该关注消费者的体验、价值等。无论网络平台还是传统卖场，依靠价格战吸引消费者的策略将会逐渐失效。应从低价竞争转为质量竞争。例如，各建筑装饰企业在新能源、新技术、新材料等领域不创新，如太阳能领域的光伏建筑一体化、光热农用技术、空气能、冰蓄能、地热能技术的应用推广，低碳环保建材、改性塑料建材的开发使用等，实现企业步入“以质取胜”和“以智取胜”的专业服务时代。

建筑装饰行业从过去的“大干快上”转为追求质量和效益，工程的发包、转包、挂靠经营方式逐渐退出历史舞台。为了规范企业的经营，国家和建设部推出了一系列政策和文件，例如《工程质量治理两年行动方案的通知》《关于开展严厉打击建筑施工转包违法分包行为工作的通知》《关于建筑工程转包违法分包等违法行为认定查出管理办法》《建筑工业五方责任主体项目负责人质量终身责任制的通知》，要求建筑单位、监理单位、勘察单位、设计单位负责人和项目经理，必须对建设工程项目承担终身责任。同时，政府加强了对建筑装饰行业的监管力度，收集掌握企业的自身及人员、项目等信息，进行可溯源式监管，一旦出现诚信问题，给予披露并要求整改，甚至注销企业资质。在这样的环境氛围下，企业竞争不断转向法制化、规范化。

2. 合作、竞争共存

面对越来越多跨国建筑装饰行业公司开始大量进入我国市场，国内建筑装饰企业需联合起来共同应对外来的竞争；同时，信息化、共享经济的发展，使得中国企业开始改变传统观念，整个行业内由“对抗性竞争”向“合作性竞争”转变，谋求合作共赢。①

在建筑装饰行业内部，大企业之间、大企业与中小型企业之间展开合作。例如，大型装饰公司在打造贯穿行业的“大装饰”产业链过程中，发挥其资本市场优势，通过收购、兼并、融资等方式不断整合资源，将其已有的技术研发、创意设计、施工管理的核心优势向相关领域展开布局。

建筑装饰行业与房地产等行业不断加强合作，近年来，很多房地产开发商同装饰工程企业尤其是一些大型企业渐渐形成了战略合作伙伴关系，随着合作不断深入，建筑装饰行业的发展能力不断提高。

另外，建装行业的技术创新离不开科研力量支持，校企合作是很多企业选择的模式，二者建立了长期紧密的产学研合作关系。当今技术创新联盟形式不断多样化，从之前的校企合作模式扩大为高校与企业、企业与企业之间的合作。

总的来说，由于建筑装饰市场的行业准入条件相对较低，建筑装饰行业内企业数量众多，企业间的竞争水平存在较大差异，竞争激烈。“互联网+”势头强劲，构建了一系列新型的工程运作模式，使得行业内线下与线上竞争共存成为新趋势。各大建装公司纷纷转变传统的竞争战略，选择与其他企业展开合作，身份由竞争对手转变为竞合伙伴，竞争日趋法治化、规范化，行业已进入整合时期。

三　中国建筑装饰行业的技术现状分析

我国政府在“十三五”规划建议中重点提出，要推广“建筑工业化”；在

① 何丽娜：《建筑装饰材料市场的竞争状况分析与营销策略研究》，《财富时代》2015年11月刊。

中央城市工作会议上，习近平主席强调要“建立健全经济、适用、环保、节约资源、安全的住房标准体系”，逐步解决中国“城市病”问题，这为建筑装饰行业的技术发展指明了方向。

（一）技术概况与产业发展水平

近年来，我国的建筑装饰行业正处于转型升级的突破期，传统的经营模式中的高污染、高能耗、技术薄弱等问题在逐步得到解决，行业整体日益趋向集约化经营、低污染低能耗等方向。

建筑装饰行业在 BIM[①] 技术应用、3D 打印技术在建筑及建筑装饰施工中的应用、移动终端技术在施工过程管理的应用等方面不断拓展。例如，BIM 技术的应用，使设计对工程实施的指导作用全面提升，提高了设计的精细化水平和施工组织方案的精准性和前瞻性、预判性，大幅降低了工程造价，提高了工程质量水平。此外，建筑装饰行业在施工机具创新方面也取得了明显突破。例如智能化机具已开始在工程中使用，减轻了人工作业强度，提高了现场的施工效率和专业性。

建筑装饰材料在科技创新方面也取得了实质性进展，形成了一系列具有中国自主知识产权的新产品。例如，科技工程者研发出一种以电解铝工业废料“红泥”为基本材料的新型墙体板型材料，这种新型材料具有硬度高、隔音效果好、执钉力强、无污染等先进技术性能，将会在工程实践中得到广泛应用。[②]

（二）技术创新和技术装备

1. 设计方面

随着我国建筑装饰工程设计师队伍的成长，特别是新的设计技术的应用，工程设计的重要性日益提高。在设计科技进步方面，因为计算机辅助设计已普及，软件的开发及应用已达到了很高的水平，使得设计方法和手段取得了很大

① BIM：建筑信息模型。是以建筑工程项目的各项相关信息数据作为模型的基础，进行建筑模型的建立，通过数字信息仿真模拟建筑物所具有的真实信息。

② 中国建筑装饰协会：《2015 年度中国建筑装饰行业发展报告》，中装新网，2016 年 3 月 10 日。

进步。

在设计方向方面，有三大新设计方向值得关注。一是批量化定制。随着人们消费水平的提升，人们的个性化需求越来越旺盛。设计的批量化定制除了满足人们的个性化需求以外，还提供了多样的选择空间，更加人性化。二是中式文化的元素，让大众重新体验到了传统历史文化的魅力，暖中式产品越来越受欢迎，中式风格与现代化元素相结合的设计也越来越多。三是扁平化、充气式、折叠式设计。小户型已成为很多年轻人购房、租房的首选，扁平化、充气式、折叠式设计可有效提高空间利用率，未来的市场空间很大。

2. 集成装配技术

家装行业存在“大行业、小公司”“难以全国复制、行业集中度低”等特点，但越来越多企业尝试产业化塑造家装产业链，对家装进行再造并全部流程优化，为家装的服务属性添加了更多便捷的产品属性，“像卖汽车一样卖家装”成为一种新方向。“成品装潢”在设计端、施工端、供应链端等各个环节均做了较大的优化和流程再造，形成了一层层把关的“生产链”标准化管理，最终总集成“产品”，交付给客户，从根本上克服了传统装饰施工技术的各种弊端，大大提高了行业效率。这种模式适应了家装产业化趋势，符合未来家装发展趋势，且能在全国范围内复制推广。

3. 材料技术

我国很多材料如陶瓷板材、建筑玻璃等的产量多年来居世界第一位，2015年在保持产量优势的基础上，研发并推广了更多种类的节能材料、环保材料。新型太阳能材料、生物性材料的发明和推广等在满足人性化需求的同时做到了节能环保。在建筑材料的生产环节，出现了很多新的取材渠道和再生产技术，例如，许多新型材料是通过建筑垃圾的再生产而创造出来的，利用建筑垃圾制砖，将建筑垃圾完全处理，不仅解决了建筑垃圾简单掩埋、堆存所产生的空气污染、水源污染等环境问题，又实现了垃圾的就地处理和零排放，既节约了耕地，又保护了生态，彰显了建筑装饰行业的社会责任。

（三）新技术：产业升级的发展方向

1. 绿色化带来了产业升级的动力

我国经济在经历了30多年的高速发展的同时，也付出了沉重的代价，能源消耗和碳排放量在持续上升，资源、能源的过度消耗，环境的严重污染，已严重制约了经济社会的发展，全面推进我国建筑装饰的绿色发展，是现在和未来必须坚持的发展方向。中共中央政治局会议对十八大提出的“新四化”概念做了提升——在“新型工业化、城镇化、信息化、农业现代化”之外，又加入了“绿色化”，并且将其定性为“政治任务”。建筑装饰行业作为资源消耗性行业，其绿色化转型对建设资源节约型、环境友好型社会具有重要意义。

绿色化中的节能环保要求在建筑装饰行业主要体现在设计、施工、材料三个方面。通过合理设计，采用合理的热工、通风和空调设计，达到节能环保的效果；在建筑工程中自主创新和集成创新，积极推广节能新技术、新工艺；在建筑装饰材料方面，使用节能环保的新型建筑材料、保温材料及绿色装饰装修材料。

在节能减排方面，可以说，建筑装饰行业的行业发展史就是一个逐渐趋向低碳的过程。在20世纪80年代中期以前，受限于经济发展水平，我国大多数家庭基本上没有什么家庭装修的概念，随着人们生活水平的提高以及欧美、港台装饰风潮等的涌入，慢慢地开始盛行一些材料堆砌式装修，但是家家户户的装修风格趋同；进入21世纪后，建筑装饰行业不断丰富发展，人们对居室的功能性和文化性有了更高的要求，不仅如此，装修材料环保、节能减排的“绿色家装”成为很多人的选择。如今，人们的消费观念变得理性化，越来越重视居室的功能和身体健康，对绿色生活、绿色产品有了更多需求，摒弃了那些没有使用价值又有环境污染的装修项目。当环保成为居民的自觉需求，绿色的建装便大有可为。越来越多的企业开始迎合绿色化的趋势，并抓住了这一潜力无限的市场，推出了一系列低碳、节能、价优的建装项目。

2.“互联网+”模式对建筑装饰发展路径的影响

2015年，“互联网+”和“中国制造2025”引发了全社会的极大关注。近年来，建筑装饰企业中以互联网技术应用为内容的商业模式发展如火如荼。中国互联网家装市场从2012年开始至今一直保持着较高的增长速度。

目前，80后、90后群体已开始迈入置业阶段，成为需求的主力军，但由于时间和经验有限，往往没有足够的精力往返于装修公司、建材市场和施工现场。这一群体已习惯于使用互联网，他们更容易接受高效率的互联网家装公司。[①] 2015 年，家装 O2O 模式发展如火如荼，线上设计的发展也进入开拓阶段，土巴兔、家图网等将各种资源从线下搬到了线上。线上模式让设计师直接与消费者对话，做出符合个性的设计，也更强化了设计的服务性。家图网注重共享的理念，搭建一个社交化的家居分享服务平台，为用户提供从家居经验到装修案例的分享、问答服务，引导业主通过了解设计师的装修案例、擅长风格以及收费标准，在线精准匹配设计师，将设计师与业主的沟通从线下转移到线上。“互联网 +”使得建筑装饰趋向建立更公开、更透明的渠道，打造更简洁的服务模式，将设计师从服务劳心劳力、效果千篇一律的困境中解脱出来，尊重了设计的本质规律，满足了消费者的个性化需求。

“互联网 +”也应用到建筑装饰行业的管理方面。E 化管理是应用“互联网 +”的全新管理方式，它依托高科技的管理工具和方法将管理信息化、网络化，提升管理质量和效率。当面对工期紧、任务重、要求高的项目时，必须使用先进的管理工具和管理方法来与之匹配，而“互联网 +”管理打破了以往按部就班的方式。例如金螳螂公司对北京 W 酒店即采取这一管理方式。W 酒店的工地入口墙面上挂着一台 LED 电视，这台电视是根据项目部实际施工需求，针对现场亟待解决的问题，整合公司资源，所提供的相关技术信息指导，包括施工工艺标准、安全操作流程等信息。这台电视通过网络与金螳螂总部的服务器连接，内容由后台控制，项目需要任何信息都可以反馈到服务器，总部及时调取资料发送到电视上滚动播放，实现后方对前线呼叫炮火的支援。[②]

这种全新的管理互动将是未来工程施工管理的发展趋势，依托于整个公司的资源和力量去指导施工、解决问题，使工程各环节更加标准化、规范化。

质检条码化管理是 E 化办公的重要组成部分，以目前通用的两单一表数据为基础，将项目信息工程概况输入质量管理系统，对项目每一阶段每一区域的施工内容进行检查，将条码扫入 PDA，自动记录结果。质检条码的引入对

① 陶辉、涂婉芸：《互联网对传统家装行业的影响简析》，《市场周刊》2015 年第 1 期。

② 金螳螂：《金螳螂首批 E 化管理试点项目北京 W 酒店完美收官》，中装新网，2015 年 1 月 19 日。

减少现场管理人员的工作量、有针对性地进行现场工序的整理、明确质量检查内容具有积极的推动作用。同时，系统能够整合现场问题工序并及时反馈，让总部第一时间了解现场进度质量情况并提供支持。

3. 建筑装饰智能化趋势

80后、90后这些成长于互联网时代的业主逐步成为住宅消费的主体，智能家居的配备，能让他们找到所追求的炫酷科技感。很多建筑装饰公司投入大量人力和资金研发智能化家居。例如，广田股份开启了家装大战略，不仅在批量住宅精装修基础上开创了B2B2C的定制精装新模式，而且积极布局互联网家装业务，打造了专属年轻用户的“过家家”品牌B2C电子商务平台，致力于构建“线下家装—线下互联网家装—智能家居—智慧家”闭环生态圈。同时，广田股份旗下控股子公司深圳广田智能科技有限公司首创了与装修公司深度合作定制智能家居的产品模式，自主开发了基于传感器网络的智能家居产品——“图灵猫”，提供一整套智能家居解决方案。①

总的来说，在国家环境污染治理、建筑节能改造、低碳生活方式推广等外部压力的作用下，推动行业标准化、工业化发展已成为行业共识，建筑装饰装修技术不断提高。2015年，建筑装饰行业新研发、推广的产品和技术在提高节能、环保的基础上，其成品化、标准化、装配化等取得了巨大突破，劳动生产率不断提高。

四　建筑装饰业区域市场发展分析

我国不同地区的建筑装饰企业发展水平差距较大，区域发展不平衡问题很突出。珠江三角洲和长江三角洲成为建筑装饰行业的两大中心，北京、上海和深圳、广州等是我国建筑装饰行业发展的重要城市，大型建筑装饰公司都集聚在这些地区，其中北京弘高、上海全筑、江苏科利达、深圳奇信等7家2015年新上市的建筑装饰工程企业也属于这些地区。而中西部地区的建筑装饰行业发展较为迟缓，远远落后于东部等发达地区，但这种地区差异在2015年出现了一些新的趋势。

① http：//www. szgt. com/news/newsShow. aspx？ i = 100000119885937&m = 115001.

（一）区域市场发展情况

建筑装饰行业不仅市场集中度偏低，且具有区域市场发展不平衡的特征。我国区域经济发展的不平衡在很大程度上是我国建筑装饰行业区域市场发展不平衡的重要因素，因此，不同区域市场的竞争程度、风险、利润、政策等都存在较大区别，拥有各自鲜明的特点。

具体来说，东部与中部、西部地区在高资质等级企业数量，企业经营能力与规模，承揽工程数量等方面存在明显差异，整体上呈“东强西弱”的非均衡分布格局。[①] 建筑装饰行业是从东南沿海地区开始的，因为东部地区建筑装饰的社会需求旺盛，同时基础设施建设较中西部省份领先，基建需求更大。尤其是东南沿海地区的广东、江苏、上海以及北京等地的建筑装饰企业的市场竞争力极其强大，处于领先地位。东部地区一些规模较大，而本地发展空间有限的企业很早就开始在外省承揽业务，参与到全国市场的激烈竞争中。

百强企业主要集中在珠三角，尤其是深圳地区，例如广田装饰集团股份有限公司，深圳市深装总装饰股份有限公司，深圳市洪涛装饰股份有限公司、深圳市科源建设集团有限公司。长三角有苏州金螳螂建筑装饰股份有限公司、浙江亚厦装饰股份有限公司等，北京有北京港源建筑装饰工程有限公司、北京弘高建筑装饰设计工程有限公司、中建三局装饰有限公司、建峰建设集团股份有限公司、神州长城国际工程有限公司等。这些地区的建筑装饰公司不仅数量、从业人员众多，签订装饰装修合同的数目也大，行业总产值更是远远领先于其他省市，且其综合性水平不断提高，在持续扩大其业务范围，保持着其市场领先优势，具有较强的竞争力。

相对而言，东北市场、华中市场、西部市场的发展远远落后于华南、华东和东南市场，区域落差十分突出。进入建筑家装百强的企业中，东北地区仅有黑龙江国光建筑装饰工程有限公司；华中地区有两家，分别是湖南华天装饰有限公司、湖南新宇装饰设计工程有限公司；西南地区有一家，即四川超宇建设集团有限公司。[②] 这些地区多是当地的、小型的、竞争力较弱的一些建筑装饰

---

① 王珏：《中国建筑装饰市场的市场研究》，天津大学硕士论文，2010。

② 中装新网：《2014 年度中国建筑装饰行业百强企业名单》，中装新网，2016 年 1 月 5 日。

公司。呼和浩特火车东站旁边，新小区很多，装修公司却寥寥无几。为数不多的装修公司，大多会有一个自己的展示馆，里面是自己代理的各类建材、卫浴、厨电类的品牌，可谓品类齐全、品牌丰富，但缺乏一线品牌。因为品牌的带动效应小，设计能力薄弱，这些装修公司无法有效地打动业主，甚至只能接收一些小型的应急订单。

（二）由东部向西部转移

虽然我国建筑装饰行业长期存在着东强西弱的明显差距，但是随着我国一系列支持中西部发展战略的实施，中西部地区的建筑装饰行业发展迅猛，使得东西部区域发展不平衡的结构逐渐趋向改善。

中西部地区装饰市场由于政策扶持力度大、增长强劲，建筑装饰行业市场从区域结构上更显平衡。随着中西部资源型城市的迅速崛起，加大基础设施投资建设成为重要基调。这些建设项目和投资使得当地建筑装饰市场发展很快。

中西部地区经济的快速增长和城市化进程带动了建筑装饰行业的整体快速发展。从建筑装饰行业发展的需求驱动因素来看，中西部地区持续增加的固定资产投资拉动了公共基础设施建设和房地产业的发展。与此同时，随着城市化的不断推进以及由此带来的城镇居民消费的升级，催生了增量建筑的装饰需求与现有存量建筑的装饰更新需求，我国西部地区城市化进程的不断加快以及城乡居民可支配收入的不断增加为我国建筑装饰行业持续、高速增长奠定了坚实的基础。

2015 年，很多大型公司开始在中西部地区建立分公司，开拓中西部市场。中西部地区对家装等需求的日益增长，使得西部地区成为建筑装饰行业的“新热土”，具有巨大的市场潜力。而且，东南部优秀企业进入中西部市场可以带动西部建筑装饰企业的转型升级和科技创新，实现东、西部的双赢。未来亟须政府出台相关优惠和扶持政策，进一步促进东、西部优势资源向西部地区的流动，并提供相应的金融等服务保障。

总的来说，我国区域经济发展的不平衡导致了我国建筑装饰行业区域市场长期存在着东强西弱的明显差距，东北市场、华中市场、西部市场的发展远远落后于华南、华东和东南市场，区域落差十分突出。但近年来随着我国一系列支持中西部发展的国家战略的实施，中西部地区的建筑装饰行业发展迅猛，使得建筑装饰行业区域发展不平衡的结构逐渐得以改善。

B.3

公共建筑装饰市场发展报告

摘　要：　2015年，公共建筑装饰行业整体发展有所放缓，企业面临业务量下滑、工程回款情况不佳、财务压力增大的不利形势。公装行业整体装饰设计能力持续提升，科学技术的应用也得到较大的推广，形成了一批业务领域专业化的公装企业和部分实力雄厚的具有全业务领域服务能力的龙头公装企业。面对激烈的行业竞争和下滑的宏观经济形势，公装企业致力于产业链资源整合与市场空间的扩展。未来随着经济的发展和国家政策的推动，公装行业市场将进一步扩容，同时更加注重绿色化发展。公装行业集中度将加速提升，而龙头公装企业将寻求向综合服务提供商转变。公装各细分领域仍将保持增长的态势，同时区域市场结构也将有所调整，专业化承包商的领先优势将得到巩固乃至扩大。

关键词：　公共建筑装饰行业　运营竞争　细分市场

一　公共建筑装饰市场一般状况分析

（一）发展现状

1. 经济增长下滑，产业增速减缓

据国家统计局统计公报，2015年我国GDP增速为6.9%，在近几年连续下滑。世界经济危机后，我国所面临的内部结构转型的要求和外部需求的疲软导致经济增长速度下滑。作为我国经济的支柱产业，房地产行业建设特别是住宅地产建设在严格的限购政策和收紧的信贷供给下，供给有所收缩，进入去库

存化阶段。非住宅地产建设在经历了前几年高于 GDP 增速的高速增长后，也进入增长减速的阶段。

2015 年，全国非住宅地产竣工面积达 15446 万平方米，较 2014 年仅增长 1.43%，相较 2014 年 11.63% 的年增长率大幅下降。其中办公楼竣工面积 3419 万平方米，较 2014 年增长 8.75%，低于 2014 年增长率 12.73%。商业营业用房竣工面积下降是非住宅地产竣工增幅大幅下降的主要原因。2015 年商业营业用户竣工面积 12027 万平方米，较 2014 年减少 0.47%（见图 1）。考虑到办公楼和商业地产两年左右的建设周期，可以得知增长减速的趋势是始于 2014 年或更早于 2013 年。

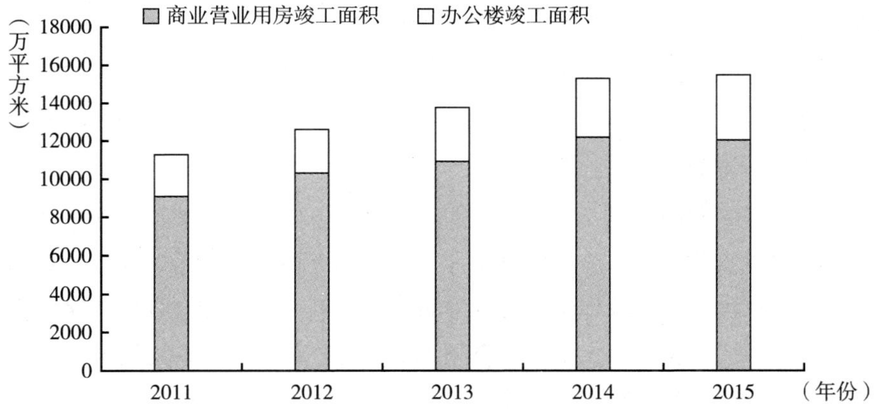

图 1　2011～2015 年非住宅地产竣工面积

资料来源：国家统计局 2011～2015 年全国房地产开发和销售情况。

公装行业的发展受到非住宅地产开发建设放缓的影响。据中国建筑装饰协会《2015 年度中国建筑装饰行业发展报告》，2015 年，公共建筑装修装饰全年完成工程总产值 1.74 万亿元，比 2014 年增加了 920 亿元，年增长 5.6%，年增长率连续五年下滑。

相较中小型公装企业，大型公装企业所承接的工程一般体量较大，在不佳的宏观经济形势中业务量减少较多，面临更糟糕的经营困境。据金螳螂等上市公司 2015 年年度报告，2015 年，金螳螂实现营业收入 186.54 亿元，较上年同期减少 9.83%，亚厦实现营业收入 89.68 亿元，较上年同期下降 30.57%，广田实现营业收入 80.10 亿元，较上年同期下降 18.16%，洪涛实现营业收入 30.06 亿元，较上年同期下降 11.39%。

2. 业务领域专业化与多元化并存

经过多年的深耕细作，一些公装企业在公装细分领域已经建立了品牌和市场知名度，从公装行业“大行业，小公司”的激烈同质化竞争中脱颖而出，呈现专业化的发展。公共建筑装饰行业已经有一批企业获得“专业户”的美誉，产生了一批公装细分领域行业专家。如在酒店装饰行业，呈现了丽贝亚、银建、中建南方等知名专业装饰商；在影剧院等文化建筑装饰方面，有中孚泰、维业、清尚等专业户；商业建筑装饰方面有卓艺等专业承包商。

经过公共建筑装饰细分领域的深耕细作，专业公装企业达到较高的业务专业水平。如深圳中孚泰专注于文化建筑中的大剧院、音乐厅的装饰建设。中孚泰参考国际标准，建立专家团队和研究所，研究内容涵盖与大剧院装饰相关的声、光等十多个专业方向，被称为剧院建设专家与领导者。2013 年，中孚泰成为“中国声学装饰科学研究院”的唯一授牌单位。

在专业化发展的同时，公装龙头如金螳螂，已经形成公装全细分领域的竞争力，在酒店、办公楼、商业建筑装饰多个领域占据市场领先位置。公装龙头具有资本及设计优势，并将全面进入公装细分领域。作为在高端公共建筑装饰领域特别是酒店、剧院、大堂等具有领先优势的公装龙头，洪涛提出积极向高端外延市场延伸，积极打造医疗建筑、办公楼、航站楼等新专业细分市场的新优势。广田拓展公装业务，并于 2015 年 1 月引入复星集团系私募基金作为战略合作伙伴，借此介入医院、交通和文化等公装细分市场。

3. 行业设计能力不断增强

装饰设计在公共建筑装饰行业中有着重要的作用。与住宅建筑装饰不同，公共建筑装饰具有不可复制的特点，公共建筑特别是高端公共建筑对装饰设计特别是在风格、档次、材料上有着较高的要求。较高的装饰设计要求同时也意味着较高的价格承受能力，公共建筑业主相比其他类型的业主更愿意且有能力承担装饰设计的费用。而且，相比施工类的劳动密集型业务，装饰设计所提供的毛利更多，有助于改善公装企业的盈利能力。此外，优秀的装饰设计能力还可能为企业带来后继的施工业务，提升企业的品牌形象。

公共建筑装饰行业的设计能力在近几年来持续地提升。通过设立吸引人才、设计平台，并购专业设计企业，公装企业极大地提升自身的设计能力。早在2013年1月，金螳螂以4.66亿美元收购国际顶级酒店设计公司美国HBA70%的股权。HBA连续18年获得权威杂志美国《室内设计》颁发的全球酒店室内设计公司第一名。金螳螂已经拥有员工约4500人，目前已是全球最大的专业装饰设计团队。公装龙头企业已经形成涵盖公装各细分领域的设计机构体系和规范化的设计流程。如弘高创意设有九大设计院，拥有近300名设计师，每个设计院在业务能力上各有侧重，形成高端酒店、会所项目、大型写字楼、会议中心、剧院、商业综合体等多领域的设计能力。此外，设计能力的提升也反映在公装企业纷纷提出的“设计施工一体化”的建筑装饰综合服务和“以设计带动施工”的公装市场拓展战略。

4. 科技创新持续，行业技术水平提升

随着公共建筑装饰企业科技创新活动的持续进行，公共建筑装饰行业的技术水平得到极大的提升，BIM技术、3D打印技术、ERP信息化管理系统等一系列相关技术在公共建筑装饰企业发展战略中得到强调和大力支持，并在公共建筑装饰施工中得到了应用。

BIM技术是在计算机虚拟环境中，模拟营建设施建设周期的真实行为的新技术和新方法，在公共工程建设中作用巨大。早在2011年5月，住房和城乡建设部发布《2011~2015年建筑业信息化发展纲要》，特别强调要推广BIM。公装龙头金螳螂已使用BIM技术成功打造南京青奥会议中心，并且在上海中心、无锡轨道交通枢纽等项目大力推广。亚厦组建BIM服务团队，通过与法国达索公司合作引进及深度二次开发，在上海外滩金融中心、中航科技城、连云港文化中心、葛洲坝海棠福等重点、难点工程上得到应用。广田以500万元参股毕马智能科技（上海）有限公司，探索利用BIM技术为建筑工程行业提供全生命周期信息化解决方案。洪涛收购同筑科技，在装饰设计、轨道交通、人防和电力等BIM应用市场进行研发。

公装龙头亚厦在3D打印建筑领域上已抢先一步。2014年9月，亚厦以自有资金1.54亿元，通过受让股权和增资的方式收购盈创科技26%股权。盈创科技是一家建筑科技公司，其主营业务为建筑相关部品部件3D打印。

自2013年起中国已经是全球工业机器人最大市场。国务院印发的《中国制造2025》提出要重点发展工业机器人。在劳动力成本不断上涨的情况下，工业机器人对于劳动密集型的建筑装饰企业特别是项目工程量大、成本控制要求较高的公装企业有着巨大的应用价值。2015年，广田公布，拟与控股股东、香港中文大学、中科院及日本东北大学的行业专家合作进军装修机器人业务。广田机器人公司将依托其装饰装修经验及行业专家的机器人工程经验，研发建筑装饰细分领域机器人。

（二）运营与竞争情况

1. 经营风险上升

由于公共建筑装饰项目建设特点，公装企业往往需要在项目建设中垫资开工，公装企业对流动资金的需求较多。且由于公装企业的激烈竞争格局，房地产开发商等项目开发方往往占据优势地位，在工程回款方面占据主动权。在经济形势不佳的情况下，工程回款更难，如果流动资金的需求得不到满足，行业经营风险将上升。

在2015年行业整体增长放缓的形势下，公装企业整体的工程回款情况不佳，应收账款占收入比上升，行业资金面紧张。从公装上市企业2015年三季报看，金螳螂、广田、洪涛、柯利达和亚厦应收账款较上年同期分别增加18.34%、18.14%、26.18%、17.68%、17.10%。应收账款的上升和收入的下降，造成了应收账款占收入比例的上升。此外，一些公装企业如洪涛、柯利达预付账款相较上年同期有所下降。据柯利达2015年三季报，柯利达预付账款下降49.10%。预付账款的下降进一步反映行业资金面的紧张。

在资金面紧张的情况下，为满足经营的流动资金需求，公装企业普遍增加短期借款，企业财务费用率上升，行业经营风险上升。据各公装上市企业2015年三季报，金螳螂短期借款期末数比期初数增长1900%，亚厦同期增长341%，广田同期增长98%。短期贷款的增加造成大多数公装企业的财务费用的上升。从亚厦、瑞和及广田2015年三季报看，亚厦财务费用较上年同期增长1320.74%，瑞和财务费用较上期增加31.5%，短期借款增加是主要原因；广田股份财务费用同比增长37.75%，主要是新发行公司债券5.9亿元及短期融资债券10亿元产生的利息支出增加所致。

2. 开展大客户战略竞争

公装行业市场竞争激烈，且由于建设项目不可复制的特点，业务开展、项目建设的成本较高。争取经济实力强、知名度高、业务量庞大且稳定的大客户已经成为建筑装饰企业行业竞争的重点，建筑装饰企业普遍实行大客户战略。实行大客户战略，与优质客户订立战略合作伙伴关系，有助于为企业提供稳定的工程项目来源及降低企业的业务开展费用。大客户所提供的公装项目往往工程量较大，往往是城市或区域的标志性建筑，承建此类项目有助于提升企业经营管理水平和行业知名度。

大客户在公装企业业务构成中占据重要并持续强化的地位。如广田与恒大建立的战略合作关系，恒大已经成为广田的第一大客户，占据广田接近一半的业务销售额；深装总 2012 ~2014 年业务分别增长 17%、19% 和 29%，其中大客户贡献呈现逐年上升的势头，分别达 51%、63% 和 68%。①

在酒店装饰领域，金螳螂与香格里拉、索菲特、万豪国际等多家国际连锁酒店结成战略合作关系，在国际酒店在华快速扩张期间拓展了企业的酒店装饰市场，酒店装饰业务已成了其主要的业务类型。与大型房地产开发商建立战略合作关系是公装企业大客户战略的重要一环。如 2015 年 10 月，柯利达与河南正商置业有限公司签订了战略合作关系，正商置业将优先选择柯利达作为建筑装饰业务的合作伙伴。柯利达有望借此扩展其河南公装业务。

与大型土建企业建立合作关系也将成为实现大客户战略的一种方式。2015 年 10 月，金螳螂宣布将与中电建建筑集团有限公司合资设立中电建金螳螂建筑装饰工程有限公司。合资公司在中电建集团的土建业务中将拥有优先服务权。中电建建筑集团有限公司拥有建筑领域的多个行业顶级资质，是土建领域的综合性施工企业及电建集团房屋建筑业务的领军企业。与中电建的强强联合将为金螳螂争取到不少的公装业务。

3. 以设计带动施工

随着经济发展水平和消费水平的提升，对建筑装饰质量与品位的要求也随之提升，设计能力强与施工质量优已成为优秀公装企业不可缺少的素质。良好的建筑装饰设计能力对获取施工订单起着越来越重要的推动作用。近几年来，公装企业装饰设计能力不断增强，在“设计施工一体化”的理念下，实行以设计带动

---

① 胡正富：《深入实施大客户战略，促企业长远稳健发展》，http://www.sdcic.cn/sitecn/lxzd/1744_1320.html。

施工的市场扩展方式，以良好的装饰设计能力赢取客户的信任，争取项目工程。

不断提升的设计能力及逐渐完善的装饰设计标准使得公装企业有能力及意愿实施“设计带动施工”的市场拓展战略。如弘高创意定位高端市场，主要以高端酒店、写字楼、商业商场、医院等项目板块承建为主，积极构建以设计为龙头、设计施工双轮驱动的经营模式。近几年，弘高创意的设计施工转化率逐年提升。运用设计增值服务及发挥业务带动效应，专注于高端公共建筑装饰领域，在行业形势普遍不佳的情况下，弘高创意2015年年度业绩快报取得营业收入较上年同期增长16.54%的成绩。

其他的公装企业也着力于增强自身设计能力，明确提出“设计带动施工”的市场拓展战略。2015年4月，宝鹰集团以2.35亿元收购“香港设计之父”高文安持有的高文安设计有限公司60%股权，以提升其整体设计能力，以“设计带动施工”增强其对施工订单的获取能力。

4. 积极开拓海外市场

“一带一路”是国家层面的大战略，为我国企业“走出去”提供了市场机遇和发展空间。经过多年的发展，公装企业实力雄厚，在硬件装备、技术水平、自主创新能力等方面普遍具有较高水平，工程总承包能力增强，具备开发海外市场的实力。在国内公装市场发展持续走缓的形势下，公共建筑装饰企业积极开发海外公装市场，海外公装市场得到大步的开拓。

神州长城是较早全面开拓海外市场的建筑装饰企业。早在2011年，神州长城就调整发展方向，组建海外市场开发工作小组，主攻海外市场，2013年开始大力开拓及布局海外市场。神州长城实行以总承包为方式，重点跟踪使用中国贷款的建筑项目，并通过与大型央企合作不断开拓海外建筑装饰、机电安装等工程项目，海外市场不断得到拓展，工程遍布东南亚、非洲及中东地区。

金螳螂是近几年来海外市场的积极开拓者。自2012年收购美国HBA公司后，金螳螂迅速提升设计能力，同时利用HBA品牌及国际影响力扩张海外市场。依托HBA公司获取订单，金螳螂承建过老挝万象欧亚峰会官邸别墅、巴哈马瑰丽酒店等一批国外高端项目。与此同时，金螳螂积极打造海外运营团队，布局海外市场。金螳螂（中国）建筑装饰有限公司、澳门金螳螂建筑装饰有限公司、俄罗斯金螳螂建筑装饰有限责任公司在近两年相继成立，进一步加速海外市场拓展。

其他公装企业也纷纷提出并布局开拓海外市场。2014 年，宝鹰与印度尼西亚熊氏集团共同出资成立印尼宝鹰，同时收购中建南方，以印尼宝鹰与中建南方双平台开拓海外市场。2015 年 3 月，亚厦斥资 200 万美元成立阿联酋公司。

随着公装企业的海外扩展，海外订单持续增加，大单屡有斩获。据中国建筑装饰协会《2015 年度中国建筑装饰行业发展报告》，2015 年，公装行业境外工程产值 330 亿元人民币，比 2014 年增加了 30 亿元，增长 10%，高于同期公装行业整体 5.6% 的增长幅度。2015 年 12 月，神州长城中标斯里兰卡科伦坡自由城市中心项目，合同金额 2.5 亿美元；金螳螂中标美国塞班岛加拉班度假酒店及赌场项目，合同金额 1.6 亿美元。宝鹰股份公告显示，2015 年其控股子公司印尼宝鹰与印尼柯世模有限公司签署工程总承包合同，项目总金额为 1.6 亿美元，占公司 2014 年主营业务收入的 19%。

5. 发展供应链金融

公装企业的原材料供应商往往数量较多，规模较小，组织较为零散，这给公装企业原材料采购带来管理难度及风险。数量多、规模小也使得原材料供应商相对于公装企业在议价及回款上处于劣势。2015 年公装上市公司公报显示，一些公装企业预付账款相较上年同期有所下降，这反映了公装企业将其资金压力转向原材料供应商的现象。

供应链金融有助于保障原材料的稳定供应，获取更佳的原材料供应价格折扣并推动公装企业与原材料供应商的良性互助发展，得到了公装企业的重视。2015 年 6 月，金螳螂宣称，拟非公开发行股票，募集不超过 40.81 亿元资金，在扣除相关费用后，以 30 亿元投资装饰产业供应链金融服务项目。资金将用于对全资子公司苏州金螳螂资产管理有限公司增资，发展针对中小微企业的供应链金融服务，以保障其稳定的原材料供应并争取更大的采购价格优惠。2015 年 11 月，神州长城与北京道口贷科技有限公司达成战略合作关系，将借助神州长城龙头地位为其供应链上游企业提供信用保证。其他公装企业如广田、宝鹰、柯利达也提出发展供应链金融并取得初步的突破。

（三）未来趋势及展望

1. 公共建筑装饰市场将进一步扩容

虽然我国商业地产和办公楼建设速度放缓并进入结构调整期，但公装行业发展的热点及增长点仍然存在。新型城镇化、交通基础设施建设、“一带一路”发展战略将有力地推动公装市场的发展。

根据《国家新型城镇化规划（2014～2020年）》，到2020年我国常住人口城镇化率将达到60%左右，户籍人口城镇化率达到45%左右，努力实现1亿左右农业转移人口和其他常住人口在城镇落户。而2014年7月发布的《关于进一步推进户籍制度改革的意见》提出，全面放开建制镇和小城市落户限制，50万～100万人口规模的城市户籍政策基本全面放开，有序放开中等城市落户限制，100万～300万的根据条件个人可以申请登记常住户口，300万～500万的根据条件实行适度控制规模的积分落户政策，合理确定大城市落户条件，严格控制特大城市人口规模，500万以上人口的城市则实行严格控制规模的积分落户政策。

2015年，我国城镇化率达到56.1%，城镇常住人口达到了7.7亿。“十二五”时期，我国城镇化率年均提高1.23个百分点，每年城镇人口增加2000万人。在城镇化迅速发展的同时，城镇化存在着质量不够高、城市数量不足、功能不够完善的问题。在大城市、特大城市，城市病对居民生活影响极大。从城市数量上讲，我国城镇人口有7.7亿，但城市只有653个，日本只有1.1亿多人口，却有787个城市，美国有10158个城市。①

从《国家新型城镇化规划（2014～2020年）》及《关于进一步推进户籍制度改革的意见》来看，“十三五”期间城镇化在合理限制大型、特大型城市发展的同时，建设的重点将聚焦于中小型城市、建制镇的建设。相较大型及特大型城市，中小型城市、建制镇的基础设施及公共服务体系发展相对不足。随着人口向这些城镇集聚，对基础设施及公共服务的需求将随之提升，公共建筑装饰的市场空间将大大扩展。

“十三五”期间，交通基础设施建设将维持高速增长。“十二五”期间，全国铁路营业里程建设增加3.1万公里，国内民用运输机场增加36个，城市轨道交通总里程增加2382公里。国家铁路局《铁路“十三五”发展规划征求意见稿》提出，至2020年全国铁路营业里程达到15万公里，较2015年增加3

① 陈鸿燕：《发改委：2015年城镇化率达56.1%，市民化进展较慢》，中国新闻网，2016年1月29日。

万公里。民用航空局初步提出编制中的民航“十三五”规划中民用运输机场的总量在2020年将达260个，“十三五”期间全国机场建设总数将达50个。国家发改委于2015年6月宣称，到2020年全国城市轨道交通总里程将达到6000公里，“十三五”期间城市轨道交通总里程将增加约2400公里。[①] 总体来看，“十三五”期间，交通基础设施建设将维持“十二五”期间的高速增长，交通公共建筑装饰也将持续增长。

“一带一路”发展战略正在顺利地开展。我国与“一带一路”沿线国家的合作计划取得极大的进展，国际产能合作不断深化，基础设施互联互通工程取得不俗的突破。国家商务部发布的数据显示，2015年，我国企业共对“一带一路”相关的49个国家进行了直接投资，投资额合计148.2亿美元，同比增长18.2%，占总额的12.6%。我国对外承包工程完成营业额折合1540.7亿美元，同比增长8.2%。我国承接“一带一路”相关国家服务外包合同金额178.3亿美元，执行金额121.5亿美元，同比分别增长42.6%和23.4%。[②] 基础设施互联互通的对外工程承包方面取得极大的进展，中巴经济走廊签约项目达300亿美元规模，中老铁路、雅万高铁正式动工，中泰铁路项目启动。未来，我国与“一带一路”沿线国家的产能合作将持续深化，我国在“一带一路”沿线国家的公共建筑投资将持续上升，依托与大型土建国有企业的合作及国家资本的带动，公共建筑装饰企业海外市场将持续快速地扩张。

2. 公共建筑装饰绿色化步伐加快

改革开放以来，我国经济呈现粗放式增长，在经济总量快速增长的同时造成资源环境的过度消耗和生态环境的恶化。随着我国房地产市场的快速发展，已有建筑存量及耗能不断上升，降低建筑能耗、发展绿色建筑已成为国家绿色发展的重要途径。

国家已经出台一系列政策措施以促进绿色建筑的发展，并在近几年来逐渐完善。2014年3月，《国家新型城镇化规划（2014～2020年）》发布，规划中

---

① 刘晗：《发改委：2015年轨道交通投资将达3000亿元》，国际在线网，2015年6月30日。

② 刘然、周素雅：《商务部：2015年我国企业对“一带一路”国家投资增18.2%》，人民网，2016年1月20日。

要求城镇绿色建筑占新建建筑的比重须由 2012 年的 2% 增加到 2020 年的 50%。2014 年 5 月，住房和城乡建设部发布公告，批准新版《绿色建筑评价标准》（GB/T50378 - 2014）为国家标准，自 2015 年 1 月 1 日起实施，原《绿色建筑评价标准》（GB/T50378 - 2006）同时废止。《绿色建筑评价标准》提出对建筑全寿命期内节能、节地、节水、节材、保护环境等性能进行综合评价，为绿色建筑评价提供切实的标准。2015 年 2 月，《公共建筑节能设计标准》（GB50189 - 2015）发布，原《公共建筑节能设计标准》（GB50189 - 2005）同时废止，对全国新建、扩建和改建的公共建筑提出节能标准，并从建筑、热工以及暖通空调设计方面提出控制指标和节能措施。2015 年 4 月，国务院办公厅发布《关于加强节能标准化工作的意见》，提出要完善绿色建筑与建筑节能设计、施工验收和评价标准，修订建筑照明设计标准，建立绿色建材标准体系，加快制修订零售业能源管理体系、绿色商场和绿色市场等标准，政府投资的公益性建筑、大型公共建筑以及各直辖市、计划单列市及省会城市的保障性住房，应全面执行绿色建筑标准，并将强制性节能标准实施情况纳入地方各级人民政府节能目标责任考核。

相较其他的建筑类型，公共建筑能耗标准较高。发展绿色建筑，绿色公共建筑装饰是重要环节。随着多个国家政策的出台，绿色建筑的发展目标、路径、形式逐渐清晰，将对公共建筑装饰绿色化发展产生重大的影响。如《国家新型城镇化规划（2014～2020 年）》提出的“到 2020 年城镇绿色建筑占新建建筑的比重达到 50%”的发展目标将带来绿色公共建筑装饰的巨大市场，《关于加强节能标准化工作的意见》提出的加快制修订零售业能源管理体系、绿色商场和绿色市场等标准将为绿色公共建筑装饰提供相关参考标准，而政府投资的公益性建筑、大型公共建筑应全面执行绿色建筑标准的规定意味着政府公共建筑装饰将全面绿色化。

我国绿色建筑装饰正处于逐步发展阶段。绿色建筑装饰领先企业嘉信在该领域积极发展，已与全球著名产品安全、绿色产品检测和认证品牌美国 UL 公司签署合作协议，承接多个绿色公共建筑装饰项目。2014 年，嘉信获得中国建筑装饰协会授权，中国住建部同意，会同二十多家副主编单位联合编制《绿色建筑室内装饰装修评价标准》，填补了绿色建筑装饰标准的空白。未来，绿色公共建筑装饰将持续快速地发展。

3. 行业集中度将加速提升

在公装行业，市场竞争格局层次分明。大型公装企业依靠品牌优势及资质优势占据高端公装市场，小型公装企业灵活活跃于区域性低端市场，其他公装企业在中端市场承受大型公装企业的挤压。据中国建筑装饰协会《2014 年中国建筑装饰行业发展报告》，2014 年，公共建筑装饰领域最大企业完成工程产值 340 亿元以上，比 2013 年增长 41.6%，而公装百强企业平均年产值 17.16 亿元，增长 8.07%，一定程度上反映公装行业集中度的上升。在劳动力成本上升、行业产业链整合、“互联网 +”等新行业背景下，加之公装行业的激烈竞争，公装行业集中度将快速提升。

中国正迈入老龄化社会，劳动人口持续下降，劳动力成本则不断上升。作为劳动密集型行业，建筑装饰行业深受劳动力短缺和招工成本上升的冲击。此外，随着新一代农民工择工观念的改变，年轻技术工人补充严重不足，施工现场劳动力老化。提升行业技术水平、加强成本控制和管理是行业持续发展的必然途径。工厂化生产、装配式施工的业务模式重要性凸显。通过部件的标准化生产保证质量，而生产的规模效应则带来单位成本的大幅下降，同时，装配式施工有助于大幅缩短施工周期，加强人员与资金流动性。但这种模式的实行需要较高的资本投入，将促使建筑装饰企业发生资产重化。对于公装企业而言，这无疑进一步提升了公装行业的资金壁垒。在激烈的市场竞争下，大批的中型公装企业将由于无法实现这一模式，技术水平相对落后而劳动力成本无法消化，被迫退出市场。

产业链整合也将促使公装行业加速洗牌。供应链金融已经在建筑装饰行业燃起星星之火。通过发展供应链金融，大型公装企业将获取更稳定更廉价的原材料供应，发展潜在客户。同时，供应链金融的发展将促使公装企业更好地实现从工程承包商向综合服务提供商的转变，增强公装企业的工程项目管理能力和品牌形象。此外，大型公装企业不断强化的大客户战略将巩固并持续扩大其在高端市场的领先优势。相较而言，中小型公装企业面临的市场环境将不断恶化，竞争能力持续下降。

近几年来，“互联网 +”的浪潮已经卷入建筑装饰行业，公装龙头企业纷纷加入其中。公装龙头企业旨在发展互联网家装业务，实现企业的大装饰平台战略。但值得注意的是，多家公装龙头企业还计划在家装互联网平台提供小型公装业务。随着家装互联网平台的持续发展和完善，凭借品牌实力、成本优势和管理优势，大型公装龙头企业将在小型公装业务领域实现拖网式的市场扩张，而小型公装企业赖以生存的灵活机动优势将不复存在，生存空间将急剧缩小。

4. 龙头企业向综合服务提供商转变

在国内不断发展的建筑市场需求下，传统的“设计”、“采购”和“施工”分离的工程承包模式存在效益低、劳动力投入较多的弊端，而“设计”、“采购”和“施工”一体的工程总承包（EPC）模式正在兴起。EPC 模式在工程中实行设计、采购、施工的一体化，减少了中间衔接环节，有利于降低工程成本，提升施工进度，控制工程质量。EPC 模式的应用要求建筑企业具有较强的综合服务能力。与传统的施工总承包模式相比较，EPC 模式不仅在施工组织技术上有较高要求，还要求承包商有强大的融资、设计、采购、项目管理、社会资源整合能力和高水平的项目管理人才。

公装龙头企业正在不断地增强综合服务能力。通过并购设计公司、拓展设计部门及加强与知名设计公司的合作，公装龙头企业的设计能力正在不断增强，“设计带动施工”的经营模式得到有效的执行。而在原材料采购上，公装龙头企业如金螳螂、广田，正在积极打造供应链金融，拓展对产业链上游的控制力，为企业自身谋求稳定而更加廉价的原材料供应。在施工环节，公装龙头企业逐步实施工厂化生产、装配式施工业务模式，施工成本与效率得到改善。而随着公装行业集中度的持续上升和公装龙头企业规模的不断扩大，公装龙头企业将有更强的资本实力提升其综合服务能力。

金螳螂从 2010 年开始已经向客户大规模推广 EPC 模式，EPC 模式的应用也逐渐增多。从国际建筑行业的成熟运营经验来看，向综合服务提供商转变将成为我国公装龙头企业的发展趋势。随着未来我国“一带一路”战略的持续发展，我国一批有实力的公装龙头企业将更多地参与到国外大型公装项目中，并积累 EPC 模式的应用经验及一大批高水平的项目管理人才。

二　酒店装饰市场分析

（一）酒店业发展分析

1. 旅游经济持续火热，酒店业遇冷

根据国家旅游局《2015 年中国旅游统计报告》，2015 年，中国国内旅游突破40亿人次，旅游收入超过4万亿元人民币，出境旅游1.2亿人次。中国国内旅游、出境旅游人次和国内旅游消费、境外旅游消费均列世界第一位。

旅游业持续的增长理应推动酒店业的发展，然而酒店业的发展却遭遇寒潮。根据国家旅游局2014年度和2015年前三季度全国星级饭店统计公报，2015年一季度，全国停业星级饭店数达994家，二季度停业星级饭店数达881家，三季度停业星级饭店数达964家，总计已达到2839家，已远远超过2014年全年全国星级饭店停业数857家。

中高端酒店建设浪潮开始下降。新开业中高端星级酒店数量在经过2013年和2014年的连续增加后，在2015年大幅下降。据迈点网2013~2015年各月开业统计报告不完全统计，2013年新开业中高星级酒店约达188家，客房总数约达到51049间（套），而2014年新开业中高星级酒店约达191家，客房总数约达到53550间（套），2015年相比有所下滑，新开业中高星级酒店约达到158家，客房总数约达到46350间（套）。

2. 酒店业区域分布格局大体不变

中国酒店业存在着数量上东多西少，发展水平上东高西低的区域分布格局。根据国家旅游局2004年度全国星级饭店统计公报，2014年，全国共有饭店11180家，其中五星级745家，四星级2373家，三星级5406家，二星级2557家，一星级99家。其中总数达500家以上的省区市包括广东、浙江、山东、江苏、云南及北京，数量分别达832家、724家、650家、624家及523家，六个省市饭店总数约占全国饭店总数的37.08%。除了云南是旅游业大省外，其他五个省市均处于沿海地区。

此外，高端酒店在沿海地区及发达城市较为集中。在五星级酒店数量方面，超过50家的省区市包括广东、江苏、北京及上海，数量分别达102家、78家、58家及59家。五星级酒店数量占酒店总数量达10%以上的省区市包含广东、江苏、北京、福建、上海、重庆、海南及天津，比重分别达12.25%、12%、11.09%、11.50%、24.58%、11.48%、16.54%及17.20%。至2015年，酒店业的区域分布大体上维持原状。据迈点网2015年各月开业统计报告不完全统计，2015年，新开业中高端酒店中有19家落户广东，14家落户江苏，13家落户云南，而西藏、甘肃、宁夏、吉林无新开业中高档酒店。

3. 中档酒店异军突起

新开业中档酒店数量在增多。据迈点网 2015 年 4 ~ 12 月开业统计报告不完全统计，2015 年 4 ~ 12 月，新开业中档酒店有 47 家，仅次于国际高端酒店的 61 家，占同期新开业酒店总数的 35.07%。在 2015 年 12 月新开业酒店更是达 17 家，占全月新开业酒店总数的 68%。

中档酒店是伴随以 80 后消费群体为主的中产阶层的形成而兴起的。在对酒店服务需求方面，以 80 后消费群体为主的中产阶层既要求物质性外在的舒适性，又强调精神方面的需求。他们要求酒店服务价格合理的同时兼备服务的多元化、个性化。豪华高端酒店注重外在的舒适性且消费档次较高，传统三、四星级酒店业务形态过于传统，局限于客户与餐饮业务，且部分设备相对累赘，不能满足消费者个性化的需求。各大酒店纷纷积极发展中档酒店。在中档酒店市场上竞争激烈，既有内资酒店的激烈交锋，又不乏外资高端酒店的高调参与，内资如锦江都城、全季、喆啡、雅斯特，外资如希尔顿花园酒店、豪宜、欢朋、福朋喜来登。

2015 年，经济型连锁酒店纷纷抢滩中档酒店，排名前五的连锁酒店集团锦江铂涛、华住、如家、格林豪泰和尚客优都不约而同加快了在中档酒店的布局。这样的转型是基于其行业自身定位和发展局限的。首先，经济型连锁酒店定位于快捷、高效和安全，并不能完全满足消费者个性化需求。同时，经济型的定位给酒店套上价格约束瓶颈，价格提升空间有限。此外，城市存量商业用房的减少给经济型连锁酒店带来发展空间制约。中产阶层兴起带来的消费升级使得需求转向中高端酒店，经济型连锁酒店未来发展将遭遇瓶颈。

（二）酒店装饰业市场展望

经济形势下行，酒店业整体表现不景气，行业进入结构调整期，高端酒店的发展速度将有所减缓，中档酒店将快速崛起。总体来看，酒店装饰市场的整体发展态势相较过去几年将有所下降。在存量改造装饰市场上，将呈现高档酒店新建装饰市场下降及转型中档酒店改造装饰市场上升的两个方向。

未来酒店业区域布局形式将更趋分化，酒店装饰业区域布局将随之变化。一、二线城市及知名旅游景区的酒店业建设仍然将保持前进的步伐。知名外资高端酒店品牌重点仍然将分布在一、二线城市及知名旅游景区，这样的考虑仍然立足一、二线城市的消费能力及酒店的国际客源优势。综合性城市的酒店业将维持增长，而产业结构单一特别是工业型城市的酒店业市场将萎缩。根据酒店产权网研究中心的调研报告，上海、北京、南京等城市的酒店投资意愿保持积极，而三亚、宁波、舟山、无锡、常州、东莞、石家庄、沈阳、哈尔滨、南昌当选投资意愿最差的10个城市。① 上海、北京、南京等综合性城市产业发展全面，客源呈现多元化而市场前景稳定，而投资意愿最差的10个城市如三亚、东莞产业结构单一，加之前期酒店数量大幅上升，市场竞争激烈。

中档酒店的兴起给酒店装饰行业带来巨大影响。不同消费目标群体对酒店服务有着不同档次、风格、形态的需求，酒店经营理念及市场定位一般较为明确。酒店经营理念及市场定位决定了酒店装饰的内容及风格。主题式酒店装饰业务比例将扩大，个性独特新颖、文化体验元素丰富的主题化酒店装饰设计风格将成为趋势。此外，经济型酒店向中档酒店大幅转变带来的装饰业务也将占据酒店存量装饰业务的较大比例。向中档酒店转变，经济型酒店在改变其经营理念及模式的同时，也必须相应地对其空间进行相应的改造，增加大量的主题元素，经济型酒店转变的装饰改造市场庞大。

对比2012~2014年酒店装饰工程专业承包商十强名单（2014年十强名单见表1），除了在企业排名上有所变动，十强入围企业并没有变化。半数入围承包商为公开上市企业，其余的还包括银建这样的酒店装饰专业户。这表明，酒店装饰领域已经形成稳定的专业化承包商队伍。随着酒店业对装饰设计和施工质量要求的持续提升，专业承包商的领先优势将进一步巩固。

表1　2014年酒店装饰工程专业承包商十强

排名	承包商名称
1	苏州金螳螂建筑装饰股份有限公司
2	深圳长城家俱装饰工程有限公司
3	深圳市洪涛装饰股份有限公司
4	浙江亚厦装饰股份有限公司
5	深圳广田装饰集团股份有限公司

① 酒店产权网研究中心：《2015年国内中端酒店投资调查报告》，http：//res. meadin. com/HotelData/122293_ 1. shtml。

续表

排名	承包商名称
6	深圳市特艺达装饰设计工程有限公司
7	神州长城国际工程有限公司
8	浙江银建装饰工程有限公司
9	深圳市深装总装饰工程工业有限公司
10	深圳市晶宫设计装饰工程有限公司

资料来源：中国建筑装饰协会。

三　商业建筑装饰市场分析

（一）商业地产发展分析

1. 零售行业增速下降，商业地产发展减速

据国家统计局统计，2015 年社会消费品零售总额达 300931 亿元，突破 30 万亿元大关，保持连续多年的增长。但是，社会消费品零售总额年增长率仅达 10.68%，连续 3 年下降，为近几年来的最低值（见图 2）。社会消费品零售总额持续的增长，且增长幅度大于同期的 GDP 增长速度，反映了我国居民消费在国民经济中的地位提升和经济结构的转型，但年增长率的下滑则是受到我国经济增长下滑的影响。

中国零售行业增速持续下滑将使得商业地产的发展减缓。作为商业地产主要业态，在百货业举步维艰的情况下，购物中心的开发建设在过去几年保持了较快发展态势。根据中国连锁经营协会发布的《2014 中国购物中心与连锁品牌合作发展报告》，2014～2016 年全球在建购物中心面积最高的 20 个城市中，中国城市占据 13 席，上海、成都在建面积分别高达 330 万平方米和 320 万平方米，是世界之最。而列居第三的深圳在建面积也达到 260 万平方米。自 2010 年住宅宏观调控政策以来，购物中心数量增速持续走高，在 2011 年和 2012 年保持了 15% 的增幅。

然而，在经历过去几年快速扩张后，商业地产商投资热情有所下降。根据 2014 年和 2015 年国家统计局发布的全国房地产开发和销售情况，虽

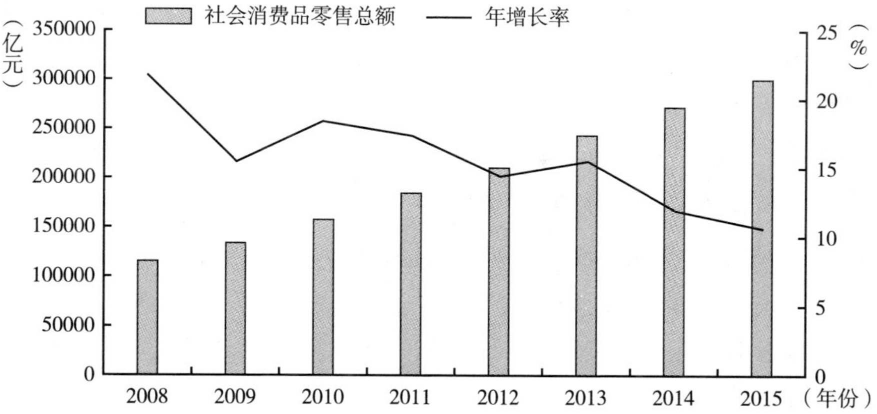

图 2　2008～2015 年社会消费品零售总额及年增长率

资料来源：国家统计局 2008～2015 年国民经济统计公报。

然 2014 年商业营业用房开发投资额达 14346 亿元，年增长率高达 20.10%，但商业营业用房新开工面积相比 2013 年减少 3.29%。2015 年商业营业用房开发投资额达 14607 亿元，年增长率仅达 1.82%，商业营业用房新开工面积相比 2014 年下降 10.05%。同时，2015 年商业营业用房销售面积达 9252 万平方米，年增长率仅达 1.95%，相比 2014 年的 7.16% 和 2013 年的 9.15% 大幅下滑。在销售面积下降的同时销售价格也有所下降。商业营业用房销售款达 8846 亿元，年增长率为 -0.67%，在近几年来大幅跌落并首次负增长。

2. 购物中心区域布局整体趋于平衡

2015 年，全国购物中心区域布局变迁趋于平衡。沿海地区购物中心发展趋于平缓，而中西部地区购物中心呈现快速发展。从整体上看，西南地区快速增长，购物中心开业面积较 2014 年增长 26%，华东地区购物中心开业面积较 2014 年下降 10%，华北、华中、华南地区较 2014 年相差不大。从开工面积看，2015 年除华中地区较 2014 年快速增长 55%，华南地区增长 1% 外，华北、华东及华南地区较 2014 年分别下降 61%、74% 和 69%。[①]

① 赢商网：《2015 年购物中心开发总结及 2016 年发展趋势》，http：//down.winshang.com/ghshow-1755.html。

一线城市购物中心建设趋于饱和。2015 年，北、上、广、深 4 个城市仅有上海和深圳有购物中心开工，开工面积分别为 31.5 万平方米和 22 万平方米，相较 2014 年分别下降 78% 和 8%。二线城市购物中心建设快速发展。长沙购物中心开工规模最大，达 73 万平方米，同比增长了 329%，成都和重庆购物中心开工面积分别达 68.5 万平方米和 25.7 万平方米，较 2014 年同期分别增长了 76%、206%。从开工面积看，二线城市购物中心发展优于一线城市。三线城市发展相对一、二线城市不足，2015 年三线重点城市购物中心开工规模远低于二线城市，略逊于一线城市，一半的重点城市没有开业记录。①

在城区土地供应收紧、土地价格上涨、城市交通拥堵、竞争激烈的情况下，一、二线城市开始发展郊区型、非核心商圈购物中心，购物中心呈现去中心化趋势。据第一太平戴维斯 2015 年第二季度北京商铺市场简报，至 2015 年，北京五环外零售商业面积已超 200 万平方米，其中近 60% 出现在 2012 年以后。2015 年，在北京新开业的购物中心中，除了王府井商圈的金宝汇购物中心二期和三里屯商圈的雅秀时尚购物中心外，其余购物中心皆位于丰台、房山、通州等非核心商圈或郊区。而据第一太平戴维斯 2015 年前三季度上海商铺市场简报，上海 2015 年开业的购物中心中，中小体量商业占据一半，购物中心呈现向外围扩散的趋势，不少项目位于闵行、嘉定、奉紧、松江等区域。

3. 百货业发展不佳，购物中心体验式消费兴起

由于服务功能单一、同质化竞争激烈，加之电商冲击，传统百货业整体发展不景气。即便是春节零售旺季，百货业的经营也较为惨淡。据戴德梁行 Property Times 广州及华中区 2015 年第一季度报告，2015 年春节期间，广州九大百货实现销售总额 5.3 亿元，与 2014 年同期相比下跌约 10%。

购物中心以其体量大、包容性强以及重体验的优势，在近几年发展迅速。购物中心的高速建设的同时，在运营管理、人才队伍建设等方面仍然有所欠缺，同质化竞争激烈。租金、人工成本的上升及电商的冲击更是压缩了购物中

① 赢商网：《2015 年购物中心开发总结及 2016 年发展趋势》，http://down.winshang.com/ghshow-1755.html。

心的盈利水平。在宏观经济形势放缓的形势下，购物中心的运营管理面临巨大的压力。增强体验式消费业态的建设，实现购物中心差异化、品牌化发展以摆脱激烈的同质化竞争是购物中心发展的必然趋势。

随着电商的冲击，购物中心的购物功能有所减弱，零售业态比例有所收缩，而社交功能得到更多的强调，体验式业态比重大幅上升。餐饮、快时尚服饰、儿童业态已经成为购物中心业态扩展主力。依靠平民价格、爆款单品及时尚的就餐环境，快时尚餐厅发展迅速，而随着中产阶层的兴起、新富消费人群的快速增长，快时尚服饰品牌的市场份额快速增长。儿童业态体验丰富，能够满足家庭亲子活动需求，已为较多的购物中心所引入，随着二胎放开，儿童业态将在购物中心运营中发挥更重要的作用。

（二）商业建筑装饰市场展望

2015 年，商业营业用房新开工面积已经连续两年下降，而竣工面积也开始呈现负增长，商业地产的投资步伐有所放缓，正处于调整阶段。在短期内，商业地产的发展仍然处于放缓的节奏。这对于商业建筑装饰市场而言，增量业务的发展速度将有所放缓。而对于存量改造装饰市场而言，百货店的购物中心化及购物中心业态的调整将带来一定的市场空间。

一线城市购物中心的社区化和郊区化趋势将继续，二、三线城市购物中心将持续增长。未来商业建筑装饰市场扩展的重点也将随之转变。购物中心社区化、体验式业态兴起的趋势也将持续，大大地改变购物中心的业态构成。而面对电商的冲击，购物中心将有所调整，更多地在购物中心里进行商品展示，与网上电商形成互补。这些变化都预示了商业建筑装饰未来发展方向。更多的主题性、科技性元素将吸收进商业建筑装饰之中，而商业建筑装饰设计将更注重生活化、人性化、科技化。

对比 2012～2014 年商业空间装饰工程专业承包商十强名单，可以发现，商业建筑装饰领域已经形成稳定的专业承包队伍（见表 2）。卓艺、金螳螂市场优势明显，其中商业建筑装饰专业户卓艺连续三年蝉联第一名，金螳螂连续三年蝉联第二名。亚厦、建峰、嘉信、弘高也具有不俗的市场竞争力，连续三年上榜。未来，商业建筑装饰领先企业特别是专业承包商的优势将进一步强化。

表 2　2014 年商业空间装饰工程专业承包商十强

排名	承包商名称
1	深圳市卓艺装饰设计工程有限公司
2	苏州金螳螂建筑装饰股份有限公司
3	浙江亚厦装饰股份有限公司
4	深圳广田装饰集团股份有限公司
5	深圳市嘉信装饰设计工程有限公司
6	深圳市建筑装饰(集团)有限公司
7	深圳市宝鹰建设集团股份有限公司
8	北京港源建筑装饰工程有限公司
9	北京弘高建筑装饰工程设计有限公司
10	建峰建设集团股份有限公司

资料来源：中国建筑装饰协会。

四　办公建筑装饰市场分析

（一）办公建筑装饰市场发展分析

1. 商务办公楼建设速度放缓

在过去的几年，随着经济的持续增长，一、二线城市商业服务业的发展，以及住宅地产受到限制性政策的影响，商务办公楼开发建设进入快速扩张的阶段。商务办公楼的年开发投资额由 2011 年的 2544 亿元上升至 2015 年的 6210 亿元，年均增长 24.99%。而在 2015 年，商务办公楼年开发投资额仅比 2014 年增长 10.08%，增速相对前几年放缓。

商务办公楼正处于一个去库存的阶段。这主要表现在商务办公楼新开工面积增长的受限，销售情况的回暖和库存压力的减少。据国家统计局 2015 年全国房地产开发及销售情况公报，办公楼新开工面积在 2014 年上升至 7349 万平方米后，于 2015 年有所下降，仅为 6569 万平方米，相比 2014 年减少 10.61%（见图 3）。办公楼销售面积在经历 2014 年 13.35% 的下降后有所回暖，于 2015 年增长 16.57% 至 2912 万平方米，超过 2013 年办公楼销售面积。办公楼待售面积虽然在 2015 年继续上升至 3276 万平方米，但增长幅度已有所下滑，年增

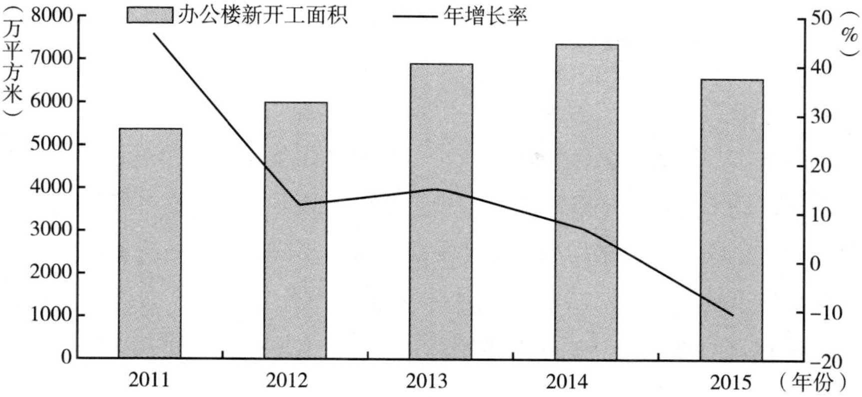

图3　2011～2015年办公楼新开工面积及年增长率

资料来源：国家统计局2011～2015年全国房地产开发和销售情况。

长24.70%，低于2014年的34.44%和2013年的25.66%。然而，库存压力虽然有所减少，但形势仍然不容乐观。2015年办公楼竣工面积3419万平方米，销售面积为2912万平方米，竣工面积相比销售面积多出507万平方米，而办公楼待售面积则由2014年的2627万平方米上升至2015年的3276万平方米，增加649万平方米。这表明办公楼存量仍然需要消化。

2. 商务办公楼市场呈现分化

2015年商务办公楼的市场表现分化显著。一线城市在大供应量的情况下，仍然展现了租金稳定和空置率下降的良好局面，而众多二线城市则面临空置率高企，租金下降的严峻形势。

据德戴梁行Property Times各地区2015年第四季度研究报告，2015年第四季度，北京、上海、广州、深圳的整体空置率分别为5.1%、8.4%、7.0%和5.2%，租金皆较2015年第一季度略有上升，而同期一些二线城市空置率高企，其中沈阳、长沙、成都、重庆整体空置率分别达38.9%、30.7%、38.4%、50.0%，较2015年第一季度租金有所下降或平缓变动。

一线城市办公楼市场的良好表现主要得益于金融行业强劲的需求推动。据戴德梁行Property Times华北区2015年第四季度研究报告，2015年北京核心商圈净吸纳量高达63万平方米，净吸纳率为74%，较2014年全年上涨25%，但核心商圈空置率仅为3.2%，较2014年同期下降3.3个百分点，其中金融业、高科技业仍为成交热点，占比为总成交量的52%。而华南及华西区2015年第四季度研究报告显示，在深圳，金融类企业占用办公楼面积比例远高于其他行业，金融类企业占比为69.7%，较2014年提高了6.9%。

二线城市却因为办公楼增量过大，自身商贸服务业发展相对不足而导致供过于求的市场困境。在多数二线城市中，受到当地非核心区、外围区域大量新物业集中交付的影响，平均租金保持平缓或有所下降。

在交易市场，一、二线城市也产生了显著的分化。据高力国际《2015～2016年中国区房地产市场回顾及展望》，2015年上海办公楼市场大宗交易共达38单，总价达654亿元，而10座二线城市全年仅5项交易完成。

（二）办公建筑装饰市场展望

2015年商务办公楼竣工面积保持了前几年的上升态势，而从商务办公楼开工面积来看，商务办公楼建设正在进入减速的调整阶段，投资减缓，新开工面积有所下降。在区域分布上，商务办公楼市场分化明显。二线城市较高的空置率反映了办公建筑在二线城市的过剩情况。预期未来办公建筑的增量将持续放缓，办公建筑装饰的发展速度也将相应下降。

随着办公楼市场在一、二线城市的分化，未来办公建筑装饰市场也将随之分化。城市经济的发展与商贸服务业的发展紧密相连，而商贸服务业的发展则直接影响办公建筑租赁市场。2015年我国商务办公楼市场在一、二线城市的分化，除了市场供应端的影响，也反映了市场需求的力量。对于综合性、商贸服务业发展较好的城市，未来的商务办公楼市场仍有一定的需求基础。随着市场供求关系的逐步改善，发展潜力依然较大。而对于部分产业结构单一、第三产业呈现萎缩的城市，未来商业写字楼市场可能面临长期需求不足、库存消化缓慢的问题。可以预见，在未来几年，一线城市、综合性城市的办公楼装饰市场仍将保持增长，而商务办公楼供给过剩及工业型城市的办公楼装饰市场增长将减缓甚至下降。

金融业办公楼租赁的活跃激活了写字楼市场。金融业已成为我国主要服务业。据国家统计局公布的数据，2015年我国金融业产值占GDP比重达到8.5%，达到发达国家水平。未来随着国家经济的回暖，金融业将保持稳健的发展步伐，金融类办公楼装饰市场也将持续增长。

对比2012～2014年办公行政空间装饰工程专业承包商十强名单，可以发现，在办公楼装饰领域，金螳螂、亚厦、洪涛、远洋属于第一集团，连续三年入围十强名单，其中金螳螂与亚厦始终位于前两名之列。在办公楼装饰领域，传统公装龙头企业优势明显。此外，有四家企业两年入围十强名单，分别是港源、中装、美芝及晶宫，显示了不俗的竞争力。未来，凭借资本优势及龙头品牌效应，传统公装龙头企业金螳螂、亚厦及洪涛将继续保持办公楼装饰市场的领先地位（见表3）。

表3　2014年办公行政空间装饰工程专业承包商十强

排名	承包商名称
1	浙江亚厦装饰股份有限公司
2	苏州金螳螂建筑装饰股份有限公司
3	深圳市洪涛装饰股份有限公司
4	深圳市建筑装饰(集团)有限公司
5	深圳市美芝装饰设计工程股份有限公司
6	深圳市晶宫设计装饰工程有限公司
7	深圳市中装建设集团股份有限公司
8	北京弘高建筑装饰工程设计有限公司
9	深圳市宝鹰建设集团股份有限公司
10	远洋装饰工程股份有限公司

资料来源：中国建筑装饰协会。

五　其他大型公共建筑装饰市场分析

（一）其他大型公共建筑工程的发展分析

1. 交通基础设施建设高速发展

《铁路“十二五”发展规划》提出的重点建设任务包括建设“四纵四横”高速铁路，完善区际干线网，建设以西部为重点的开发性铁路，建设东北、西北、西南等进出境铁路和国土开发性边境铁路，强化枢纽及配套设施建设。“十二五”期间，全国铁路营业里程建设达3.1万公里。截至2015年底，全国铁路营业里程超过12万公里，居世界第二位，其中高速铁路1.9万公里，居世界第一位。① 国家铁路局《铁路“十三五”发展规划征求意见稿》提出，至2020年全国铁路营业里程达到15万公里，其中高速铁路3万公里，城际铁路规模达到5000公里。对比“十二五”期间，铁路在“十三五”期间将保持快速的发展态势。

在“十二五”期间，我国机场建设数量及运营规模实现较快的增长。2015年，国内民用运输机场达到210个，低于《中国民用航空发展第十二个五年规划》提出的230个的目标，较“十一五”期间增加36个。航空业务量不断扩大，航线辐射面持续增广。2015年，达到3000万量级的机场有9个，达到1000万量级的机场有26个，北京、上海、成都均具有“一市两场”的机场体系。支线机场可通达性提升，中西部和支线航空市场快速发展，支线机场已达40多个。② 国家民用航空局2015年6月提出，到2020年，全国运输机场总数将超过260个，大力培育航空客货运枢纽、国际门户机场，在机场密度较低而需求潜力较大的地区，新建支线机场，建成20个以上的以大型机场为核心的综合交通枢纽，加快新疆一带核心区和福建一路航空基础设施建设。按照中国民用航空局对于编制中的民航“十三五”规划提出的建设目标，“十三五”期间全国机场建设总数将达50个，民用运输机场仍将保持较快的发展。

据中国城市轨道交通协会统计，截至2015年末，我国累计有26个城市建成投运城轨线路116条，运营线路长度3612公里，较2010年增加2382公里。在3612公里运营线路长度中，地铁2658公里，占线路总长的73.6%；市域快轨412公里，占线路总长的11.4%；轻轨、现代有轨电车、磁浮交通、APM线总长共计542公里，占线路总长的15%。国家发改委于2015年1月下发《关于加强城市轨道交通规划建设管理的通知》，提出“量力而行、有序发展”的方针，对轨道交通项目的审批制定了限制性条件，遏制一些不符合条件的城市建设城市轨道交通的冲动。国家发改委于2015年6月宣称，已梳理68个拟新开工建设的重大项目，这些项目将在2015～2017年开工，到2020年获准修

① 陆娅楠：《2015年铁路建设任务超额完成，新线投产9531公里，创历史最好成绩》，人民网，2016年1月2日。

② 《2015年中国机场十大新闻》，http：//www. bjcaac. com/jd/63750. html。

建城市轨道的城市数量达到50个，全国城市轨道交通总里程将达到6000公里。① 2015年12月，国家住建部印发《城市轨道沿线地区规划设计导则》，提出城市轨道建设规划中的站点设计应以组织城市生活为目的，进行上盖物业开发，结合市民换乘、购物、娱乐等行动。该设计导则明确了城市轨道站点的规划和建设。

2. 医疗卫生建筑建设空间较大

据国家统计局2011～2015年统计年鉴数据，近几年卫生总费用持续增长，由2010年的19980亿元上升至2014年的35312亿元，年均增长15.3%，人均卫生总费用2586.5元，卫生总费用占GDP比重为5.56%（见图4）。从需求方来看，人口的老龄化带来的高额医疗需求、城镇化水平提高带动的医疗需求提升、收入水平提升引致的多元化医疗需求以及全民医保制度的推进都正在驱动医疗服务市场迅速扩容。

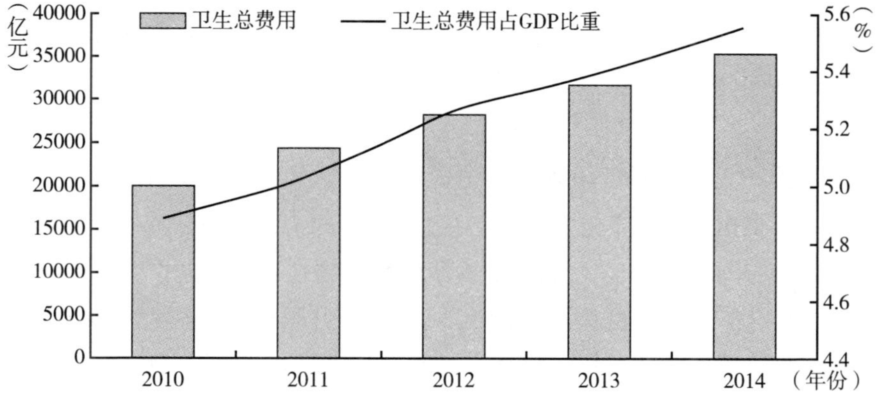

图4　2010～2014年全国卫生总费用及其占GDP比重

资料来源：国家统计局2011～2015年中国统计年鉴。

《卫生事业发展“十二五”规划》提出，遏制公立医院盲目扩张，原则上不再扩大公立医院规模，大力发展康复医院、护理院（站）等延续性医疗机构，提高康复医学服务能力和护理水平，到2015年，初步实现急慢分治，加强业务用房短缺、基础设施较差的地市级综合医院建设。据国家卫计委统计信

① 刘晗：《发改委：2015年轨道交通投资将达3000亿元》，国际在线网，2015年6月30日。

息中心数据，公立医院的数量由2010年的13850家下降至2014年的13314家，而床位数则由2010年的3013768张上升至2014年的4125715张，这表明过去"十二五"期间公立医院处于资源优化整合的进程。而同期专业公共卫生机构快速增长，由2010年的11835家蹿升至2014年的35029家，床位数由164515张上升至223033张。

民营医院呈现快速发展的态势。《卫生事业发展"十二五"规划》提出，大力发展非公立医疗机构，在区域卫生规划和医疗机构设置规划中，为非公立医疗机构留出足够空间，到2015年，非公立医疗机构床位数和服务量均达到医疗机构总数的20%左右。据国家卫计委统计信息中心数据，民营医院数量由2010年的7068家上升至2014年12546家，年均增长15.43%，占医院总数的48.52%。而至2015年9月底，公立医院13304家，民营医院13600家，较2014年同期，公立医院减少37家，民营医院增加1637家。但非公立医院机构在2015年1~9月全国总诊疗人数达2.5亿，约占同期全国总诊疗人数的11.06%，预期未能达标。随着新医改的深化和市场医疗服务资源配置机制的逐步建立，民营医院市场份额还将继续提升，保持快速增长。

2015年3月，国务院印发的《全国医疗卫生服务体系规划纲要（2015~2020年)》提出，科学布局公立医疗卫生机构，大力发展非公立医疗机构，到2020年，每千常住人口医疗卫生机构床位数控制在6张，其中，医院床位数4.8张，基层医疗卫生机构床位数1.2张。在医院床位中，公立医院床位数3.3张，按照每千常住人口不低于1.5张为社会办医院预留规划空间。对比2014年的公立医院每千人口3.01张、民营医院每千人口0.62张，医疗卫生建筑建设空间巨大。

3. 文体会展建筑建设前景总体乐观

全国公共文化机构的发展呈现一定程度的分化。公共图书馆发展平稳，博物馆蓬勃发展，而国有艺术表演场馆面临发展困境。据国家统计局数据，至2014年，全国共有公共图书馆3117个，较2010年增加233个，仅比2013年增加5个；国有艺术表演场馆1338个，较2010年减少123个，同时观众人次也大幅下降，由2010年的约13272万人次下降至2014年的约6844万人次；博物馆3658个，较2010年增加1223个，年均增长10.71%。

民营文化机构大量涌现，逐步成为文化建设的重要力量。截至 2014 年底，中国内地共有非国有博物馆 982 家，民营文艺表演团体 8000 多家，2014 年共演出 103.17 万场次，占内地演出总场次的 85% 以上。①

2015 年，我国展览业及展馆建设持续发展。据《中国展览经济发展报告（2015）》不完全统计，2015 年全国共举办 3168 个展览会，展览会总面积约 8900 万平方米，规模以上展览城市中有 74% 的城市展览面积增加，而经济发达地区的展览重点城市增长更为明显。2015 年全国室内可租用面积大于等于 5000 平方米且举办 2 个以上经贸类展览会的专业展览馆共有 136 个，比 2014 年增加 8 个；室内可租用总面积约为 647 万平方米，比 2014 年增加约 62 万平方米。但展馆建设持续发展的同时，部分城市展馆供给过剩、展馆设施利用率不足的现象也开始浮现。据统计，2015 年仍有多达约一半的展览馆全年展览会总面积在 20 万平方米以下，44% 的展览馆租馆率低于 10%，反映了我国展览馆建设存在较为严重的过剩现象。

2015 年 4 月，《国务院关于进一步促进展览业改革发展的若干意见》提出，按照国民经济结构调整和区域协调发展战略需要，科学规划行业区域布局，推动建设一批具有世界影响力的国际展览城市和展览场馆。未来在政策支持下，展馆建设在一段时期内还将继续增长。但由于房地产投资的下降及去库存化，以及部分城市供给过剩及需求不足，展馆建设将进入结构调整阶段。

根据全国第六次体育场地普查，截至 2013 年底，全国共有体育场地 169.46 万个，用地面积 39.82 亿平方米，建筑面积 2.59 亿平方米，场地面积 19.92 亿平方米，平均每万人拥有体育场地 12.45 个，人均体育场地面积 1.46 平方米。对比 2013 年第五次全国体育场地普查，全国体育场地数量增加 84.45 万个，翻了将近一番，用地面积增加 17.32 亿平方米，建筑面积增加 1.84 亿平方米，场地面积增加 6.62 亿平方米；人均场地面积增加 0.43 平方米，每万人拥有体育场地数增加 5.87 个。这充分说明了近年来我国体育场馆的建设处于高速发展的阶段，相关体育场馆的数量在不断增加，也间接地反映了我国体

---

① 卢哲：《中国文化部长：民办文化机构等逐步成为文化建设的重要力量》，中国新闻网，2015 年 12 月 7 日。

育产业发展的火热程度。国务院2014年印发的《关于加快发展体育产业促进体育消费的若干意见》指出，到2025年人均体育场地面积达到2平方米，体育公共服务基本覆盖全民。根据该意见建设目标，加之体育场馆使用多样化的实用性，至2015年全国体育场地的建设面积将翻一番，体育场馆的建设前景仍然乐观。

（二）其他大型公共建筑装饰市场展望

“十三五”期间，交通基础设施建设仍然将保持快速发展的势头。全国铁路营业里程建设将达3万公里，民用机场建设数量将达50个，铁路、民用机场建设将保持“十二五”期间的发展势头。城市交通轨道的建设将加速。我国城市人口的密度比欧美一些城市的人口密度要大得多，公共交通成为解决城市交通问题的主要选择，轨道交通的建设将不会停止，并逐步从特大型、大型城市发展到地级市。

交通基础设施建设持续发展的约束因素可能来自财政的压力。地方政府的财政支撑完全依靠于税、费和土地出让金，土地出让金是地方财政的重要来源。而从全国土地出让情况来看，全国土地出让面积在2014年及2015年连续大幅下降，而土地出让金收入也在2015年大幅下降。由于财政压力的加大，加之地方债台高筑，交通基础设施建设必须借助社会资本的力量，PPP模式的成功实践将成为未来交通基础设施建设持续发展的关键。

在交通场站装饰市场，专业承包商队伍已经形成。在2012～2014年交通场站装饰工程专业承包商十强名单中，深装总与南利交替占据第一名及第二名，广田连续三年稳居第三名，其中深装总被誉为“机场专业户”，南利则擅长铁路场站装饰，而广田在城市轨道交通场站装饰上具有领先优势。此外，文业、蓝天、美芝连续三年交替占据第四名至第六名，科源、洪涛、中建三局连续三年交替占据第七名至第九名（见表4）。可见，在交通场站装饰领域，已经大致形成三个稳定的领先市场分层。“十三五”期间，国内铁路、机场建设将得到保持，城市轨道交通建设则持续增长，而“一带一路”互联互通的交通基础设施建设将带动高铁的海外建设。南利等铁路场站装饰商，广田、蓝天等城市轨道交通场站装饰商将进一步扩大其市场空间，而深装总等机场装饰商将持续保持市场份额。

表4　2014年交通场站装饰工程专业承包商十强

排名	承包商名称
1	深圳市深装总装饰工程工业有限公司
2	深圳市南利装饰工程有限公司
3	深圳广田装饰集团股份有限公司
4	深圳市文业装饰设计工程有限公司
5	上海蓝天房屋装饰工程有限公司
6	深圳市美芝装饰设计工程股份有限公司
7	中建三局装饰有限公司
8	深圳市洪涛装饰股份有限公司
9	深圳市科源建设集团有限公司
10	山东富达装饰工程有限公司

资料来源：中国建筑装饰协会。

“十三五”期间，医疗卫生建筑的发展前景仍然乐观，医疗卫生建筑装饰市场仍将快速增长。医疗卫生建筑将继续呈现公立医院改扩建与民营医院新建的两个主要方向。公立医院装饰将主要集中于存量改造装饰，民营医院则集中于增量装饰。相对于公立医院，民营医院规模较小，多为专科医疗服务，与公立医院形成医疗卫生市场服务的补充。新建民营医院装饰也将多为专科医疗建筑装饰，专业性更强。

在医疗卫生建筑装饰市场上，公装龙头企业市场影响力相对其他公装领域要弱，专业性承包商实力相对更强，如北方天宇、雅林士博（见表5）。随着公立医院服务功能的增强及民营医院建设速度的加快，医疗卫生建筑装饰的专业性要求更高，专业性承包商的市场影响力及市场份额将进一步扩大。

文体会展建筑的发展未来将呈现不同的趋势。在文化建筑发展方面，公立文化机构将缓慢增长，民营文化机构将加快发展。公共图书馆、国有演艺馆开发建设前景不乐观，公立博物馆将缓慢增长，民营文化机构则将发挥贴近民众需求、形式灵活的优势在国家文化建设中发挥重要作用。民营文化建筑装饰的市场份额将大幅扩大。收入水平的持续上升将持续推动民众对体育休闲活动的需求，而未来的建设规划也保障体育场馆建设的持续增长，体育场馆装饰市场将继续扩大。在前期投资持续及政府政策支持下，会展场馆装饰市场前景在短期内还将有所维持，而后将趋于平淡。但随着经济结构持续调整，展览业市场

表 5　2014 年医疗建筑装饰工程专业承包商十强

排名	承包商名称
1	北京北方天宇建筑装饰有限责任公司
2	深圳市晶宫设计装饰工程有限公司
3	北京雅林士博建筑工程有限公司
4	广西三源装饰工程有限公司
5	深圳市华剑建设集团有限公司
6	苏州金螳螂建筑装饰股份有限公司
7	广东爱得威建设(集团)股份有限公司
8	北京弘高建筑装饰工程设计有限公司
9	山东富达装饰工程有限公司
10	深圳远鹏装饰设计工程有限公司

资料来源：中国建筑装饰协会。

将更多朝商贸服务、新兴产业方向倾斜，从而带动一线城市及二线综合性城市的展馆建设，而展馆供给相对过剩及工业主导型城市的展馆建设将有所下降。展馆装饰市场的发展重点必将相应变化。

六　小结

随着国家宏观经济增长速度的下滑，公共建筑装饰行业在经历前几十年的高速增长后，整体增长有所放缓。从公装上市企业的公开信息看，公装企业面临业务量下滑、工程回款情况不佳、财务压力增大的不利形势。

经过多年的发展，公装行业整体装饰设计能力持续提升，科学技术的应用也得到较大的推广，形成了一批业务领域专业化的公装企业和部分实力雄厚的具有全业务领域服务能力的龙头公装企业。对装饰设计能力的重视和不断完善装饰设计体系，使得公装企业有能力实施以“设计带动施工”的发展战略。科学技术如 BIM、3D 打印技术的实践应用为公装企业及行业提供发展动力。

面对激烈的行业竞争和下滑的宏观经济增长形势，公装企业致力于产业链资源整合与市场空间的扩展。实施大客户战略，谋求与上下游企业的强强联合；发展供应链金融，实现与原材料供应商的共赢发展；借用“一带一路”的东风，积极布局海外公共建筑装饰市场。

未来随着经济的发展和国家政策的推动，公装市场将进一步扩容。经济增长方式的转变和环境保护的要求将促使公装行业绿色化发展。劳动力供给减少、产业链整合和互联网小额公装业务的开展将加速公装行业的集中化。而龙头公装企业服务能力的增强及范围的扩大将使其更好地向综合服务提供商转变。

从市场规模来看，公装各细分领域仍将保持增长的态势，同时也存在着一定的异质性。酒店、商业建筑、办公楼、会展场馆的装饰市场规模将保持平缓的增长，而交通场站、医疗卫生机构、文化体育场馆的装饰市场规模将保持快速的增长。从区域市场来看，酒店、商业建筑、办公楼、会展场馆的装饰市场皆存在着区域市场结构调整的趋势，这与其区域经济发展水平、产业结构以及区域楼宇场馆供给相关。而随着经济的发展和生活水平的提升，公共建筑物的职能及经营的业态构成更加明确，专业性、主题性元素更加突出，这相应地对公装各细分领域设计水平和专业化施工能力提出更高的要求。从公装各细分领域专业承包商名单看，公装各细分领域基本形成专业化的承包商队伍，未来专业化承包商的领先优势将得到巩固乃至扩大。

B.4
住宅装饰市场发展报告

摘　要：　2008 年世界经济危机过后，虽然增速略有起伏，但是中国住宅装饰装修的总产值处于稳定增长期。在未来较长的一段时间内，整个市场仍具有不容小觑的发展空间，这是由几种市场力量共同影响的结果，一是城镇化刺激人口流入城市，形成对住宅装饰装修的需求；二是中国经济发展的福利逐渐惠及全民，居民对居住环境提出更高的诉求，为住宅装饰装修市场提供发展的空间；三是房地产行业规模扩大的直接带动，还有去库存政策的推动，以及旧住宅的更新改造。在复杂的市场环境中，住宅装饰装修市场的发展方向日益明晰：市场分层依然存在，但层级之间的差距会逐渐缩小；重视质量的保证和品牌的打造，成为企业安身立命的关键；设计在当前及未来市场中将发挥重要的作用，不仅是满足消费者个性化的需求，更是企业间竞争的突出优势；以科技为支撑的“互联网 +”提供了新的发展模式，共享市场信息和资源。

关键词：　住宅装饰装修　“互联网 +”　房地产行业　消费升级

住宅装饰装修在我国发展历史不过三十多年，是相对较为年轻的行业，行业繁荣发展的同时并不成熟，因此行业定义尚未完善，简单来说可以定义为“在保护住宅建筑主体结构、完善住宅使用功能的基础上，使用装饰材料或饰物，对住宅内部表面和使用空间环境所进行的处理和美化过程”，而这个过程并不局限在非入住期间的装饰装修，还包括在入住使用期间的不断完善过程。① 住

① 《住宅室内装饰装修管理办法》，http：//www.gov.cn/gongbao/content/2003/content_ 62197.htm。

宅装修自古有之，但作为一个行业出现、发展始于20世纪90年代，这源于当时中国实施的住房制度改革，带动了房地产行业的起步和商品住房市场的兴起，自此中国的住宅装饰装修行业从使用简单工具、进入一家一户承包装修，到转型成为正规的住宅装饰公司，再到住宅装饰装修行业的正规化且出现品牌企业，中国的住宅装饰市场也在摸索发展过程中，逐渐成长、成熟起来。[①]

本报告在分析中国住宅装饰的发展、市场规模和发展趋势等的基础上，因开发商和业主付款方的不同，分别分析住宅精装修市场和普通家装市场的情况，以真正认识中国住宅装饰市场在三十多年中的发展。

一 中国住宅装饰市场的发展历程

（一）住宅装饰市场的兴起

住宅装饰装修，是以家庭住宅为主体的施工和美化，因此可以简单理解为家庭装修，即“家装”。在当今中国，“家装是科学，家装是艺术，家装是时尚，家装是流行”等理念已经逐渐成为消费者的消费诉求，家装是一种极具中国特色的经济现象、文化现象、政治现象和社会现象，整个市场的蓬勃发展和持续繁荣，不仅成为资本的新投资点、市场的新增长点，也是一个备受瞩目的研究热点。中国家装，或者类似的概念自古有之，而本研究中的中国家装，指的是实施改革开放政策后的现代家装市场，是经历了从无到有，逐渐成长为规模庞大、市场较为成熟的家装行业。

中国家装市场的兴起，在很大程度上依赖于中国政府政策的引导和指导。关键的政策引导为：在20世纪80年代，中国户籍制度逐步放松对人口流动的限制、中国乡村工业化高潮的推进引领了城镇化的快速发展，以及之后中国城镇化进程稳步推进，刺激了城镇人口规模的进一步扩大；1988年开始的房屋改革，住房产权由集体所有制向个人私有制转变，居民个人具有属于自己居住的房屋，也进一步刺激了居民对房屋装饰装修的重视，特别是居民收入水平上升后，对住宅装饰装修的投入也不断增加；终止福利分房制度、启动货币化分

① 刘玄：《2009中国住宅装饰市场分析》，《中华建筑报》2010年8月14日。

房方案等一系列政策的实施，使中国房地产开始了探索性发展，这有效促进了房屋交易面积和市场价格的不断攀升，而作为房地产行业的密切联系行业，家装市场也随之繁荣起来，而且庞大的市场规模也孕育了无穷的发展潜力。

中国家装市场虽然只有几十年的短暂发展时间，却走过了从无到有、从小到大、从弱到强的曲折历程。在家装起步发展期，当时位于改革开放初期，虽然位于东部沿海的城市、区域开始探索发展道路，但发展程度有限，而且中国绝大多数地方的经济发展水平不高，满足温饱仍是当时居民的首要目标，从消费能力和消费重心来看，居民的整体经济消费能力有限，家装在居民的消费规划中所占比例极小，只需要保障居民的正常生活需要即可，不存在舒适、美观等较高层次的诉求。低端需求带来的是低端市场形态，“师傅带徒弟”模式下的家装市场，市场主体分散、实力低下，呈现“散兵游勇”的市场状态，家庭的住宅装饰装修的目的是简单地满足生活必要需求，基本上不存在个性化、绿色化、文艺化等较高的生活质量方面的诉求，因此市场规模有限、市场价值不大。伴随户籍制度放松对人口流动的限制，房屋改革将住房产权归个人私有，以及 20 世纪 90 年代房地产得以蓬勃发展，家庭住宅的市场价格不断攀升，住宅消费在居民总消费中的占比持续扩大，居民开始注重家庭住宅装饰装修，并寻求与住宅价值相匹配的高质量家装。家装行业内达成的共识是，家装起步为 20 世纪 90 年代，最早在北京、上海、广州、深圳这四个代表性城市起步。

北方的家装市场以北京最具代表性。北京的家装市场，于 1995 年开始逐渐起步，当时的家装仅限于墙体粉刷、地面贴砖、房顶装饰等简单内容，市场中没有正规的家装公司，马路游击队是家装的主要力量。这种情况在 1997 年得到改善，当年北京市出现了第一家家庭装饰装修市场，即“北京百姓家庭装饰市场”，正规家装市场的出现带动了北京家装市场的真正兴起，家装行业开始初现雏形，并逐渐出现一大批以家装作为主营业务的正规公司。1997 年已经成为北京家装市场的分水岭，自此整个行业市场出现爆发式增长，正规的家装公司成为北京家装市场的主流，首先注册建立的有北京阔大装饰有限公司，随后陆续出现了北京业之峰、北京龙发、北京东易日盛等实力雄厚、发展蓬勃的专业公司，这些正规、专业公司开始引领北京家装市场的发展。但是，这种发展仍是探索型的，仍存在很多不稳定因素。而在 2003 年国家出台一系列家庭装修标准规范，北京市政府也开始出台行业管理规范，北京家装市场的日渐正规标志市场进入了成熟期。①

南方家装市场中，深圳的发展则极具特色。20 世纪 80 年代经济特区在深圳的建立，带来了深圳经济翻天覆地的变化，使其由一个简陋的渔村发展成为粗具规模的现代化城市，这种快速的城市化和财富积累，为现代化家装市场的出现奠定了经济基础，再加上毗邻香港的地缘优势，得天独厚的学习、借鉴和创新条件使其发展快速化和特色化。深圳的家装市场发展较早，在 20 世纪 80 年代中后期起步，没有正规的家装公司，早期的装修队以具有良好技术的工匠为主，而市场的扩大吸引越来越多的普通民工涌入，市场日渐混乱。而 90 年代是深圳家装市场的高速发展期，房产升温，居民生活水平的改善，以及当地政府的推动，正规的家庭装饰装修公司开始出现，装修的水平也得到了很大提升。进入 21 世纪，很多实力雄厚的大规模公司涌入深圳家装市场，深圳家装进入繁荣阶段，市场日渐成熟，质量竞争取代价格战，设计师队伍壮大，专业化的家装服务，群雄并存，深圳家装已成功跃入新的发展层次。可以说，深圳率先在设计、施工、市场经营和运行管理等很多方面的开拓创新，为中国整个家装市场的发展提供了宝贵的经验借鉴。②

（二）住宅装饰市场的发展概况

时至今日，中国家装市场已经不仅局限于北京、上海、广州、深圳等一线城市，在全国城镇乃至农村都得到了不同程度的发展。据中国建筑装饰协会家装专业委员会的粗略统计，当前中国家装的市场规模为 18 万家，此处所说的家装是“大家装”的概念，包括家装设计、材料、家电、家纺、家饰等很多内容，与家装相关大概有 5 万亿元的市场潜力，是公认的“朝阳产业”。

1. 产值的发展趋势及增长率

近年来，中国房地产市场不断发展、繁荣，建筑住宅规模逐步扩大，与此紧密相关的住宅装饰市场得到发展的机会，特别是中国市场经济的发展和人民

① 徐仁莲：《北京家装企业竞争战略研究》，北京交通大学硕士学位论文，2007 年。

② 程朝斌：《深圳市家装行业发展态势研究》，清华大学硕士学位论文，2003 年。

生活水平的提高，住宅装饰市场已经迅速走进居民的生活消费范畴并逐渐成为消费热点，而且普通居民对消费诉求的提升也在进一步刺激住宅装饰市场内容的丰富和服务水平的提升，整个住宅装饰市场的总体实力和经济容量都得到极大提升。①

观察2005～2015年中国住宅装饰市场总产值及增长率数据，可以看出中国住宅装饰市场规模在波动中呈现总体上升趋势。数据显示，住宅装饰市场的全年完成工程总产值从2005年的0.59万亿元增长到2015年的1.66万亿元，总规模扩大了1.81倍，年均增长速度为10.90%。而受到2008年全球经济危机影响，中国经济增长放缓影响居民对住宅装饰的总体需求，住宅装饰市场的全年完成工程总值出现了罕见下降，从2007年的0.9万亿元跌至2009年的0.89万亿元，跌幅达1.11%，同比年度增速也从28.57%跌至-0.4%，下降了28.97个百分点。但这种颓势并没有持续较长时间，2010年市场总产值恢复到1.07万亿元，增速恢复到20.22%，自2009年整个市场总产值以10.95%的平均增速稳定增长，受中国总体经济增速放缓的影响不明显。2015年住宅装饰装修全年完成工程总量值1.66万亿元，相较于2014年的1.5万亿元，增长了9.2%（见图1）。

2. 住宅装饰市场特点与分类

住宅装饰市场作为一个独立的市场，从建筑装饰市场中细分出来，原因在于伴随中国建筑行业的发展，服务对象、服务内容和需求定位的日益鲜明。总结来看，中国住宅装饰市场具有非常鲜明的自身特点。②

（1）住宅装饰装修市场提供的产品和服务，其最终消费者是房屋居住人，而住宅环境与一个人的生活环境密切相关，并且一般有长达几年甚至几十年的适用期限，是一种典型的个人耐用消费品。

（2）购买住宅装饰装修服务的对象，不管是个人住户还是房地产开发商，订单规模的大小不会影响整个工程流程和服务质量，个人住户工程量小、工期短，工程价款少，房地产开发商工程量大、工期长、工程价款多，但必要的工序都是一样的，而且个人住户工程没有规模效应，还会有更多的个性化要求。

---

① 李晶、饶兰：《我国住宅装饰市场研究》，《中国住宅设施》2009年第3期。

② 李楠：《我国住宅装修发展状况研究与道路探索》，重庆大学硕士学位论文，2003年。

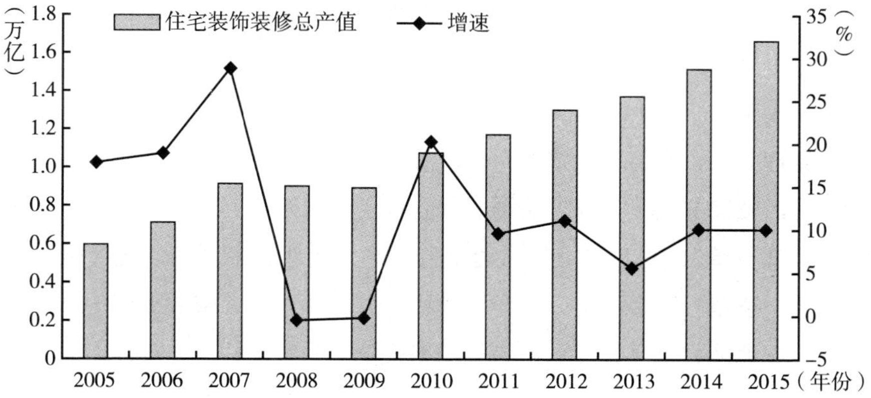

图1 2005～2015年中国住宅装饰市场规模及增长趋势

资料来源：中国建筑装饰协会，并由笔者进行计算。

（3）更新换代速度惊人，时尚潮流的变化会实时影响消费者对住宅环境的审美，消费者还会结合自身的经历、职业、教育背景等很多因素提出个性化要求。与之匹配的是，现代材料、技术的改良和更新换代速度同样惊人，这在满足新的消费需求、提供更优质居住环境上，效果惊人。

（4）作为个人投资，住宅装饰装修市场和公司受到经济因素的影响程度较大，经济发展势头良好会提高居民的收入水平和消费水平，这会直接增加居民对住宅装饰装修的投入。而且一旦资金充足，随着市场潮流、个人喜好的变化，装修材料、技术的更替，消费者很容易在使用寿命期限内就进行数次小规模的更新或者是重新装修。

中国建筑装饰行业协会根据付款对象的不同，将中国住宅装饰市场细分为两大类，分别为以（房地产）开发商为主体的住宅精装修市场和以业主付款方为主体的普通家庭市场。而这两类在市场诉求上具有很大区别，前者具有突出的产业化和规模化特点，在较大程度上排斥个性需求，后者则具有极强的个性化特点，服务内容诉求丰富化。

3. 企业及区域市场

从事住宅装修工程设计、施工的专门性企业，被称为住宅装饰装修企业。全行业企业数目自2011年就已经出现了减少趋势，退出市场的多为承担散户装修、没有资质的微小型企业，有资质的实力企业机会没有受到波及，市场优胜劣汰机制开始在住宅装饰装修市场发挥效用。[①] 虽然整体企业实力在市场竞争中得以提升，并有两家住宅装饰装修企业成功上市，但是资质等级状况并没有变化，根源在于2014年底，住房和城乡建设部颁布的新的建筑业企业资质标准及管理办法，暂停了建筑业企业资质晋级。[②]

在新的发展契机下，住宅装饰装修企业仍呈现鲜明的区域化特征，突出表现为“南北分治”，各自具有极强的特色，这与南北方不同的历史背景、文化底蕴和发展道路等诸多历史、社会因素相关。总体来看，南方地区的家装企业略多于北方地区，且探索发展新趋势的态度也较为积极，北方市场以北京企业为潮流领导，而深圳企业则是南方市场的风向标，行业内将其总结为“全国装饰装修看广东，广东看深圳”，深圳地区规模以上的企业数量非常多，在地区数量排名领先。凭借对新兴事物和理念的极强接受力，以及不断探索创新的发展路径，全国家装市场的重心已经南移，很多新的家装理念和发展趋势也都在南方市场得以孕育和推广。[③]

家装市场除了在南北方存在差异外，在东西部也存在分布和发展的不同特点，尤其是西部市场逐渐受到重视并得以发展，使得这种差异显现了新的变化。家庭住宅装饰装修的发展水平和发展潜力，与所出地区的经济发展发达水平和居民的消费水平呈现正相关关系，东西部经济发展之间的差距由来已久，这造就了家装市场在东西部之间的各具特色。简单来看东西部经济发展之间的差距，东部市场经济发展的起步早于西部地区，经济总实力和居民实际消费能力高于西部地区，城市化进程快于西部地区，城市化水平也高于西部地区。东西部地区经济发展时间和发展水平上的差距，导致家装市场在区域分布上形成“东强西弱”的不平衡状态。但是，西部大开发、中部崛起、东北振兴以及“一带一路”等战略的实施，激发了中西部地区经济发展的潜力，城镇化进程不断推进，成渝经济区已成为全国重要的经济增长极，由此带来的居民消费实

① 王本明：《2014年中国建筑装饰行业发展报告》，中装新网，2015年3月6日。

② 中国建筑装饰协会：《2015年度中国建筑装饰行业发展报告》，中装新网，2016年3月10日。

③ 《2015～2016年中国建筑装饰装修行业区域集中度分析》，http：//www.chyxx.com/industry/201601/377328.html；刘玄：《2009中国住宅装饰市场分析》，《中华建筑报》2010年8月14日。

力的增强和消费水平的升级，已经改变了中西部住宅装饰装修市场的疲弱状态。西部地区的经济发展为家庭住宅装饰装修行业提供了发展契机并奠定了必要的经济基础，家装企业有计划、策略性地从东部向西部转移成为一种新的发展方向，特别是新疆、西藏、青海等地区的家装发展潜力尤为突出，这是因为这些地区位于典型的民族区域，很多少数民族居民聚居、杂居，民族特征对家庭住宅装饰装修提出了民族化的高质量诉求，这其实就增加了家装的附加值，家装企业也就相对获得了更多的发展空间和利润空间，同时，不同的民族对家装都有自己的要求，这也对家装企业形成了挑战。

（三）住宅装饰市场的结构

1. 市场集中度

市场集中度（Market Concentration Rate）是对整个行业市场机构集中程度的测量指标。市场集中度可以简单地描述特定市场或产品的垄断程度，同时还涉及企业规模分布，通常被看作市场结构的显著维度，在决定企业行为和市场绩效中起到了较为重要的作用，因此这一指标是研究行业或市场行为的重点问题。市场集中度受到诸多因素的影响，包括经济因素，也包括非经济因素，如规模经济、进入和退出壁垒、资源独占性等。尽管芝加哥学派将市场集中度指标作为是否存在滥用市场势力行为作为反垄断的标准，但是在竞争性较强的市场中，该指标却可以作为判断市场发展成熟程度和市场综合实力的一个观测指标。①

在进行行业内市场企业排名时，中国建筑装饰协会在对住宅装饰装修市场进行排序时，是以住宅精装修工程专业承包商为代表。因此，本报告在计算住宅装饰市场集中度时，采用的是住宅精装修工程专业承包商前四强企业的营业总收入在市场总收入中的占比，数据来自 2015 年的统计。2015 年，排名前四的企业分别是深圳广田装饰集团股份有限公司、浙江亚厦装饰股份有限公司、深圳中天精装股份有限公司和远洋装饰工程股份有限公司，因数据有限，其中的广田、亚厦和远洋的年度营业总收入分别为 83. 56 亿元、90. 22 亿元、20 亿

① 郭树龙、李启航：《中国制造业市场集中度动态变化及其影响因素研究》，《经济学家》2014 年第 3 期。

元，而统一时期整个家装市场的市场规模粗略估计为 1.66 万亿元，因此只能粗略计算出该三家公司的市场集中度，为 1.19%。由此，中国住宅装饰装修市场是竞争型市场结构。

通过 2015 年家装市场的市场集中度数据，可以看出家庭住宅装饰装修市场的集中度不高，整个市场的竞争激烈，与当前的市场现实几乎完全符合。中国建筑装饰协会家装委员会秘书长张仁指出，中国的家装市场是一个竞争程度较高的市场，原因在于市场进入门槛低，不存在对企业资质的要求，仅需要工商注册就可以进入家装市场并开始经营。张仁秘书长同时还指出，由于家装市场几乎没有对劳动力的技术要求，家装市场可以说是农村剩余劳动力的重点流入区，同时还是城镇劳动力再就业的重要途径，家装市场这种就业渠道的作用得到了政府的肯定，很多相关的产业政策和就业政策也都有意识地将失地农民、下岗职工、再就业人员等引入家装市场，寻找就业机会。这种低进入门槛的存在，政府政策的引导，再加上市场发展历史较短，造成家装市场的混乱，“马路游击队”仍然占据着半壁江山，施工质量不高，整个市场呈现“小、散、乱”的特征。① 在市场集中度偏低的情况下，市场合力难以形成，这就阻碍了企业获得与整个市场相匹配的发展势头，市场规模的持续扩张除了受到自身因素的影响外，还受到外部市场诸多因素的影响。家庭住宅装饰装修作为快速发展的“朝阳产业”，缺乏实力雄厚的领导型企业，很容易限制整个市场的壮大发展。在缺乏领导企业引领的状态下，家装企业的施工质量参差不齐，多数企业处于低端的价格竞争，设计、施工质量水平不高，不能满足容量不断攀升的高端市场需求，同时混乱的市场行为变相加剧市场的不健康竞争，持续、有序的健康市场竞争状态的形成，仍需要一定时间的积累，离不开市场自身和政府的共同努力。

2. 市场的合作与竞争

完全竞争市场是西方经济学中描述的理想市场结构，只有在严格假设条件下才能够实现，现实经济生活中并不存在这种完美市场结构。由于市场结构关系市场绩效的实现，经济研究中通常通过以企业数量和规模分布为特征的市场集中、产品差异、进入壁垒和行业组织力量等因素来判断市场的竞争程度，本

① 资料来源于对中国建筑装饰协会家装委员会秘书长张仁的访谈。

报告也通过这几方面来研究住宅装饰装修市场的竞争程度。①

在市场集中方面，上一部分对家装市场集中度的计算，在很大程度上代表了住宅装饰装修市场的市场集中情况。中国住宅装饰装修市场现存企业数目不少于18万家，行业内排名靠前企业的营业总收入、销售额等经济量在整个市场中的占比较小，不存在突出的市场势力，尚未形成以这几大企业为主导的垄断市场结构。现存不同规模的企业处于彼此混战中，市场内部竞争激烈，少部分大企业的经济决策和市场行为，不能撼动整个市场的整体趋势。住宅装饰装修市场拥有施工游击队伍，在整个建筑装饰市场中规模最为庞大，规模化、综合实力强劲龙头企业的缺失，限制了行业规模和市场结构的进一步提升，也限制了企业整体质素的进一步提高，这就不能很好地适应市场需要，市场供需在质量上的不匹配，会进一步妨碍整个市场的健康、有序发展。②

市场壁垒是影响市场结构的重要因素，包括进入壁垒和退出壁垒。进入壁垒是指，面对潜在或新进入企业，原有企业凭借自身优势在竞争中获胜；退出壁垒是指，各种阻挠因素的存在，使得既有企业不能随意退出市场。进入壁垒和退出壁垒的情况在住宅装修装饰市场中都不存在，这主要是由以下几方面的原因造成的：一是我国政府和法律没有对进入企业颁布必要的资质标准，任何规模的企业只要在工商部门注册，就可以涉足住宅装饰装修业务，这就造成了大量规模不一企业的混战局面，尽管后来颁布了《住宅装饰装修施工规范》《住宅装饰装修质量验收规范》等标准规范，但是只针对企业行为，不针对企业的资质；二是住宅装饰装修市场的发展历史较短，并不成熟的市场也没有培养出成熟的消费群体和成熟的消费行为，没有培养出客户的忠诚度，加之市场企业所提供产品的差异化有限，企业难以从消费端排斥潜在进入企业；三是住宅装饰装修市场中企业在生产和提供产品中也不具备排除其他竞争者的优势，现有企业在购买生产所需资料上不具备价格或任何垄断优势，不能排斥新进入企业按照同等价格购买资料，而且现有企业也不具备生产技术或品牌效应等优势。

行业协会是一种典型且重要的行业组织，介于政府和企业之间，商品、

① 李世英：《市场进入壁垒与产业的市场绩效研究》，《经济体制改革》2005年第4期。

② 刘玄：《2009中国住宅装饰市场分析》，《中华建筑报》2010年8月14日。

服务提供者和消费者之间，以及行业内各企业之间，为他们提供咨询、沟通、监督、公正、自律、协调等服务，是市场结构和市场绩效的一个重要影响因素。行业协会力量的壮大，可以在一定程度上改变原有的竞争状态。以上海家装协会为例，上海家装协会是在家装行业发展较为成熟并具有一定市场力量的社会组织，协会要求每家家装企业要上交20万元的质量保证金，并在日常经营中对企业进行监督，这在保障家装行业提供产品质量的同时，其实用保证金变相排斥了实力不雄厚、资质不高的企业进入市场，这实际上是通过降低市场竞争程度来换取整个市场的有序、健康竞争。因此从这一角度出发，如何运用行业协会的力量同时实现产品质量和健康竞争，就成为一个重要的课题。

“竞争”不仅代表一种市场结构，还代表这市场中企业选择的经济行为。住宅装饰装修企业所处的市场环境呈现自己的特征，市场内部的竞争激烈，所有企业都不具备占领竞争制高点的竞争优势，而且我国当前住宅装饰装修市场的竞争水平不高，甚至很多是低端的混战，因此现阶段，企业已经不能单一地选择合作或是竞争作为自己的战略，而应该将竞争合作视为企业长期的发展战略。在发展中市场推广竞争合作具有很多的优势：一是可以避免价格竞争和过度竞争带来的质量问题和重复浪费，鼓励彼此获利的健康竞争方式；二是彼此在合作中竞争、竞争中合作，在交流彼此基础技术、经验教训中，共同提升各自的核心竞争力；三是高度竞争市场中的合作，可以共同抵抗竞争压力和经济危机威胁，形成合力提升在市场中的竞争实力。[①] 企业自发的合作是一种形式，还有一种重要的形式就是数目较多的企业自发或者在某种外力下，形成一种共同获得利益最大化的经济组织，这种形式的优势更为明显，共享的技术、市场信息更为丰富，还面临带有必要惩罚机制的较强约束力。总结来看，在当前和未来市场中，竞争合作带来的双赢和共赢才是市场竞争的最终目的。

中国的住宅装饰装修市场，因中国政府实施的政策而兴起，并且利用各种发展机会，实现了从游击队、小市场发展到大规模的正式行业市场，从几个大型城市向全国的城镇布局，从东部沿海向中西部城市延伸。中国住宅装饰装修

① 张兰霞、周蓉姿、孙建伟：《竞争合作理论评述》，《东北大学学报》（社会科学版）2002年7月第3期。

市场发展繁荣，规模巨大，市场竞争激烈，很多企业寻求在竞争中合作的发展途径。

二 中国住宅装饰装修的细分市场

（一）住宅精装修市场分析

1. 住宅精装修的兴起

住宅精装修是指开发商付款的住宅装饰装修。住宅精装修成为中国房地产行业中的发展趋势和房地产的标配，这主要源于政府政策的推广和大力支持，国家建设部在2002年就明确提出，中国到2010年左右都将推广住宅装修的一体化，力争使毛坯房退出市场。为保障毛坯房的顺利退出，建设部还在同一年颁布了《商品住宅装修一次到位实施细则》和《商品住宅装修一次到位材料、部品技术要点》，规定技术标准的同时，给出了详细的指导意见；[①] 而在2008年，为了进一步推广住宅装修，住房和城乡建设部出台了《关于进一步加强住宅装饰装修管理的通知》，明确要求各地政府对住宅装饰装修提供政策扶持，在鼓励新建商品住宅一次装修到位或者进行菜单式装修模式的同时，要进行宏观指导，争取逐步实现取消毛坯房。

社会经济的发展切实提升了人们的生活水平，并对居住环境提出更高的要求，作为半成品的毛坯房逐渐退出购买者的视野，家庭装修已是普遍行为，精装修的住宅是成品房，逐渐成为社会关注的热点，毛坯房时代的结束可以作为房地产市场成熟和居民购买行为成熟的标志之一。传统的毛坯房充斥在中国房地产市场，存在着很多亟待解决的弊端：首先，毛坯房的存在就意味着，缺少必要装修知识的普通购房者要自己负责住宅设计、购料、监督、验收等住宅装饰装修的全过程，必然要耗费购房者的大量金钱，还会耗费大量的精力；其次，由于专业知识的缺乏，购房者付出的大量精力和财力，也很难保证住宅装饰装修的质量，甚至可能会存在安全隐患；再次，每个住宅用户都会提出自己的装饰装修要求，并聘用施工队伍单独作业，不论是在设计还是在施工过程

① 刘尧、张静颐：《从个案看北京精装修住宅市场》，《北京房地产》2005年第1期。

中，都很难形成规模效应，难以有效节约资源和人力成本；最后，住户自己进行装饰装修很容易产生两方面的纠纷，一方面是由于装修过程中与周围住户关系的处理不当，产生邻里纠纷，另一方面是用户与设计公司或设计员、材料商、装修商等进行合作时，很容易产生金钱、质量的矛盾，再加上小住户很难进行完备的合同签订，一旦出现纠纷就很难解决。

个体住户装饰装修存在着诸多安全隐患和社会问题，因此政府出台政策、采取措施推广由开发商集体进行的精装修，这是因为精装修具备的优越性，可以解决上述的诸多弊端：首先，开发商主导的住宅精装修，会对承担精装修任务的委托方提出较高的资质和装修要求，这就尽最大可能保证了装修设计由资质、实力优秀的设计单位承担，装修材料由合格的供应商提供，施工过程则由专业的施工队负责，基本上能从源头上根绝安全问题，还提高了装修的质量，向所有住户提供了良好的居住环境；其次，大批量住宅装修的同期进行，需要住宅的标准化设计、成批材料的采购、集中化的施工，整个过程由专业人员负责，形成突出的规模效益，降低了每一个住户的时间和金钱成本，还保证了装修品质；再次，房地产商负责的住宅装饰装修杜绝了住户的纠纷困扰，一方面这类装修一般在交房前进行，不会有住户入住，这就杜绝了住户间因装修产生的纠纷，另一方面房地产商在装修前会跟材料方、施工方等所有关系方签订详细的合同，一旦产生纠纷可以根据合同条款或者法律解决，不会对住户产生任何困扰。①

2. 住宅精装修的发展进程

中国住宅精装修的发展历程，可以大致分为三个阶段：第一阶段为简单式拼凑。这一阶段开始于1998年中国商品房市场的蓬勃发展，市场竞争的激烈，刺激开发商将装修作为宣传手段，但该装修只局限于样板房的精装修，成本低，质量一般，功能性差，且并不真正用于日常使用。第二阶段为品牌化运作。精装修的概念在2001～2006年逐步进入人们的视野，并开始在房地产行业推广，当时装饰行业质量参差不齐，部分开发商会对部分毛坯房进行精装修，以满足消费者对有质量保证的精装修商品房需求。由于已经进入实际使用阶段，该阶段住宅精装修质量得到了明显提高，装修档次的提升显著。第三阶

① 曹海峰：《浅析精装修住宅》，《消费导刊》2007年第7期。

段为精装修大众化。自2007年之后，迅猛增长的房价已经超出一般消费者的承受能力，且差距不断拉大，装修费用在房价中所占比例十分有限，因此房产商纷纷推出了精装修房以吸引消费者购买，并将其作为房价优惠的一部分。面临市场中的不同消费群体，开发者根据楼盘精准定位，使得精装修住宅不仅满足中高层消费者的需求，还可以针对低层消费者简单装修。①

据观察中国统计局网站的住宅房屋竣工面积数据，中国年度住宅房屋竣工面积在2011年达到峰值，年度完成竣工面积192545.1万平方米，同比增速13.09%。而在2011年之后，受到国家对房地产行业的调控政策和大城市对居民购房限制的影响，房地产行业从过热增长过渡到平稳发展期。2012～2014年，中国住宅房屋竣工面积从195102.9万平方米下降到192545.1万平方米，趋近于零增长（见图2）。

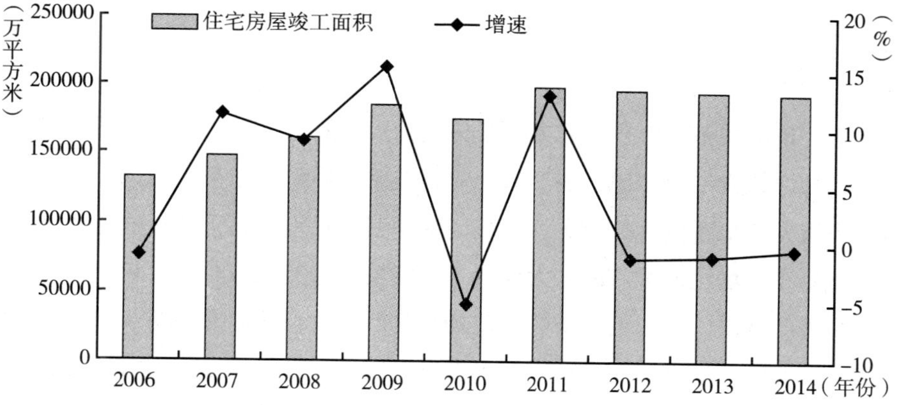

图2　2006～2014年中国住宅房屋竣工面积及同比增速

资料来源：整理自中华人民共和国国家统计局网站，并进行计算。

开发商为付款主体的住宅精装修，与年度住宅房屋竣工的面积呈正相关增长。受到整个房地产行业低迷的影响，住宅精装修必然会受到影响，但精装修在建筑装饰中市场份额仍处于增长中，因此这种消极影响较为有限。

根据中国建筑装饰协会的统计数据，2015年的住宅装修装饰市场，成品房精装修全年完成工程产值6400亿元，比2014年增加了400亿元，增长幅度

① 朱锦辉：《论精装修商品房的发展与利弊》，《现代商贸工业》2008年第3期。

为6.67%。与之联系紧密的房地产开发企业面临结构调整，新建住宅成品房精装修工程还将有所增长，特别是在房地产去库存的过程中，成品房精装修可能成为去库存的一种重要手段。① 而且我国精装修水平和国外差距较大，很多城市提出了提高精装修水平的要求，前瞻产业研究院保守预计，如果2017年平均的住宅精装修率可以达到30%，2017年我国精装修市场规模可能超过2万亿元。可以说，当前房地产行业的稳定发展，为住宅精装修市场提供了难得的机遇。②

3. 住宅精装修进一步发展的主要障碍

住宅精装修不仅为房地产开发商提供了吸引消费者和增加盈利空间的契机，还为业主提供了高质量的居住环境，可以说是开发商、业主双赢，但住宅精装修的继续发展仍存在一些障碍。

首先，住宅精装修规范体制的推出与质量的保证是继续的关键点。住宅装饰装修市场本来就是较为年轻的行业，其中的住宅精装修发展时间更为短暂，又缺乏详细统一的管理规范和质量标准，市场反馈和购买住户对精装修住宅存在疑虑，市场的不成熟也很容易造成开发商放松对装饰装修材料的管控，标准不统一加之缺少专业知识，消费者会对精装修的质量存在很大疑虑，而且在交付后也很容易出现投诉的情况，质量问题是诸多投诉中的重点，这已经成为困扰精装修在市场全面推广的一大障碍。住宅精装修的推广时间不长，仍有很多亟待完善的方面，例如整个精装修市场缺乏严格的行业标准和精装修房的验收标准，行业的诚信自律还未形成，也没有专门的权威机构或部门对装修材料和质量进行保障，种种现实问题的存在正在阻碍质量的进一步提升，其实也就阻碍了精装修在房地产行业的推广。③

其次，住宅精装修规模化的前提下，还要满足消费者对居住环境的个性化需求。精装修住宅要最大限度地满足消费者对居住环境的要求，因此就必须注重对细节的追求，而当前中国住宅精装修市场对中、高、低档住宅的区分尚不清晰，未来成熟的发展需要细分消费群体，根据特定群体的消费习惯和欣赏习

---

① 中国建筑装饰协会：《2015年度中国建筑装饰行业发展报告》，中装新网，2016年3月10日。

② 《到2017年我国精装修市场规模达2万亿元》，新浪网，2013年10月14日。

③ 谷莉敏：《精装修机遇与挑战》，《居业》2012年第6期。

惯来确定标准。同时这种细分消费者并根据其需求进行规模化的住宅精装修，也使消费者的个性化需求得到了满足。实际上，精装修是保证住户的基本居住要求，并不是完善、完美的装修，住户可以通过精致装饰、品质家具等后续的装饰满足自己的个性化需求，打造真正适合自己的居住环境，这也是精装修的初衷。

（二）普通家庭市场分析

与开发商付款的住宅精装修相区分，普通家庭住宅装饰装修的付款主体为业主，其中普通家庭装饰装修包括家庭新装市场和二次家装（家装后）市场，简单来说，前者是指业主在入住前对毛坯房的装饰装修，完善程度介于毛坯房和精装修住宅之间，后者则是为了提高居住感受，业主对房屋进行的完善性装饰装修。

1. 家庭新装市场

本报告所分析的业主付款家庭新装市场，并不等同于常见的住宅初装修，初装修一般指房地产开发商在交付业主使用前做的一些简单的功能性装修，是介于“毛坯房”和“精装修”之间的一种住宅装修，而本报告要分析的家庭新装与其最大的不同在于提出装修诉求和支付款项的主体为住宅业主。

根据中国统计局网站数据，可以发现中国房地产开发企业不同档次住宅的年度销售量受到当时经济形势的影响，2008 年全球经济危机波及中国，房地产住宅销售量出现急剧下跌，随后又迅速恢复到稳定增长态势中。2009 ~ 2014 年，房地产开发企业住宅销售数从 8040470 套增加到 10104351 套，增长幅度达25.67%，而别墅、高档公寓的销售套数年度波动较大，但大体稳定在20 万套的销售量附近（见图 3）。任何住宅在入住前都需要进行简单的装饰装修，因此家庭新装市场的规模不容小觑，但伴随房地产开发商进行初次装修的份额扩大，以及住宅精装修在消费者间的普及，因此以业主为付款主体的家庭新装市场存在进一步发展的较大压力。

2. 二次家装（家装后）市场

二次装修也称为家装后，简单来说就是重新装修或者装修的完善。二次家装市场的存在和发展，源于中国当前房地产行业的现实，虽然在推广精装修，但是“毛坯房”仍然在上市销售的新建商品住房中占据不小的比例。还有一个现

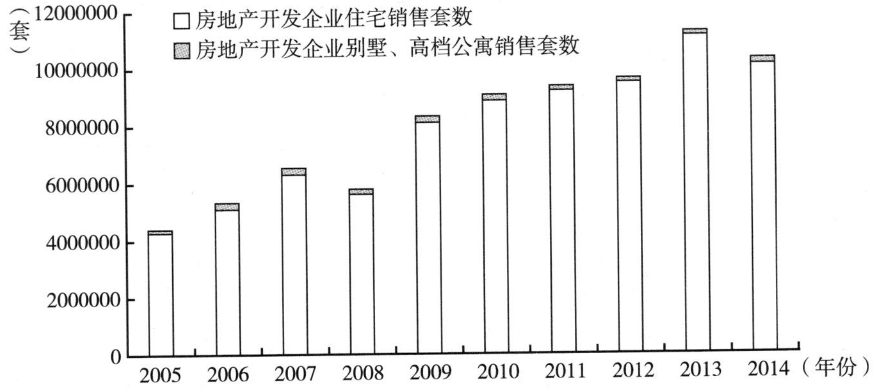

图3　2005～2014年中国房地产开发企业住宅销售套数以及别墅、高档公寓销售套数

资料来源：整理自中华人民共和国国家统计局网站，并进行计算。

实就是，城市中大量既有建筑的改造性装修工程量大幅增加、房地产市场中二手房交易带来的城市住宅改造性装修工程量稳步增长、存量建筑的节能减排装修改造工程量有较快增长，据中国建筑装饰协会的统计，2015年住宅改造性装修完成工程产值4500亿元，比2014年增加了600亿元，增长幅度为15.38%。①

住宅是全社会的刚性需求，人们安居乐业和改善生活环境的意愿强烈，这就必然导致房地产行业不会出现大幅度下降的情况。特别是2015年是我国大规模进行城市住宅商品化改革后的第20年，城市居民自用住宅也将会迎来新一轮的装修改造上升期。刚性需求的现实和二次装修需求的释放，都会带动住宅装修装饰进入一个稳定的增长期。②

业主在进行二次家装时，往往产生很多问题：①建筑垃圾的产生，容易形成建筑装饰材料的浪费，二次家装过程中一般会去除住宅中第一次装修过程中的绝大多数痕迹，装饰装修材料尚未使用就成为垃圾，浪费问题突出；②在二次家装过程中，业主为了实现装修的目的，有时会改变户型，在承重墙上开凿门洞，或者改造防火、通风设施等，这种无意识的危及建筑结构安全的行为，会降低住房设施等级，成为住户的潜在安全威胁；③业主在付出金钱和精力进

① 中国建筑装饰协会：《2015年度中国建筑装饰行业发展报告》，中装新网，2016年3月10日。

② 《2015～2020年中国建筑装修行业发展前景分析》，中商情报网，2015年7月8日。

行二次家装时，最初的诉求和期望却并不一定得以实现，多数业主并不具备住宅装饰装修的专业知识，很难在市场上甄别设计公司、装修材料公司和施工队伍，也不能在装修过程中进行有效监督，更难以在装修结束后进行全方位的验收，因此最终的二次家装极有可能会偏离最终的设计诉求。①

三　住宅装饰市场发展趋势

（一）住宅装饰装修市场的发展潜力

中国国内经济迎接着新的挑战，整体经济增速放缓，进入中低速增长期，下行压力仍然存在；经济危机过后，世界各国的经济恢复缓慢，世界贸易仍在持续收缩，甚至出现一些显性或隐性的贸易壁垒，中国作为世界上最大的贸易国，遭受的经济重创面临如何吸收和化解的重压；之前中国经济的快速增长既造成了经济结构的不合理，也掩藏了经济结构的诸多问题，因此中国经济还面对调整经济结构的重任，其中的重点是去产能、去库存等，结构调整的代价就是经济增速的低迷；消费对经济增长的贡献度不断刷新，日渐成为经济增长的第一驱动力，如何刺激消费并培养成熟的消费，已经成为我国市场的共识。在经济新常态下，中国住宅装饰装修市场面临新的机遇与挑战，当今及未来一段时间内，城镇化、居民消费实力及房地产市场的发展是主要的影响因素，而中国稳定的城镇化进程，居民生活水平及消费能力的提升，以及房地产市场的相对稳健，这些都将给已经新兴的住宅装饰装修市场带来突出的发展潜力。

1. 城镇化继续带动住宅装饰装修市场

20 世纪 90 年代中后期，中国的城镇化进入高速发展期，这给中国住宅装饰装修市场带来的是双重效应。一方面是人口迁移，中国人口规模巨大，快速的城镇化带动了人类历史上罕见的大规模人口向城镇的流动，人口大面积地集中涌入城镇，形成对住宅的爆发式需求，房地产行业的良好发展态势进一步刺激对住宅装饰装修的需求，住宅装饰装修市场得以起步和发展。另一方面是对经济增长的贡献，中国的城镇化是农村优质劳动力或剩余劳动力向城镇转移的

① 周飞云：《浅析精装修住宅的发展趋势与质量管理》，《福建建材》2012 年第 11 期。

过程，充足劳动力的供应支撑了我国的工业化进程，是推动城镇经济甚至全国经济增长的重要引擎，在总体经济实力不断累积的过程中，城镇居民的收入水平和与之而来的消费水平也不断提升，这就不仅形成对住宅装饰装修的刚性需求，而且还不断对这种需求提出高质量的新诉求，因此中国住宅装饰装修市场得以壮大和发展。在未来的发展中，城镇化仍是一个重要的发展热点，加大力度推进中小城市的城镇化，解决城市分化的问题，缩小不同量级城市发展的巨大差异，一些新的城镇化发展点都将继续推进中国的城镇化进程。只要中国城镇化进程没有停滞，只要住宅仍是中国居民最为基本的需求之一，市场对住宅装饰装修的需求仍会扩大，住宅装饰装修市场展现了深厚的发展潜力。①

而中国的快速城镇化过程，以及良好的发展态势，也得到了统计数据的印证。根据中国统计局网站提供的 2006 ~ 2014 年度人口数据，中国的城镇人口规模从 2006 年的 5. 83 亿人增加到 2014 年的 7. 49 亿人，增加的城镇总人口超过了 1. 66 亿人，城镇人口规模扩张了 28. 47%。就在同一历史时期，中国的城镇化率从 2006 年的 44. 3% 提高到 2014 年的 54. 8%，城镇化率在八年间增加 10. 5 个百分点。而根据国际发达国家的经验，发达国家的城镇化率大多在 70% 左右，因此可以粗略推断中国的城镇化在较长一段时间内仍会继续推进，而且推进的动力强大。

2. 中国居民消费实力的增强

居民住宅和与之伴随的住宅装饰装修，是我国城镇居民消费的重要组成部分，特别是在中国房地产行业市场化程度加深、房地产价格持续上升的推动下，住宅装饰装修日益为消费者和市场所重视。而根据消费经济学的理论，经济因素、环境因素、消费者自身，是影响消费者消费行为的三大主要原因。②具体来看，自改革开放以来，伴随中国经济快速增长而来的是中国城镇居民的收入水平和消费水平的持续改善，这就为消费者进行住宅装饰装修消费并提升这种消费质量奠定了必要的经济基础；中国消费者的消费习惯正在或已经发生改变，政府不断完善失业保险制度、医疗保险制度和养老保险制度等社会保

① 吴晓庆：《住宅装饰行业现状及其发展趋势探究》，《文化论坛》2015 年第 7 期。

② 田青、马健、高铁梅：《我国城镇居民消费影响因素的区域差异分析》，《管理世界》2008 年第 7 期。

障，居民后顾之忧的解决增加了居民的消费信心，而且生活质量的改善在提高居民审美的同时也提升了消费质量，这就增强了居民对住宅装饰装修的消费需求，并带动房地产开发商和普通居民对住宅装饰装修内容和质量都提出了更高的诉求。中国居民消费实力的增强，在扩大住宅装饰装修市场经济总量的同时，还要求市场的发展以适应新的需求。

根据中国统计局网站的居民收入数据，由于从2013年起，国家统计局开展了城乡一体化住户收支与生活状况调查，而之前的数据分别来自城镇和农村住户的调查，故收入水平的分析分城镇居民家庭人均可支配收入和农村居民家庭人均纯收入。2005~2012年，城镇居民家庭人均可支配收入从10493元增加到24564.7元，增长了1.34倍还多，年均增速12.92%；而农村居民家庭人均纯收入从3254.9元增加到7916.6元，增长了1.43倍还多，年均增速13.54%。而在2013年和2014年，城镇居民人均可支配收入从26467元增加到28843.85元，同比增长9%；而农村居民人均可支配收入从9429.59元增加到10488.88元，同比增长11.2%（见表1）。虽然近些年来，城镇和农村人均收入增速略有下滑，但年度增速快于国民总收入和国内生产总值的增长速度，特别是在中国经济放缓中，提升经济发展质量是主要发展方向，而增加居民收入、改善居民生活质量也被囊括其中。由此可以看出，住宅装饰装修市场极具良性发展的坚实潜力。

表1　2005~2014年中国城镇和农村居民收入水平

单位：元

年份	城镇居民家庭人均可支配收入	农村居民家庭人均纯收入
2005	10493.0	3254.9
2006	11759.5	3587.0
2007	13785.8	4140.4
2008	15780.8	4760.6
2009	17174.7	5153.2
2010	19109.4	5919.0
2011	21809.8	6977.3
2012	24564.7	7916.6
2013	26467.00	9429.59
2014	28843.85	10488.88

资料来源：整理自中华人民共和国国家统计局网站，并进行计算。

3. 房地产市场的刺激

20 世纪 90 年代初，中国房地产行业经历了起步、摸索、动荡、调整的过程，在起伏波动中获得了理性的成熟发展。根据发达国家的经验，房地产行业的发展与人均 GDP 具有一定的规律，当一个国家的人均 GDP 达到 7000 美元时，行业进入稳定增长期，人均 GDP 一旦达到 12000 ~ 13000 美元时，行业发展则会进入饱和期。① 总体上看，中国人均 GDP 已经超过 7000 美元，几乎可以说明中国房地产行业已经进入稳定发展期，而在人均 GDP 到达 12000 美元还有较长的时间，这也可以说明房地产行业同样还有较长一段时间的发展期。住宅装饰装修市场是房地产行业的下游产业链，只要房地产还有发展空间，住宅装饰装修市场就仍不缺发展的契机和待开发的潜力空间。

中国房地产的施工面积和竣工面积数据，也进一步印证了中国房地产行业未来的发展趋势和新的发展点。根据中国统计局网站的数据来看，2005 ~ 2014 年，中国住宅房屋施工面积表现了稳定、持续的增长趋势，其中住宅房屋施工面积从 239769. 6 万平方米增长到 689041. 18 万平方米，规模扩张了 1. 87 倍，年均增长率为 12. 44%；商品住宅房屋施工面积从 129078. 38 万平方米增长到 515096. 45 万平方米，规模扩张了 2. 99 倍，年均增长率为 16. 62%。在同一时期，房屋竣工面积的增长趋势放缓，呈现稳定的状态，其中住宅房屋竣工面积从 132835. 95 万平方米增长到 192545. 05 万平方米，增幅达 45%，年均增长率为 4. 2%；商品住宅房屋竣工面积从 43682. 85 万平方米增长到 80868. 26 万平方米，增幅超过 85%，年均增长率为 7. 1%。在 2015 年和 2016 年以及未来几年，中国的房地产行业还面临一个新的发展方向，即按照加快提高户籍人口城镇化率和深化住房制度改革的要求，为了匹配扩大的有效需求，需要消化房地产库存，稳定房地产市场，而化解房地产库存必将形成对住宅装饰装修市场的有效需求。

在房地产施工面积和竣工面积的增长下，2016 年中国经济结构调整对房地产市场行业提出去库存的重要任务，这必然带动新住宅装修及旧住宅改造性装饰等工程量较大幅度的增长。根据中国建筑装饰协会的数据统计，我国现有

① 胡葆森：《未来 20 年房地产行业发展的六大趋势》，中国房地产网，http://www.china-crb.cn/resource.jsp? id=21554。

520 亿平方米的既有建筑，有 20 多亿平方米的房地产库存，巨大的潜在市场规模，可以判断在较长的一段时间内，中国住宅装饰装修市场仍具有可观的利润空间和发展空间。①

（二）当前住宅装饰装修市场发展的弊端和问题

通过之前的分析，可以看出中国的住宅装饰装修市场正在经历着一个快速发展期，再加上中国经济也正处于一个上升、转型和升级的过程中，住宅装饰装修市场难以避免地出现了一些问题，主要是施工质量参差不齐、从业人员素质难以满足市场消费、产业链冗长等。而这些问题日益突出，正在阻碍着整个市场的深入发展。

首先是住宅装饰装修市场缺乏完善的标准规范，整个市场的施工质量参差不齐。当前全国通行的质量相关的标准和规范有 2001 年由中国建设部颁布的《住宅装饰装修工程施工规范》，以及直到 2013 年才同样由建设部颁布的《住宅室内装饰装修工程质量验收规范》，这些规范的颁布滞后于住宅装饰装修市场的发展，而且只能解决之前出现的问题，还需要继续完善以应对未来的发展，法律规范的滞后和缺失，就很容易造成市场施工质量的参差不齐。而且，住宅装饰装修市场的准入门槛较低，很多规模不一、资质不等的公司涌入市场，除了正规的专业公司外，还有很多“三无”公司（无营业执照、无资质等级、无施工力量和资金）和装修游击队，这些不正规的施工队伍甚至占据了装修市场的半壁江山，这种非专业队伍的存在打乱了市场秩序，拉低了整个市场的施工质量，还给消费者带来了巨大损失。

其次，从业人员的素质提升，不能满足居民的消费需求。中国住宅装饰装修市场的从业人员素质问题主要集中在两个方面，一是从事施工的工人大多来自农民或者失业工人，很少接受过正规的职业技能培训，整个行业内也不存在国家认可和推行的职业资格认证，这使得装饰装修的质量不稳定，妨碍知名品牌的建立和保持。中国的消费市场面临新的趋势，经济增长和消费水平的提升，刺激了消费者对住宅装饰装修提出了个性化、多元化、舒适化、绿色化等

---

① 中国建筑装饰协会：《2015 年度中国建筑装饰行业发展报告》，中装新网，2016 年 3 月 10 日。

诸多新的消费诉求，消费群体在年龄层次、教育背景、工作经历、审美喜好等方面存在差异，这就对装饰装修市场提出了更高的要求，而从业队伍素质并没有相应的提升，也就不能很好地满足消费需求，限制市场的提升。

再次，产业链冗长，利益链条上存在灰色环节。住宅装饰装修市场的产业链冗长，囊括了很多利益环节，虽然不存在市场垄断力量，但很多市场行为却培植了不少灰色利益空间。在一些施工集中的区域小市场中，原料供应端容易出现供应商的霸权行为，例如很多小区集中区出现的“沙霸王”“水泥霸”等现象，控制了施工单位的原料供应和价格定位，恶意获取利润；冗长的产业链中参与环节众多，由于发展的不成熟，各个参与部分的利益分配不均，这就很容易导致参与者采用恶性手段压缩成本、扩大利润空间，市场中的质量投诉、回扣、搭配销售等现象层出不穷。

最后，公司及其所在市场管理混乱，改善进程举步维艰。中国住宅装饰装修市场的管理混乱问题主要集中在两方面，一是全国和地方的住宅装饰装修市场缺乏统一的管理，行业协会力量有限，不能形成对市场的有效管理。市场内云集了数量众多的企业，参与者包括公司经营者、设计人员、施工工人等不同层次的从业人员，因此对每一家公司的设计、施工、监理、客服等都进行管理，可谓困难重重。另一个是公司自身的管理不足，规模小的企业难以形成现代企业管理制度，规模大的公司很难形成对所有业务和从业人员的充分管理，而且很多公司在多个城市设置分公司和营业网点，就更难以形成统一的管理。市场和企业现实情况的存在，管理混乱的问题还将继续存在，但会随着市场的成熟逐渐改善。

（三）住宅装饰装修市场的发展趋势

中国经济发展进入“新常态”，调整产业结构、转变增长方式成为当前发展战略调整的主要目标，住宅装饰市场也面临新的发展契机和方向。①绿色发展意识增强，有效推动行业转变发展方式。住宅装饰行业作为资源消耗性服务业，如何实现资源消耗行业的绿色化发展，实现住宅装饰装修企业和全市场的节能减排，对于建设资源节约型、环境友好型社会具有极为重要的意义。绿色装修能够实现低碳环保、生态和谐，在资源环境代价和住户的安全、舒适、健康居住环境间找到平衡点，在保证人与自然和谐共处的基础上，最大限度地提高住户的居住质量。②设计地位得到提升，住宅装修质量改善。设计在住宅装饰行业发展方式中具有突出作用，可以从根本上扭转劳动力密集的现状，而转向文化、艺术、技术密集型。重视住宅装饰中设计的重要作用，可以整体提升住宅装饰的质量水平，尽可能满足消费者的个性化需求，同时还可以通过设计推动行业的绿色、可持续发展。③产业链整合，战略合作水平不断提高。住宅装饰市场位于产业链中端，加强同房地产商、装修材料供应商、装饰提供商等的行业合作，是整合全产业链、实现资源优化配置的可行途径。这种产业链整合有着良好的认知和实施基础，市场的深入融合使住宅装饰装修企业已经认识到与其他企业合作、进行产业链整合的重要性，是市场中实现“竞合”的关键手段；市场的繁荣与壮大，提高了企业的整体水平，也培养了一些规模和实力雄厚的企业，引领型企业的引导，可以迅速助推全行业的产业链整合，特别是互联技术的发展，为资源整合和产业链完整提供了技术支持和发展机遇，资源利用效率将进一步提高。①

迎合新的发展契机和机遇，中国的住宅装饰装修市场在继续保持原有主流发展趋势外，还呈现一些新的发展动向。

市场分层仍然存在，但层次差距逐渐缩小。中国住宅装饰装修市场在发展过程中，占据大半市场的游击队逐渐萎缩，彼此竞争和整合，四种市场主体共存的格局逐渐清晰：装修游击队、传统住宅装饰公司、家居中心的住宅装饰部门和综合型的一体化住宅装饰公司。当前市场发展时间短，成熟度还待提高，消费需求仍具有分层的特征，这四股市场力量利用机会，探索开发市场、完善商品服务的发展路径，并在各自的市场中获得了一定成绩。住宅装饰装修市场的日渐成熟，以及居民消费的理性化和成熟化，使四大类装修主体的市场份额持续发生变化，不正规的小规模装修游击队市场份额不断收缩，从 2005 年的 70% 下降到 2015 年的 40% 左右。②

质量的重要性日益突出，成为未来决胜的关键。在发展初期，市场所提供产品和服务的种类和品质不高，消费者对产品和服务的诉求也不高，因此质量对住宅装饰装修企业的局限有限，而随着市场的成熟，质量日益成为发展的硬

① 王本明：《2014 年中国家住装饰行业发展报告》，中装新网，2015 年 3 月 6 日。

② 《从去年中国住宅装饰市场看今年的市场发展轨迹》，中国江西网，2010 年 12 月 14 日。

道理，决定着企业的发展命运，产品和服务质量的高低是企业核心竞争力的重要部分。公司的质量通常包括公司形象、技术质量和功能质量三个部分，就住宅装饰装修市场来看，公司的质量包括对原料采购、设计、施工和验收的标准和监管，培训员工、培养专业设计人员保证业务质量真正满足消费者需求，以及完善售前、售后以及投诉建议的服务。

设计在现代生活，尤其是生产服务中发挥越来越重要的作用，这是源于设计对同质化的打破，设计满足了消费者对自我和个性化的要求，也可以使商品和服务的提供者从其他竞争者间凸显出来，赢得市场竞争。设计的突出作用，恰恰是中国住宅装饰装修市场实现新发展的助推力，助推装修市场在满足消费者绿色化、舒适化、个性化等诉求的同时，实现企业的生存、发展，实现行业的发展、壮大。作为设计的支撑，住宅装饰装修的设计队伍质素也在改观，尽管仍然缺少专业化的设计师培养学校和对口专业，但市场发展中积累了很多优秀的设计师队伍，国外优秀的设计师涌入国内，也提升了全国设计师队伍的素质，行业也越来越与国际接轨。[①]

培养品牌意识，塑造优势品牌，是住宅装饰装修市场和公司的重要工作。品牌是一种识别标志、一种价值理念，是对一个企业综合实力、社会信誉、企业文化的整体肯定，凝聚的是一个企业的核心竞争力。品牌是一种重要且相对可信的信息表达和传播方式，它为消费者在选择住宅装饰装修服务时提供准确、可靠的信息，同时逐渐明确了住宅装饰装修企业在市场中的定位，为其做大、做强、做精提供了机会和广阔的舞台。

居民环保意识的增强，绿色装饰不仅是住宅装饰市场的重要发展方向，也是建筑装饰市场的重点方向之一。绿色装饰装修本着人与自然和谐共处的原则和初衷，充分利用居室自身特点，减少重复浪费，并且考虑居住者的心理诉求，使房屋更加环保更加适宜人的居住。“绿色过程”是从绿色设计开始，经过绿色选材、绿色施工，以绿色验收收尾，其中绿色设计是一切的源头，但绿色建筑的真正发展却离不开绿色装饰。[②] 2015 年 1 月 1 日起，新版《绿色建筑评价标准》正式实施，发展绿色装饰，主要是倡导绿色理念、坚持绿色设计、

① 王本明：《2014 年中国建筑装饰行业发展报告》，中装新网，2016 年 3 月 6 日。

② 时潘、赵西平：《家装中的绿色设计》，《科技咨询》2009 年第 35 期。

推进绿色施工、使用绿色材料。①

在信息技术的支撑下，与互联网相互融合，利用互联网兼微电子新技术，则构建了一种新的住宅装饰装修运作新模式，即“互联网 +”，并已经成为市场的重点发展方向之一。2015 年就已经出现了“互联网 +”运作模式，包括苏州金螳螂成立的平台“金螳螂 · 家”、浙江亚亚厦的“蘑菇 +”、深圳广田的“过家家”、深圳洪涛的“优装美家”和深圳宝鹰的“我爱我家”等互联网家装平台。“互联网 +”代表创新，引领变革，是对农业思维，工业思维，产品思维的颠覆与革新，是基于国家战略创新的一场革命，而住宅装饰装修市场的互联网化可以概括为“四环联动，一变俱变”。总结来看，首先要变形，也就是企业组织结构要发生改变；其次是变位，产品供应链要发生改变；再次是变血，各方探索，寻求资本融合；最后是变能，提升服务系统和迭代保障。互联网发展成为持续的潮流，关键在于后续专业施工队伍的跟进、施工质量的保证才能使“互联网 +”由潮流演进为一种生产和运作的模式。

① 《2015 年建筑装饰行业十大发展方向》，中国建筑装饰网，2015 年 1 月 7 日。

B.5
软装市场发展报告

摘　要：　在建筑装饰行业，软装是一个新鲜元素。本报告将从软装的概念、产品构成、设计现状、互联网软装等几个方面介绍当前我国软装市场发展现状。第一部分介绍软装的基本情况，包括概念、产品构成、市场规模、软装企业与消费特征等内容。第二部分介绍软装设计，包括我国软装设计的发展轨迹、设计原则、设计风格和互联网软装的发展。第三部分分析未来5年软装行业的发展趋势。在互联网大潮的影响下，传统建筑装饰公司转型，软装企业一方面连同家装、硬装在互联网时代“赶潮”，另一方面继承经典商业运作策略——打造品牌、融合中华传统文化精髓，相信不久之后，软装必将成为建筑装饰领域的潮流，走进千家万户。

关键词：　软装市场　软装企业　软装设计　互联网软装

一　软装市场发展现状分析

（一）软装市场发展现状

1. 软装的界定

在建筑装饰行业，软装属于室内装修设计的范畴。由于“软装”是一个新潮的概念，要理解它，则要从它的伙伴——硬装说起。在实际生活中，硬装更接近传统意义上的“装修”，如“刮大白”“铺地板”“贴瓷砖”等，因此，硬装的主要针对对象是房屋的墙面、地板、门窗等，是对建筑本身的硬结构空间构造的建构和巩固。理解了硬装，软装的概念则呼之欲出了。

软装，又称软装修、软装饰，与硬装属于室内装修设计的一体两面，互为补充，是对房屋硬结构视觉空间的延伸和发展。理解软装，我们可以采用一种动态的、形象的表达方式——当业主把房子倒过来的时候，所有能够掉下来的物品都属于软装的范畴。所以，可移动、可更换、可拆洗是软装的特色。基于这些特点，软装囊括了丰富的装饰类别和物品，如家具、书画、植株、工艺品、床上用品、灯具、窗帘等。可以说，软装是在硬装的基本格局下，对室内装修进行的二度陈设和布置。①

软装涉及的装饰物类型复杂、内容繁多。软装饰物品既要与硬装风格相搭配，又要受美学、风水、色彩等诸多因素的影响。因此，一套完善的软装设计是十分考究的。软装设计需根据居室空间的大小、形状，业主的生活习惯、兴趣爱好、经济情况等，从整体上策划全面性的软装设计方案，不同材质、不同风格、不同颜色的装饰物能够为居住者带来不同的视觉和心理感受，反映业主的个性特征、生活品位、思想状况和人际关系。软装设计营造了家居空间的语言功能，与居住者建立起“对话”关系，居住者通过软装设计表达内心的需求和向往，获得心理上的舒适感。②

软装还有一个奇妙的功能，即原有的装饰品通过重新组合能够呈现焕然一新的形态，而不必花费更多的钱去购买新的饰品或聘请装修公司进行新一轮翻新。这一功能决定了软装广阔的适用范围，除了居家装饰，各大商场、服装店、咖啡馆、酒吧、书屋等休闲娱乐消费场所也需要通过软装饰来营造氛围、吸引顾客，同样，星级酒店、售楼处、样板间等场所也需要软装饰来衬托形象。③

由于软装在家装领域的地位举足轻重，越来越引起相关企业、从业人员及行业研究人员等群体的重视。以下将对软装市场的主要构成、发展现状及趋势展开介绍和分析。

2. 软装市场产品结构与发展趋势

（1）家具

家具可以说是最为常见的家居用品。家具主要包含沙发、床、衣柜、书

① 钟惠辉：《装饰艺术中的软装设计》，《现代营销》2012 年第 2 期。

② 邢文婷：《浅谈家居软装设计的发展趋势》，《现代装饰理论》2011 年第 8 期。

③ 王雯：《室内设计中软装的独特魅力》，《现代装饰理论》2015 年第 1 期。

桌、餐桌、椅子等，形态较大，价格较高。现在，家具不仅要担当居家生活的“重任”，还要承担装饰功能。因此，本报告将家具作为软装饰的品类之一进行分析。

根据国家统计局资料，从总体上看，全国家具类市场（含批发和零售）近5年成交额呈平稳上升趋势。家具类市场成交总额从2010年的1467.64亿元增长到2014年的2077.76亿元，增长率为41.57%。家具类批发市场成交额和零售市场成交额基本上平分秋色。不过，从整体上看，批发市场成交额略胜一筹，从2010年的755.03亿元增长到2014年的1086.89亿元，增长了43.95%。灯具零售市场成交额从2010年的712.61亿元增加到2014年的990.86亿元，增长了39.04%。2015年，全国家具类商品零售额2445亿元，同比增长16.1%。[①] 家具市场是软装行业的重头戏。从近5年的市场份额可以看出，家具交易的势头不减，这对于软装行业的整体发展十分有利。

（2）灯具

灯具除了具有照明功能，还在室内软装饰中起到色彩搭配的作用。光影的搭配既可塑造磅礴的气势，也可勾勒温暖的氛围，使室内各处融为360度无死角的精美艺术品。灯光与家具、布艺的融合相映成趣，成为现代人打造个性化生活起居环境的必备工具。

国家统计局资料显示，全国灯具市场（含批发和零售）成交额呈快速上升趋势。灯具市场成交总额从2010年的151.27亿元增长到2014年的214.35亿元，增长率为41.7%。其中，灯具批发市场成交额是其中的主力，从2010年的127.2亿元增长到2014年的174.1亿元。灯具零售市场同样功不可没，从2010年的24.07亿元增加到2014年的40.26亿元，其虽然在2012年、2013年略微下滑，但并未影响总体成交额上涨的大局，可谓红红火火。2015年，中国照明电器协会对全国主要灯具市场进行调研，覆盖全国20多个城市和80多家灯具市场，调查发现，全国灯具市场年度销售额超过500亿元人民币。[②] 从数据中可以看出，我国灯具产品的需求量在近年来一直攀升，带动了灯具市

① 数据来自国家统计局网站，其中，2015年数据来自中商情报网。

② 国家统计局网站，http://data.stats.gov.cn/adv.htm? m = advquery&cn = C01；温其东、侯莎莎：《2015年中国灯具市场发展情况（上）》，《中国照明电器》2015年第11期。

场的快速发展。预计未来几年，灯具市场需求量依然不减，那么，作为软装行业的主力军，灯具在未来几年有望成为软装饰中的龙头产品。

（3）字画

字画是室内软装的灵魂和精髓，是室内整体效果的视觉焦点。字画虽是软装饰中花样最少的装饰品，却是传达意义最为丰富的装饰品，体现了居室主人的性情和人文素养。①

统计资料显示，2010～2014 年，我国古玩字画市场成交总额、批发额和零售额的数量走势下滑。以市场成交总额为例，2010 年古玩字画市场成交额为 13.51 亿元，是近五年来的最高值，2011 年则骤降至 3.85 亿元，2012 年略微回升，升至 5.85 亿元，但仍然没有超过 2010 年的成交额，而 2013 年成交额则再度下滑至 3.05 亿元，2014 年承袭这一下降趋势，缩减到 3.02 亿元。②零售市场成交额和批发市场成交额的变化趋势与市场总额的变化走势相似，皆呈下滑趋势，预计未来几年的走向依然如此。从批发市场成交额与零售市场成交额的数字比较来看，古玩字画零售市场成交额大大高于批发市场成交额。

我国古玩字画市场自 2011 年起开始走入调整期，“全国字画看山东，山东字画看青州”。前些年，青州字画市场因资本炒作身价暴涨，但近三年同礼品市场一起陷入萧条。相应地，画廊、古玩、银行也受到牵连。③ 毕竟，字画、古玩、古董属耐用消费，需要专业人士的品鉴，并且，真品的价格相对昂贵，较为奢侈，社会购买力相较生活必需品而言较低，因此市场成交额无法与布艺、纺织品等商品相抵。古玩字画市场同国家宏观经济一同进入转型调整期，需要一段过渡时期。

（4）花卉绿植

花卉绿植向来是室内软装搭配的重要角色。花卉绿植不仅可以净化空气，还能增添趣味和生机。花卉绿植市场的发展丰富了软装市场的装饰元素，软装行业的兴起也带动了花卉绿植市场需求量的提升，可谓鱼与熊掌之兼得。

2010～2014 年，我国花卉市场（含批发和零售）成交额总体上呈上升趋

---

① 钟惠辉：《装饰艺术中的软装设计》，《现代营销》2012 年第 2 期。

② 国家统计局网站，http：//data. stats. gov. cn/adv. htm？ m = advquery&cn = C01。

③ 资料参考文化中国网，http：//cul. china. com. cn/shuhua/2015 – 01/12/content_ 7593811. htm。

势。以花卉市场成交总额为例，2010 年，花卉市场成交额为 283.16 亿元，2011 年增长至 385.96 亿元，2012 年略微下滑至 364.81 亿元，2013 年实现反弹，增加至 396.24 亿元，2014 年继续增长态势，增至 417.32 亿元，2014 年的花卉市场成交总额与 2010 年相比，增长了 47.37%。花卉批发市场成交额的走势与花卉市场总额的走势大致相同，也是在 2012 年出现略微的下降，而后实现增长，预计未来几年批发市场成交额增长势头良好。[①] 花卉零售市场成交额所占规模较小，但也一直呈稳步增长态势。总体来看，我国花卉市场成交额呈具有小幅度波动特征的增长态势，预测未来几年的增长势头逐渐放缓，不过，花卉市场的发展总体表现乐观。以云南省为例，2015 年，云南省花卉种植面积 112.7 万亩，同比增长 7.3%，全省花卉总产值 399.5 亿元，同比增长 2.8%。[②] 云南作为花卉产销大省，对全国花卉市场发展贡献巨大，通过云南省花卉产值的数据，可以看到全国花卉市场的整体走势依然乐观。

（5）布艺

布艺，亦可称为室内纺织品，协调硬装与软装的搭配效果，在装饰陈设中发挥重要作用。布艺是软装的重要组成元素之一，包含多类子元素，如窗帘、纱幔、布艺沙发、地毯、壁挂等。

布艺与布料、纺织品等原材料关系密切。国家统计局数据显示，2010~2014 年，我国布料、纺织品成交额总体呈上升趋势。2010 年市场成交额 3709.82 亿元，2014 年市场成交额 6115.64 亿元，增长率约 64.85%。不过，零售市场仍出现一些波动，2010 年零售市场成交额 45.5 亿元，2012 年降至 13.14 亿元，2013 年发生小规模的增长，2014 年再度下跌至 12.29 亿元。[③]《中国纺织报》报道，2015 年，全国布艺行业产值 2244 亿元，同比增长 5.8%，增长速度有所放缓。2015 年布艺出口产值 574 亿元，相较前几年有所下降，内销产值 1670 亿元，内销产值消化了部分出口产值。[④]

在宏观经济的影响下，布艺市场发展速度整体放缓，不过，在全球经济下

---

① 国家统计局网站，http://data.stats.gov.cn/adv.htm? m = advquery&cn = C01。

② 2015 年云南花卉市场数据摘自中西部投资网，http://www.zxbtz.cn/News1/54861.html。

③ 国家统计局网站，http://data.stats.gov.cn/adv.htm? m = advquery&cn = C01。

④ 2015 年布艺数据摘自中国第一纺织网发布的《2015 年布艺产业分析报告：市场繁荣，效益向好》。

滑的背景下，布艺市场仍能保持稳定的增长态势，一方面与建筑装饰全行业的带动有关，另一方面也是布艺行业自身努力找出路、求发展的结果。

3. 软装市场规模

目前，国内并无权威机构提供精确的软装行业规模数据。一些民间机构、媒体曾披露过相关数据，仅供参考。例如，2013 年，武汉博雅居艺术总监安力提出，中国家庭装修中软装的比例已占到装修金额的 40%，软装业每年以 20% 的速度增长。① 再如，某权威机构统计的数据显示，全国 33 个省会城市，393 个地级城市，近 3000 个县级城市，其家居饰品的年消费能力高达 2000 亿 ~3000 亿元；一个 10 万人口的小县城，家居饰品年消费能力不低于 1000 万元。② 还有调查称，某些沿海城市消费者的“硬装”投入以 5 万 ~15 万元为主，而“软装”投入在 10 万 ~50 万元。从软硬装预算比例上看，软装的投入明显高于硬装，高出近两倍。③

上述数据多源于非正式的估计和判断，其真实性无从考证。不过，从中可以看出的是，人们对于软装的认可程度提高了，消费需求也有了，市场自然就打开了，因而行业内对软装市场充满信心不足为怪。那么，软装市场的潜力和规模究竟有多大？观察国家统计局披露的相关数据，我们发现，过去 5 年，我国软装市场总成交额总体呈上升趋势。图 1 呈现的是近 5 年布艺、花卉绿植、灯具、家具、古玩字画的年度成交额增长率。图 1 显示，近 5 年，除古玩字画外，布艺、花卉绿植、灯具、家具成交额年度增长率大部分为正值，除 2012 年花卉绿植成交额增长率为负值，且灯具市场成交额低于 5%，其余产品在各年度市场成交额增长率皆高于 5%，并集中在 10% 左右。2013 年与 2014 年的增长率基本持平，意味着软装市场产品成交额开始走向平稳增长时期。古玩字画市场的情势则不太乐观，并出现较大波动。2011 年市场成交额暴跌 72%，2012 年又疯狂增长 52%，2013 年、2014 年持续下跌 48% 和 1%，说明古玩字画市场目前正处于调整过渡期。

在建筑装饰行业处在增长态势的背景下，软装市场也走上平稳发展之路。

① http：//news. jc001. cn/13/0906/754540. html.

② http：//wo. poco. cn/ruanzhuangsheji/post/id/10325119.

③ http：//wo. poco. cn/ruanzhuangsheji/post/id/10325119.

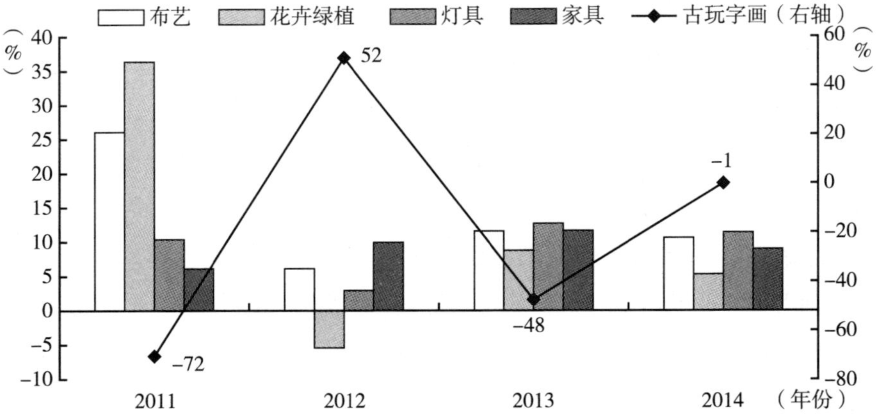

图 1　软装市场年度成交额增长率

资料来源：国家统计局官方网站。

从目前情况看，软装行业的产值估值可达数千亿元，几乎可与硬装平分秋色。可以说，软装不仅是当前全球经济低迷背景下的朝阳产业，也是建筑装饰行业内的希望之星，在我国“大众创业、万众创新”的政策助力下，其发展前景不可限量。

（二）软装品牌、企业和消费人群特征

1. 软装品牌

软装走进中国建筑装饰市场经历了漫长的过程，首先要被企业接受，其次再由消费者接受。笔者在梳理软装市场的发展过程中，从中国建筑装饰协会官方网站——中装新网的资料库中展开文本分析，发现了软装作为一个独立的行业领域走进中国市场、企业和消费者的过程。

从 2012 年起，官方组织开始举办以软装为主题的展会、论坛、评比大赛，吸引装修装饰公司、室内设计公司和团队参与。2012 年，全国共举办 6 场大型软装主题会议，分别是：“消费者最受欢迎的软装饰商品”评选、第 13 届中国（北京）国际墙纸布艺家居软装饰展览会、全国软装配饰师高级培训、“亨特窗饰杯”首届中国软装 100 设计盛典、中国（北京）国际时尚家居装饰展览会和中国（北京）名品家具家纺及软装展览会。

2012 年 3 月 15 日，数百家软装品牌连同中央电视台等几十家媒体联合评

选出“消费者最受欢迎的软装饰商品”，裕隆窗帘、欧尚软包、海马地毯、宜家家私、艾仕墙纸、欧利亚水晶珠帘分别获得各自类别产品最受消费者欢迎第一名。[①] 以裕隆窗帘为例，其之所以能在纺织品产能过剩的经济背景下独立鳌头，主要依靠质量和技术。在质量方面，裕隆集团在2004年被国家质检总局认定为2004年度国家免检产品，于2007年继续接受ISO14001环保质量体系认证辅导，通过了浙江省公信认证有限公司制定的融质量、环境和职业健康安全控制要求标准的“三合一”认证；在技术方面，早在2007年，裕隆集团便建立起以技术中心为主体的技术创新体系，招聘技术研发人员60余人，投入科研经费占营业收入的5%，并且联合高校、科研院所开发盘带绣、水溶绣等多种纺织工艺，突破了传统以平绣为主的纺织工艺，丰富了布艺市场的产品类型。

自2012年之后，以中国建筑装饰协会为代表的各类建筑装饰组织、室内设计企业每年都会不定期举行以软装为主题的大型活动。有的会议和活动因效果较好而被保留至今，每年举办一届，并且还增添了一些新的活动和会议，以满足软装市场彼此交流、共同发展的需求。根据中装新网的资料，2013年共举办软装类公开活动5次，2014年举办6次，2015年举办4次，2016年（截至3月）举办5次，详情如下。

2013年软装类会议及大事件：简爱家居常州软装饰品博览中心招商发布会、“亨特窗饰杯”第二届中国软装100设计盛典颁奖典礼、全国软装配饰师高级培训、国内首部软装教材《软装设计教程》上市、深圳国际家居饰品展。

2014年软装类会议及大事件：“亨特窗饰杯”第三届中国软装100设计盛典颁奖典礼、“世界向东”西湖国际陈设（软装）艺术设计周、第七届中国（深圳）国际室内设计文化节颁奖盛典、广州国际设计周、CDA·中国设计奖、金堂奖·中国室内设计年度评选。

2015年软装类会议及大事件：2015北京秋季软装节暨家庭软装白皮书发布会、国家建筑装饰行业标准化专家团·ART1001高峰论坛、北京市建筑装饰

---

① http://www.cbda.cn/html/cptj/20120413/1744.html.

协会陈设艺术专业委员会举办陈设艺术“论道”主题展、皇家壹号家居艺术股份有限公司（股票代码：832949）在新三板挂牌上市。

2016年软装类会议及大事件（截至3月）：广州国际家居博览会暨陈设艺术周、中国软装设计大奖“龙承奖”、2016深圳家居设计周暨31届深圳国际家具展、中国建筑装饰协会软装陈设分会揭牌仪式、第21届中国（北京）国际墙纸布艺地毯暨家居软装饰博览会。

举办软装行业专题会议，一方面将软装逐步引入国内市场和大众视线，另一方面鼓励软装企业创立创新，探索适合中国市场的发展模式。通过大型会议的举办，许多软装企业、设计公司、设计团队开始露出“小荷尖尖角”，如红星美凯龙“软装生活馆”、深圳市木子仁设计事务所、美空间、爱软装、广田软装，皇家壹号等。比较有特色的两个软装品牌，一个是“美空间”，另一个是“皇家壹号”。“美空间”是全国首个推出299元/平方米的互联网软装企业，提出从毛坯到入住“千元家居梦”口号。“皇家壹号”于2015年在新三板挂牌上市，成为新三板中国家居软装行业首家挂牌上市企业。

2. 软装企业

自2012年至今，我国建筑装饰市场上涌现出许多软装企业，不过，由于国内的软装行业还没有形成统一的规范，因此在大型装饰装潢公司内部，软装多被看作多种业务中的一类，而非主营业务。不过，近些年“重装饰、轻装修”的口号声愈来愈响，一些创业型的设计工作室、设计研究院开始承包独立的软装业务，这些企业成立时间短、规模小、融资少，因而业务重点便是做出独具特色的设计。本节主要介绍两个知名软装企业，分别位于我国南北两地——嘉禾装饰和东易日盛。

（1）嘉禾装饰

嘉禾装饰集团隶属香港嘉禾（国际）控股实业有限公司，位于湖北武汉，中国装修品牌10强，具有国家建筑装饰工程一级资质，提供硬装+软装一体化家装服务。目前，嘉禾装饰已在武汉、长沙、广州等地开设分公司，拥有3000余名设计师、20000余名专业施工人员。

在软装领域，嘉禾装饰打造了线下体验馆——乐活软装馆，为消费者提供线下体验服务。嘉禾乐活软装认为，美好家居开始于对家庭的热爱，对生活的向往，有生命力的家承载着主人对生活的态度。因此，家居装饰并非一串简单的数学加法，而是一个奇妙的化学方程：墙纸、地毯、布艺、家具、花艺（盆景）、饰品……一个个软装元素遵循屋主的气质、个性和心意的规则组合配搭，便可以让平凡简单的几何空间，逐渐灵动鲜活，进而升华成真正意义上的家。乐活软装馆将销售重点放在消费者生活方式的改变上，软装设计不再是家装设计师兼职充当的角色，他们以打造整体家居风格、营造个性生活情趣为主要工作任务。量身定制和定向采购是乐活软装馆的特色，避免千篇一律，打造专属消费者个人特色的居家环境。①

（2）东易日盛

东易日盛成立于1997年，业务针对对象是精英阶层，自成立至今，已为10万余业主提供整体家装服务。东易日盛在业务理念上位于行业前列，这里主要介绍其“回归”家居论和有机整体家装论。

“回归”家居论指的是家装要回归生活本身。东易日盛认为，一是满足顾客需求，关注顾客对价格、风格、材质、品牌、质量、服务、环保等方面的要求；二是实现顾客的需求，利用家装的机会帮助顾客建立良好的生活秩序，实现家庭情感的管理——沟通交流、凝聚共享、欢聚时光。

有机整体家装论关注的是家装的内在价值。传统的整体家装讲究满足客户需求，为客户提供家装服务，而有机整体家装是为了给客户创造价值，包含四大核心价值体系：第一是有机的环境体系，讲求高级环保；第二是有机的风格体系，讲求以风格研发为导向的产品整合，所有的家居产品都不是孤立存在的，而是和谐共生的关系；第三是有机的生活方式，讲求合理的生活秩序和和谐的家庭关系；第四是有机的客商关系，讲求全程美好体验，家装的周期很长，和谐双赢的客商关系至关重要。②

嘉禾装饰和东易日盛的软装案例具有一个共性，即将软装作为提升生活品质的途径。以软装提升生活品质的方式各有不同，东易日盛在理念上更胜一筹，提出“回归”家居论和有机家装理念，而嘉禾装饰则率先付诸行动，成立线下软装体验馆，使软装成为消费者生活中“看得见摸得着”的实实在在

① 嘉禾装饰案例中的部分内容摘自嘉禾装饰官方网站，http：//www.jhzs.com.cn/。

② 东易日盛案例中的部分内容摘自东易日盛官方网站，http：//www.dyrs.com.cn/。

的物件。软装市场的发展需要一个过程，这个过程虽然漫长，但中国自古便有“水滴石穿”的古训，线上线下的推广、宣传、营销等各个环节都是推动软装市场发展的过程，也是将软装理念渗透给消费者的重要途径，软装企业的发展，也是一个“积土成山、积水成河”的过程。

3. 软装消费人群特征

（1）年轻化

如今，80 后和 90 后已经逐渐走出校园、踏入社会，他们成为结婚生子、买房购车的主力军，逐渐成为社会的主要消费群体。80 后、90 后作为新兴消费群体对生活文化、品位和自我精神的追求改变了原始对产品、功能消费的简单理解，文化消费和生活消费逐渐进入消费者的购买意识。并且，80 后、90 后群体对于互联网家装的消费形式更加认可。在互联网装修材料消费观上，80 后、90 后与 50 后、60 后、70 后存在巨大反差，80 后通过互联网渠道购买装修材料的人数占比为 30.70%，90 后占比为 42.98%，远远超过 70 后的 10.53%、60 后的 12.29%、50 后的 3.50%。①

（2）个性化

马斯洛需求层次理论告诉我们，个体成长发展的内在力量是动机，动机由多种不同性质的需要所组成，各种需要之间划分先后顺序与高低层次，每一层次的需要与满足，决定了个体人格发展的境界或程度。马斯洛认为，人类主要存在五类需求：生理需求、安全需求、社交需求、尊重需求和价值需求。

现代人的生活打破了传统思想的禁锢和封闭的生活圈子。在互联网时代，人们在物质生活上已经实现满足，在个体能力范围内，衣食住行的需求已经饱和，下一步则是追求更高层次的心理需求——追求个性化，追求个体价值和心理上的满足。在住宅配饰方面，软装，可以利用色彩、图画、图案、玻璃镜面的反射来扩展空间，打破千人一面的冷漠感，给每个家庭居室以个性化特征，实现现代人对于居住的心理满足。

（3）高收入

与父辈群体相比，80 后的受教育程度普遍较高，大专、本科、硕士、博

① 零点研究咨询集团：《2013 年中国城市居民装修消费调查报告》，http://home.focus.cn/zhuanti13/zhuangxiudiaocha002/。

士在80后全体里已为常态。一般情况下，高学历伴随着高收入。由于软装作为个人对生活品质的追求，其价格必然不菲。70后比80后更早走上工作岗位，因此在经济收入和存款数量上会比80后略高一筹。不过，从统计数据看，80后的月收入与70后相比，并没有显著差别。2011年，全国80后群体的月收入中位数约2375元，70后的月收入中位数约2463元。可见，80后群体的收入水平并不亚于70后群体，因而，80后的消费力也相应提高。

需求创造了市场，市场也能够创造需求。我国的年轻一代消费者在经济收入、装修观念上走在老一辈消费者的前面，他们求新立异，敢于突破。住房满足了消费者基本的“安居”需要，但是，他们不仅仅满足于住在一间居室里，他们还对居室的居住感觉提出要求，这就实现了进一步的跨越，即从“安居”上升到“乐居”的层次，这则需由“软装”来塑造。了解消费者的需求和消费能力、摸透消费者的心理，是软装企业发展的重要手段。

（三）软装行业目前面临的问题

1. 软装行业市场仍不完善

软装是在硬装和精装的基础上诞生、发展起来的，目前，我国软装行业链还处在摸索阶段。软装行业的兴起有很大一部分源自其门槛低、利润高的特性。①

门槛低，指国内软装行业还没有完整的行业运作链条，没有完善的职业资格认证，也没有统一的行业运行规范。因此，凡是涉及软装饰的业内人士、产品市场皆可进入软装行业分一杯羹。例如，由于缺乏专业的软装设计师，室内设计师则代行软装设计职能，为业主提供软装服务，这便是软装行业门槛低的典型表现。

利润高，指软装饰所需的用品皆是各类商品组合而成，正如上文所提到的细分市场的内容，如布艺、花卉绿植、灯具、工艺品、家具等，这些软装饰由不同行业商品组成，只需挑选、购买、搭配即可，不需从源头进行生产，因此省却大量人力物力的投资。可以说，软装消费一部分用于组合装饰品的消费，

① 张伟孝：《关于室内软装设计发展趋势研究——以浙中地区为例》，《企业导报》2011年第22期。

还有很大一部分用于支付软装设计师的服务费用。所以，软装业务的利润十分可观。以深圳某建筑装饰公司为例，2010～2015 年，该公司软装业务销售额逐年上升，成本也相应增长，软装业务利润率基本维持在 18% 以上，2010 年利润率为 21%，2011 年为 20%，2015 年降至 18%。一般情况下，制造业平均利润率维持在 5% 左右，而案例所呈现的软装业务利润率则达到 18% 以上，所以，软装业务利润相当可观。

虽然如此，我国软装行业仍处于起步阶段，在生产、设计、流通、消费领域还有很长的路要走。一些家装行业龙头开始涉足软装领域，如宜家家居、好百年家居连锁、凯撒豪庭、梦洁家纺、美乐乐家居等。以美乐乐家居为例，美乐乐的定位是家居装修电子商务平台，主营 B2C 业务。除了经营自有品牌韩菲尔、凯撒豪庭、卡富亚等，美乐乐作为家居销售平台，还代销恒悦、蒂美悦等品牌，在家居产品品牌、种类上占据优势。除了品牌战略，美乐乐还打造风格战略，其大型家具可作为不同类型的风格组合销售，如欧式风格、韩式田园风格、现代风格等，消费者可依据自己喜欢的风格打造家居装饰。另外，美乐乐还在全国建立 100 多家体验馆，使消费者身临其境。不过，体验馆并非新鲜之物，早在 1998 年，宜家家居就进驻中国，在上海徐汇区开设第一家宜家家居体验馆。美乐乐也十分看重软装设计，于 2012 年 3 月在深圳成立美乐乐家具网深圳设计中心，并打造一支具有国际视野的专业化设计团队，主要服务于国内软装市场，打造适合中国人口味的软装设计。① 美乐乐所打造的软装行业链条在国内较为先进和完善，值得软装行业其他企业学习借鉴。总体而言，由于国内软装市场不够完善，软装仍是大部分家居企业和建材市场的附带品而非主营业务，传统家居建材市场也仍以硬装为主。

2. 专业设计水平较落后

国内软装设计难以跟上国外软装发展的脚步。对于大多数消费者而言，“软装”是新名词，也是舶来品。国人发展软装行业，首先是学习国外的经验。在国外，并不存在“家装”这个行业，而是分为软装设计和室内设计两部分内容。在外国家居设计者看来，室内设计针对的是居所的整体框架、风格，而软装则与业主的个性、喜好、生活习惯息息相关，二者不可混为一谈。

① 美乐乐案例的部分内容摘自美乐乐家居官网网站，http：//www. meilele. com/beijing/。

国外软装设计师提供的软装设计是以业主、消费者的生活为立足点，他们会花费一定的时间去了解业主的生活习惯，这是软装设计者的工作职能，而非刻意表现设计师本人的品位和能力。所谓“私人订制”，用于形容国外软装设计更为贴切，国内的设计师则并未特别重视这一点，这是国内软装设计的短板。

缺乏职业资格认证体系，室内设计代行软装设计职能。北京的软装市场位于全国前列，但拥有独立且专业的软装设计部门的家装公司却极少，并且软装的主要消费群体是别墅、酒店、会所和样板间。软装如同云端的彩虹，对于普通老百姓而言，可望而不可即。并且，专业的软装设计人员少之又少，多是由室内设计师兼任。由于没有形成完整的职业资格认证体系，家装公司无法组成自己的软装设计团队。软装消费者只得由室内设计师陪同，共同选购软装配饰，有的甚至直接将软装饰承包给室内设计师代劳。虽说带来便利，但这种“变形”并不符合专业软装的要求。[①] 销售人员也发现了软装这块未被挖掘充分的宝藏，他们在对消费者进行推销的时候，充当起“专业”的软装设计人员，将自己销售范围内的产品功能无限放大，比如窗帘销售员将窗帘作为软装的唯一组成部分而大加宣传，布艺销售人员则夸大布艺在软装中的功能，此类挂羊头卖狗肉的销售手段比比皆是。此类行为在一定程度上误导了消费者，使消费者对软装的概念认知变得狭隘，不能全方位地理解软装的内涵，以及软装设计的真实功能。消费者作为一个行业链条的消化环节，如果不能恰当引导，会产生不利于软装行业发展成熟的恶性因素。因此，软装行业专业人力资源的补充十分必要。

3. 传统生产、消费观念的阻滞

对于建筑装饰从业人员而言，大部分人的专业技能和观念源于传统的建装理念。例如，有的室内设计人员是从技工转型的，如油漆工、木工、泥瓦工等，在他们的观念里，结实和实用是室内装修的第一要义。至于品位、美观等则是赘余，花的是“没必要花的钱”。还有一些室内设计师认为，软装就是室内设计的一部分，没有必要分门别类地研究学习，他们甚至认为，软装就是一些摆设物的组合，到市场上随意挑选喜欢的物品即可，没必要花费太多心思设

① 张伟孝：《关于室内软装设计发展趋势研究——以浙中地区为例》，《企业导报》2011 年第 22 期。

计、搭配。种种落后的观念，阻碍了软装行业的发展。

消费者对软装的观点和看法在很大程度上来源于市场上的广告。比如可口可乐，可口可乐每年在中国广告市场投入约 10 亿元，网络、电视、报纸杂志、车站、地铁、商场……随处可见的广告成功将消费者洗脑，使消费者在购买饮料时，第一个想到的产品就是可口可乐。在中国饮料市场占有率方面，可口可乐占据约 45% 的市场份额，击败对手百事可乐。效仿可口可乐的营销手段，加多宝凉茶也开始了铺天盖地的广告，仅仅一档“中国好声音”，加多宝就投入 2 亿元人民币，而随之其销售额在 2015 年飙升至 200 亿元，成为可口可乐在亚洲市场的最大竞争对象。所以，软装行业想要突破传统装修行业的瓶颈，必须在营销手段上胜人一筹，改变和引导消费者在软装方面的消费观念，实现销售量的突破。

软装与硬装是室内装修的一体两面，主要指可移动、可更换、可拆洗装饰类别和物品。软装的涉及范围较广，主要包含布艺、书画、花卉绿植、家具、灯具等装饰类型和物品。软装引入中国较晚，存在市场规则不完善、设计水平较低、职业标准模糊、生产消费观念落后等问题。不过，由于软装存在特有的门槛低、利润高的特性，也吸引了大量从业人员探索品牌化和规模化的发展路径。

二 软装设计发展现状

（一）专业设计与设计风格

1. 软装设计的发展轨迹

在中国，软装设计的发展轨迹可大致分为三个阶段。

第一阶段，迷茫期。软装设计很早在国外兴起，引入中国则是 20 世纪末期，覆盖范围很小，仅在一些较前沿的设计师群体中流传，属于“小众”文化。这个时期，绝大多数人将软装设计作为室内设计的一个环节，家装公司聘请的室内设计师为客户提供的是全套室内设计的方案，设计费只涵盖结构功能改造、室内非移动装饰的“硬装”部分。但客户已经开始有软装的需要，如整体色彩系统的控制、设计师陪同一起选购家具、窗帘等，① 只是还没有将其

① 参考中装新网，http：//www.cbda.cn/html/jd/20130318/21747_ 2.html。

作为一个独立的项目来操作。

第二阶段，起步期。2008 年全球经济危机，经济开始下滑，传统家装行业受到冲击，许多公司开始寻找新的商机，大家借鉴国外的经验，尝试着把“软装”独立出来，成为一门新的生意。在北京，居然之家和 798 的一些公司开始试水软装行业。由于客户对“软装”这个词汇并不熟悉，他们并不会在装修费中列出软装预算。不过，这些最早尝试软装设计的家装公司则为客户提供配饰专家或色彩顾问，他们为客户的装修设计方案提供色彩和搭配方面的建议，帮助客户提升生活品质。

第三阶段，发展期。2008 年后，软装设计开始步入以互联网为载体的发展转型期。2008 年初，喜梦宝成立网上商城，成为第一家家具电商。其后，多家大型家具企业的网上商城陆续上线，如好百年、红星美凯龙、东方家园等，家具行业迎来电商时代。2011 年，美乐乐开启 O2O 营销模式，“线上销售，线下体验”，线上运行“美乐乐家居网”，线下开设大量“美乐乐家居体验馆”，美乐乐家居网成为集装修、家具、建材、家饰家纺等多种产品与服务为一体的“一站式”家居综合平台；美乐乐体验馆既是与美乐乐家具网一体联动的线下实体平台，也是美乐乐贴近市场和服务消费者的“实体终端”。① 2015 年，互联网软装的热度开始飙升，涌现出多家以软装设计为主营业务的互联网软装企业，如爱软装、欧工、没空间、七号公馆等，还有一些传统的大型家装公司也将软装纳入发展规划、积极布局，如东易日盛、博洛尼等。② 在李克强总理“大众创业、万众创新”的呼吁下，互联网软装势必成为新时期软装行业发展的重头戏。

2. 软装设计原则

国内目前还没有统一的软装设计行业规范和规则，不过，在艺术设计和室内设计领域，有一些通行的规范，软装设计师们也遵循这些规则展开工作。下文通过华墨国际软装设计作品——群升江山轻奢样板房③的案例，介绍软装设计的基本原则。

图 2 是华墨国际提供的客厅软装设计方案。在这幅作品中，室内整体色调

---

① 参考美乐乐家居官方网站，http：//www. meilele. com/beijing/。

② 参考中装新网，http：//www. cbda. cn/html/jc_ hangyefenxi/20160218/81913. html。

③ 案例图片摘自中装新网，http：//www. cbda. cn/。

为暖色系，以暗红、黄色为主色调，沙发、电视墙、射灯屏风都运用这两种色彩，营造温暖舒适的感觉。这体现的是“统一性原则”。另外，这间样板房的设计风格属于现代简约风格，线条简单大方，室内空间一览无余，茶几、沙发布艺、画框、花瓶等皆为现代风格，这体现的是“协调性原则”。

图 2　华墨国际软装设计作品之群升江山轻奢样板房之客厅

图 3 是华墨国际提供的餐厅软装设计方案。在这幅作品中，水晶吊灯与餐桌上的绿植是整体的中轴线，左边是书房，右边是客厅，视觉效果基本对称，但又避免了完全对称带来的呆板感觉，这体现的是“平衡稳定性原则”。水晶灯是餐厅设计的一大亮点，来访者的目光会被水晶灯的斑斓色彩吸引，因而水晶灯成为餐厅的视觉中心，这体现的是“视觉中心原则”。

图 4 是华墨国际提供的卧室软装设计方案。在这幅作品中，装饰品的形状特点尤为突出，以长条状为主。吊顶、壁画、相框、枕头、床单皆呈长条状。色彩上则以温暖的黄色和清新的蓝色为搭配，表现了层次感和有规律的变化，带给业主动感和活力。这体现了“节律性原则”。

综上，软装设计的主要原则有：协调性原则、统一性原则、视觉中心原则、平衡稳定性原则和节律性原则。

3. 软装设计风格

软装设计主要涉及下面几种风格：现代简约风格、田园风格、中式风格、

图 3　华墨国际软装设计作品之群升江山轻奢样板房之餐厅

图 4　华墨国际软装设计作品之群升江山轻奢样板房之卧室

欧式古典主义风格等，下文通过实际设计案例①介绍每种风格的特点。

（1）现代简约风格

现代简约风格由曲线和非对称线条构成，体现在墙面、栏杆、窗棂和家具等装饰物上。以深圳吴舍软装设计公司新世界集团四季御园 T4 栋（见图 5）为例，沙发的线条遒劲有力，复式结构的组合使吊灯和沙发呈现节奏感和层次感，整个立体形式的装饰物融为一体，个性且不失风度。现代简约风格的软装

① 案例图片摘自中装新网，http：//www. cbda. cn/。

设计偏铁制构件、玻璃、瓷砖等新工艺原料，将铁艺制品、陶艺制品等装饰品综合运用于室内，为简洁明快的室内装饰引入新意。

图 5　四季御园 T4 栋设计作品

（2）田园风格

田园风格着重对自然的表现，倡导“回归自然”。以软装设计师黄中进的设计作品（见图 6）为例，地板和墙面运用木、石、藤、竹等材质质朴的纹理，打造出务实、规范、成熟的风格，搭配细致的线条和精致的油漆，表达悠闲、舒适和畅快。田园风格分为多个种类，如美式田园、法式田园、英式田园、东南亚田园等，不同类型的风格展示了不同的风景，不过自然、舒适、淳朴依旧是田园风格的核心要义。

（3）欧式古典主义风格

欧式古典主义风格主要表现的是欧洲宫廷风格。以深圳吴舍软装设计公司亚得里亚海湾度假会所（见图 7）的软装设计作品为例，巨大的吊灯和壁画、复古的台灯、镌刻着复杂花纹的桌椅，表现出尊贵典雅、雍容华贵的感觉，精

图6 黄中进设计作品

雕细琢和镶花刻金流露出华美且威严的欧洲古典宫廷装饰效果。欧式宫廷风格善用白色、金色、黄色、红色灯明亮辉煌的色调，整个空间给人以开放、宽容的感觉，体现了居室主人优雅的人生态度。

（4）中式风格

中式风格的特点是勾起怀旧思绪。色调可以是丰收的金麦色，也可以是沉稳的红泥色。以深圳吴舍软装设计公司南昌中棣实业有限公司香榭大道售楼处样板间（见图8）为例，沙发墙、装饰灯、茶几的装饰材料选择木、石、藤、竹等天然材料，精美的景德镇瓷和古朴的瓦陶罐子也是中式风格的“常客”。笔墨字画自然是不可或缺的重要组成部分，尽显汉人高山仰止的胸襟和情怀。

（二）参与式设计

随着“软装”这一概念的深化，人们开始以专业性的定位操作“软装”。软装设计师与客户的恰当配合、共同参与，是做好软装设计的重要因素。设计师在软装设计中起到引导作用，需设计师参与到客户的生活中去，

图 7　亚得里亚海湾度假会所设计作品

切实体会客户的需要，才能够站在客户的角度，提供令客户满意的搭配设计方案。

1. 舒适感

软装对设计师而言，是一个充满吸引力的行业，既是一种挑战，更是一种诱惑。软装的涉及范围极广，且边界并不明确，因此能够给予设计师很大的发挥空间。在不同的社会发展时期，市场对装饰设计有着不同的需求。不过，总体而言，软装设计和色彩搭配的原则是“舒适为主，合理为纲”，在此基础之上达到最理想的视觉效果。①

进入现代社会后，国人的生活背景变得复杂，生活内容也变得丰富多样，“家”作为永恒不变的温馨港湾，是满足日常生活需求的最重要场所，而软装则逐渐成为帮助现代人从纷繁复杂的世界中寻找本心的重要途径。中国传统文化讲究“叶落归根”，追寻内心的真实感受，故而对软装设计的舒适度提出相

① 王雯：《室内设计中软装的独特魅力》，《现代装饰理论》2015 年第 1 期。

图 8　香榭大道售楼处样板间

应要求。第一，视觉舒适度。硬装处理室内基础照明，软装设计则通过台灯、装饰灯等形式进行重点照明，通过布置窗帘等方式来调节人体对光线的适应程度。第二，听觉舒适度。提高听觉舒适度主要依靠减弱噪声，窗帘、沙发、地毯、壁毯等都是减弱噪声的有效装饰物。第三，触觉舒适度。居室是业主用来休养生息、恢复心情的场所，居室内的物品直接接触业主的皮肤，如沙发、床等，因此其材质、软硬等是影响业主触觉舒适度的重要因素。第四，嗅觉舒适度。装饰物的摆放不可阻挡室内通风口，应预留足够的空间，保证室内通风，提高室内空气质量。①

2. 升值空间

价值连城的收藏品是软装中经济分量极重的装饰物，如书画、古玩等。这类物品的置放需要一个固定的场所，如书房或茶室，既要满足日常生活使用，又要达到艺术展示的功能。常见的收藏型业主有三类：一类具有较深文化底

① 王雯：《室内设计中软装的独特魅力》，《现代装饰理论》2015 年第 1 期。

蕴，但经济实力不强，这类业主倾向于选择经典的明式家具装饰居所，如：条案、禅椅等，讲究款型和做工；第二类是经济实力较强的业主，这类业主多喜爱收藏名贵的艺术品真迹，及名贵木材制作的家具，一方面展示自己雄厚的经济实力，另一方面考虑收藏品未来的升值空间；第三类是以年轻人为主的业主，年轻人在经济实力上难以与前两种类型的业主比肩，并且年轻人多不喜传统式样的中式家具，认为老气，难以突出个性，因而，年轻的收藏型业主多喜爱带有中式元素的新中式家具。

3. 生态系统

能够为业主带来身心愉悦感受的软装设计方案，才能称得上是真正成功的设计方案。从中国传统文化的角度来看，奢华、高贵、雍容、繁杂等皆是赘余，万物归一方是更高级别的追求。因而，在软装设计中搭建一个和谐的循环系统，既能满足日常生活需求，又能与中国人的精神追求相契合，这是对软装设计的更高要求。从以往经验来看，有的业主追求“充实”的感觉，认为装饰物越多越好。但实际上，做“减法”是软装设计的更高境界，将生活中不需要的内容都减去，留下来的是真正需要的东西。当功能性、设计感平衡到一个最佳的临界点，就可以体验到“天人合一”的境界。[①] 在放大中国传统文化精髓的同时，也不能忘记看一看国际前沿的设计理念。传统与现代相融，国内与国际相连，都是探索具有中国特色的软装设计理念的重要途径。

（三）互联网架构中的软装设计

2015 年，“互联网 +”成为企业运作的核心词汇。在互联网大潮的背景下，企业传统的营销模式受到冲击，纷纷转型向互联网靠拢。软装作为一个新兴行业，也在与互联网“牵手”的潮流中取得一席之地。下面以几个案例加以说明。

1. 爱软装

“爱软装”面对的消费群体是国内的中产阶层，主打风格设计和一站式购物。“爱软装”认为，目前，中国城市的消费升级转型，中产阶层收入较高，

---

① 资料参考中装新网，http：//www. cbda. cn/html/jd/20130318/21747_ 2. html。

对于居所环境的要求，从单纯的功能需求转向审美和时尚需求，对软装的认可度和需求度迅速上升。因此，“爱软装”抓住了这个商机。“爱软装”采用的是“线上预约，线下体验”的营销模式。在官方网站上，罗列着主推的“好莱坞软装模式”“3D 体验设计”“三大主题风格”等内容丰富的页面；客户也可以在线下体验馆直接感受软装设计的效果。“爱软装”的创始人林周勇认为，目前市场上成熟的软装公司并不多，大部分是品类细分的家具、窗帘、灯具饰品等公司，但客户需要的是一个完整有设计感的家。在这种情况下，为了装修成自己满意的效果，客户要跑遍各大建材城，自己挑选产品，自己搭配，费力、费时、费事、费钱，最终的装饰效果却未必理想。为解决这个痛点，“爱软装”招募、聚集了一批国内顶尖的软装设计师，成立软装设计研究院，一同观看 300 多部好莱坞电影，分析了市场上主流的 500 多个户型，并且调研了 1000 个目标人群的生活方式，将国际流行趋势和中国人生活方式相结合，推出了深受新中产客户喜欢的法式风格、美式风格和后现代风格三大软装设计风格。在体验馆内，“爱软装”导入了 3D 体验设计，使消费者能够直观地看到自家的设计效果，代替了传统的凭借想象去描绘装修效果的办法。

除了软装设计的专业性，“爱软装”在价格上也打起优惠战术。“爱软装”致力于用互联网改变传统家居行业，目前家居行业的大部分是建材城开店模式，这种模式除了要承担建材城高昂的租金以外，还有装修费、促销费、流水扣点等费用，造成的结果是产品的销售价是出厂价的 3 倍以上。而“爱软装”用互联网对传统家居行业的改造颠覆原有的成本结构，提升运营效率，用几乎贴近成本的方式定价，将市场上在 2500 元/平方米以上的高价值产品，以“999 元/平方米”的价格打包销售，帮助消费者规避传统的建材市场价格不透明、陷阱多、预算超支等问题，消费者仅需要动动手指，就可以将零散的物品，如台灯、茶几、沙发、窗帘、书桌等一站式购齐，既方便，又实惠。

2. 美空间

“美空间”是与“爱软装”几乎同时诞生的互联网软装企业，不过，“美空间”的主打业务是施工服务，与“爱软装”的业务重点并不十分冲突。

“美空间”推出的特色服务是两个数字——299 和 20。299 指价格，299 元/平方米；20 指时间，20 天时间内完成软装施工，业主可直接拎包入住。在家装行业，666、688、699、888 这些数字十分常见，这是家装公司提供的每平方米的装修价格。但是，“美空间”提供的299元/平方米的价格却实属罕见，再加上20天施工完成的期限，可以说，“美空间”像是自己挖了一个掩埋自己的坑。不过，既然“美空间”喊出了这个口号，并强有力地执行着，我们就该给予其信心和支持，毕竟，中国软装行业有着2000亿元的巨大市场。

由于消费者对于软装行业十分陌生，不知如何选购和搭配，因此会聘请专业设计师帮助配置，却因价格不透明，给设计师拿回扣、赚暴利提供了机会。美空间的新模式恰恰有助于规避这些行业问题，林周勇认为，美空间的做法突破了软装行业的三大痛点：“它整合家居行业的一线品牌资源，打造富有自己特色的品牌，这可弥补行业品牌缺失；它实行的一对一设计师、专属客户经理及产品经理服务，则是补足了消费者的认知；它敢于在产品价值链上动刀，让消费者真正能够购买到工厂价的家居饰品，这对价格模糊化的软装行业来说，也是很大的冲击。”

3. 万科链家装饰（北京）有限公司

互联网大潮汹涌澎湃，嗅觉敏锐的企业大鳄必然不会放过百年一遇的商机，万科与链家的结合便是抓住了这一机会。万科（全称“万科企业股份有限公司”）成立于1984年，1988年进入房屋住宅行业，1993年将住宅开发确定为公司核心业务，截至2015年底，万科实现房屋销售面积2067.1万平方米，销售金额2614.7亿元，同比分别增长14.3%和20.7%，在全国的市场占有率上升至3.00%。[①] 链家（全称“北京链家房地产经纪有限公司”）成立于2001年，主营业务是房地产经纪，在全国24个城市开设5000多家门店，2015年房产交易额达4000亿元，2014年成立“链家网”，打造中国第一家房产O2O平台，在北京占据了约50%的二手房交易市场，是名副其实的二手房交易平台巨头。[②]

万科与链家的结合诞生了万科链家装饰（北京）有限公司，成立于2015年8月24日，这一次，他们选择了房地产之外的相关领域——建筑装饰行业展开资本运作。万科链家装饰在平台上实现整合，一是一、二手房的资源整

① 数据摘自万科集团官方网站，http://www.vanke.com/about.aspx?type=3。

② 数据取自链家网官方网站，http://bj.lianjia.com/about/lianjiaevents。

合，二是生产流通领域的资源整合。[①] 资源整合的结果是实现优势互补，即“精致＋”的建筑装饰理念。多年的房地产运作经验，使万科成为全国最大的装修服务商，万科每年出售的精装房数量超过20万套，建立了完善的材料检测系统、集中采购系统、物流配送系统、质量严控系统和客户服务系统；[②] 链家是全国最大的房产经纪O2O平台，其旗下的自如友家在传统售房、租房的基础上增加了装修、装饰、设计业务板块，当下的万科链家装饰，可以说是在自如友家的装饰设计基础上成长起来的。因而，万科与链家集彼此优势与有利条件，搭建了以“精致＋”为核心理念的互联网家装平台——万科链家装饰。

万科链家装饰在互联网领域的应用主要采用“F2C”模式。F2C指的是Factory to Customer，即从生产厂家直接到消费者个人的电子商务模式。传统的商品流通路径是工厂—品牌公司—总代理—经销商—卖场—消费者，环节太多、层层加价，到达消费者手里的产品价格居高不下。F2C模式的路径是，由品牌公司设计产品，交由工厂加工制作，由物流直接送达消费者手中，流通路径最短，降低了成本和售价，提高了产品的性价比。[③] 万科链家装饰在F2C模式的基础上开发四套软装风格——现代简约风格、简约欧洲风格、新中式风格和新古典风格，报价范围999～1699元/平方米。在设计风格的基础上，万科链家装饰推出了“绿色家居”概念，以健康环保为主题，在产品结构中纳入“新风除霾、净水系统和除甲醛壁纸”三大健康利器，满足更高端的家居装饰需求。另外，万科链家装饰的宣传途径也十分多元，包含官方网站、微信平台、免费热线电话、线下体验馆和样板房等多种营销推广途径。

软装企业与互联网的结合是大势所趋。上文提到的三个案例中，“美空间”和“爱软装”这类新诞生的互联网软装企业的规模较小、实力偏低、竞争力较弱，客观上讲，打“价格战”的过程便是“赔钱”的过程，其目的是吸引消费者和客户，资金的回笼需要一个过程，期间有任何一个环节出现问题都有可能导致企业的倒闭。所以，服务态度和工程质量仍是新生代互联网软装企业的生存法宝。与弄潮儿般的互联网软装公司相比，传统的大型房地产公司

① 资料参考链家网官方网站，http://www.jingzhij.com/history.html。
② 资料参考链家网官方网站，http://www.jingzhij.com/history.html。
③ 资料参考链家网官方网站，http://www.jingzhij.com/history.html。

在企业规模和竞争实力上要高出几筹，他们缺乏的只是一个转型，万科和链家的合作则如一个横空出世的奇迹，震响了房地产、装修装饰行业，期待他们的成功。

20世纪末期，软装理念引进中国，在接近20年的时期内，经历了从迷茫期、起步期到发展期的转换，从传统家装到尊重设计感，再到与互联网联结，中国的软装行业实现了飞跃式的发展。我国现阶段的软装设计借鉴普遍性的设计原则，如统一性、协调性、平衡稳定性、节律性和视觉中心原则。设计风格有简约风格、田园风格、欧式风格、中式风格等。参与式设计强调软装设计师与业主的沟通和配合，注重业主的舒适感、预留升值空间和打造生态系统。在互联网大潮的引领下，涌现出大量互联网软装企业，比较有特色的是“美空间”、“爱软装”和“万科链家装饰”，他们提出的以“低价格高质量”“一站到家”为特征的服务口号，再次在软装行业激起千层浪。

三　软装发展趋势：未来五年井喷

（一）软装发展：来自网络的力量和逻辑

1. 家装行业裂变为三大入口①

建筑装饰行业内的专业人士对行业发展前景的判断和预测具有敏感的直觉和敏锐的眼光。有人认为，未来几年，我国家居行业的发展将裂变为三个部分，每一部分有一个入口：互联网家装、定制家居和软装陈设。下文介绍这三个入口的表现形式。

入口一：互联网家装。互联网家装这一产业链条上，上游材料商、中间经销商以及下游消费者，形成了三角产业格局。

在目前的形势下，互联网家装拼命颠覆传统家装。传统家装企业的命运，要么等待被颠覆，要么与互联网企业联手，共同串起这条产业链。由于互联网家装并没有行业统一标准，因此在行业规范、产品服务类型上难以统一。2015年，有上千家互联网家装企业注册，然而真正盈利的企业的只有寥寥几家，大

---

① 资料参考中装新网，http：//www.cbda.cn/html/yj/20160127/80903.html。

多数互联网家装公司的前途难测。互联网家装是建筑装饰行业一个崭新的入口，其面对的既有可能是无穷的财富，也有可能是无底的深渊。

入口二：定制家居。“VIP”“私人定制”的理念逐渐渗透进流通市场的各个环节，也成为消费者的普遍化消费观念。传统家装公司的装修装饰格局已然不能满足当下的市场需求和消费者的胃口，“定制”成为家居装饰行业的新潮流。如今，走进大型百货商场，除了服装、皮包、首饰、电子产品等常见消费品专卖店，“××定制家居”的店面也越来越多地映入消费者的眼帘。“定制家居”如同黑洞里的一条缝隙，这条缝隙射入一道光线，整个行业都将被辐射带动起来。

入口三：软装陈设。前文提到的互联网家装和定制家居，为软装陈设做了铺垫。互联网家装和定制家居的发展必然带动软装行业市场规模的扩大。居民收入水平的提高使得对装饰水准的要求增加，软装陈设物品中，有一部分属于快速消费品，如桌布、花卉等，快速消费品可以打价格战，通过提高更新换代速度扩大销售规模，所以，即使以供应链为入口，也能打开软装行业的广阔市场。

2. 硬装+软装优势互补

我国传统的家装行业中硬装的涉及范围很广，软装极少被作为重点业务。家装公司做完基础硬装后，室内设计和搭配则几乎是由业主自己完成，到各大建材市场、家具市场购买、挑选。这是多年来，我国装修装饰行业的传统。在互联网大潮的冲击下，这种传统家装模式发生点滴改变，软装开始走入家装企业的视线，传统的硬装市场必定要坚守，广阔软装市场也要打开。因此，一些传统的家装公司开始与新兴软装设计公司或团队联手，打造“硬装+软装”的合作模式。比如，万科集团和链家联手，成立万科链家装饰公司，小尼宅配则与美家帮联手。这种“硬+软”的形式特点在于连接两个原本独立的平台，通过合作的形式，串联起硬装和软装，为业主提供多样化的选择和一站式服务。硬装企业和软装设计企业的结合可以做到优势互补，以己之长、补彼所短。

3. 未言的结局：互联网家装将占据整个行业的“半壁江山”

有业内人士将家装行业分为五个档次——ABCDE，E代表回迁房，属于最低档次，E类房屋业主这部分看重价格，特别是较低价格，每户平均家装费用约6万元。D类业主属于家装行业的主力刚需市场，也是互联网家居企业的重点培育对象，每户平均家装费用约12万元，硬装费约7万元，软装费用约5万元。C类用户被称为改善型业主，家装花费在15～50万元，每户平均家装费用约36万元，这类业主虽然购买力较强，但市场占比较低。B类属豪宅类型，A类属顶级豪宅，多为200平方米以上的豪华别墅，这两类业主的房屋设计基本由设计师主导，寻求高质量、高价位，因此，并不是互联网家装企业的服务对象。专业人士推测，选择互联网家装的业主占比大约为：20%的B类业主，50%的C类业主和70%的D类业主。由于B、C、D类业主的基数很大，故互联网家装在数量上会占据约一半的行业比例。①

（二）未来发展预测：软装将成为一种潮流

软装已经逐渐成为前景广阔的朝阳产业，不同的研究部门提供了相似的数据用以证实这一判断。2012年的调查数据显示，2012年全年，我国软装装饰品的消费额超过300亿元人民币，预测之后几年将以每年15%的速度递增；全国工商联家具装饰业商会的数据调查显示，目前，中国家居行业产值已突破10000亿元，并且每年将以20%左右的速度增长；业内人士预计，未来10年，软装产值将占到建筑装饰行业的40%以上。② 显而易见，软装行业已经张开触角，逐渐触及建筑装饰行业的各个角落。

1. 打造品牌

在任何行业，品牌和口碑都是关乎企业、行业发展命脉的关键，软装行业亦逃不出这一法则。提高品牌信任度和知名度的首要原则，就是供给端的标准化，也就是软装企业内部的管理、执行和服务的标准化。可以采用“模块化”的管理方式，即将整体设计拆分成几个模块，每个模块由一个专业团队完成，最后整合成一个完整的产品，这种模式下产出的作品或许会超出预期值，当然，这需要企业内部打造极高的配合度和合作感。设计在软装企业属于核心部门，设计师则是其中的灵魂，高端培训、精细化管理、优渥的待遇成为培养高质量设计师团队的必备武器。互联网企业尤其要重视口碑的重要性，从现实的

① 数据摘自欧浦家居官方网站，http：//www. opvip. com/wz－10406. html。

② 吴宏伟：《室内软装设计的原则及未来发展趋势的研究》，《大众文艺》2011年第9期。

经验可以看到，淘宝网、京东商城等大型互联网企业平台，亦无法避免假冒伪劣产品的渗透，那么，软装这种与百姓生活息息相关的产品和行业，极依赖用户的口碑相传，则尤其要重视品牌战和口碑战了。[①]

2. 融合中华传统文化

软装设计和产品要彻底进入中国市场，必定要做到被老百姓接受，这就要求软装设计要与中国传统文化相结合，这在任何一个国家的市场也是通行的道理。专业人士认为，符合中国传统文化审美的软装设计作品，要讲究风格与色彩。软装设计风格要做到“万变不离其宗”，“万变”指设计方案、搭配效果、色彩使用的千变万化，“其宗”指的是以中华传统文明为核心和根基。软装设计离不开日常生活，柴米油盐酱醋茶和家长里短是设计灵感的根本来源，软装设计人员要身体力行地探索和尝试，体会怎样的设计效果和色彩搭配能够栖息现代国人的心灵、照亮生活的温暖。当前的社会文化发展背景强调人文价值的回归，这也决定了软装的设计根源，即符合当前国人审美的设计、回归理智和知性的设计。

3. 成为潮流

以前，国人购买新房后，雇用一家装修公司，刷墙面、铺地板、安装厨卫，追求整洁方便，很少要求装修风格。现在，一些经济实力较强的业主转换装修思路，除了基本的墙面、地板、门窗，还要利用装饰品搭配个性化的风格，如田园风格、欧式风格、地中海风格等，实现功能性与装饰性的统一。毋庸置疑，“轻装修，重装饰”的家装理念已经由建筑装饰市场扩散到消费者群体。虽然目前高质量的软装设计依然是高收入人群的选择，但随着互联网大潮的推波助澜，软装设计将很快走入千家万户。从区域划分来看，东部一线城市的软装行业发展已逐渐稳固，北京、上海、深圳、广州等超大城市都开设专门的家居饰品商城，其中深圳已经领先一步，成为全国家居饰品基地和集散中心。中西部地区的省会城市，如重庆、成都、武汉、长沙等，也进入起步阶段。业内人士预测称，未来中国家居软装饰的消费与家具消费的比例将和欧美发达国家一样，达到1∶1水平，即一个新家如果购买1万元的家具，那么家居饰品的消费也会达到1万元。可见，未来的软装市场商机无限。同时，以几代

---

① 资料参考中装新网，http：//www. cbda. cn/html/jd/20160104/79123. html。

同堂为主的中国传统家庭生活模式逐渐被多元化的家庭单位所取代，当青年人取代老年人成为居住诉求的主体，软装也会从锦上添花式的需要演变成刚性需求，为未来人们对生活空间丰富化、对生活质量要求的提升提供全新的方向。①

从当前发展趋势看，家装行业即将裂变为三大入口：互联网家装、定制家具和软装陈设。其中，软装陈设作为一大入口，占据了家装行业的半壁江山，其威力不容小觑。硬装+软装也是必然的发展趋势，因为传统建装企业嗅到软装的广阔前景，必定会对企业展开系列转型。互联网的融入使软装从刚刚诞生时便成为建筑装饰行业的弄潮儿，互联网软装企业蜂拥而入，想要获得成功，仍需脚踏实地，立足中华传统文化，不忘打品牌战，逐步巩固软装在建筑装饰市场的地位。

① 资料参考中装新网，http://www.cbda.cn/html/jyft/20150701/61152.html。

设计和材料篇

Reports on Design and Material

B.6 建筑装饰设计产业发展状况分析

摘　要：建筑装饰行业的快速发展，带动了建筑装饰设计产业的发展，并且，随着民众对生活环境艺术的需求增长，建筑装饰设计在建筑装饰行业发展中的地位日益突出，成为行业发展的龙头产业。本报告分析了我国建筑装饰设计产业现状及设计产业主体发展现状，而第三部分通过对建筑装饰设计企业核心竞争力的分析，则有助于行业内其他设计企业对自身发展优劣势的认识，促进整个行业的高质量发展。在报告最后，主要分析了在数字化技术日益发达的趋势中，装饰设计产业面临的挑战与机遇。

关键词：建筑装饰设计产业　核心竞争力　数字化时代

一　建筑装饰设计产业现状

（一）建筑装饰设计基本理论

1. 建筑装饰设计基本概念

建筑装饰设计是指针对建筑物所处的不同环境、不同的使用性质以及相应标准，综合运用现代化的物质、科技、艺术等手段，设计出功能合理、风格鲜明，符合消费者的生理、心理需求，并且有利于工作、学习、生活的室内外环境。

2. 建筑装饰的分类

根据建筑物之间不同的空间关系，可以将建筑装饰设计分为建筑室外装饰设计和建筑室内装饰设计两部分。建筑室外装饰设计根据不同的设计目的，可以分两部分：建筑外部装饰设计和建筑外部环境设计。建筑室内装饰设计，根据不同的使用功能，分为居住建筑室内装饰设计和公共建筑室内装饰设计，尽管它们的室内构成各不相同，但各自的使用空间则大致类似。因此，建筑室内装饰设计也可以按照不同的空间使用性质进行分类。

（二）建筑装饰设计的内容及其意义

1. 建筑装饰设计的内容

建筑装饰设计的内容主要包括以下六个方面。

室外环境设计。室外环境设计包括两方面的内容：建筑外观设计、建筑外部环境设计。主要通过对建筑外观的修饰，以及室内装饰物品的处理，使得建筑室内外的环境气氛相互协调。

室内空间设计。室内空间设计师的主要任务就是在室内空间的基础上，根据室内空间的使用需求，做出合理的设计，确定空间的衔接、分隔等问题。

室内空间界面设计。界面设计是指对室内空间的维护界面，包括室内地、墙、天花板等做出相应的设计，根据消费者需求确定各个界面的造型、色彩等。

家具设计。家具设计包括两方面的内容：家具自身的设计、家具在室内空间的布置。在有限的室内空间中，家具占据了大部分空间和视觉比例，因此室内家具的设计风格很大程度上影响了室内环境的风格，家具在室内的布置对室内空间的使用有很大的影响。由此可见，家具设计是建筑装饰室内设计极为重要的组成部分。

建筑装饰效果设计。建筑装饰效果设计包括三个方面内容：色彩设计、照明设计和陈设设计。其中，色彩设计，是对整体环境色彩的总和考虑，包括整体色彩的基调、明度、冷暖色、对比色的运用等。

技术要素设计。技术要素设计在装饰设计中的具体体现为：要求设计师处理好以下几种技术要素：温湿调节、采光、采暖、通信、消防等。随着科技的发展，建筑装饰设计中的技术要素所占的比重已经越来越大，它们在多方面影响着建筑环境的安全性和舒适性。

2. 建筑装饰设计的意义

建筑装饰设计在生产及生活环境中的意义主要有两方面。

第一，物质使用功能方面。提高室内外人们生活工作的环境，达到提高物质生活标准的目的。随着时代的发展，人们的生活节奏不断加快，这就要求有新的与之相适应的空间环境和相应高效率的设施。在这里，建筑装饰设计计划和设计工作就显得非常必要了。

第二，精神品格方面。装饰设计通过装饰风格的不同、色彩的搭配，提供给消费者一种具有灵性的生活氛围，有助于保障消费者的身心健康发展，更能体现一定的情调和内涵。

通过上述分析可以得出：建筑装饰设计的最终目标就是物质为用、精神为本，在物质条件有限的情况下，设计体现了无限的精神价值。例如，在建筑装饰设计中，通过合理的家具和陈设选择，良好的通风、采光和上下水的设置等，尽量满足人们物质使用功能方面的需求。此外，建筑装饰设计针对室内外环境进行的衔接、分隔处理，以及色彩搭配、鲜明设计风格的突显，使人身心得到平衡，情绪得到调解，感观得到愉悦，从而满足了人们精神品格方面的需求。

（三）建筑装饰设计产业概况

1. 装饰设计产业在行业中的地位

建筑业、建筑装饰业近年来的快速发展，带动了相关产业的发展，以建筑装饰设计产业发展最为迅速。此外，随着民众对生活环境艺术的需求增长，建筑装饰设计在建筑装饰行业发展中的地位日益突出，成为行业发展的龙头产业。

装饰设计产业是整个装饰行业由劳动密集型向文化、艺术、技术密集型转化的关键，是促进建筑装饰产业转型升级的重要影响因素，具体体现在以下三个方面。[①]

第一，促使提升产业的附加值。设计产业的快速发展，对于相关产业具有引领作用，尤其是对新工艺、新材料的带动作用效果显著，从而更进一步推动企业自主创新、技术进步。对发展中国家来说，其产业发展地位处于全球产业链的中低端环节，设计产业将会成为产业结构转变的突破口，改变产业附加值较低、竞争实力不强的弱势地位。

第二，促进产业融合。设计产业的发展可以更好地促进行业内关联产业的相互融合。设计产业具有较强的渗透性、扩散性，能提高各相关产业的知识、技术集约化程度，成为促进产业间、产业内部转换的主要动力，推动产业链向高级阶段发展。

第三，加速推动产业集群的形成。从欧美发达国家以及日本、韩国等地的设计产业发展实践来看，设计产业与文化、技术的相互影响、融合，可以加速促进关联产业在某一地理空间聚集，形成新的产业集群。

建筑装饰设计产业在建筑装饰行业中的龙头作用还体现在其在整体行业中的指导性地位。随着设计师队伍的不断壮大、成长以及国际化水平的提高，特别是新的设计手段、绿色设计标准的应用，建筑装饰整体行业向绿色化、可持续化方向不断发展。另外，设计水平与国际接轨同样也体现了装饰设计产业在行业内的龙头作用。2014 年以来，建筑装饰设计行业举办了多种赛事，效果良好。特别是一些国际化的设计赛事，使得赛事的规模、档次得到大幅度提升，使得我国的建筑装饰设计越来越与国际接轨。

2014 年，中国建筑装饰协会公布《建筑装修装饰工程设计收费标准》，针对建筑装饰工程的收费标准进行规范，促使了建筑装饰工程设计无论是在量的方面还是质的方面，均得到较大发展，受到行业和社会的认可和重视。

2. 产业产值规模及增速

通过对建筑装饰上市企业设计部门产值比例、增速，以及建筑装饰设计企业产值的分析，可以反映建筑装饰设计产业近几年的产业发展规模以及增速。表 1、表 2 显示了建筑装饰上市企业 2011 ~ 2015 年设计部门带来的产值以及设计部门的产值在主营收入中的占比。

① 陈冬亮主编《中国设计产业发展报告（2014 ~ 2015 年）》，社会科学文献出版社，2015。

表 1　2011 ~ 2015 年部分上市企业设计产业产值

单位：万元

年份	2011	2012	2013	2014	2015
金螳螂	40552.92	56950.13	128180.18	149615	140402
亚厦股份	7412.71	14357.70	16510.71	15015.51	13743.5
广田股份	9074.22	10515.9	14514.41	14161.29	13386.6
瑞和股份	1809.39	1186.09	2339.30	2321.58	2772.87
东易日盛	20645.96	21763.21	13845.35	13849.98	22629.7
洪涛股份	6579.34	5858.12	6561.97	5947.57	4258.5
柯利达	1493.55	1202.84	2070.56	2239.44	2222.73
金龙腾	—	86.99	541.11	416.99	490.17
弘高创意	—	—	—	7594.19	12632.2

资料来源：WIND 经济数据库：建筑装饰行业部分上市公司 2011 ~ 2015 年年报。

从表 1 中上市企业设计产业产值的数据可以看出，2011 ~ 2015 年，上市公司中独立的设计部门的成立经历了从无到有的过程，越来越多的上市公司成立了独立的设计部门，甚至成立自己的设计研究院，设计部门产值也在不断上升。此外，设计部门产值在上市公司营收中的占比也逐渐增加，如表 2 所示。

3. 装饰设计产业发展特征

装饰设计产业处于快速发展阶段，属于朝阳产业，具有广阔的发展前景。总体上看，装饰设计产业集中度较低，大部分设计企业呈现小规模的发展态势，或者以独立的设计部门存在于各大装饰企业中，无论是小规模的设计企业

表 2　部分上市企业设计产值占比

单位：%

年份	2011	2012	2013	2014	2015
金螳螂	2.11	4.32	6.64	7.23	7.53
亚厦股份	0.76	1.06	1.21	1.16	1.53
广田股份	1.03	1.18	1.47	1.45	1.67
瑞和股份	1.08	1.23	1.57	1.53	1.52
东易日盛	2.65	5.12	6.37	7.39	10.03
洪涛股份	0.85	1.09	1.34	1.75	1.75
柯利达	0.84	1.04	1.13	1.21	1.37
金龙腾	—	0.87	0.93	0.99	0.87
弘高创意	—	—	—	2.44	3.84

资料来源：WIND 经济数据库，《上市公司 2011 ~ 2015 年年报数据分析》。

还是上市公司的设计部门，所占市场份额均较小，产业内没有出现影响市场格局的规模化企业。

此外，建筑装饰设计产业是人才密集型产业，具有人才密集型产业的重要特征：轻资产、重人才、附加值高。行业内企业保持自身核心竞争力关键在于吸收、培养具有专业技术水平、相关管理经验的设计师人才。为了增强自身的市场竞争实力，资质较高的装饰企业均成立了独立的设计部门或者成立自己的设计研究院，培养了一大批具有较强实力的装饰设计人才。此外，高校的扩张以及各种技术培训学校的兴起为装饰设计产业培养、储备了大量的人才，是产业整体实力得以提升的人力资源保障。

在装饰设计产业发展前期，装饰设计图纸一般由人工手绘完成，现阶段随着电子计算机技术的不断发展，产生了功能强大的辅助设计软件，如圆方绘图软件、中望 CAD，设计图纸也逐渐发展为 3D 图、效果图、立体图等多种形式。相关的设计资源也可以通过电子信息技术进行存储和传输，为设计产业的发展提供了极有利的技术环境，使得设计周期得以缩短，设计水平得以快速提升。

4. 装饰设计产业市场前景

装饰设计涉及建筑行业的各个领域，主要为酒店、医院、学校、办公建筑、住宅建筑等，这些类型建筑投资规模的上升以及对现有的建筑进行节能设计改造，都会对装饰设计产业产生较大的牵引驱动作用。

随着我国经济的不断发展，中央政府近年来加大了对中小城市的扶持，二、三线城市经济崛起，2013 年，我国 GDP 增长率为 7.7%，而一些二、三线城市的增长率远远高于全国平均水平，其中长沙、宿迁、阳江、通辽、徐州、兰州、重庆、内江、南充、咸阳、宝鸡、遵义等城市 GDP 增长率超过 13%。二、三线城市在地区发展中的影响力也逐渐增强，城市内对旧城区的改造、新城区的建设、基础设施（如高速铁路、公路、港口、机场等）的建设需求不断增长，投资金额巨大，这将会带动地方经济的快速发展和地方固定投资规模的不断扩大，直接带动建筑装饰行业相关产业诸如装饰设计的发展。另外，二、三线城市经济的快速发展，也带动了当地商贸业和旅游业的发展，这是促进建筑业和建筑装饰行业发展的重要动力。二、三线城市商业地位的提升、旅游吸引力的提高，吸引了众多国内外大中型企业纷纷在当地建设分支机构，参加商务活动或者旅游观光的人数大幅度上升，相关配套设施如写字楼、会展中心、购物广场、星级酒店、商务酒店都进入大规模的改造或者新建过程中，这不仅增加了建筑装饰行业的需求量，同时对建筑装饰设计提出了更高的要求，加速推动建筑装饰设计产业整体水平的提升。

保障性住房以及棚户区的改造工程，一直都是中央政府及各级地方政府重点关注的惠民生工程，同时也是我国基础建设投资的重要方向。由于保障性住房建设全部为成品住宅建设，自2014年以来，保障性住房进入室内装修装饰的高峰期。通过近几年的运行及建设经验的总结，保障性住房装修工程主要由专业建筑装饰工程企业独立分包完成，对建筑装饰行业尤其是室内装饰及设计形成巨大的市场需求。

5. 装饰设计产业发展的政策环境①

装饰设计产业具有技术、人才密集的典型特征，装饰设计产业的发展有助于行业的深度发展，此外，装饰设计产业的发展，更是将建筑行业、建筑装饰行业科技成果转化为现实生产力的有效途径，所以近年来，国家对设计产业的政策扶持力度逐渐加大。

2011年9月，住建部颁布《工程勘察设计行业2011～2015年发展纲要》，提出对大型骨干工程勘察设计单位的深化改革，形成一批具有国际竞争力的设计公司。改革过程中推进体制和机制的创新，发挥设计在施工过程中提供技术和管理服务的作用。

2012年5月，住建部颁布《"十二五"建筑节能专项规划》，主要内容为：第一，提高建筑节能能效水平，节能设计新标准2015年执行比例达到95%以上；第二，对现有民用建筑进行节能改造并逐渐扩大规模；第三，在全国范围内促进绿色建筑规模化的发展。

2013年，国务院发布《国务院关于印发"十二五"国家自主创新能力建设规划通知》，提出要重点培育发展专业化的工业设计、研发机构。

在2014年政府工作报告中，李克强总理指出，"要促进文化创意和设计服务融合发展"；同年，国务院发布《关于推进文化创意和设计服务与相关产业融合发展的若干意见》。

---

① 该部分资料搜集整理于住建部网站，国务院网站。

中央政府及地方政府出台的相关扶持政策，对建筑装饰设计产业构成有力支持，极大促进建筑装饰产业结构优化，提升企业自身的创新能力。

二　设计产业主体发展现状

（一）设计产业主体发展概述

1. 设计主体评级标准①

根据建设部《建设工程勘察和设计单位资质管理规定》中的原则，结合建筑装饰设计技术要求的实际，制定本标准。建筑装饰设计资质分级标准是核定建筑装饰设计单位设计资质等级的依据。建筑装饰设计资质设甲、乙、丙三个级别。

（1）甲级标准

从事建筑装饰设计业务6年以上，独立承担过不少于5项单位工程造价在1000万元以上的高档建筑装饰设计并已建成，无设计质量事故。

单位有较好的社会信誉并有相应的经济实力，工商注册资本不少于100万元。

单位专职技术骨干人员不少于15人，其中，从事建筑装饰设计（建筑学、设计、环境艺术、工艺美术、艺术设计专业）的人员不少于8人，从事结构、电气、给水排水、暖通、空调专业设计的人员各不少于1人。建筑装饰设计主持人应具有高级技术职称或相当于高级技术职称的任职资历。

参加过国家或地方建筑装饰设计标准、规范及标准设计图集的编制工作或行业的业务建设工作。

有完善的质量保证体系，技术、经营、人事、财务、档案等管理制度健全。

达到国家建设行政主管部门规定的技术装备及应用水平考核标准。

有固定工作场所，建筑面积不少于专职技术骨干每人15平方米。

（2）乙级标准

从事建筑装饰设计业务4年以上，独立承担过不少于3项单位工程造价在

① 中央政府门户网站，http：//www. gov. cn/ziliao/flfg/2007 -07/10/content_ 678764. htm。

500万元以上的建筑装饰设计并已建成，无设计质量事故。

单位有较好的社会信誉并有相适应的经济实力，工商注册资本不少于50万元。

单位专职技术骨干人员不少于10人，其中，从事建筑装饰设计（建筑学、设计、环境艺术、工艺美术、艺术设计专业）的人员不少于5人，从事结构、电气、给水排水专业设计的人中各不少于1人，其他专业人员配置合理。建筑装饰设计主持人应具有高级技术职称或相当于高级技术职称的任职资历。

有完善的保证体系，技术、经营、人事、财务、档案等管理健全。

达到国家建设行政主管部门规定的技术装备及应用水平的考核标准。

有固定工作场所，建筑面积不少于专职技术骨干每人15平方米。

（3）丙级标准

从事建筑装饰设计业务两年以上，独立承担过不少于3项单位工程造价在250万元以上的建筑装饰设计并已建成，无设计质量事故。

单位有较好的社会信誉并有相应的经济实力，工商注册资本不少于20万元。

单位专职技术骨干人员不少于6人，其中，从事建筑装饰设计（建筑学、室内设计、环境艺术、工艺美术、艺术设计专业）的人员不少于3人，从事结构、电气专业设计的人员各不少于1人，其他专业人员配置合理。单位中建筑装饰设计主持人应具有中级技术职称或相当于中级技术职称的任职资历。

推行质量管理，有必要的保证体系及技术、经营、人事、财务、档案等管理制度。

计算机数量达到专职技术骨干人均一台，计算机施工图出图率不低75%。

有固定工作场所，建筑面积不少于专职技术骨干每人15平方米。

2. 主体规模数量及分布区域

政策的扶持，经济发展的导向使得装饰设计类企业近几年得以快速发展。2013年有26家工业设计中心获得国家工信部认定，国家级设计中心有6家，这些企业主要集中分布在我国东部地区。2014年，建筑装饰行业内，新增具有设计施工一体化资质的企业83家，新增具有专项设计甲级资质企业总计45家，建筑装饰行业内具有设计施工一体化一级资质的企业总计371家，具有甲级专项设计资质的企业总计1069家，具有一定规模的设计类企业超过6000

家，工业设计类公司也已超过200家，另外，具有较强竞争力的设计公司在区域分布上集中于北上广一线城市。2015年，行业内企业之间的并购与重组力度加强，行业内上市公司对中小企业的并购和重组规模增长较快，增速远高于2013年。大多数的并购与重组通过股权转让的方式进行，原企业的法人地位并没有发生改变，因此，对行业内企业数量影响不大。

3. 从业者情况分析

2015年建筑装饰行业接收高校毕业生达到20万人，有将近10万人从事建筑装饰设计工作，全行业内从事建筑装饰设计的劳动者总计达到157万人，占全行业从业者人数的9.69%左右，与2014年的总劳动人数比较，增长约0.59%。

从年龄构成的角度分析，从事工程设计、工厂加工、施工管理的劳动者的年龄主要分布在20～35岁，女性劳动者的比例达到40%～60%，集中分布在经济较为发达的一线、沿海城市。据统计，华东地区占22%，华北地区占24%，西南和东北地区占8%，西部地区占比最小，仅为4%；北京地区从事设计相关工作的从业人员近25万人，广东超过10万人，上海超过8万人。

我国大部分装饰设计师分布在一线、沿海发达城市，在经济发达地区从事设计工作，设计师能获得更好的继续教育机会，也会接触到更多的设计项目，以提升自身水平。二、三线城市的设计师面临的工作环境、收入水平以及关注度，和经济发达地区的设计师比较，相差甚远。为了全面了解装饰设计师尤其是在二、三线城市工作的设计师的工作状态，中装新网联合湖南省室内设计师协会展开“二三线城市环境设计师生存现状调研”活动，通过调研分析得出，性别构成方面，在现有的设计师群体中，男性设计师仍然是主体，但是30岁以下的设计师中女性的比例越来越大。受教育程度方面，拥有本科学历的设计师达到48%以上，其中40%的受访设计师拥有专科学历；获得初级设计师资格认证的占比为5%，获得中级设计师资格认证的占比为25%，而获得高级设计师资格认证的占比为39%，说明在受访的设计师群体中，高学历、高级资格认证已成为设计师群体发展的趋势。①

① 中国建筑装饰协会网站“二三线城市环境设计师生存现状调研”系列活动。

（二）重点设计企业（设计院）研究①

1. 金螳螂设计研究总院

（1）设计院总体概况

苏州金螳螂建筑装饰股份有限公司业务涵盖范围包括酒店、商场、办公楼等建筑物的装饰设计、施工。经过近十年的发展，公司被建设部核定为建筑装饰、建筑幕墙施工一级资质、设计甲级资质，并通过了ISO9001质量体系等认证体系，注册商标“金螳螂”被认定为江苏省著名商标。

金螳螂在发展历程中，重视设计师培养，引进是其一贯坚持的发展方针，20世纪90年代初期，就成立了自己的设计院，通过对设计功能的强化，在众多的装饰企业中脱颖而出，拥有自己独特的竞争优势。

2013年金螳螂建筑装饰股份有限公司收购美国HBA公司70%的股权，成为其大股东，众所周知，HBA公司是国际上从事酒店设计的领导企业，HBA国际化的平台，可以促进金螳螂在海外市场的发展，拓展国际业务，促使金螳螂成长为国际化公司。

金螳螂设计院经过近十几年的发展，已经拥有2500多名设计师，另外并购HBA公司使其拥有全球1100多名设计师，总计3600多名设计专业人才，其中30名设计师被评为中国最有影响力设计师，60名设计师被评为全国有成就的资深和杰出中国青年设计师，全年成功实施1000多个设计项目，成为目前国内规模化发展、实力最强的专业设计公司，设计总院下属15个设计分院，每个设计分院都有属于自身的专业化设计方向，例如酒店设计、办公及公建空间设计、精装样板房及会所的设计。2015年设计院产值总计超过20亿元，在行业内具有较高的地位。

金螳螂设计院之所以在业内取得巨大成功，在于其独特的运营方式。金螳螂设计院采取以设计带动施工业务量增长的一体化模式，设计施工一体化模式在国际上非常盛行，主要原因在于，装饰设计中设计师的个性化影响较大，设计施工统一由一个施工企业完成，更容易表现设计效果，提升消费者体验。另外，设计施工一体化模式也使得金螳螂在争取消费者方面拥有更大的竞争力，

① 中国建筑装饰协会网站。

公司大力推广“大装饰”概念，以其出色的设计能力赢得消费者，进而带来施工业务量的增长。根据相关数据统计，金螳螂的毛利率达到17%多，而传统的建筑装饰企业的毛利率仅有7%，金螳螂设计研究院的毛利率高达24%，2016年来建筑装饰产业在建筑工程总造价中的比例，在一些高档建筑中，超过40%，充分表现了装饰设计的附加值。

（2）设计案例——一体化的酒店设计①

通过对装饰设计经典案例的解析，反映装饰设计主体目前的竞争实力以及在细分市场的发展方向。

酒店设计是装饰设计产业的一个重要发展方向，大多数设计师也认为参与酒店设计是职业生涯的制高点，金螳螂在并购美国HBA公司以后，在酒店设计这一细分市场上实力大增，通过对其酒店设计的分析，可以看出未来酒店设计市场的发展趋势。

金螳螂国际酒店设计院设计总监Giancarlo Giacchi认为，酒店设计的核心在于空间平面的布局，设计师的设计理念主要体现在空间平面布局上，设计过程主要考虑功能性和实用性两个方面。此外，对于酒店这种具有特殊用途的建筑来说，建筑设计和室内设计同等重要，室内设计在施工时力求和酒店建筑融为一体。

酒店设计侧重点在于根据不同类型的酒店，以及酒店将要面对的消费群体，设计不同的风格，体现不同的设计理念。例如度假型酒店，消费者对于度假型酒店的主要要求就是可以全身心的放松，所以很多度假型酒店都建立在湖边、海边、山脚。设计师在对度假型酒店设计时，会根据其所处的地理位置的不同，而采取不同的设计风格，“山底下的度假型酒店可能会给人一种‘冷’的感觉，那么设计就需要像一杯酒一样给人带来温暖”。

酒店装饰设计最主要的目的是满足消费者休息放松的需求，因此酒店设计过程中应注重一些功能性设计，例如考虑满足消费者休息需求，在对空间环境的布置上要充分考虑色彩的搭配，防止噪声污染及光污染；除了满足消费者的使用功能，还应考虑精神层面的需求，通过艺术品、音乐的搭配，体现酒店装饰设计的艺术性，满足消费者精神层面的需求。

此外，针对酒店的装饰设计需要考虑的因素也包括酒店装饰设计与当地文

① 中国建筑装饰协会网站。

化的融合，例如中国山东部分地区，是我国孔孟儒家思想文化的发源地，很多五星级酒店不管是建筑设计还是室内装饰设计，都借鉴了我国古代文化以及古代建筑的风格，深受消费者青睐和好评。对于一些小型的精品型酒店，在设计时就需要突出其独特性来，比如上海的璞丽酒店，酒店的室内设计给人非常干净的感觉，酒店在细节上的设计也非常独特，加上到位的酒店服务，在与众多的小型酒店竞争中占据了一定的市场份额。

2. 洪涛设计院①

（1）设计院总体情况概述

洪涛装饰是建筑装饰行业内成立时间最长的企业，在行业内具有一定的领导地位，是深圳市推广“设计之都”的重要品牌之一，公司发展的综合实力一直在深圳市装饰行业排名第一，具有“深圳知名品牌”称号，是国内最早由建设部核定的建筑装饰甲级设计单位。公司的主要业务范围是，为办公楼以及商用、民用楼盘、酒店提供装饰设计、施工服务。

2003 年，洪涛装饰改制组建洪涛设计院，设计院自成立以来，发展迅速。目前拥有直属设计所 8 个，设计所针对不同的细分市场成立，例如酒店设计研究所、综合设计所、幕墙设计所、家装设计所等，在北京、上海、苏州、成都、天津、杭州等城市成立设计分支机构，专业设计师团队 230 多人。其中，家装设计所发展最为迅速，在公司装饰设计施工支撑下，成为高档家居设计及施工的专业机构，主要为私人别墅、豪宅提供装饰设计、施工服务，同时和房地产开发商合作，进行样板房装饰设计、施工；设计师队伍由多名业内资深设计师组成，都曾在国际国内设计大赛上获奖，同时设计院还聘请德国著名设计师作为团队设计顾问，引领国内家居装饰设计潮流。

在装饰设计市场竞争中，设计院凭借雄厚的人力资本、施工实力，承接了国内众多的大型建筑的室内设计，设计作品在一些国际国内设计赛事上屡获大奖。2015 年，设计院实现产值 4258.5 万元，设计毛利率达 9.51%，占总营业收入的 1.75%。

（2）样板房装饰案例分析

样板房是居家生活空间的实际展示与体验，对象为广泛的目标客户群，集

① 深圳市洪涛装饰股份有限公司网站。

合室内装饰的软装和硬装一体进行合理布置进而展示，对房地产开发商来说，好的样板房设计对于销售量的促进作用显著。

通过对洪涛设计院家装设计所所承担的样板设计项目的分析，可以分析出样板房装饰设计的特点以及发展趋势。

样板房设计的首要原则便是与楼盘的定位趋于一致，确定设计风格之初，设计师首先要对楼盘项目有详细的认识和了解，充分考虑目标客户群的个性化需求、造价成本、当地文化特征等因素。此外，样板房设计的主题元素与楼盘主题元素应保持一致，每个开发设计的楼盘都有自己的风格特征，样板房的设计是对整体楼盘特色因素的延续；样板房是开发商促进销售的产物，这就决定了样板房在设计时，和普通居家装饰设计动机不同，设计动机的不同决定了设计重点的不同，样板房设计针对目标客户群营造强烈的视觉效果，体现整体楼盘的风格，突出其特殊性；样板房设计还应该考虑与周围环境的融合性，例如海景房，户外海景环境本身就是楼盘的销售点，所以样板房的设计风格类型应与户外海景呼应，在样板房的设计中体现海景元素。

样板房设计的发展趋势：更加注重细节的人性化设计，例如卧室灯光的设计，利用漫射光照明，避免光线直射眼睛造成不适；注重节能环保，例如净化水设备的利用、太阳能的利用；设计风格多样化的发展趋势，东西方文化的融合给设计师带来更多的灵感，也产生了更多的设计风格。

3. 北京弘高创意建筑设计股份有限公司①

（1）公司总体情况概述

公司于 1993 年成立，2014 年上市，弘高创意是建设行业设计第一股。公司资质认证等级为最高级别，由国家建设部核定颁发，连续多年从众多竞争者中脱颖而出，获得中国最具影响力的优秀设计奖项，以及中国最有影响力施工机构等荣誉。在近年的发展中，公司很好地运用互联网思维，借助上市后强大的资本运作能力，以设计服务为突破口，实现公司竞争力的进一步提升。

公司具有建筑装饰工程设计专项甲级资质，设立 9 大设计院，设计师团队 300 余人，同时与国际上近 30 家知名设计机构进行深入合作，具有显著的品牌优势，是国内最有影响力的优秀设计机构之一。2014 年 7 月 7 日联合北京

① 北京弘高创意建筑设计股份有限公司，http：//www.honggao.com.cn/Corporation/index.asp。

市建筑装饰协会、北京市建筑设计研究院有限公司、北京建筑大学、北京光华设计发展基金会、北京中联环建文建筑设计有限公司等，成立“北京建筑装饰设计创新产业联盟”，该联盟是装饰设计行业内唯一由民间搭台、官方支持，并在民政局注册的非营利性社会组织。

2015 年，公司设计院产值总计 12632. 23 万元，毛利率 36%，占总营收入的比例达到3. 84%，公司总体营业收入上升 5. 7%，达到 32. 89 亿元。其中最主要的营收增长点在于室内装饰设计以及施工业绩的增长。设计产业的龙头作用逐渐体现，以设计带动施工量增长的模式也逐渐显现，转化率高达 40%。为了提高设计院参与市场竞争的实力，促进设计院创新性发展，2015 年，公司与东方辉煌达成合作意向，若双方合作成功，对于弘高创意设计来讲，会提升公司整体实力以及扩大设计方面的品牌知名度。

另外，在设计管理方面，公司也在积极地探索新的管理模式，虽然终止了盖德软件的开发投资，但是在 BIM① 技术领域仍在加大投资、开发力度，同时与建筑行业 VR② 相关企业进行深度合作，打造成熟的 VR + BIM + DESING 综合模式。

（2）设计案例——将“绿色设计”融入医院建设中

建筑装饰未来发展的重要趋势之一便是绿色节能环保。在医疗建筑装饰的发展进程中，也体现了绿色节能环保的趋势，建筑装饰设计企业将在很大程度上促进“绿色医院”的发展。2015 年 4 月 24 ~26 日，“绿色医院建设高峰论坛暨绿色医院建筑星级评审要求与政府补助申请流程培训班”在天津召开，由建筑装饰协会主办，会议的主要目的是加强技术交流合作，促进“绿色医院”的深度可持续发展。

医疗工程在弘高创意设计项目中占有重要比例，每年参与的医疗工程设计施工项目总计 3 ~5 个，具体包括齐齐哈尔第一医院、中日友好医院等医疗工程项目。

医疗工程相较于其他设计施工项目，具有一定的特殊性，医疗建筑的能耗

① BIM：建筑信息模型。是以建筑工程项目的各项相关信息数据作为模型的基础，进行建筑模型的建立，通过数字信息仿真模拟建筑物所具有的真实信息。

② VR：虚拟现实技术。是一种可以创建和体验虚拟世界的计算机仿真系统的技术。

较大，弘高创意在建筑规划前期就考虑了“绿色设计”项目，例如利用地能、太阳能、光能。室内部分设计是最为重要的部分，弘高创意针对医疗工程的设计充分体现了装饰设计特色化、细节化的发展方向。例如医疗工程设计中的色彩搭配，充分考虑到医院病患经常会出现的视觉变化如花眼、视觉变黄、视力下降。针对医院的室内设计，设计师都会选择提高色彩对比度，便于患者识别。在一些人流量比较大、易发生拥挤事故的地方，设计师通过选取具有高识别度的色彩，起到很强的警示作用。

绿色设计的另一重要表现方式为绿色装饰材料的选择，在医疗工程项目中更能体现这一特点，例如在墙、地面的装饰材料选择上，一般会选择防止打滑、磕碰、扭伤的材料，并且要求环保方面达到高标准。在医院内部预计人流量比较大的区域，天花板的设计采用穿孔铝板和平板相结合的方法，这样的设计既满足了噪声的吸收效果，又满足了声音的反射效果。关于照明设计方面，则全部采用环保 LED 光源，LED 光源能够很好地实现节能效果，同时又能保证空间照明效果、提升总体整洁度。

以上医疗工程设计案例的具体分析，能够体现设计产业未来人性化、特色化的发展趋势，更能反映设计产业在整个装饰行业中的引导地位，通过对设计产业的明确认识，提高装饰设计企业一体化发展的程度，提升企业竞争力。

三　装饰设计产业核心竞争力

不管是对装饰行业、还是装饰企业来讲，装饰设计都发展成为一个重要产业、部门，在行业、企业的发展中具有很强的引导性，企业装饰设计的实力直接体现了企业在市场上的竞争力。未来建筑装饰企业发展壮大，必然是设计与技术的结合，带动相关施工工程业务的发展，施工工程的应用反过来又促使设计水平得以提高，从而提升建筑装饰企业的综合实力。建筑装饰企业未来的发展，如果缺乏高水平的设计，将成为企业进一步持续发展的瓶颈。通过对建筑装饰设计产业的核心竞争力分析，可以促进企业对建筑装饰设计产业未来发展方向的全面了解，认清影响行业架构的因素，增强自身竞争力。

（一）建筑装饰设计产业竞争态势①

1. 产业竞争格局

（1）参与竞争的主体数量持续增加

装饰设计产业涉及的上下游产业较多，加之利润前景可观，所以处于产业上下游的企业也纷纷参与到装饰设计的竞争中，主体数量的增加，有利于打破产业内无序竞争的态势。市场竞争格局逐渐趋向差异化、特色化。除去传统的大型国有设计企业，民营设计企业数量持续增加；外资设计企业也在不断进入国内市场，并且多数采取合资、股权收购的合作方式进入国内市场，同时带来更加先进的国际设计理念，更加贴近国内消费者需求；大型房地产开发商也参与到设计行业竞争中，成立独立的设计部门或者设计院。以上竞争主体在行业内具备自身独特的竞争优势，也存在不同程度的劣势。国有设计企业由于发展时间较长，具有较强的市场资源，自身项目经验丰富，实力雄厚，但是管理体制落后，运营方式死板、不够灵活，民营设计企业运作成本较低，运营方式灵活，劣势在于设计水平参差不齐，人工成本较高，中外合资企业具备了国际先进的设计理念与技术，同时也具备了民营企业灵活的运营方式，劣势在于融入国内市场需要一定的时间。

（2）竞争发展模式多样

规模化、集团化发展模式：大型国有设计企业、民营设计企业中的龙头企业以及外资设计企业，占据了大部分的高端市场，通过一体化的服务模式提供服务。

特色化发展模式：具有先进设计理念和设计技术的实力强的设计企业，为了提高自身市场占有率、竞争实力，通过在细分领域、特色设计技术方面的建设，提供差异化的特色服务，例如酒店装饰设计、医疗建筑装饰设计，节能设计、绿色设计。

专精化发展模式：采取专精化发展模式主要是一些小型设计企业，通过在某一领域培养竞争实力，承接大型装饰设计公司的一些项目，占据一定的市场份额。

---

① 搜集整理于中国建筑装饰协会网站。

低成本运作模式：具有特色设计能力的小型企业，不具备和大型企业竞争的能力，通过低成本的运作方式获取一定的市场利益，这类企业大多数都依附其他大型设计企业，获得低端项目的承接。

2. 未来竞争发展趋势

（1）以人为本的发展原则。装饰设计的主要目的就是提供舒适的工作、办公环境，所以装饰设计最基本的原则就是以人为本，如果设计师为了实现自己的设计理念，忽略消费者使用感受，这就违反了装饰设计的最初目的和原则。例如，卧室的装饰设计，主要考虑消费者舒适睡眠的基本要求，整体风格、色彩搭配也要符合这一基本要求，在选择装饰材料时，除了环保、节能是基本考虑要素以外，隔音性能也要重点考虑。只有考虑了以上因素，才能达到卧室设计的目的——提供舒适睡眠的功能。以人为本的设计，是未来设计产业发展的重要趋势，只有在设计中体现以人为本的原则，才能在激烈的市场竞争中获取成功。

（2）绿色设计发展的趋势。绿色装饰设计主要是通过产品来表达绿色设计理念，主要以绿色技术为基础，在产品的设计之初，就要考虑其生命周期的全过程，例如产品的可拆卸性、回收、重复利用等。此外，设计过程中还要着重考虑产品的能耗问题及其为环境带来的影响。

（3）装饰设计体现环保与健康的趋势。首先是中央政府加强了对装饰行业的环保标准的检测，建筑装饰是需要进行环保改造的重点产业，通过近几年的发展，无论是政府环保标准、环保政策的出台推广，还是对建筑装饰的市场管理，和发达国家相比较，还有一定的差距。随着环保标准越来越严格，建筑装饰企业要想获得成功，就必须从装饰源头——设计上注重环保的投入，提高环保意识，促进整体行业环保水平的提升。

（二）企业核心竞争力分析

1. 企业核心竞争力的 SWOT 分析

（1）企业竞争内部优劣势分析

优势。第一，较高水准的专业技能。和传统的装饰企业相比较，装饰设计企业在市场竞争中具有较强的专业技能，设计企业与传统装饰企业最大的差异在于拥有专业的设计师、制图人员，在施工之前，图纸上完整清楚地绘制施工细节、标示施工中所采用材料以及色彩搭配等，另外设计企业往往具备更专业的项目管理者，能够合理地安排施工工程，掌控施工进度。第二，提供高质量的设计、施工品质。在装饰设计、施工过程中，存在不同的施工作业面，根据不同的施工作业面会有不同的材料选择、不同的系统安装以及不同的使用工具，以上细分施工项目对于项目的最终完工品质有一定程度的影响，设计师在设计初期就会对以上各细分项目进行详细规划设计，并且在施工中提供指导意见，保证完工品质。第三，完整的设计规划。对于客户的偏好、需求等要素，设计师在项目设计之前已经做出深入了解，并通过设计图纸加以详细说明，能够提供更好地消费者体验。第四，具备一定的资质，能够更好地保障消费者权益。设计企业、设计师进入市场之前依据现行法律取得一定的资质，经过主管部门的认定才能够进入市场提供服务，对于政府现行的法律法规有着详细的了解，很大程度上能够保障消费者的合法权益。

劣势。第一，参与市场竞争过程中，策略定位不明确。如之前分析，行业内企业数量近年来呈现下降趋势，但是参与竞争的主体数量越来越多，另外室内设计进入门槛较低，即便是小型的装饰施工队也能招聘几个设计师成立设计部门，在竞争主体逐渐增加的局面下，为获得更多的消费者信赖，设计企业努力向多元化的方向发展，向消费者提供多样化的服务，但这样容易导致企业的发展缺乏明确的目标，市场竞争策略定位不明确。第二，原材料成本过高。装饰行业在原材料这一块由于销售链的限制，企业不具备提供具有较高性价比原材料的实力，所以面对客户提出预算会丧失一定的竞争优势。第三，获取专业资质认证较难。市场内充斥大量没有获得资质认证的设计企业，要在众多企业竞争中获胜，首先要取得主管部门的资质认证，目前设计类企业获取主管部门的资质认证较为困难。

（2）企业参与竞争的外部条件

机会。第一，快速获取新技术、掌握新工艺。装饰市场上材料更新换代较快，设计企业在项目设计过程中如果能较先使用新材料、新技术，则会获得更多的竞争优势。第二，针对装饰设计的需求持续增长。随着市场竞争的日益激烈，消费者的个性化需求越来越多样，设计市场的需求量日益增长，为企业的发展带来更多的机遇。

威胁。第一，消费者获取信息更为便捷，具有很大程度的自主性。随着信息技术的广泛应用，消费者获取资讯相当快捷，在装修业务上参与意见较多，存在随时更换设计主题的可能，这会对企业的运营成本带来一定影响。第二，行业内竞争主体数量增加，买方市场议价能力增强。

通过以上分析可以得出，在竞争日益激烈的装饰设计市场中，通常具有设计施工一体化的装饰设计企业能够较轻松地在竞争中获胜，占领一定的市场份额。

2. 重点企业核心竞争力分析——以金螳螂设计研究院为例

金螳螂强大的设计研发能力、项目管理能力是其在市场竞争中不断成长的主要动力，具体分析内容如下。

（1）支撑和服务的管理模式。金螳螂设计研究院设有两大中心：技术管理中心、综合管理中心。这两大中心是金螳螂设计研究院核心部门。技术问题上最高管理机构为技术管理中心，此外，根据细分市场的不同（酒店类、样板房类、会所类、软装设计类、幕墙类），成立“设计专家委员会”，设立了8个专家组，专家组主要由总院的资深设计师、外聘的高级工程师以及装饰行业内的著名专家组成，主要工作是针对重大项目进行方案评审，提供专业的技术咨询。另外，协助总院对下属的各个分院从专业化角度进行评估，促进各个分院的专业化发展。

设计总院的两大管理中心的主要任务就是打造更好的服务平台，对设计研究院的发展形成强有力的支撑。设计项目从方案敲定到最终的完成，需要来自各方面的支撑、服务才得以顺利完成，在项目推进过程中，最为主要的环节便是软装、灯光、材料等配套设计。为了更好地服务于设计师工作，使其对新材料、新工艺有着详细的了解，研究总院成立了研发推广部门来推广新材料的使用以及新技术的研发，建立现代化信息技术共享平台，组织设计师对新材料、新技术的信息进行学习，为设计师的工作提供便利，形成设计院的核心竞争优势。

同时，设计总院在对设计师的培训、考核等方面也形成了良好的体系，让各个级别的设计师拥有向职业化、专业化发展的学习环境，并在综合管理中心设立培训部，对新加入公司的设计师进行专项的培训。每年年初根据设计师的不同岗位不同专业方向制订个性化的培训计划，根据培训计划要求各部门设计师拟定年度培训计划。对于参加培训的设计师建立台账，根据培训情况给予培训积分，纳入年终考核。

此外，针对设计师提供境外考察学习的机会，每年组织各分院骨干设计师去国外发达国家的著名设计院或者设计机构进行交流、访问。合作的设计院、设计机构对设计师的培训，主要以金螳螂的设计项目为基础，融入国际范围内装饰设计的流行因素，促进设计院与国际接轨的能力。

（2）国际化的项目管理。技术、管理、经营是建筑装饰企业发展获取成功的重要因素，相辅相成、缺一不可。由于设计工作的特殊性质，一般企业的管理模式在设计企业中处于低效状态，设计管理成为设计企业发展的短板。在长期发展过程中，金螳螂设计研究总院探索出具有市场竞争力的管理模式，将设计管理分为两个部分，包括项目设计管理、团队综合管理。

项目管理水平的高低一方面和每个设计项目的质量、效果、工程进度以及后期施工等息息相关，另一方面也反映了设计企业的整体实力。设计流程的科学性、规范性以及对设计质量的严格把关，是项目设计管理的重点所在，为达到项目设计管理的国际化水平，金螳螂设计研究总院成为行业内最早引进 ISO9000 国际质量认证体系的企业。此外，设计研究总院结合自身的管理模式，总结出一系列具有推广价值的设计质量标准和管理文件。每年设计研究总院定期对下属的各级分院进行综合检查，通过内审、外审的双重把关，实现对承接的设计项目进行全方位检测，针对不合格项目设计，出具改进意见书，在规定期限内改进。

结合自身在设计项目管理的实际经验，金螳螂设计研究总院于 2012 年建立了 50/80 管理系统。该管理系统的主要用途在于以项目进度为主线，关键节点预先计划，细化整体控制流程，确保设计项目各个节点在规定时间内完成，极大地提高了金螳螂设计研究总院的管理效率。

由于设计工作的特殊性质，金螳螂设计研究总院下属的各级分院在全国各地分布，设计人员分散，设计项目同样是分布于全国各地，管理、整合难度很大，要实现对所有设计项目的管理和控制，需要借助于现代化的信息管理平台。金螳螂设计研究总院于 2005 年自主创新建立了 ERP（企业资源计划）系统，2010 年正式投入使用。此外，为了更好地突破设计管理瓶颈，提高设计资源利用效率，金螳螂设计研究总院在 ERP 系统的基础上研发商务智能系统（BI），该系统通过对设计项目各个环节的直接监测，对于出现异常的环节能够第一时间实现管控，促进了设计项目管理效率的提高。

（3）较为先进的人才培养、管理模式。对于轻资产的设计企业来说，人力资源在企业的发展过程中起到最为关键的作用，设计师是装饰设计企业发展的重要驱动力和竞争力，对于促进企业的发展、获取更多高质量的设计项目起到了重要作用，也是提供更好的消费者体验的关键因素，对于企业抢占高端市场起到了显著的促进作用。

对于金螳螂设计研究总院的发展来说，设计师是其发展过程中最为重要的无形资产，设计研究总院在发展过程中十分重视对设计师人才的引进和培养，并且十分重视对设计师与国际接轨的能力培养，除了对国内设计师的强化培养，建立自己的设计师人才队伍，还在积极寻找外部机会，引进国际化人才。设计研究总院聘请了美国弗吉尼亚州立大学艺术学院的特聘教授，引进了港台地区以及日本的高级软装设计师、灯光设计师，吸收了国际上著名的资深设计师以及一批国际优秀设计师团队，新鲜血液的引进极大地提高了金螳螂设计研究总院的国际化水平和竞争力。

除了先进的人才引进模式，金螳螂还积极参与了国内著名高校的建设，2008 年，与苏州大学共同创建“苏州大学金螳螂建筑与城市环境学院”，为设计院以后的发展培养人才。此举开创了装饰设计企业与高校合作提前储备和培养人才的先例，也是国内校企合作的典范。在与苏州大学合作中，金螳螂设计研究总院主要提供设计师资、共同设计教学教材、提供学生实习机会。这种办学方式使得理论与实践更好地结合起来，有利于培养更多的复合型人才。2012 年，招收的第一批学生毕业，设计院接收了其中 90% 的毕业生，从事设计工作。此外，设计院还和上海交通大学每年定期创办 EMBA 核心课程班。2012 年，与中国人民大学合作，开设设计艺术学的在职研究生培训班。

先进的企业管理模式、具有国际化水准的项目管理模式以及先进的人才培养、管理模式共同组成了金螳螂设计研究院的核心竞争力，通过对金螳螂设计研究院核心竞争力的分析，有助于行业内其他设计企业对自身发展优劣势的认识，促进整个行业的高质量发展。

四　数字化时代设计产业面临的机遇与挑战

飞速发展的网络时代，计算技术与数字设备日益先进，在数字化发展趋势中，建筑装饰设计领域也产生了深刻的变革。

（一）建筑装饰设计面临的挑战

1. 设计的“低门槛”化

现如今，计算机网络无孔不入，对人们的生活产生巨大影响，人们对于建筑装饰设计的认识也由最初的不熟悉，演变成现阶段认为是人人可以从事，尤其是计算机网络的传播，降低了设计的准入门槛，越来越多的消费者认为设计工作的核心是计算机软件的应用，而不需要很深的文化素养。产生此种情况主要有以下几方面的原因。第一，网络的广泛传播，使得装饰设计成为人们很熟知的领域，但同时又缺乏深刻的认识，在教育领域，很多家长认为装饰设计师是没有考上大学走向社会的捷径，建筑装饰设计行业很大一部分设计师仅是高中毕业甚至初中毕业，这又进一步加强了人们对装饰设计是一门很容易学的手艺的认知，形成恶性循环。第二，建筑装饰设计行业内还没有形成统一设计师认证标准。社会上存在很多设计软件速成班，将掌握设计软件与成为设计师对等起来，关于装饰设计的理论基础、美学素养、创新意识被完全忽视。培训班和一些中小型企业合作办学，使得这些速成班的“设计师”在掌握了简单的软件设计以后直接上岗，而社会对于设计师身份的认证缺乏统一标准，市场较为混乱。

2. 软件技术“万能说”

所谓软件技术“万能说”是指，在装饰设计领域，设计能力没有计算机设计软件重要，装饰设计产业呈现“过度设计”的现象。数字化时代，网络技术的更新应用，毋庸置疑，让我们的生活更加便利。在装饰设计领域亦如此，软件技术的发达和应用，大大缩短了装饰设计师的工作时间，但是不可避免地存在着严重问题：在计算机呈现拥有强大视觉效果的图中，忽略了装饰设计本身的意义。一味强调视觉效果，使得装饰设计产品同质化现象严重，设计产品也越来越趋于平庸。装饰设计使工作、生活更加舒适的目标在设计工作中被忽视，市场上充斥着大量千篇一律追求视觉效果的装饰设计产品。

3. 软装以及 DIY 装饰设计对市场的挤占

数字化时代使得信息传播得更快、更便捷，无论是装饰产品还是建筑装饰设计理念，设计产品透明度越来越高，消费者对于装饰设计的个性化主张越来越明显，对于硬装的需求下降，很多软装饰成品满足了消费者对于个性化装饰设计的要求，甚至很多消费者参考网络上的装饰设计图片，也能对自身办公、生活的环境进行富有创意的设计，装饰设计面临更多的非专业的挑战，另外，DIY 装饰市场的发达，对于即使没有设计经验的消费者来说，更能较好地满足自身对装饰设计的个性化需求。这些影响因素，无疑都大大降低了消费者对装饰设计的需求。

4. 保护设计产品知识产权的意识薄弱

当今社会处在知识经济时代，对于企业的发展来讲，知识产权成为未来竞争中的重要财富，保护设计产品的知识产权，对于一个装饰设计企业来讲，相当于保护企业的核心竞争力。但是国内装饰设计企业中，市场竞争程度激烈，很多公司为了吸引更多的消费者，占领更大的市场份额，实行“免费设计”，设计师的主要精力不是在设计项目上，而是通过提供免费设计产品充当公司的销售经理，促进公司施工业绩的快速上升。由于设计免费，设计师设计产品的价值得不到承认，行业内山寨、抄袭现象十分严重，互联网技术的日益发达，更是加剧了设计产品的山寨、抄袭程度。无论是企业还是设计师个人，对于知识产权的保护力度均较弱，主要表现在，设计师只是将自己的设计产品作为吸引消费者、提升企业业绩的手段，或者设计师的设计生产活动仅是为了收取设计费用，设计产品作为商品进行售卖，并没有将设计产品烙上专属权——知识产权的意识。①

（二）建筑装饰设计面临的机遇

1. 数字技术的发达使得装饰设计更加便捷

数字化时代，装饰设计在表现手段、展示方式上都以数字技术作为支持，传统意义上装饰设计的工序、使用工具已不再适合数字化时代的装饰设计。计

① 杨赟：《数字化时代平面设计的生存研究》，苏州大学硕士学位论文，2015，第 8 ~ 18 页。

算机技术的发达使得装饰设计的技术手段产生巨大的变化。计算机技术改变了装饰设计师的工作程序，建筑装饰设计师从以往烦琐的手工制作中得以解放，丰富了设计师思想的自由度，使其能更好地投入设计工作。另外，计算机软件的强大功能使得以往绘画、调色等耗时耗力的工作变得轻松，使用计算机技术完成以上工序只需要很短的时间，提高了设计效率。同时，网络化的传播使得装饰设计产品能够较好地传播，为设计产品提供了广泛的展示平台，扩展了装饰设计的外延。

2. 数字技术为装饰设计产品提供新的信息载体

在数字化时代，网络技术的高速发展，最直接的表现就是数字媒介的广泛应用，数字媒介对于建筑装饰设计而言，提供了一种新的发展空间，数字媒介的广泛使用促进了装饰设计的发展，使其拥有很多种表现方式，不再受二维空间的限制。

B.7
建筑装饰材料市场发展报告

摘　要：　本报告在对建筑装饰材料市场总体状况，包括供给结构及需求结构进行分析的基础上，总结了中国建筑装饰材料市场发展存在的问题及未来的发展趋势。除对建筑装饰材料市场总体进行分析外，对包括建筑幕墙行业、木地板市场、涂料及建筑陶瓷市场、玻璃市场、塑料市场、石材市场和厨卫及照明市场等建筑装饰材料子行业的市场进行了分析。通过以上分析对建筑装饰材料市场的总体情况给出大致描绘及相应市场预测，旨在为行业人士了解建筑装饰材料市场提供一定参考。

关键词：　建筑装饰材料市场　幕墙　石材　厨卫

一　建筑装饰材料市场总体状况

建筑装饰材料，即起装饰和美化环境作用的涂装或铺设在建筑物表面的材料，又称建筑饰面材料。建筑装饰材料的主要功能包括：美化室内环境、优化建筑外观、使建筑寿命延长、调节人们的心灵和情绪。建筑装饰材料是建筑装饰工程的重要物质基础，并集材料、美学、造型设计、工学于一身。

改革开放以来，国内引进和开发各类新型建筑装饰材料的风潮开始显现。一方面，一些企业从海外引进了先进的生产技术和生产线，另一方面，国内企业自主研发了一批适合国情的新型建筑装饰材料，造就了一批产品质量高、市场竞争力强、社会信誉好、服务配套全的建筑装饰材料生产企业。这些产品包括建筑涂料、钢制品、壁纸、玻璃装饰材料、装饰石材、墙布、胶黏剂、装饰板材、塑料管道、吊顶装饰材料、地板地毯、陶瓷装饰材料等100余个门类，初步形成了具备一定规模、产品门类相对齐全的建筑装饰材料生产的工业体系。

影响建筑装饰装修工程质量的基本原因在于建筑装饰材料的好坏。近年来，全社会对于室内办公及居住环境的功能性和舒适性要求均迅速提高，这种情况使得建筑装饰材料行业的发展同时面临巨大的机会和挑战。建筑装饰材料行业属于建筑行业的子行业，建筑装饰材料行业的发展关乎建筑装饰工程的质量及外观，其坚固性、美观性和环保健康程度均需达到一定标准。

（一）建筑装饰材料市场供给情况

1. 供给结构

（1）子行业结构。建筑装饰材料子行业包括建筑装饰石材生产行业、建筑玻璃生产行业、建筑装饰石膏生产行业、建筑装饰水泥生产行业、建筑装饰砂浆生产行业、建筑装饰木材生产行业、建筑装饰陶瓷生产行业、建筑装饰涂料生产行业、建筑装饰金属材料生产行业、幕墙行业、厨卫用品生产行业、照明用具生产行业等。其主要产品包括：轻质建筑材料行业的石膏板、水泥压力管、水泥预制管桩、水泥电杆、水泥排水管、水泥压力管；砖瓦、石材及其他建筑材料制造行业的大理石板材、瓦、花岗岩板材、砖、瓷砖；黏土砖瓦及建筑砌块制造行业的瓦、花岗石板地面、砖、大理石板材、瓷砖；平板玻璃制造行业的日用玻璃制品、玻璃保温容器、平板玻璃、保温玻璃制品；卫生陶瓷制品制造行业的日用陶瓷、卫生陶瓷、陶瓷釉砖、墙壁和地板用砖；幕墙行业的玻璃幕墙、石材幕墙、铝板幕墙、光电幕墙、陶土板幕墙、支点式玻璃幕墙、单元式幕墙、双层幕墙等。

（2）所有制结构。采用建筑装饰行业整体的固定资产投资数据代替建筑装饰材料行业的所有制结构数据进行分析，表1列出了2005～2012年建筑装饰行业固定资产投资额，以亿元为单位，根据表中所列数据可对行业内企业所有制结构情况进行大致的了解。

表1　2005~2012年建筑装饰行业固定资产投资情况

单位：亿元

年份	2012	2011	2010	2009	2008	2007	2006	2005
内资企业固定资产投资	103.25	101.05	62.2	54.34	34.35	24	15.28	9.87
港澳台商投资企业固定资产投资	2.1	1.04	0.9	2.7	0.54	0.22	0.56	0.53
外商投资企业固定资产投资	—	0.43	0.6	0.58	1.09	0.55	0.13	0.51
国有控股固定资产投资	—	12.8	12.1	10.66	0.83	—	—	—
集体控股固定资产投资	—	4.76	1.3	4.86	0.88	—	—	—
私人控股固定资产投资	—	—	—	79.54	46.5	41.23	32.93	—

资料来源：国家统计局网站行业固定资产投资报表（2005~2012年）。

2. 材料设备行业发展

为了更精准地观察建筑装饰材料行业的规模，一个更加恰当的替代变量是建筑材料生产专用机械制造行业的产值，该行业的产值完全同建筑装饰材料行业的发展呈正相关。该行业2003~2011年的发展状况见表2。

表2　2003~2011年建筑材料生产专用机械制造业行业概况

单位：个，千元

年份	企业个数	亏损企业个数	工业总产值	工业增加值	就业人数
2003	146	31	5344248	1616404	31542
2004	358	89	12233340	3462698	31542
2005	298	57	12338477	3534104	47294
2006	334	45	15722518	4859735	48073
2007	378	44	22328237	6548279	49127
2008	495	53	28613095	—	56054
2009	529	61	41332308	—	61858
2010	589	41	60061384	—	75671
2011	506	31	85849727	—	81371

资料来源：国家统计局网站专用设备制造业报表。

表2中列出建筑材料生产专用机械制造业的行业概况，包括2003~2011年行业内的企业总数、亏损企业个数、行业工业总产值、工业增加值及行业就业人数。由表2数据可解读，除特殊年份外，企业个数呈稳步上升状态，亏损企业个数自2009年经济开始复苏后呈下降状态，工业总产值即行业规模自

2008 年后开始迅速增长，与此同时行业的就业容量开始迅猛增加，截至 2011 年就业人数达到 81371 人。

该行业的成品为建筑装饰材料行业的生产资料，直接反映了建筑装饰材料行业的发展动态，而建筑装饰材料行业的发展直接同建筑装饰行业息息相关。在经济走软的 2008 年前后，房地产调控政策虽对我国经济的发展有一定的影响，但建筑业作为国民经济的支柱，只要人口增长保持在一定水平，住房的装饰装修依然是刚性增长，维持了较强的增长势头。

（二）建筑装饰材料市场需求与预测

前一部分分析了建筑装饰材料市场的供给情况，下面对建筑装饰材料市场从需求角度进行分析。掌握需求的变化趋势对于掌握产品生产的方向具有重要意义。

1. 建筑装饰材料市场需求发展

图 1 是 2011 年 1 月到 2015 年 12 月建筑及装潢材料类商品零售类值的当期值，以亿元为单位。由图中可以看出，建筑及装潢材料类商品零售值，即建筑装饰材料市场的需求规模，随时间稳步上升且呈现明显的季节性。

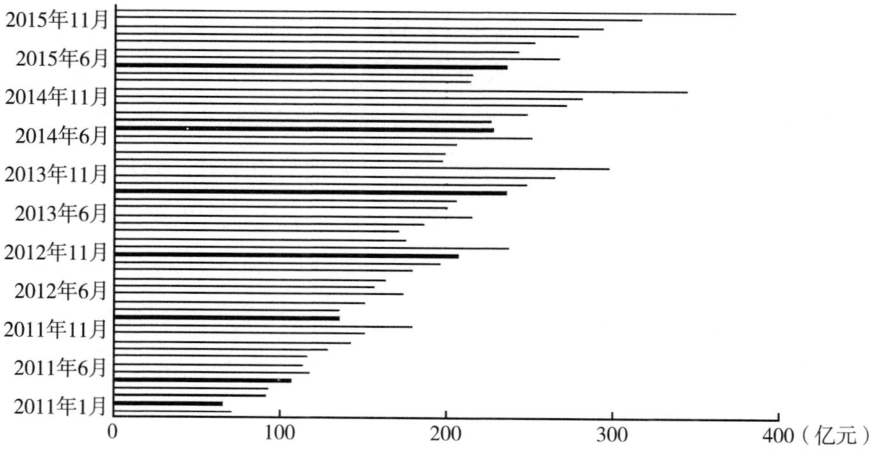

图 1　建筑及装潢材料类商品零售类值

资料来源：国家统计局网站限上单位商品零售类值报表。

从图 1 可看出，建筑及装潢材料类商品零售值到 2015 年 12 月首次突破 350 亿元，尽管 2015 年建筑行业景气度有所下滑，且 2015 年初期建装材料市场也受到了一定的影响，到 2015 年末建筑装饰材料市场总量依旧保持了较强的增长势头，市场信心并未过分受到经济下滑影响。季节周期方面，每年前 3 月需求较萧条，3 月开始有所回升，4 月受到天气及部分工程工期恢复的影响有较大上涨，随后 5 ~6 月又有较小回落。每季度季末需求总额呈螺旋式上涨。

2. 建筑装饰材料市场需求预测

根据建筑装饰材料市场需求规模的历史数据，对 2016 年和 2017 年两个年度的建筑及装潢材料类商品零售值作出预测，预测值及 5% 置信水平的置信上限和置信下限值在图 2 中画出。需求的季节性可由折线明显反映，每年年初直至 4 月需求量有所下降，4 月到 6 月小幅度回升，7 ~8 月再度下降，9 ~12 月增长幅度较大。这种季节特性的出现同行业本身性质密切相关，通常冬季（1 ~2 月）及夏季（7 ~8 月）天气极端，人们倾向于避开这些时间段对住房进行装修，工程开工日期通常也倾向于选择其他时段，导致年初和 7 ~8 月需求量下降，一旦度过极端天气时期，需求量又有所回升。

根据统计方法对时间序列数据进行预测得到表 3，即图 2 中后半段的 3 条折线数值，给出趋势预测值、置信下限值和置信上限值 3 列数据。其中趋势预测值是根据历史数据（2011 年 1 月至 2015 年 12 月）的趋势，在客观经济环境处于常态的条件下计算得到；置信上限和置信下限是在 5% 显著性水平下计算得到的相对理想和相对不理想的预测值。根据预测值来看，同样具有季节特性，2016 年 1 月至 2016 年 4 月呈递减趋势，由 1 月的 344. 96 亿元下降至 4 月的 299. 64 亿元；5 月短暂回升，到 6 月后开始下降，由 6 月的 337. 69 亿元下降至 8 月的 328. 53 亿元；8 月到 12 月呈递增状态，由 8 月的 328. 53 亿元增长到 12 月的 407. 36 亿元。2017 年同理，1 月低于上一年 12 月的峰值，但仍有 385. 33 亿元，较 2016 年 1 月的 344. 96 亿元有 11. 70% 的同比增长，说明总体需求在正常条件下约有 12% 的同比增长；2017 年 1 ~4 月逐渐下降但幅度不大，由 385. 33 亿元逐渐下降至 340. 01 亿元；5 月后短暂上升，由 5 月的 352. 45 亿元增长至 6 月的 378. 06 亿元；6、7 月小幅波动，8 月后到 12 月大幅增长，需求量由 8 月的 368. 90 亿元增长到 447. 73 亿元。

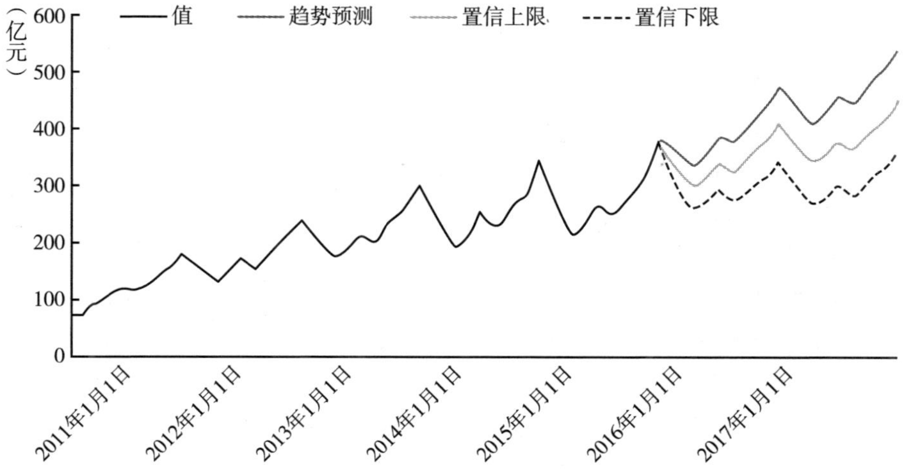

图 2　建筑及装潢材料类商品零售类值预测

资料来源：国家统计局网站限上单位商品零售类值报表。

表 3　建筑及装潢材料类商品零售类值预测

单位：亿元

时间	趋势预测	置信下限	置信上限
2016 年 1 月 1 日	344.96	321.26	368.66
2016 年 2 月 1 日	323.04	293.39	352.69
2016 年 3 月 1 日	300.89	266.28	335.50
2016 年 4 月 1 日	299.64	260.69	338.59
2016 年 5 月 1 日	312.08	269.21	354.94
2016 年 6 月 1 日	337.69	291.23	384.15
2016 年 7 月 1 日	324.37	274.57	374.17
2016 年 8 月 1 日	328.53	275.59	381.48
2016 年 9 月 1 日	349.47	293.55	405.38
2016 年 10 月 1 日	364.60	305.86	423.35
2016 年 11 月 1 日	377.14	315.69	438.59
2016 年 12 月 1 日	407.36	343.31	471.41
2017 年 1 月 1 日	385.33	318.77	451.89
2017 年 2 月 1 日	363.41	294.43	432.39

续表

时间	趋势预测	置信下限	置信上限
2017 年 3 月 1 日	341.26	269.94	412.58
2017 年 4 月 1 日	340.01	266.41	413.60
2017 年 5 月 1 日	352.45	276.64	428.26
2017 年 6 月 1 日	378.06	300.10	456.02
2017 年 7 月 1 日	364.74	284.67	444.80
2017 年 8 月 1 日	368.90	286.79	451.02
2017 年 9 月 1 日	389.84	305.71	473.96
2017 年 10 月 1 日	404.97	318.88	491.06
2017 年 11 月 1 日	417.51	329.49	505.53
2017 年 12 月 1 日	447.73	357.81	537.64

资料来源：国家统计局网站限上单位商品零售类值报表。

根据需求预测值推断，每年 8～12 月会有较高幅度的需求增长，生产商应把握该时间段的机会，做好市场调查，做好库存管理迎合市场需求。预测数据为生产计划和库存管理提供了较为确切的依据。

（三）中国建筑装饰材料行业发展存在的问题及发展趋势

1. 发展存在的问题

我国建筑装饰材料行业相对美国、德国等发达国家起步较晚，同世界最先进生产水平仍有一定差距，并且建筑装饰材料行业的发展要落后于整个建筑装饰装修行业。在发展中存在的问题总结如下。

第一，生产规模相对较小。在我国，从事建筑装饰材料生产的企业大部分为中小规模企业，这种情况会导致一定程度的不利影响：首先会导致每个批次的产量都偏小，根据经济学原理，不利于规模效应的产生，会导致每单位产品的生产成本更高，进而使得材料的定价偏高，如此在与进口材料的竞争中，不仅价格方面，质量和性能方面也处于弱势地位；其次会导致生产厂商只能通过分批生产来满足日渐扩大的建筑装饰工程规模，如今建筑工程项目所需要的材料数量迅速增加，而生产规模较小的生产商在生产工艺和设备规模上具有局限性，分批生产致使各批次的质量参差不齐，从而对建筑装饰装修工程的质量产生不良影响。①

第二，行业产品的结构存在不合理性。国内建筑装饰材料生产商多数为中小企业，生产规模受限，在定位自身产品结构时通常会选择很少的几种甚至一种材料作为其主要的生产方向，而对于与此种产品相配套的产品则不能同时生产，这样就使得各种装饰装修材料的相融性无法得到充分保障。并且企业资金不足导致无法及时对设备进行更新换代，这又致使整个行业的产品偏向低端，这就难以满足日益提升的对高端材料的需求，在高端建筑装饰装修材料市场的竞争上败给进口产品。

第三，产品质量不够稳定。由上所述，资金缺乏导致行业内生产工艺和生产设备较为落后，企业对产品质量的控制有所欠缺，这会导致我国建筑装饰材料生产商所生产的材料稳定性达不到标准，这样第一会影响建筑装饰装修工程的质量，第二会使得企业业内名声受到不良影响，对其长远发展不利。

第四，企业的自主研发能力同生产能力不匹配。随着市场要求的提高，传统的生产设备和生产工艺已经不能满足需要，国内的生产厂商如不想被淘汰就需要对生产设备和生产工艺不断进行更新，但自身研发能力不够就需要通过引进，如此不仅会导致费用剧增，还会受制于人，进一步降低竞争力。

2. 建筑装饰材料行业的发展趋势

现代生活中，随着生活水平的提高，人们的健康、环保、节能意识也在迅速提升，从而对建筑装修的质量及外观要求也大大提升。在这样的趋势下，建筑装饰材料未来的发展水到渠成地走向高端化、健康化、节能化。

高端化发展趋势。鉴于市场需求和生产工艺等方面的限制，传统的建筑装饰材料生产商的市场份额主要在中低端市场，而近年来消费者对质量和美观的要求产生了跨越式的提升，致使低端的建筑装饰材料市场份额越来越小。在对材料的需求方面，预算约束之内，质量更高、强度更好的高端建筑装饰材料将成为第一选择。尽管目前我国建筑装饰材料的高端市场仍旧为进口材料所主导，随着国内建筑装饰材料生产商规模逐渐扩大和国家对行业内企业的扶持，国产的建筑装饰材料向高端化发展已成为必然。

① 李凯：《我国建筑装饰装修材料的发展现状及趋势》，《建筑科学》2014 年第 28 期。

健康化发展趋势。传统的低端建筑装饰材料在一定情况下会释放影响人身体健康的物质，例如某些天然石材如花岗岩会释放放射性物质；胶合板含有胶粘剂，在某些特定条件下会持续释放甲醛；某些塑料制品和一些有机溶剂涂料中含有有毒物质苯；油漆中也会含有甲苯及二甲苯等。材料所释放的有害物质会严重损害人体健康，随着人们健康意识的提升及物质生活水平的节节高升，含有有害物质的传统建筑装饰材料将逐渐被市场所淘汰，市场将转而青睐无害化的材料，如已经在一定程度上被广泛应用的水性涂料、水性漆等，新型无毒害树脂产品将取代传统的塑料制品，无粘接的板材将取代含有粘结剂的胶合板。随着材料学的迅猛发展，在未来，建筑装饰装修工程将更多地采用无害化的装饰材料，无害化材料的生产成本也将逐渐降低。

节能化发展趋势。以往的建装材料在满足建筑工程基本要求的方面，更加看重的方面主要是材料的强度和美观程度等，当涉及人们对工作和生活的健康、舒适等方面的需求时，就必须借助空调、暖气等电器，如此增加了很多不必要的能耗。随着材料学的迅速发展，既能够节约能源，又能满足建筑装饰工程基本需求的材料已经被广泛应用，类似的如中空玻璃、真空玻璃等，可以对建筑室内保温功能较弱的窗户进行改良，从而达到既保温又隔热的目的，可使空调、暖气的使用大大节约。

二　建筑幕墙市场发展现状分析

（一）建筑幕墙市场发展概述

1. 建筑幕墙分类及发展状况

建筑幕墙可以根据使用材料的不同和工程施工方式的差异进行分类，幕墙的主体所使用的材料主要有玻璃、石材、人造板材、金属和组合面板等；按照工程施工方式的差异，建筑幕墙可分为构件式幕墙和单元式幕墙。除此之外，新型高科技幕墙也已投入应用，如光伏幕墙、智能幕墙、双层幕墙等。

中国产业洞察网调查数据[①]显示，2001～2012年，我国建筑幕墙的产量呈逐年稳步增长态势。2001～2005年，我国建筑幕墙产量增速处于高位运行；2006～2012年增速呈较稳定但上下波动状态。2012年，我国建筑幕墙产量达到1.02亿平方米，同比增长12.09%；截至2012年底，我国建筑幕墙累计产量达到7.89亿平方米，较2011年底增长14.9%（见表4）。

表4　2005～2012年我国建筑幕墙产量

单位：万平方米

年份	2005	2006	2007	2008	2009	2010	2011	2012
当年产量	5298	5732	6200	6700	7500	8300	9100	10200
累计产量	25000	30732	36932	43632	51132	59432	686376	788646

资料来源：中国幕墙网，《2012～2013年中国建筑幕墙行业分析报告》。

表4中列出了我国幕墙行业2005～2012年的产量数据。根据表中数据可知，我国幕墙行业2005年产量为5298万平方米，到2012年，行业产量已达到10200万平方米，比2005年翻了一倍。

行业整体发展状况方面，产业前沿面生产技术已经与国际先进水平接轨，其中领头企业在设计研发、施工和生产等方面已经处于世界前列。在国内市场的竞争方面，国内幕墙企业经过多年经验的积累和技术的发展成熟，已经占据了国内市场的大部分。不仅如此，有些行业内的领头企业还在海外市场的占领中取得了卓越成绩，实施了成功的"走出去"战略。根据中国产业洞察网[②]的数据统计，我国的幕墙企业2006～2008年所承包的海外工程总额达到了275亿元人民币，而全球全部的幕墙工程产值每年大约为500亿～1000亿美元，国内企业已成绩不俗。预计我国幕墙企业在坐拥人力资本、原材料和制造技术等方面的内部优势和面临发达国家幕墙生产行业逐渐向发展中国家倾斜的外部优势下，发展前景一片大好。

2. 中国建筑幕墙企业分布

根据国家住建部公布的建筑幕墙工程专业承包一级资质企业名单，可以分

① 中国产业洞察网：《2014年建筑幕墙行业前景分析》。

② 中国产业洞察网：《2014年建筑幕墙行业前景分析》。

析主要企业的地域分布情况。其中北京市共7家，天津市2家，上海市14家，河北省4家，辽宁省10家，山东省4家，江苏省12家，浙江省3家，安徽省1家，福建省1家，湖南省2家，湖北省3家，广东省18家，海南省1家，云南省2家，四川省2家，陕西省2家。

根据国家住建部公布的甲级建筑幕墙工程设计企业名单，建筑幕墙工程设计主要企业的地域分布状况如下：北京市8家，上海市14家，天津市2家，重庆市1家，广东省20家，江苏省9家，河北省4家，辽宁省10家，黑龙江省1家，山东省4家，江西省1家，浙江省3家，湖北省3家，湖南省2家，海南省2家，四川省1家，云南省1家，陕西省4家。

（二）中国建筑幕墙行业产业链分析

在产业链方面，建筑幕墙行业的上游行业为建筑业主/建筑总包，其下游行业为建材供应行业。这表明本行业的市场需求主要受到建筑业主所投资建设的大型建筑工程数目影响，不仅如此，负责建筑主体工程建设和相关专项分包商的协调工作的总包也对本行业的需求产生影响。而供给方面，建筑幕墙行业的上游行业是各种建材企业，包括石材、玻璃、铝型材、橡胶等。一些现代化建筑幕墙企业具有一定综合性特征，表现为除施工企业的基本功能外，还具备机械制造企业和设计院的功能，因此幕墙行业也被认为是建筑行业中技术含量最高的行业，将幕墙行业与上下游产业的关系总结如图3所示。

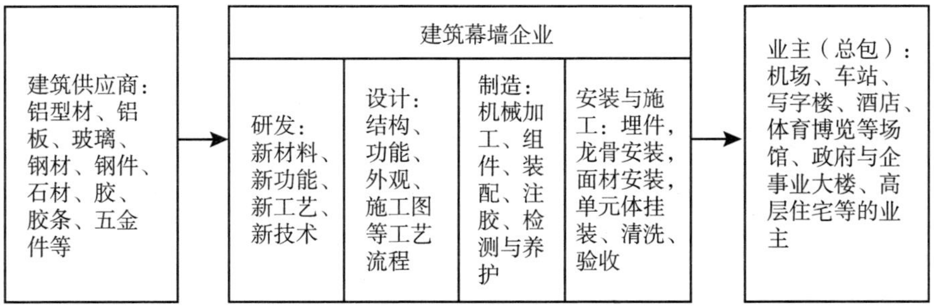

图3　幕墙行业与上下游行业之间的关系

（三）中国建筑幕墙行业发展环境分析

1. 中国建筑幕墙行业发展环境分析

经济新常态为建筑幕墙行业带来了一定的不利影响，这种影响主要体现在需求减少，如项目投资额降低、固定资产投资规模降低、新建项目数量的减少等方面；而建筑行业普遍面临的资金问题，会使企业的现金流受到影响，以至于行业总产值也受到了不利影响。

我国正面临极端严峻的资源和环境约束问题，该问题已经很大程度上制约了建筑行业的发展，全国工业总能耗中建筑行业的能耗排名首位，并已占到将近1/3的比例，同气候条件相仿的国家比较，我国是其他国家2～3倍的能耗水平。幕墙是大型建筑的外部围护结构，无论是从保暖等节流的角度，还是从摄取太阳能灯开源的角度，建筑幕墙都肩负了节能的重要任务。因此，幕墙的节能发展趋势一是要按照国家节能设计标准建设新的大型建筑幕墙；二是要改造当前已经建成的建筑幕墙，使已存的幕墙通过一定期限的改造，在2020年以前达到节能标准。随着行业节能标准的日益提高，传统能耗过高的幕墙将全面为更加节能、更加环保和更加智能的新型幕墙所取代。这种趋势也将提高本土幕墙对高端市场的占有率，推动国内建筑幕墙更新换代。①

作为行业发展环境的重要方面，行业监管的行政主管部门是中华人民共和国住房和城乡建设部及各地方行政建设主管部门。另外，行业自律方面，整个建筑幕墙行业主要由中国建筑装饰协会和中国建筑金属结构协会在国家住建部的统一指导下行使相应的行业管理及自律职能。

2. 中国建筑幕墙行业五力竞争模型分析

（1）建筑幕墙行业现有企业的竞争

我国的建筑幕墙行业同其他建筑行业相比起步较晚，故而受到改革开放的影响较大，市场化程度相对也比较高。截至2013年底，国内的建筑幕墙行业已拥有4000余家生产企业及1000多家与之相配套的企业，其中有210多家企业获得了一级建筑幕墙工程专业承包的资格，250多家企业获得了甲级的幕墙设计资格，而两者兼备，即同时具备甲级设计资格和一级施工资格的企业总数

① 《中国幕墙行业分析报告》，中国幕墙网，2013年12月23日。

也达到了122家。由现有企业的数量来看，行业内现有从业企业数目较多，竞争状态较佳且市场化程度相对高。但仍存在高端市场被一些大型企业垄断的情况，国内幕墙排名前50的企业承包了大部分全国及区域的标志性和重点幕墙工程。国内外市场分配方面，海外的幕墙市场所占份额并不高，尤其是近年来各种高技术难度的新型大型及异型建筑幕墙工程基本上被国内的幕墙企业所承包。

（2）建筑幕墙行业潜在进入者威胁

建筑幕墙总体上的毛利率近年来保持在14%左右，且增长速度缓慢，故而我国的建筑幕墙行业在吸引新的进入者方面相对较弱；进入壁垒方面则呈现逐步升高的趋势，原因主要在于高端幕墙市场对技术要求较高，进入门槛高，故而行业进入壁垒正逐步提升；行业内企业的反击程度分为两个方面，一方面在中低端幕墙市场，当前我国建筑幕墙行业的市场集中度处于偏低的水平，在中低端市场缺乏处于绝对领导地位的具备品牌资源和技术专利的龙头企业，另一方面在中高端市场上，现有企业的反击程度较高。

（3）建筑幕墙行业供应商议价能力

根据相关资料，近年来我国铝材及玻璃的供需状况近似平衡，供略大于需。① 就企业数量来看，原材料行业企业的数量众多，更接近于完全竞争，其议价能力相对较弱。铝材、玻璃原材料占幕墙行业的成本比例分别为20%和12%左右。

（4）幕墙行业下游业主议价能力

就数量而言，现阶段下游对幕墙有需求的业主数量众多，议价能力较强。就同质化程度而言，从上面的分析来看，幕墙低端市场同质化严重，这导致低端幕墙企业对消费者的议价能力偏弱。

（5）幕墙行业替代品威胁分析

建筑幕墙的前代替代品是传统的填充墙，然而幕墙相较传统填充墙有着难以比拟的优点，包括美观、强度高、变形能力较强、抗位移能力较强、更高程度地抵御温度的变化、节省结构和基础的费用等。《高层建筑混凝土结构技术

① 《2015年中国铝行业产量及发展情况分析》，http：//www.chyxx.com/industry/201510/350612.html；《2014年我国玻璃及玻璃制品行业运营回顾及2015年行业供需市场展望》，http：//www.chyxx.com/industry/201412/299131.html。

规程》，也就是我国目前实行的建筑行业标准明确规定，当建筑高度超出150米时，建筑外墙应当使用各类建筑幕墙。由此可以认为，在大型的高层建筑工程中，建筑幕墙的替代品是完全不具竞争威胁的，并且随着人们对建筑外观的要求迅速提高，幕墙对于传统填充墙也形成长期的替代威胁。

（四）中国建筑幕墙行业发展前景分析

分析建筑幕墙行业的发展前景主要从两个方面着手，首先是行业未来发展的市场空间，其次是国家城市化水平。其他还包括宏观经济发展状况、房地产行业整体的投资状况等。就整体的行业发展状况而言，随着改革开放的不断深入和市场化程度的不断提高，国内建筑幕墙市场也拓宽了更加宽广的发展空间。

1. 我国建筑幕墙市场空间巨大

2008年，我国建筑装饰行业总产值为1.71万亿元，其中幕墙行业达到了864亿元，而当年全国GDP总额为30.07万元，建筑装饰行业产值占到GDP总量的5.69%，其中幕墙行业占了GDP总额的0.29%，数字非常可观。2009年我国建筑装饰行业总产值为1.9万亿元，而其中幕墙行业达到了1445亿元，首次突破了1000亿元，而当年全国GDP总额为34.05万亿元。建筑幕墙行业总产值所占整个建筑装饰行业的比重从5.06%上升至7.61%。

2010年之后，幕墙行业产值的增长速度仍然大大高于全建装行业产值增长速度的平均值，可以认为行业上升空间巨大。不仅整体发展速度方面如此，幕墙行业同建装行业内其他子行业相比，其产品更新换代空间也更大，也更加具有快速增长的新需求以及传统结构更新的可能，这会进一步促使幕墙行业的增长速度持续领先，产值创造新的高峰。2012年全国建筑装饰行业总产值为2.63万亿元，幕墙行业产值为2300亿元，幕墙行业产值占建筑装饰行业总产值的8.75%。2013年全国建筑装饰行业总产值达28900亿元，其中幕墙行业产值的比例占到8.65%，较2012年的8.75%略有下降。2014年，建装行业总产值较2013年上升了2800亿元，幕墙行业总产值相比2013年上升了20%，达到了3000亿元（见表5）。

截至2015年，国内幕墙行业的产值已超过4000亿元人民币，包括9个省级行政区的23家幕墙企业承包建设幕墙工程范围已达52个国家和地区，幕墙行业的对外承包项目总额牢牢占据全建筑装饰行业的榜首，且占比高达80%。我国幕墙行业在满足了国内使用需求的同时，无论是技术还是产量均在世界范围内产生了巨大的影响力。

表5　2012～2015年全国建筑装饰行业与幕墙行业产值比较

单位：亿元，%

项目	2012年	2013年	2014年	2015年
建筑装饰行业总产值	26300	28900	31700	34000
幕墙行业总产值	2300	2500	3000	4000
幕墙行业产值占建筑装饰行业总产值的比例	8.75	8.65	9.46	11.76

资料来源：中国产业调研网，《2016年中国建筑幕墙市场现状调研与发展趋势预测分析报告》。

2. 不断提高的城市化水平有力支持了建筑幕墙行业的持续发展

经济发展必然带来对硬件设施的需求和固定资产投资的上升，我国经济持续快速发展更是为幕墙行业的发展提供了相当良好的外部条件，城市化进程的加快和市场经济体制的完善又推动了大型建筑的需求，进一步支撑了幕墙行业的快速发展。1990～2008年，我国的国内生产总值增速高达年均9.8%，相应的城市化率也在18年间由26.4%上升至45.7%，并且仍在持续高速增长中。城市化进程的加快使得全国房地产行业发展迅速，包括城镇新增对基础设施的需求也拉动了对幕墙的需求。2015年全国固定资产投资551590亿元，同比增长10%，住宅和城市公共建筑的投资规模仍然很高，对建筑幕墙行业的需求仍然很旺盛。

随着城镇化的发展，城市数量和规模迅速增长，城市经济规模也迅速发展，对大型建筑的需求被直接拉动起来，由此也形成对建筑幕墙的需求。将来幕墙行业重点发展的市场仍然处于环渤海经济圈，以及传统经济发展最快的长三角、珠三角地区，除此之外，一些计划单列的省会城市也将占据重要地位，发展迅速的地区对于大型建筑和高端幕墙的需求增长速度未来将保持较高水平。

（五）建筑幕墙行业领先企业

1. 沈阳远大集团

沈阳远大集团的主要业务涵盖非常广泛，总而言之包括建筑幕墙、环境工程、机电装备、集成门窗、电梯制造等方面，是一家国际化水平很高的庞大企业集团。整个集团由沈阳远大机电集团、沈阳博林特电梯集团、沈阳远大铝业集团三个大集团公司构成。沈阳远大集团成立于1993年，发展历史至2016年已达到23年，在全国范围内建立了数个大型的生产制造基地，主要分布于沈阳、上海、成都以及佛山。

远大集团在海外市场发展卓越，先后开拓了以美日为中心的高端市场、东南亚市场（以新加坡为中心）、欧洲市场（以英国和德国为中心）、中东地区市场（以阿拉伯联合酋长国为中心）、北非市场（以阿尔及利亚及周边国家为中心）、俄罗斯联邦市场（以俄罗斯为中心），集团的销售服务网络分布到全世界六个大洲，已全面实现全球销售服务网络和业务的辐射、整合功能。远大集团以其“高质量、高技术、高端市场”的品牌追求和其生生不息的创新精神，赢得了世界的信任。

由远大承接的大型幕墙工程已遍布海内外：北京奥运主场馆国家游泳中心“水立方”和国家体育场“鸟巢”、上海世博会永久保留场馆——世博会主题馆以及世博中心、北京东城区新保利大厦、深圳经济大厦（高度居华南地区建筑之首）、国内顶尖剧院上海东方艺术中心、世界上最高难度的幕墙工程之一——日本COCOON大厦、被誉为“欧洲第一高楼”的建筑高度达509米的俄罗斯联邦大厦、阿拉伯联合酋长国商业湾（全世界单个工程面积第一）、阿布扎比商业中心（全世界单个合同金额第一）等全球标志性幕墙工程都是出自远大集团之手。

2. 北京江河幕墙股份有限公司

北京江河幕墙股份有限公司是一家上市于上交所A股主板的大型跨国企业，简称“江河幕墙”，股票代码为601886。江河幕墙涉猎的业务范围主要包括产品研发和工程设计，直到安装施工精密制造，包括最后的成品出口乃至提供咨询服务，江河幕墙的企业性质为综合性幕墙系统整体解决方案的提供商。

北京江河幕墙股份有限公司的总部位于北京市顺义区，公司的注册资本目前已经达到11.2亿元人民币。江河幕墙在技术研发方面在行业内处于领先水平，具有多个技术方面的基地和头衔，包括国家认定博士后科研工作站设站企业、国家火炬计划重点高新技术企业和国家认定的企业技术中心等。除此之外，还是国际认可的 CNAS 出口企业检测中心和国家认定的技术创新示范企业。江河幕墙的分支机构遍布全球，达 30 余家，公司将生产和研发的基地设立在北京、上海和广州，相应的生产基地设立在重庆。江河幕墙作为行业内领军企业，在深耕本土市场的同时，兼顾了国际化的经营战略，坚持自身品质领先、技术领先、服务领先的理念。江河幕墙在拓宽海外市场方面发展卓越，其海外业务遍布了各个发达国家，形成了以美国为中心的海外业务区域。除发达国家市场外，在发展中国家的市场占据方面也取得了不俗的成绩，形成了以金砖国家为中心的发展中国家业务区域，另有包括东盟、澳洲等地区的泛东南亚市场和把海湾六国作为中心的中东市场。

在环境和节能方面，江河幕墙也始终走在行业前列，将“节能减碳”作为企业的重要发展理念之一，积极摸索、持续创新，始终为构建资源节约型、环境友好型城市而积极作为，表现在由江河幕墙设计的建筑幕墙整体绿色低碳方案已被国内外 100 余项幕墙工程所采用。

在企业所承接的大型项目方面，江河幕墙同样设计并建造了海内外多个标志性的幕墙项目，国内包括中国平安金融大厦、中石油大厦、中央电视台新台址、上海世博文化中心、天津环球金融中心、北京首都国际机场三号航站楼、中国国际贸易中心（三期）、上海国际金融中心、广州利通广场、广州珠江城、广州太古汇广场、上海中心大厦、大连中心·裕景二期、澳门新濠天地（梦幻之城）等；国外包括卡塔尔巴瓦金融区、阿布扎比国家石油公司新总部大楼、迪拜无限塔、阿布扎比天空塔、新加坡金沙娱乐综合城、沙特 CMA 塔、阿布扎比金融中心等。这些幕墙工程不仅在工程规模和合同金额方面数目巨大，在世界范围建筑行业内影响巨大，工程所需的技术难度也位于全世界顶尖水平，每一项工程都可誉为行业典范。

三　其他材料市场发展现状分析

（一）木地板市场发展现状分析

1. 木地板产量总体情况

表 6 中列出了 2010～2014 年我国木地板产量的总体情况，由表 6 数据可

知，2010～2014年，虽然受到房地产投资增速下降等不利环境因素的影响，我国木地板总体产量仍然保持稳定，强化复合地板及实木地板的产量有所下降，实木复合地板和竹地板产量有所增长，总产量稳中有降。

表6　我国木地板产量总体情况

单位：万平方米

年份	强化复合地板	实木地板	实木复合地板		竹地板	总产量
			多层	三层		
2010	23800	4300	6270	2630	2530	39900
2011	23500	4260	6420	2650	2510	39700
2012	21100	4170	6070	2530	3500	37700
2013	22400	4250	6800	2660	3500	40000
2014	21280	4030	6960	2690	3535	38870

资料来源：中国产业信息网，《2015年中国木地板行业发展现状及市场前景分析》。

2. 木地板行业的竞争格局

近些年，由于房地产市场发展迅速，引致了对木地板的大量需求，促进了木地板行业的发展。而木地板生产企业普遍规模不大，企业数量较多，竞争程度高，市场集中度较低。根据中国林产工业协会地板专业委员会①不完全统计，目前国内生产强化复合地板和实木复合地板的厂商有1200余家。

已经形成优势的领军企业通过加强研发设计能力、加强质量控制、控制环保标准、建设完整的营销网点、提高品牌宣传力度、扩大生产规模等途径，在质量、品牌、成本、研发、安全等方面形成了领先优势，木地板行业呈现向优质品牌企业集中的趋势。这些企业通过生产技术的提升、研发的大力投入及创新营销等方式不断提升自己的市场份额，将已有的优势进一步扩大。据中国林科院木材工业研究所不完全统计，目前强化复合地板产量500万平方米以上的企业大约有12家，多层实木复合地板产量150万平方米以上的企业大约有14家，三层实木复合地板产量80万平方米以上的企业大约有50家。

① 中国林产工业协会，http：//www. mucai. org. cn/CNFPIA/。

（二）涂料及建筑陶瓷市场发展现状分析

1. 涂料市场发展现状分析

（1）我国涂料市场概况

我国作为涂料的生产和消费大国，涂料的产量和产值从2007年起保持了较高水平的增长，平均年增速高于17%。涂料产业的增长速度远高于GDP的同期增速，并且在金融危机和原材料成本上涨等恶劣外部条件的影响下依然保持了高水平增长。到2010年，全国涂料企业涂料生产总量达到967万吨，成为全世界第一大涂料生产国；2011年，中国涂料生产总量仍保持高速增长，并首次突破1000万吨。①

根据国家统计局网站公布的数据，全国2012年涂料总生产量为1272万吨，与上年同期相比增长了17.83%，2012年全国涂料工业总产值为2934.60亿元，现价计算销售产值为2885.98亿元，利润总额达到了214.09亿元；工业总产值相对上年同比增长了12.39%，企业利润总额相对上年同比增长了31.09%。到了2013年，涂料行业产量增速略有下降，同比增长11.95%，产量总数达到了1424万吨，且全行业工业总产值达到3374亿元。2014年，涂料行业上半年总产量为771.157万吨，同比增速大幅上升，达到10.29%。表7列出了2007~2012年我国涂料行业的运行概况。

表7　中国涂料行业财务运行概况

年份	2007	2008	2009	2010	2011	2012
涂料总产量(万吨)	597.20	638.00	755.44	966.63	1079.51	1272.00
同比增长(%)	25.10	6.83	18.41	27.96	11.68	17.83
涂料工业总产值(亿元)	1312.93	1550.83	1835.00	2324.59	2611.00	2934.60
同比增长(%)	27.00	18.12	18.32	26.68	12.32	12.39
主营收入(亿元)	1149.63	1380.25	1603.50	2026.82	2641.24	—
同比增长(%)	—	20.06	16.17	26.40	30.31	—
利润总额(亿元)	—	81.79	117.50	140.77	183.91	241.09
同比增长(%)	—	9.89	43.67	19.80	30.65	31.09
销售利润率(%)	6.46	5.67	7.32	6.95	6.96	—

资料来源：锐思数据库，行业财务报表。

① 郭小晶、李娟、任川：《涂料市场现状及前景分析》，《山西化工》2016年第2期。

（2）中国涂料市场的竞争状况

我国涂料生产企业数量众多，市场竞争性强，2012年全国规模以上涂料生产企业共1034家。且全国涂料厂商生产总量巨大，产量居世界首位，占全球涂料产量的30%以上。然而，国内涂料市场亦约有30%的份额为海外厂商所占据，且在高端市场和低端市场表现有所不同。其中国内高端涂料市场80%的份额被国外企业占据，而低端市场的国内企业同质化现象严重，多数涂料细分行业的国内龙头企业的年销售收入甚至不足亿元。按照2012年国内涂料企业销售总额的排名来看，排名前五的企业有3家为外资企业。其中阿克苏诺贝尔的年销售额为137亿元，占据鳌头，其国内市场的总占有率达到了4.75%；排名第二的日本立邦国内市场占有率为3.36%，其销售额为97亿元；排名第三和第四的涂料企业分别是上海涂料和嘉宝莉，这两家企业的市场占有率分别是1.07%和0.80%；曾经为我国民族涂料第一品牌的华润涂料，销售额为20亿元，国内市场占有率仅为0.69%，不仅如此，华润涂料于2007年被美国威仕伯漆收购了80%的股权。①

2. 建筑陶瓷市场发展现状分析

（1）我国建筑陶瓷产量分析

2009~2013年五年时间是建筑卫生陶瓷行业整体自超高速发展步入中速稳定发展的阶段。具体表现在2009年，全国陶瓷、卫生洁具规模以上企业的工业总产值仅为不到3000亿元，而2013年达到了近6000亿元，5年间翻了一倍。其中，全国建筑陶瓷企业的主营业务收入总计3831亿元，卫生陶瓷企业的主营业务收入为491亿元；而五金卫浴行业总的主营业务收入为1551亿元。各子行业主要产品的产量增速有所不同：卫生陶瓷产量2009年为1.57亿件，到了2013年达到2.06亿件，5年内增长幅度为31%；陶瓷砖方面，全行业陶瓷砖产量2009年为64.4亿平方米，及至2013年，达到了96.9亿平方米，5年增幅约为50%。整个行业各类建筑陶瓷与卫生洁具产品的出口额5年间增长幅度为142%，由2009年的74亿美元发展到2013年的179亿美元。

2013年我国陶瓷砖总产量为96.9亿平方米，较2009年全行业总产量的64.4亿平方米增幅约为50%，增长速度平均每年约10%，其中前三年的增长

---

① 资料来自RESEET金融数据库。

速度均超过了10%。这种高速增长结束自2011年后，2004年起连续8年的两位数增长奇迹被终结，首次增幅下降，[①] 表明我国陶瓷行业发展已经由高速发展期进入平缓发展期。

（2）建筑陶瓷地区结构分析

分省份来看，广东省陶瓷砖产量始终保持在全国第一名，但自2011年后，与排名第二的福建差距微乎其微。从增长趋势上来看，福建省增长势头强劲，预计未来将超越广东省成为全国建筑陶瓷砖生产第一大省。近年来，传统的三大陶瓷砖生产大省广东、福建、山东在产量方面表现各异。分析其生产数据可以发现，广东省产量的高峰时期为2011年，峰值为26.3亿平方米，此后开始下滑；福建省的较高速增长保持了5年；山东省相反，连续5年下降，甚至出现负增长。分析其原因，首先在于政府的引导，其次在于各省市场活跃程度。广东省作为我国陶瓷砖品牌企业的集中地，市场活跃程度一直较高，抗风险能力相对较强，全省产量尽管受到了中央政府淘汰落后过剩产能政策的影响，发生了一定程度的波动，产量仍然保持全国第一；福建省的建筑陶瓷生产企业优势在于销售伙伴更加固定，生产商和销售商之间通常有非常稳固的合作关系，这使得福建省的企业在市场上表现非常稳健；而山东省受到政策影响较大，受中央政府淘汰落后产能政策的影响，全省企业数量和产量都受到影响，究其原因，山东省企业缺少稳固销售伙伴，地位相对被动。

（三）玻璃及塑料市场发展现状分析

1. 玻璃市场发展现状分析

2015年度建装玻璃市场的行情呈先抑后扬走势。前两个季度价格走势向上，第三季度触底并开始回升，直至第四季度末。到12月中旬为止，全国重点城市的浮法玻璃均价相比年初上涨了0.25%，达到了1187元每吨。同2014年相比，本年度整个玻璃市场的价格整体呈下降态势，但相较上年下滑速度放缓，总体市场呈现震荡筑底的态势。

就季度走势来看，2014年后玻璃市场持续下滑，2015年前两个季度依然

---

① 徐熙武：《中国建筑卫生陶瓷行业产量、质量五年回顾分析》，《中国陶瓷工业》2015年第1期。

保持了这种下滑趋势，市场供过于求，行业内企业库存堆积，并在第二季度达到全年的峰值；第三季度由于“金九银十”的传统旺季，玻璃市场的气氛也逐渐回暖，对玻璃的需求端逐渐复苏，且库存有所回落，市场价格也开始回升；第四季度，由于整个房地产建筑市场都进入淡季，12 月之后市场需求走软，但价格走势依然保持缓慢回升的趋势。

就各区域市场来看，华北地区，尤其是沙河地区的玻璃市场全年表现突出。地区玻璃市价跌幅不明显，第三季度则领先上涨，驱动了整个玻璃市场的回升，直至 2015 年 12 月市场价格依然坚挺。相比华北地区的强势表现，华南、华中地区则相对较弱。华东地区从第四季度开始价格回升，推测受到江苏华尔润停产事件的影响，并对周边地区价格的回升起到了一定带动作用，表现强于华中和华南地区。华南地区全年保持下行，保持了近两年以来的颓势。

就财务指标方面来看，2015 年第二季度全行业利润总额开始触底反弹，第三季度后全行业回暖带动了利润总额持续回升。第三季度全行业利润总额同比虽仍然有 32.95% 的下降，但行业利润总额达到了 7.78 亿元，相比 2015 年上半年已有明显回升。与此同时，玻璃行业毛利率开始回升，推测受到玻璃成本下降的影响，截至年末，玻璃行业毛利率水平同 2014 年持平。随着盈利的提升，2015 年下半年来多数玻璃生产企业资金面得到改善，对于后市的悲观预期亦有所减弱。①

2. 塑料市场发展现状分析

2015 年是“十二五”规划收官之年，塑料行业也不可避免地进入了产业结构调整的新阶段。就 2015 年总体而言，塑料行业增长相对平缓，行业的结构调整取得了一定成绩，但面对的外部形势仍然相对严峻。国家统计局数据显示，“十一五”期间塑料加工行业产值的增长为超高速增长，增速达 20.1%，而“十二五”期间增速则有所下降。塑料制品的产量增速方面，2011 年为 22.35%，2012 年急速下滑到 8.99%，2013 年为 8.02%，2014 年持续下滑至 7.44%。2015 年产量增速仍低于上年，整个行业由于需求不足显现疲态。

---

① 山东温声玻璃科技股份有限公司：《2015 玻璃市场回顾》。

（1）塑料行业产能、产量、出口量

根据卓创资讯网站①监测的29个塑料产品样本数据，2015年1～11月我国五大通用塑料的产量仅为4321万吨，相对2014年同比减少了10%。行业平均的产能增长率2014年为12.26%，而2015年仅为5.23%。出口方面，根据中国海关总署的统计数字，2014年塑料制品出口增速为6.09%，而2015年仅为1.6%，全年出口塑料制品不足千吨。塑料产品的产量和出口量统计见表8，由于数据的可得性，仅列出1～11月的统计情况。

表8　塑料产品产量、出口量统计

单位：万吨，%

时间	五大通用塑料产量	国内塑料制品产量	塑料制品出口
2014年1～11月	4930.1	6749.0	865
2015年1～11月	4321.0	6789.5	879
同比增速	－12.35	0.6	1.6

资料来源：《2015年塑料行业盘点：塑料行业逐步进入发展新常态》。

（2）工程塑料市场价格

2015年全球大宗商品市场陷入五年以来最差行情，我国化工行业整体市场也陷入低迷，2015年大多数种类的商品价格严重下跌。截至2015年12月，国际原油价格跌幅达到了66.13%，为1986年3月以来最大跌幅，而油价的下滑间接给予了塑料行业一定的下行空间。2015年全年塑料产品价格走势呈倒V形，一些产品价格达到2009年以来的最低值。表9列出了工程塑料行业代表性产品价格的变化统计。

表9　工程塑料行业代表性产品价格变化统计

单位：万吨，%

产品名称	2015年最低价	2015年最高价	价差波动幅度	低点月份	高点月份
PA6	10500	15500	32.26	12月	5月
PC	15550	18900	17.72	9月	5月

资料来源：《2015年塑料行业盘点：塑料行业逐步进入发展新常态》。

---

① 《2015年塑料行业盘点：塑料行业逐步进入发展新常态》，http://www.sci99.com/news/20194765.html。

（四）石材市场发展现状分析

1. 石材市场规模和发展前景

我国石材资源非常丰富，种类繁多，遍布全国各个省区市。近年来，石材行业蓬勃发展，中国石材在外贸出口、加工能力及原材料产量方面均达到了世界第一。

根据中国石材协会的统计数据，全国石材行业生产企业2014年规模以上数为2866家，整个石材行业主营业务收入共3980亿元，2014年利润总额为328亿元，相较2013年相比增幅分别为12.7%和4.3%。产量方面，花岗岩板材产量全年为59036万平方米，大理石为30330万平方米，同2013年相比增幅分别为17.2%和13.4%。整个石材行业总体的利润和产量都处于平稳增长的状态。

石材的出口方面，整个行业实现恢复性增长，进出口总额均达到了历史最高点。我国石材产品进出口贸易伙伴众多，2014年全年出口额达到72.04亿美元，同比增长了10.4%；进口额30.78亿美元，同比增长3.1%，进口总量1527.1万吨，首次突破1500万吨，同比增长2%，创下历史新高。2014年全年石材进出口总量达到3181.1万吨，首次超过3000万吨。

发展趋势方面，住建部和工信部两部委联合发布的《绿色建材评价标识管理办法》《绿色建筑评价标准》和国务院办公厅发布的《2014~2015年节能减排低碳发展行动方案》，均大力倡导各项工程使用绿色建筑石材。而由于石材本身即属于天然建筑装饰材料范畴，自身即带有环保和节能属性，生产能耗在所有建筑装饰材料中最低，仅为0.3吨标准煤。石材的生命周期成本相较其他建筑装饰材料，如木材、陶瓷等，也相对更低。如今建筑行业循环、绿色、低碳蔚然成风，石材行业的良好发展前景可以预见。

2. 石材行业基本风险特征

（1）国家宏观调控政策的影响

政策环境方面，石材行业的发展同传统的宏观经济政策环境息息相关，如国民经济发展、城市化程度、全社会固定资产投资和居民消费升级等。随着我国经济步入“新常态”，全国经济由高速发展步入中高速发展阶段，固定资产投资增速下降，房地产行业、建筑业景气度下降，加之国际大宗商品价格的影响，石材行业也出现了发展速度下降的态势。

（2）行业竞争激烈

2014 年中国规模以上石材企业有 2866 家,[①] 行业竞争相对激烈。2014 年国内外需求同时下滑，石材行业除部分企业外，多数企业的经营状况较差，表现在销售收入同上年持平甚至略有下降，一些小规模企业无法承受需求下滑带来的影响，已经停产或濒临破产。[②]

（3）结构调整风险

石材行业传统的行业结构属于粗放型，整个行业效率及管理水平不高，行业内监管问题、资源浪费问题、产品质量问题、环境污染破坏问题普遍存在，使得整个行业及行业内企业在全社会产生了不良影响，制约了全行业的生存发展。未来针对这些问题对石材行业进行结构调整将是不可避免的。

（五）厨卫及照明市场发展现状分析

1. 厨卫市场发展现状分析

（1）橱柜行业现状分析

中国产业信息网发布的数据显示，2009～2013 年，我国橱柜行业的产量由 855 万套上升至 1775 万套，产量逐年稳步增长，且华东、华南地区的投资规模快速上升。[③] 我国橱柜产量大部分分布在华南、华北两个地区，两地区总和超过全国产量的 60%；东北地区占比最少，只有 6.8%；西部地区达到了 10%；华北、华中地区分别占比 9% 和 8.5%。[④]

随着我国经济的稳步发展，人民生活水平近年来得到很大提高，人们对生活品质的要求迅速提高，生活理念的更新将促使橱柜行业日益繁荣。由于行业增长稳定，利润率较高，许多厨电类、建材类的企业都开始转型进行橱柜的生产。由此推测，未来几年将是橱柜行业发展的高峰期。

2005 年前，橱柜行业年产值超亿元的企业仅有 3 家，而截至 2015 年，年

---

① 中国石材协会：《2014 年中国石材行业经济运行分析及 2015 年展望》，《石材》2015 年第 4 期。

② 肖海光、陈新昊：《石材行业的概况与发展前景》，《石材》2015 年第 6 期。

③ 智研数据中心：《2015 年中国橱柜行业主要地区发展情况分析》，http：//www. chyxx. com/industry/201511/363264. html。

④ 智研数据中心：《2015～2020 年中国橱柜行业市场分析及发展策略研究分析报告》，http：//www. chyxx. com/research/201506/323837. html。

产值超10亿元的企业已经数目众多。整体家居成为家居行业未来的发展方向，一些以其他家装产品作为主产品的企业也纷纷进入橱柜行业，且这些企业多为大品牌企业，在营销渠道、资金及品牌方面都具备先天优势，也为橱柜行业输送了新鲜血液。

然而，由于整体橱柜产品生产的复杂度较高，全套产品涉及了五金、台面、柜体、电器等多个生产门类，对传统企业的生产、设计和服务体系也有很大挑战。并且由于橱柜行业缺少相对正规细致的行业标准，新入企业的门槛也较高。目前，国内整体橱柜市场的同质化较为严重，整个市场呈现过度注重产品外观的局面，故而若想在激烈的市场竞争中占据一席之地，可考虑整合上下游行业的资源优势，建立生产、销售、物流、研发、服务一体化的生产销售体系，借助品牌竞争力直接打入市场。

我国橱柜行业在发展过程中，积极引进国外的先进生产技术和设计理念，并很好地结合了本土企业原有的风格体系，能够根据消费者的需求打造用途和外观俱佳的产品，我国橱柜企业自有的风格正在形成。

（2）卫浴行业现状分析

2015年，卫浴行业集体过冬，无论是出口还是内销，市场表现均不尽如人意。随着人口红利的消失，人工成本迅速上升。《2016中国厨卫市场与消费趋势研究报告》显示，自2011年以来，厨卫行业的劳动力成本每年增幅都在两位数以上，给卫浴行业造成很大的负担。

总结当前行业形势，卫浴行业所面临的不利内部及外部环境包括：住房限购令的出台及实施，一定程度上制约了卫浴行业的需求发展；而海外卫浴品牌在质量和品牌建设方面领先过多，在国内高端市场几乎形成垄断局面，且其垄断性的影响力已开始由一线城市向二、三线城市扩张；卫浴行业的监管法规不够健全；卫浴行业企业结构不合理，行业竞争程度过高，产品同质化严重，故而产品不可替代性降低，行业内高影响力企业数量不多。除以上挑战外，一个影响重大的外部制约因素是，我国区域经济发展不平衡，这就使得全国各个地区的卫浴市场发展极度不平衡，一些经济欠发达地区卫浴洁具市场几乎完全空白，而另一些经济高度发达地区的市场已经饱和。

在行业的寒冬中更应看到的是行业发展所存在的机遇和希望：首先是外部政策环境的缓和，包括保障房、土地调控等方面的楼市调控政策也为卫浴行业的需求带来暖意，卫浴行业应充分利用这一政策机遇，进行行业整顿和产业结构调整升级；其次是市场发展方面，可将一线城市过剩的生产力转移至二、三线城市，同国际品牌争取二、三线城市市场，这些市场的占据将为卫浴行业的发展带来巨大机遇；再次，随着我国城镇化的迅速发展，农村经济发展迅速，农村人口收入和消费水平的提升、农村市场的迅速崛起都是卫浴行业企业应当抓住的机遇；最后，保障房的批量竣工等，也将使我国二线以下城市对卫浴装修产品的需求提升一个档次。卫浴行业应当抓住这些机遇，扭转不利局势，创造发展的新高峰期。

2. 照明市场发展现状分析

（1）照明行业财务指标情况分析

2008～2014 年，我国照明行业主营业务收入从 1599. 56 亿元增长到了 3988. 06 亿元，年均增长率为 16. 45%，其中照明灯具制造业主营业务收入从 753. 07 亿元增长到了 2561. 59 亿元，年均增长率为 22. 63%（见图 4）。

照明器具生产企业不断成长，品牌和规模都已形成优势。截至 2014 年底，全国照明器具制造业企业数量共 2499 家，其中灯用电器附件及其他照明器具制造业 272 家，电光源制造企业 579 家，照明灯具制造企业 1648 家。

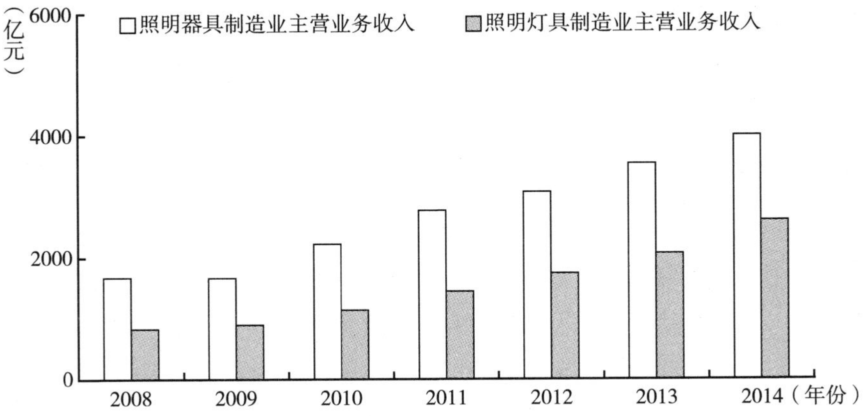

图 4 我国照明行业主营业务收入情况

资料来源：中国产业信息网，《2016 年我国照明行业概况、市场规模及未来市场需求预测》。

（2）商业照明市场规模及预测

2012 年我国商品式商业照明（主要指零售终端照明）市场规模为 147 亿元，预计至 2016 年该市场规模将达到 208 亿元，较 2012 年增长 41.50%。体验式商业照明指在星级酒店、主题公园、娱乐会所等各类以提供服务为最终目的商业场所内，营造光影环境的措施。2012 年我国体验式商业照明（主要指酒店照明）市场规模为 128 亿元，预计至 2016 年该市场规模将达到 150 亿元，较 2012 年增长 17.19%。[①]

① 中国产业信息网：《2015 年中国照明行业发展概况和变动趋势》，http：//www.chyxx.com/industry/201511/359639.html。

企 业 篇

Enterprise Reports

B.8

建筑装饰行业主要竞争企业发展分析

摘　要：　本报告分别利用产业五要素模型、战略群组和 SWOT 分析方法，从整个行业、百强企业以及上市公司三个层面分析了建筑装饰行业的竞争形势。随着行业开始步入成熟期和建筑业增速放缓，整个行业的竞争强度将日趋激烈。产业竞争五要素模型分析结果显示，供应方议价能力暂时不强，潜在进入者和替代品威胁不一，行业现有竞争比较激烈，购买方议价能力将日益增强。百强企业战略群组分析结果显示，百强企业竞争格局不均衡，四个战略群组分别具有不同的战略共性但不同战略群组内部竞争不同，中西部和东北部地区尚且为行业蓝海区域。尽管建筑装饰行业上市公司不多，但近两年变化幅度很大，互联网家装、一体化服务、多元化发展或拓展海外市场正逐渐成为上市公司的主要竞争策略。最后，报告对2016年建筑装饰企业竞争策略提出了相关建议。

关键词：　五要素模型　战略群组　行业竞争　建筑装饰行业

一　建筑装饰行业竞争总体分析[①]

（一）建筑装饰行业生命周期特征

建筑装饰行业原本是建筑业的一部分，但近些年伴随着专业化分工逐步独立成为一个新的行业。与产品和服务相似，一个行业也存在自身的生命周期。根据销售额增长率变化，行业生命周期可以划分为四个阶段：导入期、成长期、成熟期和衰退期。在分析一个行业的竞争格局时，判断该行业所处的生命周期尤为重要。

1. 市场高速增长但趋于放缓

近十余年来，我国建筑装饰产业持续保持高速增长。2012 年，中国建筑装饰业总产值达到 5310.19 亿元，其他建筑业总产值达 1926.99 亿元。自 2013 年后，国家统计局将建筑装饰和其他建筑业生产总值合并，不再单独公布建筑装饰业年度生产总值。2013 年和 2014 年中国建筑装饰和其他建筑业总产值分别为 8242.3 亿元和 8921.22 亿元。根据建筑装饰业总产值计算，2011 年、2012 年建筑装饰业总产值增长率分别为 31.72% 和 24.74%。依据复合增长率预测算法，2016 年增长率为 23.25%，总量达到 12253.19 亿元。根据建筑装饰和其他建筑业总产值计算，2013 年增长率为 13.9%，2014 年增长率为 8.2%。[②] 不论是建筑装饰和其他产业总产值，还是单独的建筑装饰业产值，增长速度都是在 2011 年达到峰值，从 2012 年开始趋于放缓。

2. 长期发展高度依赖于建筑业发展

建筑装饰行业本身就是建筑业的附属产业，建筑装饰行业的发展高度依赖整个建筑业的发展。2003 ~2012 年建筑业总产值和建筑装饰业总产值相关系数为 0.9953。2003 ~2014 年建筑业总产值和建筑装饰和其他建筑业总产值相

---

① 国家统计局关于建筑装饰行业产值的统计数值与中国建筑装饰协会提供的数据存在较大差异，请阅读时区分数据出处。

② 依据国家统计局 2010 ~2014 年《中国统计年鉴》计算。

关系数为0.9985。二者的年度总产值相关系数都非常接近1。依据长期经验的相关性，建筑装饰行业的发展与建筑业的发展休戚相关。如果“十三五”期间建筑业继续保持下行，建筑装饰行业的增速也必将放缓，这无疑会加大建筑装饰行业竞争强度。

3. 区域发展不平衡

由于经济本身的区域发展不平衡，我国东、中、西部地区建筑装饰业发展也出现明显差异，逐渐形成了“东强西弱”的格局。2014年江苏、广东、浙江、河南、北京、辽宁、上海、山东等东部地区8个省市建筑装饰和其他建筑业产值之和占全国建筑装饰和其他建筑业总产值比重为73.72%，而贵州、广西、甘肃、新疆、内蒙古、海南、宁夏、青海和西藏9个省份建筑装饰和其他建筑业产值之和占全国建筑装饰和其他建筑业总产值比重仅为2.08%。

这种不平衡不仅与建筑业的发展不平衡有关，而且可能与东、西两地居民装饰支出意愿、建筑类型或者建筑装饰业的规模效应有关。2014年前面8个省市建筑业总产值占全国建筑业总产值比重为53.42%，而后面9个省份建筑业总产值占全国建筑业总产值比重为6.33%，这说明对于相同的建筑业产值，西部地区居民和企业在装修装饰上支出的比重远远低于东部地区（见表1）。

4. 法律与行业规范日渐完善

我国逐渐形成了较为完善的建筑装饰行业法律法规体系。这主要包括：建筑业相关法律，如《中华人民共和国建筑法》《中华人民共和国招标投标法》《中华人民共和国消防法》等；质量安全相关法规，如《建设工程质量管理条例》《建设工程安全生产管理条例》《建筑施工企业安全生产许可证管理规定》《建筑装饰装修工程质量验收规范》《室内装饰工程质量规范》等；节能环保相关规定，如《民用建筑节能条例》《民用建筑工程室内环境污染控制规范》，以及企业资质管理法规，如《建筑业企业资质管理规定》《建设工程勘察设计资质管理规定》等。

除了国家法律法规外，行业规范也日趋完善。仅2012～2015年，中国建筑装饰协会就编制或通过了《建筑装饰行业技术开发认定标准》《建筑装饰行业信用评价实施办法》《精装修厨房空间一体化应用技术规程》《精装修卫生间空间一体化应用技术规程》《建筑幕墙工程设计收费办法（试行）》《住宅装饰装修工程设计收费标准指导意见（试行）》《住宅装饰装修设计施工企业资质管理办法（试行）》等行业操作规范性文件。

表1　2014年分地区建筑业、建筑装饰和其他建筑业生产总值

单位：万元

地区	建筑业总产值	建筑装饰和其他建筑业	地区	建筑业总产值	建筑装饰和其他建筑业
全　国	1767134162	89212206	河　南	79118891	4444133
北　京	82097957	6875195	湖　北	100595890	3267146
天　津	41234862	2250968	湖　南	60209689	1323433
河　北	56257460	1305146	广　东	83565022	12473427
山　西	31034918	1096496	广　西	26089057	361035
内蒙古	14029344	211229	海　南	2763289	123613
辽　宁	78511248	5869844	重　庆	55522069	2198460
吉　林	25209990	690319	四　川	80666569	1417730
黑龙江	21507487	2053612	贵　州	16402443	536430
上　海	54999411	5377961	云　南	30546749	917450
江　苏	245929317	14518271	西　藏	712462	18809
浙　江	226681864	8468808	陕　西	45577098	1422152
安　徽	54829260	1948271	甘　肃	18145239	276893
福　建	66892117	2994423	青　海	4329067	24419
江　西	41226336	2179773	宁　夏	6251634	82313
山　东	93134585	4267777	新　疆	23062840	216671

资料来源：国家统计局，2014年《中国统计年鉴》。

除了硬性的行业规范外，该协会还通过推介和评选“行业百强企业”、“全国建筑工程装饰奖”、“全国建筑装饰行业优秀企业家”、“全国住宅装饰装修行业优秀职业经理人”、“全国建筑工程装饰奖明星企业”、全国建筑装饰行业“科技示范工程奖”和“科技创新成果奖”、“中国建筑装饰设计机构五十强企业”、“全国有成就的资深室内建筑师、景观设计师、住宅室内设计师和杰出的中青年室内建筑师、陈设艺术设计师、景观设计师、住宅室内设计师”、“中国建筑绿色装饰突出贡献十强企业”、“中国厨卫百强企业”、“中国建材家居企业100强”等行业榜样来对行业企业进行软约束，进一步加强了行业规范标准。

5. 小结

根据以上建筑装饰行业增速放缓、所依赖的建筑业增速也放缓、区域发展不平衡以及行业规范日趋完善这四大行业发展特征，我们可以初步判定建筑装饰行业目前尚处在成长阶段的后期。因此，可以推断建筑装饰行业目前存在竞争，但呈现总体竞争不过分激烈、区域竞争不均衡的态势。但如果建筑业的增速进一步放缓以及本身市场日趋饱和，建筑装饰行业可能逐渐步入成熟阶段。一旦整个行业步入成熟期，总体竞争尤其是东部地区竞争将逐步白热化，西部地区竞争也逐渐加强，地区间企业发展与竞争将逐步趋于均衡。

（二）产业竞争五要素模型分析

总体说来，由于行业准入门槛相对较低，建筑装饰行业仍然呈现“行业总体大，企业多而小”的竞争格局。但近两年随着少数大型龙头企业的上市，部分中、小、微型企业的转型和逐步退出，以及行业规范的加强，市场集中程度日渐增加。整个行业从成长阶段逐步走向成熟阶段，行业内竞争也随之日趋激烈。这里采用波特的产业“五力竞争模型”分析建筑装饰行业的竞争格局。

1. 潜在进入者

依据建筑装饰行业的现状和特征，对于潜在进入者来说，进入行业的壁垒主要为结构性障碍，而非在位者针对其进入意图和进入行为故意设置的行为性障碍。目前看来，潜在进入者进入行业面临的结构性障碍主要包括三个方面，即资金壁垒、人才壁垒和法律与行业规范壁垒。

（1）资金壁垒

在建筑装饰行业中，资金壁垒主要来自两个方面。一方面，在投标竞争承包大、中型建筑装饰工程过程中需要支付投标保证金，装修装饰施工过程中需要支付履约保证金、垫支材料预付款以及质量保证金等，尤其是装饰工程材料费用占工程造价比重通常达50%以上，其中很大一部分需要装饰企业预先垫付，这使得大多数企业具有负的经营现金流/营业收入比率，存在较大的应收账款风险。另一方面，由于互联网的普及、工程设计标准化水平的提高、施工现场先进技术与装备的应用以及法律法规对相关资质等级的要求越来越严格，进入建筑装饰行业所需的启动资金也越来越多。

（2）人才壁垒

每项建筑装饰工程都是一个复杂的系统工程。人员素质是直接影响工程质量、施工成本和完工进度等的决定性因素。随着技术创新与社会发展，专业设计、现场施工、项目管理、成本控制、财务管理和市场营销等各个环节都对从业人员提出了更高的专业技能要求。此外，人员从业经验和企业成功先例也是一个重要的人才壁垒。由于建筑装饰行业是一个先发者占优的行业，施工管理人员丰富的从业经验和企业成功案例常常是决定能否取得客户信任的关键因素。

整个行业从业人员结构日渐优化，具有中专、职高、技校等专业技术教育经历的人才比例持续升高。2015 年整个行业接收专业技术工人约 30 万人，较 2014 年增加约 120%。在生产施工一线，2015 年年轻专业技术工人约 60 万人，约占一线人员总量的 14%。① 在管理和研发方面，2015 年设计、财务、法律、管理和计算机等专业人才数量大幅增长，行业管理和研发人才结构进一步优化，人才储备进一步丰富。此外，专业人才储备已经成为行业各大企业的主要战略。如上海全筑建筑装饰集团股份有限公司 2015 年推出“黑鹰计划”，专门培养年轻人员，并与上海市建筑工程学校签署校企合作协议，由后者专门为其定向培养储备人才。

（3）法律、法规与行业规范壁垒

法律、法规与行业规范壁垒引起的结构性障碍主要包括三个方面。首先，相关法律法规做出了与资质挂钩的准入规定。为了加强监督管理建筑装饰装修活动，保证工程质量、维护公共利益与市场秩序，国家法律对装饰行业实施准入资质制度。根据《中华人民共和国建筑法》规定，只有资质审查合格，取得相应等级的资质证书后，企业才能在资质等级许可的范围内从事相应的建筑活动。其次，企业的不同资质会产生不同的品牌效应。不同等级的资质意味着不同的企业能力，较高的资质等级更容易带来良好的品牌形象，进一步提升其竞争优势。最后，《商品住宅装修一次到位实施细则》、《关于进一步加强住宅装饰装修管理的通知》以及《绿色建筑行动方案》等住宅一次性装修相关法律法规促使房地产企业与具有良好品牌形象或者成本较低的建筑装饰企业合作，从而阻止其他企业进入。

---

① 中国建筑装饰协会：《2015 年度中国建筑装饰行业发展报告》。

2. 替代品

当处于同一行业或不同行业的企业提供的产品和服务对于消费者来说在效用方面具有同质性时，两种商品或服务就成为相互替代品。建筑装饰企业的替代品威胁主要来自三个方面，即材料供应商、房地产开发商和不具备装修资质但提供装修装饰服务的其他人员，如装修游击队、装修经纪人以及消费者本身。

（1）材料供应商

作为建筑装饰业的上游供应商，部分材料供应商为了实现战略转型或者提供增值服务，不仅销售装饰装修材料而且附带提供送货及安装、装饰服务，从而挤压了建筑装饰企业的经营空间。例如，立邦涂料公司不仅出售装饰涂料和工程涂料，而且提供装修设计服务、刷新服务；罗顿发展股份有限公司在提供钢结构产品的同时也提供与钢结构相关的装修装饰服务。甚至一些材料供应商经过资产重组，从材料供应商转型成为主营业务为装修装饰的企业。比如2014 年下半年，江苏东光微电子股份有限公司通过重大资产重组，被弘高公司借壳上市，转型成为“中国设计第一股”。

（2）房地产开发商

作为建筑装饰业的下游需求者，部分房地产开发商为了削减成本也可能兼营装修装饰业务。尤其是一系列规章制度，如《关于推进住宅产业现代化提高住宅质量若干意见》、《商品住宅装修一次到位实施细则》、《关于进一步加强住宅装饰装修管理的通知》以及《绿色建筑行动方案》等，鼓励新建住宅全装修，积极推行新建住宅一次装修到位。这些规章制度有时会促使部分房地产开发公司拓展业务领域，增加装饰部门业务，给住宅装修装饰企业带来了替代者威胁。当然，也可能促成房地产开发商与装饰企业达成战略合作。比如恒大地产与深圳市建艺装饰集团股份有限公司达成战略合作伙伴关系，后者为前者提供部分住宅装饰服务。

（3）装修游击队、装修经纪人以及消费者自身

装修游击队一般由设计人员和施工人员构成的。他们未经工商注册，没有固定经营场所，不具备装修资质，但是他们专业技术水平高，了解行情，具有成本低廉和与消费者具有私人关系等多方面优势。因此，他们常常受到广大消费者的青睐。尤其在私装市场和低端市场，装修游击队常常具有较大的竞争优势。与装修游击队相对应的是装修经纪人。有时由于对装饰公司缺乏信任，或

者出于成本考虑，部分消费者可能希望得到内行人指导以弥补行业知识的欠缺，装修经纪人因此应运而生。装修经纪人多为设计人员、施工监理或经验丰富的装饰工人，了解行情，收费低廉，对低端装饰公司具有潜在威胁。此外，随着装修经纪人的出现以及材料供应商提供的延展性服务，一些消费者也开始自己 DIY 装修商品房。这些都对住宅装修装饰公司带来冲击。

这三类替代品威胁中最主要的是前两类，即材料供应商和房地产商拓展业务链条的行为。而随着行业规范和国家政策管制以及大型装饰企业的业务覆盖，来自第三类不具备装修资质但提供装修装饰服务的替代威胁将逐渐减弱。2015 年退出市场的约 0.5 万家企业中大部分就是三、四线城市没有资质、主要承接住宅散户装修装饰业务的小、微型企业，而有资质的大型企业很少退出市场。

3. 供应方的议价能力

建筑装饰材料的供应商种类多。从产品类别上可分为新型建材、水泥、墙体材料、涂料、电工电气、防水材料、防火材料、灯具照明、五金、管件管材、板材、家具、家用电器、安防、门窗、瓷砖地砖、地板、机械、胶粘剂、石料石材、玻璃、钢材、铝型建材、石油沥青、园林绿化、节能材料、工程机械、橱柜厨具、洁具、吊顶、锁具、木业、钢材钢结构、陶瓷、窗帘布艺、幕墙壁纸、作业防护、电梯、采暖、酒店用品、工艺饰品、家纺、铁艺以及环保设备等多达数十项。虽然种类繁多、划分细致，但同类产品间替代性强，甚至类别不同但功能相似的产品间也具有较强的替代性。这种产品间的相互替代性大大削弱了供应方的议价能力。

建筑装饰材料的供应商数量多，主要分布于建材家居市场。据宇博智业市场研究中心估计，2015 年全国地级以上城市拥有成规模建材家居市场（建筑面积在 1 万平方米以上）2000 家，其中直辖市、省会城市及自治区首府约占 50%。国内建材家居市场中民营和外资企业占比达 95% 以上，而国有及国有控股企业份额低于 5%，并呈持续下降的趋势。[①] 尽管企业数量众多，但是目前本土建材家居市场尚无上市企业，整个行业呈无龙头状态。据前瞻网统计，2015 年前 11 月全国规模以上建材家居卖场累计销售额为 9961.20 亿元，而

① 《2015 年我国家居建材行业市场分析》，http：//www.chinabgao.com/k/jiajijiancai/15441.html。

2014年前11月累计销售额为10969.40亿元，同比下降9.19%。[①] 供应商数量多、规模小，分布于各地建材家居市场，因而，它们与建筑装饰企业的议价能力不强。

随着我国房地产市场降温，建材家居市场总体出现产能过剩的趋势。2013年中国建材家居产业市场规模为37243亿元，2014年为40701亿元，同比增长9.29%；估计2015年为42735亿元，同比增长5.00%。然而，2013年全国建筑装饰行业完成工程总产值28900亿元，2014年为31600亿元，同比增长9.34%；2015年约34000亿元，同比增长7.60%。[②] 建材家居市场总量超过建筑装饰市场，但市场增长率连续两年低于建筑装饰市场，这在一定程度上显示了供应商的产能过剩。产能过剩导致供应商的议价能力降低。

目前装饰企业占据主动地位，而供应商的讨价还价能力不强。随着装饰材料企业的逐步发展和实现业务链条整合，装饰企业相对供应商的议价能力可能进一步增强。但是供应方市场也在不断调整，如果建材家居市场调整速度超过建筑装饰市场，装饰企业也可能逐渐丧失主动地位。因此，建筑装饰企业不能忽视供应商的议价能力，而应当加强与供应商的合作。

4. 购买方的议价能力

房地产企业越来越集中。尽管短期内房地产还可能占据重要地位，但经济很难长期过度依赖房地产行业的增长。随着房地产行业集中度的进一步提高，行业利润率逐渐下滑，中、小型房地产企业生存空间缩小。大型房地产企业在土地市场上的绝对优势使得中、小型房地产企业拿地成本上升，其开发风险随之上升。在面对大型房地产企业竞争时，一些主营非房地产业务的公司逐步剥离房地产业务，大量中、小房地产企业也逐步退出房地产市场。2015年和2016年将成为房企数量由增转降的转折点。随着房地产行业集中度的提高，房地产开发商的议价能力也随之提高。

住宅市场去库存压力大。尽管2016年2月一、二、三线城市新建商品住

---

① 《2015年11月全国规模以上建材家居卖场销售额解析》，http://www.qianzhan.com/qzdata/detail/149/151222-57bfd36f.html。

② 数据来源于中国建筑装饰协会《2013年中国建材家居产业发展报告》、《2014年中国建材家居产业发展报告》、《2014年度中国建筑装饰行业发展报告》和《2015年度中国建筑装饰行业发展报告》。

宅价格环比平均上涨，涨幅分别较 1 月高 0.5%、0.1% 和 0.1%。2016 年初我国在建住宅面积约为 51 亿平方米，只有全国住房拥有率上升到 100%，才能勉强消化这些存量。① 目前商品住宅存量大约能够满足 50% 的城镇家庭潜在需求，但可以承受当前房价的有效需求只占潜在需求的 40%。② 因此，穆迪认为 2016 年中国房地产销售额增长率将降至 0% ~5%。③ 因此，来自住宅市场的需求下降，进而提高需求方的议价能力。此外，近两年部分一线城市二手房交易量逐渐赶超新建住房交易量。如北京 2015 年 1 ~10 月二手房成交量占比超过 60%。但是随着二手房交易量增加，住宅二次装修需求也增加。住宅二次装修的购买方主要为个体家庭。由于数量庞大、单个购买者需求量小，因而，在二次装修市场上购买者议价能力很弱。

依据《中国酒店行业调查分析及市场前景预测报告（2016 ~2020 年）》对酒店业的分析预测，未来几年中国酒店业将出现两大趋势性变化。第一，国内酒店数量将保持持续上升趋势，到 2020 年中国将成为世界第一大旅游目的国，酒店客房数量将等于欧洲和美国的总和。第二，随着高端星级酒店数量增速减缓，低端经济型连锁酒店向中端酒店转型，酒店行业结构将由原来的“哑铃形”转变为“橄榄型”布局。由于装修装饰需求量增加和购买者数量的增加，酒店行业的购买者议价能力有可能降低。

因此，在 2016 年来自房地产企业和新建住宅市场的购买者议价能力可能增强，而来自住宅二次装修市场和酒店装修市场的购买者议价能力可能有所降低。

5. 产业现有竞争格局

随着行业逐渐步入成熟期和受宏观经济下行的影响，产业内现有企业间竞争日趋激烈。这主要表现在三个方面：行业集中度逐年提高、主要竞争主体间竞争愈加激烈以及行业利润降低、产品差异化程度低。

行业集中度越来越高。这主要体现在四个方面。第一，在行业企业数量方面，2014 年全行业企业总数约 14 万家，较 2013 年同比下降 0.7%；2015 年全

① 洪灏：《中国房地产大周期即将见顶》，新浪财经网，2016 年 2 月 3 日。

② 王涉：《2016 年房地产投资策略：北上深潜在需求大》，新财界网，2016 年 2 月 15 日。

③ 穆迪中国：《2016 年国内房产销售增速将降至 0% ~5% 水平》，观点地产网，2015 年 11 月 27 日。

行业企业总数约13.5万家，较2014年同比下降3.57%。[①] 两年间退出市场的企业主要为承接散户装修和没有资质的小、微型企业。第二，在企业平均规模方面，2014年企业平均产值约2257万元，较2013年同比增长10.10%。第三，大型企业间的并购和重组力度加大，特别地，上市公司对企业的并购数量与规模越来越大。第四，百强企业产值占行业总产值比重越来越高。2013年度建筑装饰百强企业主营业务收入平均为17.16亿元，较2012年度增长8.07%；百强企业产值总和占行业总产值的9.68%，较2012年增长约1%。[②]

主要竞争主体间竞争加强。2013年中国建筑装饰行业百强企业上榜企业有169家，较2012年度同比增长8.33%；而2014年则上升到178家，增长4.73%，几乎每个名次都有并列。2015年全国建筑装饰行业共有上市公司23家，而2014年共有上市公司16家，同比增长43.75%。全行业在北京、天津、上海、深圳、武汉、重庆等地股权交易所（中心）挂牌交易的企业在100家左右。2015年大量百强企业和上市公司都经历了不同程度的业务多元化甚至重组转型，以图增强竞争优势或者规避风险。

产品和服务差异化程度低，行业平均利润下降。一个行业的现有竞争程度与产品和服务差异化程度密切相关，产品和服务差异化程度越低，行业竞争程度越高。目前我国建筑装饰行业业务范围相对狭窄，产品和服务同质化程度较高，差异化程度较低，多数企业主要采用成本竞争策略。这必然使得建筑装饰行业现有企业间竞争强度较高。全行业平均利润可以通过全国建筑装饰业和其他建筑业产值占建筑业总产值比重得到一定程度的反映。2012年该比重为5.27%，2013年降为5.17%，2014年进一步下降为5.05%，[③] 这表明全国平均建筑装饰业务单位价格逐年降低，行业利润随之下降。

（三）小结

行业总体竞争具有以下四个方面的特征。第一，由于资金、人才和法律壁垒的提高，潜在进入者的威胁将逐步降低。第二，材料供应商和房地产开发商

---

① 据中国建筑装饰协会发布的《2014年度中国建筑装饰行业发展报告》和《2015年度中国建筑装饰行业发展报告》。

② 中国建筑装饰协会：《2013年度中国建筑装饰百强企业发展报告》。

③ 国家统计局：2012～2014年《中国统计年鉴》。

的纵向一体化战略和业务链拓展行为将带来更大的威胁，而装修游击队、装修经纪人以及消费者自身引起的威胁会逐步下降。第三，供应方的议价能力暂时不强，但不能忽略新的可能变化。短期内，由于房地产行业越来越集中，购买方的整体议价能力越来越强，但是二手房装饰和酒店装饰的议价能力可能降低。第四，由于行业集中度提高，现有竞争主体的积极行为和行业产品差异化程度较低，行业现有竞争比较激烈。

二　建筑装饰行业百强企业分析

本报告中建筑装饰行业百强企业来自中国建筑装饰协会主办的历届“中国建筑装饰行业百强企业评价推介活动”的结果。该活动参与形式为地方建筑装饰协会推荐，企业自愿参加。评价方法为根据建筑装饰企业前一年度企业规模、经济效益、社会效益和市场评价等相关指标进行综合实力评价。评价范围包括主业是建筑装修装饰工程专业承包、房屋建筑工程施工总承包，增项为建筑装修装饰工程以及建筑幕墙工程专业承包的企业。评价流程为，企业按照活动要求的参评标准向评委会递交资料，最终由评委会按照各项标准打分排名，评选出当年的建筑装饰行业前100强企业。

（一）百强企业概况

由于评价结果包含并列排名，2012年“中国建筑装饰行业百强企业”上榜企业有156家，2013年169家，2014年178家。百强企业数量和并列名次企业数量的增加，一方面说明参评企业数量的增加，另一方面也显示了百强企业竞争日趋激烈。前30强企业，2012年有53家，2013年和2014年各55家。前60强企业，2012年96家，2013年101家，2014年99家。因此，近三年来竞争程度增加主要集中在61～100强企业的排名竞争，其中，相对2013年，2014年30～60强竞争出现稍微下降的趋势，但总的来说，建筑装饰行业的百强企业间竞争日趋激烈。

从地理位置上看，建筑装饰行业百强企业分布严重不均衡。2014年178家百强榜单企业中有67家公司总部或者注册地址在广东省，另外北京24家，江苏18家，浙江12家，山东10家。单就公司总部或注册地址在深圳就有63

家，超过百强总数的1/3。其中榜单前十强的19家企业，公司总部或注册地址在广东的有13家，北京的有4家，江苏和浙江各1家。不算并列排名，前十强企业有8家总部或者注册地址在广东深圳。山西、内蒙古、吉林、湖北、海南、贵州、云南、西藏、陕西、甘肃、青海、宁夏和新疆13个省份没有一家建筑装饰企业上榜百强企业。

大量建筑装饰百强企业将总部设于深圳的主要原因可能是深圳市的总部经济发展战略为企业提供各种各样的优惠政策。2006年，深圳市将发展总部战略列入“十一五”发展规划，并从多个方面营造总部经济发展环境，支持国内外企业在深圳建设企业总部。2008年，深圳市政府《关于加快总部经济发展的若干意见》加大了企业在深圳设立总部的优惠力度，进一步推动了深圳总部经济的快速发展。① 这种解释可以通过进一步的分析得以支撑。2013年和2014年，广东地区建筑装饰和其他建筑业产值占建筑业总产值比重分别为0.1493和0.1470。该值不仅远远高于全国平均水平的0.0505和0.0517，也远远高于北京和上海的水平，见表2。

表2　2013～2014年各地区建筑装饰和其他建筑业产值占建筑业总产值比重

地　区	2014年	2013年	地　区	2014年	2013年
全　国	0.0505	0.0517	河　南	0.1000	0.0554
北　京	0.0837	0.0914	湖　北	0.0325	0.0323
天　津	0.0546	0.0549	湖　南	0.0220	0.0251
河　北	0.0232	0.0244	广　东	0.1493	0.1470
山　西	0.0353	0.0356	广　西	0.0138	0.0154
内蒙古	0.0151	0.0152	海　南	0.0447	0.0434
辽　宁	0.0748	0.0740	重　庆	0.0396	0.0389
吉　林	0.0274	0.0354	四　川	0.0176	0.0196
黑龙江	0.0955	0.0892	贵　州	0.0327	0.0312
上　海	0.0978	0.1034	云　南	0.0300	0.0343
江　苏	0.0590	0.0601	西　藏	0.0264	0.0514

① 魏达志：《深圳总部经济的发展选择与扩散效应》，《深圳大学学报》（人文社会科学版）2009年第3期。

续表

地　区	2014 年	2013 年	地　区	2014 年	2013 年
浙　江	0.0374	0.0382	陕　西	0.0312	0.0294
安　徽	0.0355	0.0317	甘　肃	0.0153	0.0256
福　建	0.0448	0.0457	青　海	0.0056	0.0064
江　西	0.0529	0.0376	宁　夏	0.0132	0.0150
山　东	0.0458	0.0465	新　疆	0.0094	0.0091

资料来源：国家统计局，2013～2014 年《中国统计年鉴》。

（二）建筑装饰行业百强企业战略群组分析

在企业管理和竞争优势研究中，“战略群组”是介于行业与企业间的一个概念。其含义为行业内在专业化程度、技术领先性、品牌和产品质量等战略维度上相似的一组企业。著名管理学家 Peter 认为，企业的竞争优势主要来源于两个方面，即企业所在行业的吸引力和企业在既定行业中的战略定位。战略群组分析的主要意义在于帮助企业在激烈的市场竞争中，寻找有利于发挥自身竞争优势的细分市场。

1. 战略群组的划分

战略群组的划分一般应结合行业吸引力和企业战略两个维度。对于建筑装饰行业企业来说，竞争优势的来源主要有经营范围、财务策略（如财务杠杆）以及经营效率（如总资产周转率）等。由于行业规范不完善和关键数据的缺失，这里选择营业范围作为企业竞争战略的抓取变量，而行业吸引力用地区建筑装饰和其他建筑业产值增长率以及建筑装饰和其他建筑行业产值占建筑业总产值比重两个变量代表。

依据建筑装饰行业的企业特征，这里利用企业总部地址作为经营范围的代理变量。首先，如前面分析建筑装饰百强上榜企业的总部分布具有明显的地域特征。大部分企业总部位于广东深圳一带，华北的北京和天津一带，长三角的江苏、上海和浙江一带以及其他东部各省的主要城市。可以依据总部所在地，将百强上榜企业划分为几个显而易见的集群。其次，除总部位于深圳的企业外，其余地区百强企业经营范围主要集中于总部及周边地区。因此，对于这些企业来说，总部选址本身就是其战略选择的一大考量。最后，对于总部位于深圳的企业，尽管其中部分企业主营业务范围并不集中在深圳或广东附近区域，但这些企业选址深圳市是为了享受当地的优惠政策。因而，从这个意义上来说，总部选址仍然是其重要竞争战略。

选择行业产值增长率作为行业吸引力的代理变量是一种非常普遍的做法。本报告也选择地区建筑装饰和其他建筑业产值增长率作为相关地区的建筑装饰行业吸引力的指标。但是为了排除异常情况，本报告选择 2013 年和 2014 年地区建筑装饰和其他建筑业产值增长率的加权平均值。由于一个地区建筑装饰行业的吸引力除了市场容量之外，还受到建筑类型、装修装饰类型和需求者装饰支出意愿等影响，对于给定的建筑业总产值，不同地区的建筑类型、装修装饰类型和需求者装饰支出意愿可能不同，导致装饰装修市场容量不同，但这些因素可以用给定建筑业支出中装饰支出比重来衡量。因此，本报告选取建筑装饰和其他建筑行业产值占建筑业总产值的比重来衡量建筑类型、装修装饰类型和需求者装饰支出意愿等因素的综合影响。

2. 战略群组相似性分析

由于企业选址与经营范围和竞争战略密切相关，本报告依据企业选址将百强企业划分为四个基本的战略群组，即深圳组、长三角组、京津冀组和其他组，如图 1，其中深圳组包括总部位于深圳 63 家、广州 3 家以及南海区 1 家共 67 家百强企业；长三角组为总部位于上海、江苏和浙江三个省市的百强企业，共 39 家；京津冀组为总部在北京、天津和河北的百强企业，共 30 家；其他组为总部在其他省市的百强企业，共 41 家。对于行业引力指标，考虑到企业就近扩张经营范围和不同省份市场规模不等两个因素，行业引力指标采用按省份加权平均值。其中建筑装饰业和其他建筑业生产总值增长率权重为 2014 年建筑装饰和其他建筑行业产值，而建筑装饰和其他建筑行业产值占建筑业总产值比重均值权重分别为 2013 年和 2014 年建筑装饰和其他建筑行业产值。由于深圳组具有特殊性，采用广东、福建、湖南和广西的加权平均值。

深圳组建筑装饰业和其他建筑业生产总值增长率加权平均值为 10.70%；建筑装饰和其他建筑行业产值占建筑业总产值比重加权平均值 2013 年为 11.74%，2014 年为 11.84%，较 2013 年增长 0.85%。京津冀组建筑装饰业和其他建筑业生产总值增长率加权平均值为3.95%；建筑装饰和其他建筑行业产值占建筑业总产值比重加权平均值2013年为7.56%，2014年为6.99%，较2013年下降7.54%。长三角组装饰业和其他建筑业生产总值增长率加权平均值为9.28%；建筑装饰和其他建筑行业产值占建筑业总产值比重加权平均值2013年为6.24%，2014年为5.99%，较2013年下降4.01%。其他组建筑装饰业和其他建筑业生产总值增长率加权平均值为33.13%；建筑装饰和其他建筑行业产值占建筑业总产值比重加权平均值2013年为5.27%，2014年为6.38%，较2013年增长21.06%。①

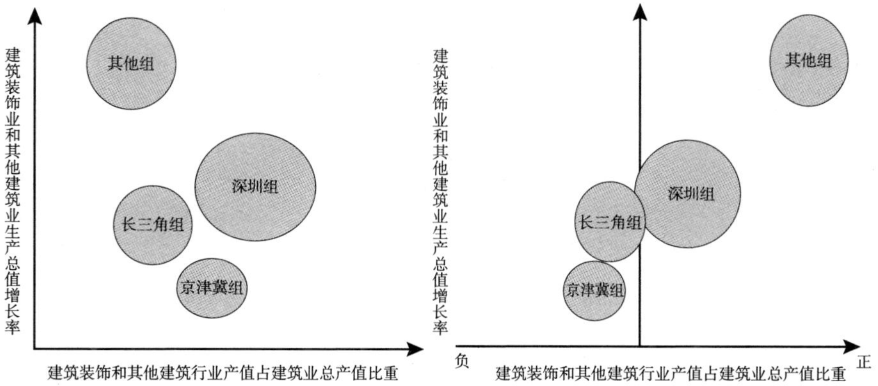

图1　建筑装饰业百强企业战略群组

虽然深圳组内百强企业面临较高的市场增长率和最高的建筑装饰和其他建筑行业产值占建筑业总产值比重，但这里市场容量较小，2014年广东建筑装饰和其他建筑行业产值占全国比重为13.98%，而百强企业数量占全国的37.85%且多数都排名靠前。因此，深圳组的企业具有两大战略共性。第一，由于当地竞争激烈和便利的跨境条件，大多数企业业务范围覆盖全国甚至逐渐向海外拓展。比如该组内排名最后的深圳中天精装股份有限公司2014年就已经将业务拓展至广州、中山、佛山、珠海、东莞、长沙、南昌、重庆、西安、扬州、昆明、南京、北京、成都、青岛、厦门等全国20多个主流城市。第二，为了提升竞争优势和规避风险，多数企业采用离心

① 依据国家统计局2013年和2014年《中国统计年鉴》计算所得。

多元化战略。比如深圳广田装饰集团股份有限公司近两年经过战略调整和转型，到 2015 年末已经逐步形成装饰、智能家居、金融等三大业务板块为核心业务的多元化企业。而深圳市洪涛装饰股份有限公司则逐渐将业务拓展到职业教育领域。

京津冀组的百强企业面临最低的市场增长率和较高的建筑装饰和其他建筑行业产值占建筑业总产值比重。该地区市场容量较小，2014 年建筑装饰和其他建筑行业产值占全国比重为 11.69%，百强企业数量占全国的 16.95%。京津冀组的百强企业主要战略共性为成本控制、互联网创新以及提供与建筑装饰相关的一体化服务。比如远洋装饰工程股份有限公司、弘高创意建筑设计股份有限公司、唐山方舟建筑装饰工程有限公司以及北京市建筑装饰设计工程有限公司等都以提供建筑装饰和幕墙的设计与施工服务为主，兼营融机电设备安装、消防设施、钢结构和建筑智能化等服务，并都试图在近两年实现成本控制的管理改革。

长三角组的百强企业同时面临较低的市场增长率与建筑装饰和其他建筑行业产值占建筑业总产值比重。但是该地区市场容量大，2014 年建筑装饰和其他建筑行业产值占全国比重为 31.80%，百强企业数量占全国的 22.60%。由于该地区市场增长率较低，因而长三角组企业大部分偏向于向其他地区拓展业务。排名靠前、实力较强和已经全国化的企业逐步向国外拓展业务；排名靠后、实力稍弱和尚未全国化的企业正逐步布局全国，通过与其他企业合作的形式或者建立分公司、子公司的形式向国内其他地区拓展业务。

其他组百强企业面临超高的市场增长率和最低的建筑装饰和其他建筑行业产值占建筑业总产值比重。超高的市场增长率意味着这些地区建筑装饰业还处在快速成长时期。每个企业的主要策略为强化本地细分市场，在快速增长的市场中持续确保其在本地区的领先位置。该战略群组中除山东省的企业外，行业百强企业都是当地领导企业，在本地市场竞争中常常拥有绝对优势。由于本地市场远未达到饱和状态，当地企业都在迅速扩张，其他地区的企业也可能渗入参与市场瓜分，因而该组企业短期内的战略目标是在能控制的情况下快速成长。当然实力较强的企业也在积极向其他地区拓展业务，比如近年来江西利达装饰工程有限公司先后在天津、江西、安徽等地投资兴建新型建材基地、总部基地和幕墙门窗生产加工基地。

（三）战略群组内企业间竞争分析

尽管广东省内建筑装饰市场较大，2014 年建筑装饰和其他建筑业产值达 1247.34 亿元，位居全国第二，但境内百强企业数量最多且大部分企业实力很强排名靠前。境内 67 家百强企业，其中前十强 19 家企业就有 10 家企业总部位于深圳；前 30 强 54 家企业有 34 家总部位于深圳。因此，四个战略群组中深圳组内企业间的竞争程度最高。其次分别是京津冀组和长三角组。尽管京津冀组百强企业数量相对长三角组较少，但前者市场容量只有后者的一半左右，前者 2013 年和 2014 年建筑装饰和其他建筑行业产值占建筑业总产值比重加权平均值都比后者高而市场增长率却更低。因而，京津冀组内企业竞争比长三角组更激烈。最后则是其他组。

深圳组内百强企业分布呈现“两极分化”的特征，前 30 强企业中深圳组有 35 家，61～100 强企业有 26 家，而中间 31～60 强企业总共只有 8 家，如表 3 所示。由于该地区百强企业众多且多为全国一流企业，组内竞争异常激烈。排名靠前的百强企业竞争策略与排名靠后的百强企业不尽相同。其中前 30 强企业的主要竞争策略是：稳定市场，维持竞争优势，并降低风险。比如深圳市深装总装饰股份有限公司坚持大客户、分公司、设计先导、国际化以及并购五大战略，以图稳定市场和维持其行业领先地位。排名靠后企业的主要竞争策略为：注意市场变化，争取在新的领域或者某一细分市场争取领先地位，突出自己的竞争优势。比如深圳市美佳装饰设计工程有限公司主打其装饰设计业务，试图通过塑造“设计美、服务佳”的品牌形象，获得在装饰设计方面的竞争优势。

表 3　各战略组百强企业区间分布

单位：家

排名区间	深圳组	京津冀组	长三角组	其他组
1～10	12	4	2	0
11～20	12	4	1	2
21～30	10	1	5	2
31～40	2	3	3	5
41～50	4	2	7	3

续表

排名区间	深圳组	京津冀组	长三角组	其他组
51～60	2	2	7	4
61～70	7	2	4	6
71～80	4	4	6	6
81～90	7	6	1	5
91～100	7	2	3	8
总　计	67	30	39	41

京津冀组百强企业分布比较均匀，每个区间的竞争都很激烈。这组企业既很少向海外扩张，也很少进行离心多元化。因而，这组企业在建筑装饰业务领域竞争程度不亚于深圳组。企业的主要竞争策略为定位细分市场和降低成本。比如北京港源建筑装饰工程有限公司专注于“绿色医院”装饰这一细分市场，主打绿色建筑理念。唐山方舟建筑装饰工程有限公司建筑以装饰和幕墙的设计施工为主，实现融机电设备安装、消防设施、钢结构以及建筑智能化施工为一体的专业化，而且它主要营业范围集中于河北地区。天津南洋装饰工程有限公司通过与广州迪高、佛山南海泛金等供应商建立合作关系，以图稳定供给和获得成本领先优势。

长三角组百强企业在排名区间分布上呈现“中间大，两头小”的格局，但其中前两名是行业龙头苏州金螳螂建筑装饰股份有限公司和浙江亚厦装饰股份有限公司。这两家企业规模大，2014 年营业收入之和达 336.49 亿元；经营范围广，业务覆盖全国主要城市并逐步向海外拓展。亚厦股份采用同心多元化策略，走专业化、规模化、公众化、国际化的大装饰道路；而金螳螂采用离心多元化策略，2014 年开始逐步成立了资产管理、私募基金、商业保理等多个金融服务类公司，试图打造战略性综合金融平台，最终形成“装饰 + 金融”双轮驱动模式。排名处于中间和靠后区间的企业则主要通过在全国设立分公司或子公司以及与需求方合作提升竞争优势。比如南京长岛建设工程有限公司长期与凯悦、希尔顿等酒店，恒大、南京高科等地产合作，其子公司分布四川、安徽等地，涉足工程设计、工程施工、国内外顶级材料代理、项目投资、房地产开发等领域。

其他组百强企业分布则出现“头小尾大”的趋势，大部分企业集中在 61～

100 强。这组百强企业间除山东的 10 家企业外直接竞争程度都较低。山东省内具有百强企业 10 家，主要集中在济南和青岛两地，排名呈“中间大，两头小”的局面，30～50 强的企业就有 5 家。除德才装饰、德泰装饰和万德福装饰三家企业立足山东试图覆盖全国之外，其余企业营业范围集中于山东地区的主要城市，其中东亚装饰和天元装饰分别主要集中于青岛和临沂。此外，其他企业都是当地的行业领导企业，主要竞争来源是当地极少数其他领导企业和其他地区企业业务拓展和覆盖行为。但总的来说，其他组企业间的竞争程度很低，尚未出现激烈的价格竞争和明显的产品差异化趋势。

（四）小结

建筑装饰业百强企业竞争具有以下三个特征。第一，竞争格局不均衡。百强企业主要集中在广东地区、京津冀以及长三角一带。这三个地区百强企业竞争相对激烈，而其他地区比较缓和，在部分中西部和东北地区百强企业间基本不存在直接竞争，甚至一些省市没有百强企业。第二，四个战略群组分别具有不同的竞争战略共性。深圳组的企业主要采用多元化经营策略。京津冀组的企业主要采用一体化和成本控制的竞争策略。长三角组主要采用全国化的经营战略。由于其他组企业所在市场基本还处在成长期的中前期，它们主要采用就地渗透或周边扩展的战略。第三，不同战略群组内部竞争不同。深圳组竞争最强，企业逐渐采用规避风险的策略。京津冀组次之，但由于多数企业采用成本控制和服务差异化策略，竞争愈演愈烈。长三角组再次之，最后则是其他组，其他组期企业间很少存在直接竞争。

由于大型企业的分布和经营范围主要集中在东部地区，中西部和东北部地区就成了建筑装饰业的蓝海区域。在这些区域内，市场增长率高，大型企业少，现有企业业务覆盖不完全。因此，这些区域是当地企业崛起和其他地区企业入侵的良好机会。

三　上市企业经营状况和竞争格局分析

目前国内主营业务为建筑装饰业（建筑装饰行业收入占公司总收入比重超过 50%）的上市公司一共 17 家，即宝鹰股份、金螳螂、中航三鑫、奇信股份、洪涛股份、亚厦股份、广田股份、瑞和股份、东易日盛、嘉寓股份、罗顿发展、万鸿集团、江河创建、全筑股份、柯利达、弘高创意和建艺集团。虽然一些地方也将上海汇丽、杭萧钢构、精工钢构和光正集团划分在建筑装饰业上市企业中，但它们主营业务分别为租赁业（占 99.43%）、建筑业（占 79.82%）、钢结构行业（占 98.93%）和天然气行业（占 71.88%），且建筑装饰业务所占比重均不超过 10%，[①] 因而，这里不包括这几家企业。此外，由于发生重大资产重组，雅致股份于 2015 年 7 月停牌。同年 11 月宣告资产重组工作完成，但公司名称和主营业务分别变为南山控股和房地产开发。2016 年 3 月 7 日南山控股再次宣布停牌。雅百特于 2016 年 3 月 3 日宣布停牌，该企业主营业务并非建筑装饰业务，而是加工制造电缆和干式变压器，因此，这两家企业也不纳入分析。

（一）上市公司经营与财务概况

1. 上市公司经营概况

除中航三鑫、罗顿发展和万鸿集团外，其余上市公司 93% 以上的收入来源都是建筑装饰行业。中航三鑫兼营玻璃及玻璃深加工，2015 年占公司业务份额约 45%。罗顿发展兼营酒店业务和网络通信工程，2015 年占公司业务量约 30%。万鸿集团兼营物流和仓储管理等业务，2015 年上半年占公司业务量约 25%。2015 年末万鸿集团宣布资产重组，近日宣告完成，公司转型成为燃气企业。

在建筑装饰业务细分市场，江河创建、亚厦股份、中航三鑫、嘉寓股份和柯利达都具有较大份额的幕墙装饰业务，2015 年上半年这些公司幕墙业务占比分别为 53.51%，38.64%，55.50%，33.35% 和 70.26%。虽然多个公司强调设计的重要性，但设计本身并非上市公司的主要业务，甚至部分公司未将其列入单独核算。设计业务份额较大的有金螳螂、弘高创意和东易日盛，2015 年上半年设计业务占比分别为 8.44%，4.97% 和 9.75%。互联网家装、智能家居和建筑智能化逐步成为一个新的方向，在金螳螂、亚厦股份、广田股份以及洪涛股份业务中都占据少量份额。

---

① 统计依据 2015 年上半年结果，数据来源于同花顺财经网站数据中心（http://data.10jqka.com.cn/）各上市公司经营分析。

从经营区域来看，华东、华南和华北地区是上市公司竞争的主战场，尤其华东是多家上市公司的主要收入来源地。金螳螂和柯利达都很重视江苏省内的业务，2015 年上半年江苏省内业务收入占比分别为 31.72% 和 81.22%。万鸿集团集中于广东省内，2015 年上半年 74.97% 的收入来源于广东省内。罗顿发展的装饰业务则主要集中于海南省。金螳螂、江河创建、亚厦股份、宝鹰股份和洪涛股份都具有一定份额的境外业务，其中江河创建 2015 年上半年海外业务收入占比高达 34.56%（见表 4）。

表 4　建筑装饰行业上市公司经营范围及比重

单位：%

公司简称	经营范围及比重	
	主营业务按产品及比重	主营地区及比重
金螳螂	装饰 81.33，幕墙 9.66，设计 8.44，家具 0.43，电子商务 0.10，其他 0.04	省外 68.23，省内 31.72，其他 0.05
江河创建	幕墙 53.51，内装 46.42，其他 0.07	大陆 65.38，海外 34.56，其他 0.07
亚厦股份	装饰 52.29，幕墙 38.64，建筑智能化 4.22，景观工程 2.42，设计 1.13，木制品 1.08，其他 0.22	华东 56.88，中南 14.79，西南 9.02，华北 7.30，东北 6.64，西北 3.71，境外 1.44，其他 0.22
广田股份	装饰 96.64，设计 1.50，园林绿化 1.25，其他 0.42，木制品 0.11，智能工程 0.08	华南 41.55，华东 21.74，西南 13.84，华中 13.09，华北 8.06，西北 1.18，东北 0.11，其他 0.42
宝鹰股份	装饰 98.35，设计 1.60，其他 0.05	华东 25.24，华南 24.89，华中 13.48，东北 10.15，西南 9.75，西北 7.08，华北 6.99，海外 2.37，其他 0.05
中航三鑫	幕墙 55.50，特玻材料 28.99，幕墙、玻璃及门窗 12.55，家电玻璃制品 1.98，其他 1.52	国内 85.49，出口 13.56，其他 1.52
弘高创意	装饰 95.01，设计 4.97，其他 0.02	华北 36.34，华南 27.53，华东 16.03，西南 9.08，东北 6.72，西北 3.03，华中 1.24，其他 0.02
奇信股份	装饰 99.06，设计 0.92，其他 0.02	华南 33.93，华北 19.11，华东 17.75，西南 16.21，东北 6.04，西北 3.64，华中 3.31，其他 0.02
洪涛股份	装饰 98.02，设计 1.34，BIM 技术应用 0.24，广告、职教及电商平台 0.19，部品部件 0.19，其他 0.02	华东 35.67，华南 24.57，华北 14.12，西北 10.30，东北 9.23，西南 3.49，华中 2.33，境外 0.27，其他 0.02

续表

公司简称	经营范围及比重	
	主营业务按产品及比重	主营地区及比重
东易日盛	装饰 87.67,设计 9.75,销售 0.90,特许收入 0.57,其他 1.11	华北 33.68,华东 28.35,华中 12.49,西南 8.54,华南 6.70,西北 5.59,东北 3.54,其他 1.11
嘉寓股份	门窗 65.68,幕墙 33.35,其他 0.97	华北 40.90,华南 22.79,华东 14.70,西南 8.56,华中 7.06,东北 5.02,其他 0.97
全筑股份	装饰 97.50,设计 1.69,家具 0.75,其他 0.06	华东 55.86,东北 16.42,华北 10.45,西北 8.37,华中 4.26,华南 2.87,西南 1.71,其他 0.06
瑞和股份	装饰 98.82,设计 1.17,其他 0.01	华南 26.33,华东 21.49,东北 15.33,华中 13.90,华北 9.74,西南 7.95,西北 5.25,其他 0.01
柯利达	幕墙 70.26,公共建筑装饰 28.55,设计业务 1.16,其他 0.02	江苏省内 81.22,江苏省外 18.75,其他 0.02
罗顿发展	酒店经营 81.08,装饰工程及设计 13.61,网络通信工程 4.17,其他 1.14	华南 82.50,华东 17.50
万鸿集团	装饰及园林工程 74.97,其他 25.03	广东 74.97,其他 25.03
建艺集团	装饰 99.07,设计 0.93	北部 30.60,中部 19.97,南部 19.57,西部 18.61,东部 11.25

注：为了同时保证时效性和一致性，除建艺集团外所有上市公司均为 2015 年上半年的数据，建艺集团采用 2015 年末数据；中航三鑫主营业务按产品及比重和主营地区及比重内部抵减部分分别为 -0.54%、-0.57%。

资料来源：东方财富网（http：//www.eastmoney.com/）各公司经营分析。

2. 上市公司财务概况

这里分别利用基本每股收益、营业收入、加权净资产收益率、经营现金流/营业收入、总资产周转率和资产负债率六个指标衡量上市公司在股东收益、成长能力、盈利能力、盈利质量、运营能力和财务风险六个方面的财务状况。总的来说，金螳螂、亚厦股份、广田股份、宝鹰股份、洪涛股份、奇信股份、嘉寓股份、全筑股份、瑞和股份、柯利达以及建艺集团都具有良好的财务指标。其中前九个公司还体现了良好的成长能力，2015 年上半年营业收入都超过 10 亿元，如表 5。

表 5 建筑装饰行业上市公司主要财务指标

公司简称	股东收益	成长能力	盈利能力	盈利质量	运营能力	财务风险
	基本每股收益(元)	营业收入(亿元)	加权净资产收益率(%)	经营现金流/营业收入	总资产周转率	资产负债率(%)
金螳螂	0.48	88.60	11.27	-0.27	0.40	63.84
江河创建	0.17	71.20	3.79	-0.14	0.36	69.55
亚厦股份	0.36	53.30	7.21	-0.17	0.29	61.34
广田股份	0.32	36.60	3.86	-0.30	0.31	61.34
宝鹰股份	0.12	31.00	7.31	-0.10	0.58	58.29
中航三鑫	-0.09	20.90	-7.50	-0.10	0.29	77.16
弘高创意	0.27	16.10	25.77	-0.08	0.55	76.62
洪涛股份	0.19	15.90	5.11	-0.21	0.27	52.12
奇信股份	0.41	16.6	8.26	-0.14	0.63	65.18
东易日盛	-0.11	9.24	-0.17	0.24	0.53	54.36
嘉寓股份	0.11	9.06	2.62	-0.06	0.24	65.56
全筑股份	0.16	8.39	3.92	-0.17	0.46	60.80
瑞和股份	0.32	8.17	3.66	-0.02	0.39	51.53
柯利达	0.31	7.49	4.17	-0.31	0.37	50.88
罗顿发展	-0.03	0.18	-1.87	-1.10	0.02	16.04
万鸿集团	—	0.01	-5.85	-0.14	0.05	86.73
建艺集团	1.31	18.50	14.53	-0.08	1.16	66.89

注：为了同时保证时效性和一致性，除建艺集团外所有上市公司均为2015年上半年的数据，建艺集团采用2015年末数据；“—”表数据缺失；由于主要为上半年数据，因而“经营现金流/营业收入”大多为负值。

资料来源：东方财富网（http：//www.eastmoney.com/）各公司财务分析。

在财务风险方面，2015年上半年数据显示，江河创建、中航三鑫、弘高创意和万鸿集团资产负债比率偏高，存在长期偿债能力不足的风险。尤其是万鸿集团，2015年年中资产负债比率达到86.73%。洪涛股份、东易日盛、瑞和股份、柯利达以及罗顿发展具有较强的长期偿债能力，但罗顿发展资产负债率为16.04%，太过偏低，表明该公司经营过度保守或管理者对公司主营业务持悲观态度。

在运营能力方面，2015年上半年数据显示，亚厦股份、中航三鑫、洪涛股份、嘉寓股份、罗顿发展和万鸿集团的运营能力相对偏弱，尤其是罗顿发展和万鸿集团总资产周转率分别为 0.02 和 0.05，远低于行业上市公司均值 0.41。而弘高创意、奇信股份、东易日盛和建艺集团显示了较强的运营能力，尤其是建艺集团总资产周转率高达 1.16。

在盈利能力方面，2015 年上半年数据显示，金螳螂、亚厦股份、宝鹰股份、弘高创意、奇信股份和建艺集团具有较好的盈利能力，尤其是弘高创意和建艺集团，加权净资产收益率分别为 25.77% 和 14.53%，远远高于行业上市公司平均值 5.06%。江河创建、广田股份、嘉寓股份、全筑股份以及瑞和股份显示了较弱的盈利能力。特别是中航三鑫、东易日盛、罗顿发展和万鸿集团加权净资产收益率已经为负值。在盈利质量方面，除东易日盛外所有上市公司都显示了经营现金短缺的状况，经营现金流都为负。

在每股指标方面，2015 年上半年数据显示，金螳螂、亚厦股份、广田股份和建艺集团具有较好的普通股投资收益，而江河创建、宝鹰股份、中航三鑫、洪涛股份、东易日盛、嘉寓股份、全筑股份、罗顿发展的每股指标较差，尤其是中航三鑫、东易日盛和罗顿发展，基本每股收益为负值。

（二）上市公司2015年战略分析

这里主要从公司 2015 年经营财务状况、与上年比较变动原因以及 2015 年主要战略行为三个层面对 17 家上市公司进行分析。其中经营财务状况选取了年度营业收入、营业利润和基本每股收益三个指标。

金螳螂 2015 年营业收入 186.35 亿元，同比下降 9.92%；营业利润 19.02 亿元，同比下降 14.18%；基本每股收益 0.91 元，同比下降 9.37%。业绩下滑主要有三方面的原因：第一，上游需求不足降低企业订单数量；第二，部分在建项目施工进度放缓影响收入和利润确认；第三，行业竞争激烈，市场主体为争取订单变相压价，降低企业利润率。2015 年金螳螂主要做了四个方面的业务拓展。第一，设立产业基金和保理公司，以开拓供应链金融及客户金融服务，为长期合作的供应商和需求者提供资金支持，并借此降低采购成本和承接订单；第二，终止与家装 e 站的合作，利用公装业务优势投资自建家装电商平台——金螳螂·家。第一批线下体验店于 2015 年 12 月在苏州、上海、南京和郑州开业，并计划在 2016 拓展到 50 家左右。第三，拓展与中电建等央企的合作渠道，争取更多的公装业务订单。第四，进军海外市场，增加对金螳螂国际的投资总额，在中国澳门、中东和俄罗斯设立境外公司。

江河创建2015年营业收入161.16亿元，同比增长1.59%；营业利润3.42亿元，同比增长2.70%；基本每股收益0.27元，同比增长12.5%。业绩稳中略长，主要得益于公司追求经营质量的战略。全年公司中标数量下降但质量上升；幕墙业务完成产值下降但内装业务增长，增长主要来自承达集团的港澳业务。2015年间江河创建主要进行了四方面的业务拓展或战略调整。第一，并购澳大利亚最大连锁眼科上市医院Vision，逐步形成“建筑装饰+医疗健康”的“双主业，多元化”的产业发展格局。第二，子公司承达集团在香港联交所主板上市，不仅夯实公司资产估值，而且搭建了海外资本运作平台，为海外并购和跨境融资打下基础。第三，与北京顺义创新科技集团有限公司、北控集团所属上海翀远投资管理有限公司合作组建产业投资基金管理公司，主要投资医疗健康和其他与公司主营业务相关的行业。第四，公司推行内部管理改革，逐步走向“内部市场化”。

亚厦股份2015年营业收入90.22亿元，同比下降30.15%；营业利润6.91亿元，同比下降44.55%；基本每股收益0.43元，同比下降45.57%。业绩大幅下滑的主要原因在于：第一，受宏观环境影响，部分施工项目进度放缓降低毛利率；第二，加大新兴业务、管理及创新方面的投入，增加了报告期间费用。2015年亚厦股份主要做了两方面的业务调整。第一，继续投资完善“蘑菇+”互联网家装平台。该平台由丁泽成负责，试图将研发、设计、硬装、软装、家具、家电融为一体，并引入VR技术，为客户提供“所见即所得”的体验。该平台管理架构和业务体系搭建已基本完成，1家直营店和几十个加盟商覆盖了长三角十多个城市。第二，在迪拜组建亚厦股份（阿联酋）公司，拓展中东业务。

广田股份2015年营业收入83.56亿元，同比下降14.63%；营业利润3.54亿元，同比下降44.61%；基本每股净收益0.54元，同比下降48.08%。业绩大幅下滑主要原因在于：第一，全国宏观经济下行，公司部分订单未如期开工，部分在建项目施工进度放缓；第二，增加定制精装、互联网家装、智能家居、智能机器人等新兴领域的投入，降低公司净利润；第三，新发行5.9亿元公司债券，增加财务费用。2015年广田股份主要做了两方面的业务调整。第一，发展互联网家装业务，“过家家”首家直营店在深圳开业；发布全球首款具有自动感知、智能调节功能，能够控制家庭所有家电智能家居产品“图灵猫”；在装饰业务中引入 VR 技术。第二，拓展金融业务，成立工程产业基金、小额贷款公司、融资担保公司等金融子公司，逐步构建体系完整的金融业务结构，以探索产融结合的战略业务模式。

宝鹰股份2015 年营业收入69.09 亿元，同比增长28.36%；营业利润5.38 亿元，同比增长46.72%；基本每股收益0.29 元，同比增长31.82%。公司业绩大幅增长，主要原因为公司加大业务开拓力度，保持稳定增长，加强成本费用控制。2015 年公司主要在两方面拓展业务。第一，拓展互联网业务，实现稳步转型。收购国内领先的混合型家装垂直电商鸿洋电商20%的股权；与鸿洋电商、中建南方合力打造新 B2B 供应链平台，吸引优质供应商加盟，降低公装采购成本；参股武汉矽感，构筑“‘互联网+’建筑装饰”物联网电子商务生态圈。第二，积极拓展海外业务。收购中建南方，以图提升高端装饰领域市场份额；与印度尼西亚熊氏集团组建印尼宝鹰公司；收购高文安设计，以图用设计带动施工深度挖掘海外市场。

中航三鑫 2015 年营业收入 45.39 亿元，同比下降 1.68%；营业利润 -5.80亿元，同比下降 130.05%；基本每股收益 -0.29 元，同比下降 1550.97%。公司业绩下滑的主要原因为：海南中航特玻有限公司材料业务收入减少以及幕墙工程项目结算低于预期；2014 年底转让子公司广东中航特种玻璃技术有限公司51%股权实现投资收益，而本期无此收益；特种玻璃销售利润下降，幕墙业务本期结转项目利润率偏低；营业外收入下降；海南特玻本期计提资产损失增加。2015 年公司战略重点为加强内部管理，提高质量效益。主要调整包括：收购子公司海南中航特玻持有的中航三鑫文昌矿业有限公司100%股权，以缩短管理链条、提高管理效率，改善海南中航特玻的财务状况；海南 2 号超白玻璃生产线停产改造，以提升其环保功能和降低产品成本，缓解海南中航特玻的财务压力。

弘高创意2015 年营业收入36.25 亿元，同比增长16.54%；营业利润4.10 亿元，同比增长46.45%；基本每股收益0.75 元，同比增长8.70%。公司业绩上升的主要原因为：设计为核心的商业模式逐步实现，高毛利项目大幅度增加，装饰项目实现材料定制化及工厂化，材料集采降低采购成本，工程结算力度和进度提高。2015 年公司主要战略为：以设计带动施工，设计施工双轮驱动打造高端品牌。近期主要战略动向包括：第一，收购盖德软件51%的股份，以图借此整合BIM培训、咨询等资源；第二，收购东方辉煌60%股权，打造设计创意综合服务平台，巩固公司设计优势。

奇信股份2015年营业收入33.40亿元，同比增长4.19%；营业利润2.07亿元，同比下降7.93%；基本每股收益0.72元，同比下降13.25%。公司营业收入增加，但营业利润和每股收益下降。主要原因为：公司应收账款计提坏账准备金额增长和利息支出增加，公开发行新股4500万股使得股本比报告期初增长25%。公司2015年12月上市，近期主要成长战略为：第一，拓展产业链，加强设计和技术研发能力，提高设计施工一体化项目比例，通过并购扩张提升全产业服务能力；第二，区域扩张，建立覆盖全国主要城市的市场格局；第三，通过人才储备与信息化提升经营效率。

洪涛股份2015年营业收入30.70亿元，同比下降9.52%；营业利润3.86亿元，同比增加10.27%；基本每股收益0.33元，同比增长3.13%。公司营业收入下滑是因为受宏观经济影响部分项目施工进度减缓，确认收入减少；盈利增加的主要原因是职业教育业务贡献了约3000万元利润。公司2015年的主要发展战略包括：第一，着力于优势细分市场，不断拓展经营深度和广度；第二，发展互联网家装，布局职业教育、电商家装和装饰材料，以图在互联网化过程中寻找新的盈利点和增长点。公司收购中装新网53%的股份，用于打造建筑装饰全流程服务平台。近期计划通过增发可转债获取资金，建立全国线上线下学习网络。

东易日盛2015年营业收入23.00亿元，同比增长22.36%；营业利润1.69亿元，同比增长16.33%；基本每股收益0.42元，同比下降12.50%。公司营业收入和营业利润大幅上涨，但每股收益下降的主要原因为：第一，主营业务稳定增长；第二，公司销售费用和管理费用上涨，但利息收入下降；第三，5月上年度权益分派实施，按每10股转增10股扩大股本规模。2015年企业主要战略调整有三项。第一，收购集艾室内设计（上海）有限公司60%股权，完善公司设计产业链，增强企业在长三角地区的业务能力，以图提升公司整体竞争和盈利能力。第二，结合互联网可复制模式，推出年轻人品牌“速美超级家”，商业模式从提供服务转向提供产品。第三，组建上海汇付互联网金融信息服务创业股权投资中心和上海易日升金融服务有限公司，以实现家装与金融业务协同发展，完善产业布局。

嘉寓股份2015年营业收入21.01亿元，同比增长14.58%；营业利润3.59亿元，同比增长28.29%；基本每股收益0.21元，同比增长40%。公司业绩增长主要来自门窗零售市场销售额的增长。2015年公司完成了门窗零售业务的整体规划和铺垫，试图通过线上线下相结合的方式，扩大“互联网+”门窗零售市场。此外，公司与上海上源建筑科技有限公司达成协议，计划对上海上源及其子公司进行资产重组，进一步开拓中高端门窗业务零售市场。

全筑股份2015年营业收入21.85亿元，同比增长20.59%；营业利润1.01亿元，同比增长4.23%；基本每股收益0.55元，同比下降12.70%。业绩增长是因为华北和西北地区业务快速发展；每股收益下降是因为公司7月发布增持股票计划，全年累计增持684300股。公司未来发展战略主要包括三个方面。第一，深耕住宅装修，与房地产企业逐步实现建筑设计与装修设计一体化开发模式。第二，调和公司标准化与消费者个性化之间的矛盾，通过SKU产品和数据库处理，实现标准化与定制化相结合的服务。第三，与房地产企业和物流企业等合作，通过线上和线下的全方位装修后服务，实现传统装饰行业的互联网化。

瑞和股份2015年营业收入18.20亿元，同比增长19.57%，营业利润0.75亿元，同比增长3.53%；基本每股收益0.54，同比增长17.39%。2015年企业主要采取以下战略布局。第一，建设定制精装O2O平台，整合线下大区营销服务中心和线上设计装修服务、BIM信息交互以及LBS平台，为客户提供一体化平台式服务。第二，通过集采方式与供应商建立长期战略合作关系，设立分公司扩大业务范围和提升管理效率，加强科研向高新技术企业转型。第三，与信义光能合作，创立新能源合资子公司，进军光伏电站建设运营，分散单行业经营风险。

柯利达2015年上半年营业收入7.49亿元，同比下降11.14%；营业利润0.29亿元，同比下降20.68%；基本每股收益0.31元，同比下降24.39%。公司业绩下滑的主要原因为建筑装饰行业增速放缓，部分业主投资减速，部分工程延期开工或施工速度放缓。2015年公司的主要战略调整为：第一，公司于2月上海证券交易所上市；第二，积极拓展省外业务。

罗顿发展2015年营业收入1.01亿元，同比减少45.69%；营业利润

-0.32亿元，同比下降 567.07%；基本每股收益 0.0057 元，同比减少 72.99%。[①] 该公司主营业务为装饰工程、酒店经营及管理和网络工程。2015 年收入下滑的主要原因是装饰工程收入下降，而利润减少的原因还包括酒店业务亏损。2015 年末公司与北京德稻教育投资有限公司、上海德稻集群文化创意产业（集团）有限公司、北京德道教育科技有限公司和德稻（上海）资产管理有限公司签署协议，拟向德稻（上海）资产管理有限公司投资 5000 万元。由于酒店业务长期亏损，公司可能转型加强建筑装饰业务的投入，并借投资德稻资管的机会逐步实现多元化经营。

万鸿集团 2015 年前三报告期间营业收入 0.13 亿元，同比下降 67.55%；营业利润 -194 万元，同比下降 128.77%；基本每股收益 -0.01 元，上年同期基本每股收益为 0 元。报告期内主要营业收入和利润来自其子公司佛山市阳光棕榈园林绿化工程有限公司和广东腾远装修工程有限公司。由于公司规模小，盈利不足，公司于 2015 年末发生重大资产重组，将公司全部资产及除付股利与其他应付款外的全部负债置出，置入资产为百川燃气截至评估基准日 2015 年 4 月 30 日全部资产与负债。资产重组后百川资管持股比例达到 39.94%，为上市公司控股股东，王东海直接和间接持有公司 53.09% 股份，为实际控制人。

建艺集团于 2016 年 3 月 11 日上市。公司 2015 年营业收入 18.5 亿元，同比增长 2.21%；营业利润 1.06 亿元，同比下降 7.02%；基本每股收益 1.31 元，同比下降 9.03%。公司主要提供公共建筑装饰及住宅精装修业务，2015 年 44.34% 的收入来自其第一大客户恒大地产。公司利润下滑的主要原因为财务费用比上年增加 1087 万元。短期内公司的主要经营策略包括两方面。第一，维持与恒大地产的战略合作伙伴关系，依托恒大地产在建筑业的优势，维持稳定的主营业务增长。第二，募集资金拓展产业链上游，打造建筑装饰业务“全产业链”模式，提高综合竞争实力。短期内公司可能增加装饰材料生产加工、设计中心和信息化建设等项目。

---

① 由于工程结算原因，罗顿发展年末报表和年中报表主营业务占比出现较大差异。2015 年末报表中，罗顿发展装饰工程业务收入比例为 67.34%，酒店经营为 25.12%，建筑设计为 4.62%，网络通信为 2.28%，以及其他占比 0.63%。

（三）上市公司SWOT分析及重点战略预测

SWOT分析是一种结构计划分析方法。该方法通过识别内部存在的优势（Strengths）和劣势（Weaknesses）以及外部面临的机会（Opportunities）和威胁（Threats），用于分析一个项目或企业的战略选择。这里利用该方法对建筑装饰行业上市公司进行分析，并结合它们2015年的企业行为做出重点战略预测，主要结果见表6。

表6　上市公司SWOT分析及重点战略预测

公司简称	主要优势	主要劣势	主要机会	主要威胁	战略预测
金螳螂	龙头地位、经营稳健、盈利能力	丧失原有客户	金融业务、海外市场	宏观下行、建筑业调控	装修装饰、金融服务、互联网家装
江河创建	技术、品牌、管理、业务协同	医疗业务人才与管理缺乏	医疗行业潜力大	建筑业调控、宏观下行	医疗与装饰双主业驱动
亚厦股份	技术、品牌	业务单一	“一带一路”中东战略机遇	建筑业调控、宏观下行	装修装饰、海外市场、互联网家装
广田股份	资质、品牌、总包集成、工程金融	大客户依赖、坏账压力	供应商合作、智能家居	建筑业调控、宏观下行	装饰、智能家居与金融产融结合
宝鹰股份	品牌、资质、人才、管理和营销	业务单一	“一带一路”海外市场机遇	政治风险、建筑业调控、宏观下行	装修装饰、海外市场、互联网家装
中航三鑫	装饰品牌、玻璃制造技术	财务压力、现金流量低	可再生能源优惠政策	玻璃市场下行、建筑业调控、宏观下行	幕墙工程、特玻制造与加工
弘高创意	品牌、设计、高端市场、施工一体化	应收账款风险大	设计业务发展	建筑业调控、宏观下行	设计与施工一体化
奇信股份	资质、品牌、管理、人才、业务布局	财务压力、现金流量低	华北和西北市场拓展	建筑业调控、宏观下行、政府公共建筑支出下降	装饰产业链一体化、创建一流品牌
洪涛股份	高端市场、品牌、设计	装饰业务表现差	职教行业发展	建筑业调控、宏观下行	职业教育与装饰双主业
东易日盛	品牌、设计、信息化和研发创新	财务费用高、管理效率低	互联网家居发展	建筑业调控、宏观下行、金融市场不稳定	互联网家居与消费金融双驱动

续表

公司简称	主要优势	主要劣势	主要机会	主要威胁	战略预测
嘉寓股份	技术、人才和定制门窗领导地位	资本结构差、银行贷款额高	绿色建筑市场发展	海外业务风险、原材料价格波动	幕墙与中高端门窗零售市场双驱动
全筑股份	住宅装修品牌优势、设计、人才和大客户资源	大客户依赖、资金压力	电子商务发展	宏观下行、营改增政策	深挖细分市场、提高装修后服务
瑞和股份	品牌、人才和管理	现金流差、光伏电站业务表现差	新能源鼓励政策	定制精装市场低于预期	装饰与光伏二元驱动
柯利达	资质和品牌	业务单一、现金流差	三、四线城市市场发展	建筑业调控、宏观下行	巩固省内、拓展省外
罗顿发展	资质、设计、施工和人才	酒店亏损、大客户依赖、盈利能力差	互联网金融发展	酒店业下行、建筑业调控、宏观下行	装饰与互联网金融驱动、剥离酒店业务
万鸿集团	经营弹性高、适应能力强	盈利能力弱、债务风险高	华北燃气市场稳定	新能源冲击	转型燃气企业
建艺集团	客户稳定	大客户依赖、经营效率低、债务风险高	互联网家居发展	建筑业调控、宏观下行	纵向一体化

由于多数上市公司都是行业领导企业，因而，资质、品牌、技术和人才是上市公司普遍具有的竞争优势。上市公司普遍存在的劣势是，对大型房地产合作伙伴的依赖程度过高。部分公司营业收入来自其排名第一的大客户的比重超过40%。对于专注于建筑装饰业务的上市公司来说，它们主要面临的外部威胁为国内建筑业下行和行业竞争程度的提高。规模较大的上市公司未来重点采用的竞争战略为同心多元化、离心多元化和积极拓展互联网和海外装饰市场。而实力较弱的上市企业主要采用纵向一体化的策略以削减成本或者拓展国内市场。

所有上市公司中，特别值得注意的是万鸿集团和罗顿发展。前者单单在2015年间就两易其主，存在卖壳的嫌疑，公司声誉严重下降。实际控制人未能履行承诺的情况在该公司的历史上已经发生多次。这种情况不仅让中小股东遭受大量损失，而且导致公司经常处于业务重组状态，陷入恶性循环，导致公司既不能健康成长也不能为社会增加价值。罗顿发展已经长期陷入困局。一方面，该公司酒店业务长期亏损而不剥离，使其持续拖累公司盈利水平。另一方面，虽然公司找到了装饰业务这一发力点，但不能利用上市公司筹资的便利性，装饰业务局限于海南和上海。这两个地方前者市场容量小，后者竞争激烈。因而，建筑装饰业务增长也很缓慢。如果不做出实质性改善，公司可能面临退市或者资产重组的危险。

（四）小结

2015～2016年初，建筑装饰行业上市公司的竞争与发展具有以下三方面的特点。第一，尽管建筑装饰行业上市公司不多，但近两年变化较大。弘高创意、全筑股份、柯利达、奇信股份以及建艺集团等数家新的企业上市，亚厦股份和万鸿集团分别发生资产重组和转型，而罗顿发展也正面临退市或重组的威胁。第二，虽然上市公司一般都具有资质、品牌、技术和人才的优势，但为了提升竞争优势和降低风险，它们大多采用多元化的经营策略或者一体化的成长战略。第三，虽然2015年同时面临宏观经济下行和建筑业调整，还是有不少上市公司业绩得到大幅增长。在建筑装饰业务方面，互联网家装和一体化服务正逐渐成为发展的趋势，实力强劲的上市公司也在逐步拓展海外市场。这三个趋势也很可能是国内建筑装饰企业未来发展的标准范式。

四　总结与竞争策略建议

近两年我国经济进入新常态，增长速度稳定下降，房地产市场降温，建筑装饰行业从成长期逐渐步入成熟期。行业自身增长速度下降；行业高度依赖的建筑行业增速放缓，前景也不乐观；区域发展不平衡，逐渐形成“东强西弱”的格局；与之相关的法律法规和行业规范日趋完善。这些因素导致建筑装饰行业竞争越来越激烈。

从整体来看，建筑装饰行业的竞争日趋激烈，但各个地区竞争程度不尽相同。广东深圳地区龙头聚集，竞争最为激烈。京津冀地区企业多但市场增长率缓慢，现有竞争程度较高。长三角地区虽然大型企业众多，但市场保持增长，竞争程度不如前两个地区。除了这几个地区外，其余地区竞争程度较低，处于本地企业拓展和被外地企业渗透抢占地盘的状态。上市公司竞争相对激烈，多数企业采用多主业、多动力驱动的发展策略，以图减少竞争和降低风险。部分上市公司试图继续深耕建筑装饰领域，通过后向一体化策略降低成本，并增加覆盖区域以寻找新的利润空间。

根据前面的分析，我们对2016年建筑装饰企业提出以下竞争策略建议。

首先，从横向角度，虽然部分地区竞争激烈，但全国还存在不少“蓝海”区域。如山西、辽宁、吉林、湖北、海南、贵州、云南、西藏、陕西、甘肃、青海、宁夏和新疆等省份几乎没有大型建筑装饰企业。尤其是辽宁、湖北、云南和山西四个省份市场容量大、市场饱和程度低、竞争力强的大企业少，是当地企业崛起和外地企业渗透的最佳选择。企业应当迅速拓展营业范围，占领这些“蓝海”区域，提高在这些区域的市场份额，并建立领先地位。

其次，从纵向角度，尽管目前很多企业业务覆盖到全国主要城市，甚至逐步进入二线城市，但是大量三线城市以及几乎所有乡镇集聚地和农村地区仍然是空白市场。这部分市场目前主要由缺乏装修资质但提供装修装饰服务的装修游击队、装修经纪人以及消费者本身占据。随着相关法律法规的普及，以及这些地区经济发展和居民生活水平的提高，这个细分市场的盈利空间将逐渐扩大。因而，深入这些细微市场也是企业的一个新的发力点。

再次，随着经济发展、技术进步与人们环保意识的增强，互联网家装、智能家居和绿色装饰逐渐成为新的发展方向。装饰设计电子商务平台和BIM技术的结合，使得“所见即所得”与个性化定制成为可能。然而可定制化程度、智能家居以及绿色装饰理念都是建筑装饰行业差异化竞争策略的主要来源，因而，试图长期停留宅装饰业务市场的企业应当密切注意这三个领域的动向，并积极创新、改善技术，争取未来在这三个领域占据一席之地。

最后，国家“一带一路”的国际战略框架给建筑装饰行业带来新的发展机遇，企业应当积极抓住机遇拓展业务和创造价值。第一，“基建互通”战略直接带来大量公共装饰业务，新增的车站、航站、港口以及周边商业建筑的装修装饰业务都是很大的市场。第二，“一带一路”战略刺激本土经济发展，尤其是中西部和西北地区的经济增长会创造新的房地产市场，进而给建筑装饰企业提供新的机会。第三，“区域经济一体化”战略鼓励更多的建筑装饰企业“走出去”，在海外市场拓展业务，减轻国内市场的竞争压力。

B.9
中国建筑装饰企业社会责任报告

摘　要：本报告共包括建筑装饰行业社会责任管理实践现状、社会责任报告编制和发布现状、建筑装饰企业社会责任、建筑装饰企业履行社会责任建议等四个部分。其中建筑装饰行业社会责任管理实践现状重点介绍了建筑装饰行业在社会责任专项管理、社会责任具体实践开展等方面的情况。社会责任报告编制和发布现状重点分析了五家上市公司社会责任报告，总结了建筑装饰企业的社会责任履责内容。建筑装饰企业社会责任主要介绍了企业履行社会责任的意义、对社会责任的应有理解，以及未来社会责任的发展趋势。建筑装饰企业履行社会责任建议则重点从社会责任专项管理、社会责任具体实践两方面为行业提供改进建议。

关键词：建筑装饰企业　社会责任管理　社会责任实践　理解社会责任

一　建筑装饰行业社会责任管理实践现状

企业社会责任作为当下全球企业通用的话语体系和价值体系，是评价企业存在价值的标尺、保障企业基业长青的基石，也是成为世界一流企业不可或缺的核心要素。

2015 年，中国建筑行业进入新的发展阶段，随着行政审批制度改革，企业资质逐步被淡化。[①] 工业化加速启动、绿色建筑标准出台、新型城镇化系统推进、“一带一路”国家战略逐步落实、互联网颠覆传统产业、PPP 模式大行

① 住房和城乡建设部：《关于推进建筑业发展和改革的若干意见》，2014。

其道。在此大背景下，建筑装饰行业逐步结束了“高增长”时代，步入了“以质取胜”“以绿取胜”“以名取胜”的专业化时代、工业化时代、全球化运营时代，企业运营管理能力、技术创新能力及品牌形象日益受到重视。行业领先的建筑装饰企业已经开始研究并适应行业最新政策，在国内外布局智能家居、工业化、绿色建筑装饰，探索互联网家装，通过多种渠道扩大自身的影响力和品牌知名度。

企业社会责任能够推动建筑装饰企业有效地开展利益相关方期望和要求的研究，促使企业主动采取对策来满足利益相关方的期望和要求，进一步提升企业运营管理能力、促进企业技术创新、提高企业品牌形象。

（一）责任管理水平持续提升

社会责任管理是指企业以可持续发展为核心，以追求经济、社会和环境的综合价值最大化为目标，通过建立管理体系，树立全面履行社会责任的企业使命、价值观和可持续发展战略，在企业决策、制度流程、业务运营、日常管理中全面贯彻社会责任要求，进而有效地管理好企业运营对利益相关方、社会和环境的影响，促进综合价值创造能力、运营透明度和品牌美誉度的全面提升。

社会责任管理是企业有效开展社会责任实践的基础。其水平的高低不仅仅取决于企业，也受到行业主管部门、客户、行业协会、第三方机构、新闻媒体等利益相关方的影响。

1. 先进企业引领责任

行业中个别社会责任先进企业已经形成了具有企业特色的社会责任核心价值观，设立了社会责任组织机构，制定了专项的社会责任管理制度，开展了社会责任专项培训，并逐步地将社会责任融入战略、日常运营和员工管理中。如浙江亚厦装饰股份有限公司（以下简称“浙江亚厦”）将社会责任理念融入核心价值观中，形成了“精诚、至善、创新、完美”的社会责任核心价值观，并明确地将“为客户创造美、为社会实现美”作为自己最大的责任。

2. 行业平台展示责任

任何行业社会责任管理水平的提升，既需要企业的践行，又需要企业间互相交流、分享社会责任管理经验。中国建筑装饰行业目前已初步建立了企业学习、分享社会责任的平台。如中国建筑装饰协会在 2014 年发布的《2013 年度中国建筑装饰百强企业发展报告》中专门设置一章为“社会责任之光”，向业内全面展示了先进企业的履责风貌与管理经验。

（二）责任实践全面深入推进

中国建筑装饰企业积极践行社会责任，为国家、社会创造了大量的物质财富，带动了包括建材、森工、化工、家电、冶金、纺织等在内的十几个相关行业的发展，解决了上千万人的就业问题，促进了广大客户生活质量的显著提升。

1. 持续创新助力发展

（1）管理创新

在“应用互联网增强各行业创新能力”[①] 的大背景下，中国建筑装饰行业主动顺应互联网发展潮流，创新管理模式。据中装协数据统计，2015 年中国互联网家装公司多达 200 多家。其中，新兴的互联网家装企业快速发展，进驻低端家装市场。建筑装饰行业上市公司布局家装势头强劲，[②] 或以电商投资建设形式，或以与互联网家装企业合作的形式，走上了转型互联网家装的道路，引领整个建筑装饰行业商业模式创新。如苏州金螳螂建筑装饰股份有限公司（以下简称“金螳螂”）出资 2.7 亿元成立金螳螂苏州电商有限公司，创立自主家装品牌“金螳螂 · 家”，为家装客户提供服务；[③] 洪涛股份及旗下优装美家在北京举办发布会，宣布为用户提供快时尚、轻奢选择的 B2B2C 互联网家装平台——优装美家正式上线。[④]

（2）技术创新

以最小的资源、能源代价，为社会提供安全、舒适、健康的生活、工作环境，是建筑装饰行业实现可持续发展的关键。[⑤] 推行标准化是提升资源使用效率的重要手段。中国建筑装饰行业协会、企业积极推进行业标准化建设。如中国建筑装饰协会在《绿色建筑评价标准》框架下，积极组织企业开展装饰方

① 国务院：《国务院关于积极推进“互联网 +”行动的指导意见》，2015。

② 中国建筑装饰协会：《2015 年度中国建筑装饰行业发展报告》，2016。

③ 《金螳螂自创 O2O 家装平台　2.7 亿元加码电商业务》，网易，2015 年 8 月 20 日。

④ 《深圳洪涛旗下优装美家上线互联网家装迎来“服务战”》，新浪家居，2015 年 9 月 23 日。

⑤ 中国建筑装饰协会：《2014 年中国建筑装饰行业发展报告》，2015。

面的研究，并于2015年组织编制《绿色建筑室内装饰装修标准》,[①] 全力保障《绿色建筑评价标准》的有效施行。深圳市深装总装饰股份有限公司筹建标准编委会，组织编制《机场航站楼室内装饰装修施工技术规程》，保证航站楼装饰质量安全、满足其交通枢纽功能。[②]

新型建筑工业化是《国家新型城镇化规划（2014～2020年）》中的重要内容之一，也是建筑业生产方式的重大变革，是建筑业可持续发展的必然选择。国内领先建筑装饰企业主动贯彻行业发展的要求，完善科技创新体系，整合产业链上下游的资源，应用BIM（建筑信息模型）技术，推进装修材料生产的标准化，提升成品化部品和部件的比重，全力打造包括设计、材料加工、施工及客户服务的“大装饰”完整产业链。如浙江亚厦建立了“木制品设计制作安装一体化”体系，实现了装饰用木制品生产自动化、节能环保化、设计制作安装一体化。[③]

2. 安全生产保驾护航

建筑行业是重大危险事故频发的行业之一,[④] 其安全管理情况一直都受到社会各方的高度重视。机械设备故障，原材料管理不善，从业人员安全意识不强、操作不当等都是引发安全事故的重要原因。多数大型建筑装饰企业建立职业健康安全管理体系，严格落实安全生产责任制，保证安全生产投入，加大员工安全培训力度，配置安全设备设施，切实保障职工职业健康和安全。如深圳广田装饰集团股份有限公司以“安全为本、质量第一”为准则，强化安全生产责任意识、狠抓文明施工管理、严控施工过程监督，确保工作人员安全文明施工，全力杜绝安全事故发生。[⑤] 深圳市中装建设集团股份有限公司坚持“安

---

① 《〈绿色建筑室内装饰装修评价标准〉编制工作会议成功召开》，中装新网，2016年2月16日。

② 《深装总正式启动中装协标准〈机场航站楼装饰装修施工技术规程〉编制工作》，http：//sdcic. cn/sitecn/gysy/1597_ 1383. html。

③ 《推进新型建筑工业化促进建筑业转型升级》，http：//www. icaijing. com/wemedia/article1044867/。

④ 冯志刚：《建筑装饰工程的安全管理防护及应急措施》，《中国高新技术企业》2014年第19期。

⑤ 《广田方特荣获“安全生产与文明施工优良工地”》，http：//www. szgt. com/news/newsShow. aspx？ i＝100000117046258&m＝115001。

全第一、预防为主、综合治理”的安全生产方针，强化安全生产责任意识，狠抓文明施工管理。①

3. 品质工程满意客户

（1）品质工程

2014 年，住建部开展了建设工程质量两年治理活动。建筑装饰企业主动落实工程质量两年治理活动要求，深化工程质量管理体系建设，加强人员质量培训，将质量控制融入施工建设的全过程，全力保障装修质量。如中建二局装饰公司在项目建设过程中，制定了过程控制“四化管理”，即尺寸控制毫米化、工序管理标准化、材料加工集中化、观感质量样板化，最大限度实现装饰成品达到观摩工地水平。②

多数大型建筑装饰企业在装修过程中，能够尽量减少有毒有害装修材料的使用，并将其控制在法规要求范围内，全力保护客户（使用者）的健康；建立有毒有害装修材料法律法规收集机制，主动将法律法规传递到装修项目中。

然而，由于 2015 年整体低迷的市场环境，个别建筑装饰企业在低价中标的情况下，在施工的过程中偷工减料，这导致了个别工程难以满足客户的使用体验和感官要求，甚至影响客户的健康和安全。

（2）服务质量

随着互联网发展，企业经营进一步透明，客户尤其是家装客户的个性化要求也日益提高。在此大背景下，大型建筑装饰企业能够坚持公平营销，全面、清晰、客观地向客户宣传企业实力、业绩，便于客户做出选择。在合同编制的过程中，能够主动地了解客户的需求，并将其纳入合同中。严格按照合同，为客户提供服务。深圳市晶宫设计装饰工程有限公司始终恪守“诚以载道、发展共赢”的经营理念，以优良的业绩取信于社会，连续 23 年荣获“广东省守合同重信用企业”。③

在施工过程中，大型建筑装饰企业能够与客户建立沟通渠道，及时向客户

---

① 《集团摘得“安全生产与文明施工优良工地”奖项》，http：//www. zhongzhuang. com/index. php？ m = content&c = index&a = show&catid = 15&id = 660。

② 中国建筑股份有限公司：《中国建筑股份有限公司 2014 可持续发展报告》，2015。

③ 《晶宫装饰连续 23 年荣获“广东省守合同重信用企业”》，http：//www. jinggongzs. com/NewsDetails. aspx？ id = 433。

披露项目进展情况，主动将客户需求贯彻到施工建设中，保障客户的知情权与被倾听权。如北京港源建筑装饰工程公司在施工准备阶段，一旦发现施工图纸与现场严重不符的情况，就及时与甲方管理人员沟通，然后对施工图纸进行深化设计，全力保障工程质量。①

竣工后，大型建筑装饰企业能够对客户进行回访，了解客户的满意情况，积极处理客户投诉。如北京城建长城建筑装饰工程有限公司建立了以公司工程部为核心体系的“客户服务中心体系系统”，能够第一时间受理客户投诉，并为客户提供专业维修服务。②

4. 以人为本，提升员工幸福感

大型建筑装饰企业能够依据现有人员储备及公司未来发展情况，制订招聘计划，有规划地招聘相关人员。在招聘人员时，坚持平等雇用，不因地域、民族、宗教信仰进行区别对待。建立员工信息保密机制，保护员工体检等相关信息。如金螳螂倡导平等的用工政策，全面执行劳动合同制度，按照《劳动法》规定，与每一位员工签订了劳动合同。

大型建筑装饰企业重视与员工沟通，建立员工与领导的双向沟通渠道，了解并回应员工需求。如深圳市奇信建设集团股份有限公司发挥工会的作用，以构建和谐企业为主线，以服务员工为中心，不断完善职工代表大会制度，全力打造“温暖、幸福、民主、快乐”的职工之家。大型建筑装饰企业严格按照国家要求缴纳保险、提供必要的福利；积极组织开展各项活动，平衡员工的工作与生活。如深圳市建艺装饰集团股份有限公司在重阳佳节到来之际，举行主题为“踏山寻秋，健康重阳”的集体秋游活动，丰富员工业余文化生活。③

大型建筑装饰企业注重员工的培养和职业发展，为员工提供不同的职业发展序列，帮助员工实现自我价值。如金螳螂与苏州大学合作创办了“苏州大学金螳螂建筑与城市环境学院”，开创装饰行业内以与高校合作办学的方式提前培养和储备设计师人才的先例。安徽省志成建设工程咨询股份有限公司特聘请企业管理顾问有限公司开展“五维营销系统”课程的培训，帮助学员更好

---

① 《精益求精铸造品质典范　港源装饰承建江西南昌仁爱妇产医院竣工》，http：//www.bjgyzs.com/cn/news_ js2.asp？nid＝1222。

② 由中国建筑装饰协会资料整理。

③ 《佳节重阳欢聚塘朗——建艺集团重阳登高略记》，http：//www.jyzs.com.cn/new－119.html。

地开拓市场及进行客户管理。[1]

5. 绿色装饰促进生态文明

发展绿色建筑装饰，绿色设计是源头、绿色施工是关键、绿色材料是保障。[2] 大型建筑装饰企业重视环境保护，建立环境管理体系并通过认证；坚持将绿色理念融入设计过程中，从源头上降低工程在其整个生命周期的能源消耗和环境影响。如江河创建集团股份有限公司（以下简称“江河创建”）前瞻性地提出了“节能、环保、安全、智能、宜居”的“绿色设计”理念和主题，长期致力于节能环保技术在幕墙系统中的研发与应用。

大型建筑装饰企业积极推行绿色施工，坚持“控制－减量－再利用”的环保路线，将废水、废气、粉尘、噪声产生量控制在法律法规规定的范围内。如中建装饰集团通过一系列努力，将噪声、扬尘、污水、固体废弃物等排放情况，以及住宅工程室内空气质量，控制在行业要求之内。

大型建筑装饰企业能够做好装修材料管理，推行精细化管理，尽量节约装修材料；合理地安排施工工期，配置高能效的机具设备，提高能源利用效率；注重技术创新，尽可能地通过使用新技术降低能源消耗。如中建三局装饰有限公司（以下简称“中建三局装饰”）在施工过程中采用先进的节能环保新材料、新工艺，努力做好施工现场的资源控制和管理工作，严把节能降耗关。

然而，中小微企业“数量多、比例大”[3] 是目前建筑装饰行业的重要特点。大部分中小微企业在成品化、工业化、标准化等方面没有实质性改变和进步，仍采用传统施工作业方式。因此，广大装饰企业在提升资源利用效率、减少环境污染方面仍然有较大提升空间。

6. 各方合作，共谋发展

大型建筑装饰企业在采购的过程中将供方的农民工管理情况、环境管理情况、安全管理情况作为选择供方的重要标准；引导供方不断地提高环境管理水平、重视农民工的权益、加大安全设备设施的投入。如中建三局装饰开发了“大宗物资材料集中采购平台”，与国内大型知名建筑材料商签订了战略合作

---

① 《集团公司举行“五维营销系统”课程的专业培训》，http：//www. zcjszx. com/index. php? m = content&c = index&a = show&catid = 9&id = 47。

② 《绿色建筑装饰迎来快速发展期》，《中国建设报》2014 年 9 月 5 日。

③ 中国建筑装饰协会：《2015 年度中国建筑装饰行业发展报告》，2016。

协议，广泛推广应用绿色智能建材，做到建材使用的高质量、低损耗、无污染。

大型建筑装饰企业能够公开采购信息，进行公正、公开地采购。在采购过程中，充分考虑到供方的规模和技术水平，为供方提供充裕的时间、公平的支付价格等。与优秀供应商结成“命运共同体”，为供方提升技术管理水平提供支持，与供方共同发展。如神州长城装饰工程有限公司主要依托神州长城公司优异的信用，与相关机构合作，向供应商提供总额达10亿元融资解决方案，为供应商提供采购、生产、销售全流程的融资支持。[①]

然而，建筑装饰市场中存在着个别建设单位拖欠工程款[②]、个别劳务分包商忽视农民工的合法权益的情况，导致了农民工工资发放不及时、工作条件差、劳动保护用品配置不足等一系列问题的产生。

7. 促进社区和谐，造福社会

大型建筑装饰企业能够诚信经营、依法纳税，拉动项目所在地的经济发展，推动社区文化建设。如在国内全面推开“营改增”的大背景下，深圳科源集团举办营改增专题培训，[③] 以便更好地进行依法纳税，服务深圳经济发展。北京弘高创意建筑设计股份有限公司与中国爱乐乐团联合展开为期长达18天的“2015丝绸之路巡演”，该巡演将覆盖古代“丝绸之路”沿线上的六个国家，促进中国文化与丝路沿线国家的文化交流。[④]

大型建筑装饰企业能够积极参与包括救灾、捐建希望小学、扶贫等各项公益事业，尽量地回馈社会、造福社会。如中南集团将“做一个有社会责任感的企业”作为企业发展的核心理念，设置了5000万元专项公益资金，申请成立了江苏中南慈善基金会，有规划、有步骤地开展社会公益事业。[⑤] 远大中国控股有限公司以成为高尚企业公民为己任，履行社会责任，真诚回报社会，截

---

① 《神州长城装饰与中国银行及多家金融机构联袂推出10亿供应商融资解决方案》，http：//www. sgwde. com/news_ detail/newsId = 18. html。

② 孟庆款：《建筑装饰行业农民工工资拖欠问题思考》，《中国建筑装饰装修》，2014。

③ 《科源集团举办营改增专题培训》，http：//www. sz - ky. com/index. php？ m = home&c = news&a = detail&id = 1113。

④ 《弘高创意 - 中国爱乐乐团将赴“丝绸之路”开启非凡音乐破冰之旅》，http：//www. honggao. com. cn/info/content. asp？ infoId = 885。

⑤ 《中南集团坚持履行社会责任再获慈善勋章》，新华网，2015年12月22日。

至2010年12月，累计捐款捐物折合人民币已逾4000万元。[①] 深圳市瑞建建筑装饰工程有限公司自2008年成立以来，积极参加各项社会公益慈善活动，推动和鼓励公司员工参与救灾、捐款、义工等工作，有效地增强了公司员工对社会的正义感和责任感。[②]

二 建筑装饰行业社会责任报告编制和发布现状

社会责任报告是基于与利益相关方进行社会责任沟通的需要，组织定期或不定期对外公开发布的一种展示其社会责任理念和认识，并系统披露其社会责任活动及其绩效信息的特定报告。编制和发布企业社会责任报告是企业社会责任管理的重要内容，能够增强企业运营透明度和社会沟通能力。

自2015年1月1日到12月31日，金螳螂、中建装饰集团、浙江亚厦、江河创建、中建三局装饰等5家上市公司公开发布了独立的社会责任报告。[③]

（一）编制责任报告，满足标准要求

上述5份社会责任报告内容涵盖了经营管理、工程质量、环境保护、员工发展、社区支持与发展等主题，基本上满足社会责任报告标准的披露要求。其中，多数报告涵盖了安全生产、技术创新及供方管理主题，个别报告涵盖了责任管理主题。

1. 责任管理主题

中建装饰、浙江亚厦、中建三局装饰在报告中披露了社会责任理念、与利益相关方的沟通方式。如中建装饰集团披露了“责任理念”[④]；中建三局装饰在“利益相关方沟通参与”中披露了与利益相关方沟通情况。

---

① http://www.yuandacn.com/index.php?option=com_content&view=article&id=18&lang=cn.

② 据深圳市瑞建建筑装饰工程有限公司提交中国建筑装饰协会材料。

③ 本报告中五家公司相关资料除另有注明外，均来自苏州金螳螂建筑装饰股份有限公司《2014年度社会责任报告》、中建装饰集团有限公司《2014年社会责任报告》、浙江亚厦装饰股份有限公司《2014年企业社会责任报告》、江河创建集团股份有限公司《2014年度社会责任报告》、中建三局装饰有限公司《“十二五”社会责任报告》。

④ http://www.cscec-hn.com/index.php?m=content&c=index&a=lists&catid=68.

2. 经营管理主题

上述5家企业在报告中都专门披露了企业经营管理情况。如浙江亚厦在“至善—亚厦发展”中，披露了营业收入与利润、并购与转型等信息；中建三局装饰披露了企业管理和业务领域情况；江河创建在“保护股东权益”中，披露了“股东权益保护机制”“股东回报”“投资关系管理”等信息。

3. 安全生产主题

上述5家企业在报告中都提及了企业安全生产管理情况，其中中建装饰集团专门披露了企业安全管理情况。如中建装饰集团在“安全管理稳中有升”中明确提出“落实安全生产制度，配齐安全生产管理人员，严格落实安全生产投入，加强安全生产监督检查”。

4. 工程质量主题

上述5家企业在报告中都专门披露了工程质量和客户服务情况，其中浙江亚厦、江河创建、金螳螂、中建装饰集团专门披露了工程质量情况。如中建装饰集团在“质量管理再创佳绩”中披露了质量管理的措施和绩效；江河创建在“为客户、供应商创造价值”中披露了公司客户服务情况。

5. 环境主题

上述5家企业在报告中都专门披露了环境保护情况。如中建三局装饰在“绿色环保责任”中披露了公司绿色施工情况，浙江亚厦在“环境保护”中披露了环保控制目标和能源消耗情况。

6. 供方管理主题

除中建三局装饰外，其他4家企业在报告中都专门披露了供方管理情况。如浙江亚厦在“供应商权益”中从制度建设、技术交流等方面披露供应商管理情况；江河创建在“为客户、供应商创造价值”中披露了公司供应商评价体系。

7. 创新发展主题

除江河创建外，上述4家企业在报告中都专门披露了技术创新情况。如中建装饰集团在“科技创新管理取得新进展”中披露了公司专利、工法、科技示范工程等方面的成绩；中建三局装饰在“科技创新的责任”中重点披露了广州西塔四季酒店应用的科技创新成果。

8. 员工发展主题

上述5家企业在报告中都专门披露了员工发展情况。如金螳螂在“职工权益保护”中披露了员工权益保护、员工沟通、员工关爱及员工职业发展情况；江河创建在“为员工创造机会”中披露了公司保护员工权益、薪酬福利、员工关爱情况。

9. 社区支持与发展主题

上述5家企业在报告中都专门披露了社区支持情况。如中建三局装饰具体披露了公司在慈善公益、希望工程、志愿者服务、社会帮扶等方面开展的工作及取得的成绩；金螳螂在“奉献爱心、积极回报社会”中披露了公司在公益事业、抗震救灾、扶贫助困、志愿者活动等方面开展的工作。

（二）责任认知系统全面

从社会责任报告披露的内容来看，目前社会责任领先企业对社会责任认识较为明确，普遍认为社会责任应涵盖经营管理、安全生产、技术创新、工程质量、客户服务、供方管理、环境保护、员工管理、社区支持与发展等主题。同时，从篇幅上来看，目前，企业普遍将经营管理、工程质量、环境保护、员工发展、社区支持与发展作为社会责任最重要的内容，详见表1。

表1　社会责任报告披露主要内容

主题	披露主要信息
责任管理	责任理念、责任沟通
经营管理	企业管理、股东权益保护、经营业绩
安全生产	安全生产责任制、安全教育、职业健康安全、安全检查
工程质量	质量管理、工程质量、客户服务
环境保护	防治污染、节约资源、降低能耗
公平运营	公开公正采购、技术交流、共同发展
员工发展	平等雇用、职业发展、关爱员工、薪酬福利
社区支持与发展	促进就业、社会公益、扶贫助困、抗震救灾、志愿者活动

三　理解建筑装饰行业企业社会责任

建筑装饰行业居于工程建设产业链末端，是拉动国民经济增长、推进新型城镇化建设、提升生态环境质量、促进“一带一路”国家战略有效落地的重要力量，也是实现“中国梦”的重要力量。在当前社会责任成为全球重要趋势的大背景下，引导建筑装饰企业了解责任意义、明确责任范围、把握责任趋势是非常重要的。

（一）企业履责，助力多方发展

在建筑装饰行业内推广社会责任，有利于持续增强企业综合价值创造能力，推动行业转型升级，服务生态文明建设，促进人民幸福梦的实现，推动“一带一路”国家战略的有效实施。

1. 助力企业创造更大价值

建筑装饰企业履行社会责任，能够提升企业盈利能力，增强企业环境管控能力，提高企业品牌知名度，从而持续增强企业“经济、社会、环境”的综合价值创造能力。

2. 推动行业转型升级

社会责任的精髓和实质就是通过各种创新、跨界合作，不断地满足利益相关方的期望和要求，最终助力企业实现可持续发展。在当前互联网、建筑工业化、绿色建筑、PPP 模式大行其道的大背景下，建筑装饰行业的利益相关方即行业主管部门、客户、供方、社区等对建筑行业提出了更高的要求。建筑装饰行业需要履行社会责任，充分地了解利益相关方的要求，实现在各个方面的转型升级。

3. 促进人民梦想实现

“中国梦”就是“人民的幸福梦”，是要在“学有所教、劳有所得、病有所医、老有所养、住有所居”上持续取得新进展，这需要各行各业基于其在国民经济中的地位，充分发挥行业特色，共同编织中国梦。

建筑装饰装修是为保护建筑物的主体结构、完善建筑物的使用功能和美化建筑物，采用装饰装修材料或饰物，对建筑物的内外表面及空间进行的各种处理过程。在“以人为核心”的“新型城镇化”的推动下，建筑装饰行业履行社会责任，能够进一步提升建筑工程的美观性、实用性和环保性，更为有效地满足客户（使用者）的居住要求、使用要求，提升客户（使用者）的使用体验和感官要求，增强客户（使用者）的幸福指数。

建筑装饰行业作为劳动密集型产业，中国建筑装饰行业协会 2015 年发展报告显示，行业从业者队伍约为 1620 万人。建筑行业履行社会责任水平的高低，直接会影响1620多万人的收入和权益保障，间接地影响其背后家庭生活管理水平和幸福指数，进而会对“人民幸福梦”的实现有着重要影响。

4. 呵护环境生态文明

中华文明历来强调天人合一、尊重自然、面向未来。我国政府将把生态文明建设作为“十三五”规划重要内容，并明确将“绿色”作为我国未来长期发展的核心理念。环境在社会责任中占据重要地位，是七大核心主题之一。

建筑装饰行业作为资源消耗性服务业，在国家生态文明建设中占据重要地位，需要积极履行社会责任，加强绿色建筑装饰研究，创新绿色施工技术，引导建筑材料成品化、标准化，最大限度地节约能源，提高资源利用效率。

5. 服务国家发展战略

中国海外企业是中国国家形象的重要名片，其履责情况直接影响“一带一路”国家战略的推进。目前，中国建筑装饰企业“走出去”的步伐不断加快，海外市场本土化运营能力不断提升。中国建筑装饰企业需要深化社会责任建设，加强与社区沟通，在力所能及的范围内促进当地就业、拉动当地经济发展、促进当地文化繁荣，从而促进当地中资企业形象的提升，服务“一带一路”国家战略的有效推进。

（二）责任理解，追本溯源考究

社会责任作为全球企业发展的重要趋势，在每个国家执行的过程中存在着差异性，又与企业战略制定、日常运营和员工管理息息相关。因此，建筑装饰企业社会责任内涵与外延应具有国际化、本土化与行业化的特点，即在立足于中国当下可持续发展的大背景下，以建筑装饰主要任务及未来发展为基础，适当地借鉴国际社会的先进理念。

1. 对社会责任的国际理解

自英国学者欧利文·谢尔顿（Oliver Sheldon）在1924年首次提出“企业社会责任”以来，[①] 国际社会不同的权威机构和组织对“企业社会责任”的定义多达

① 徐尚昆、杨汝岱：《企业社会责任概念范畴的归纳性分析》，《中国工业经济》2007年第5期。

37 个[1]，直到国际标准化组织（ISO）的《社会责任指南》发布后，全球才统一了对社会责任的理解。社会责任是指“组织通过透明和道德的行为，为其决策和活动对社会和环境的影响而承担的责任”。[2] 这些行为致力于可持续发展，包括健康和社会福利；考虑利益相关方的期望；遵守适用的法律，并与国际行为规范相一致；全面融入组织并在其关系中得到践行。

同时，国际标准化组织（ISO）的《社会责任指南》明确界定了社会责任范围，即包括组织治理、人权、劳工实践、环境、公平运营、消费者问题及社区参与发展等 7 大核心主题。[3]

2. 建筑装饰行业的责任谱系

基于对国际标准化组织（ISO）的《社会责任指南》分析和建筑装饰行业的任务，中国建筑装饰企业社会责任应是在推动中国可持续发展、实现“人民幸福梦”的框架下，以企业愿景、经营理念和核心价值观为指导，在日常经营和施工过程中除了考虑自身的赢利水平、股东和员工利益、工程质量、安全生产、技术进步、依法纳税等方面的问题外，还要关注生态文明、社会公益、和谐发展等问题。中国建筑装饰企业社会责任可以从责任范围、责任分类、责任层次等三个维度进行理解。

（1）责任范围

建筑装饰企业社会责任涵盖经济责任、安全责任、客户责任、环境责任、行业责任、伙伴责任、员工责任、社区责任等。

经济责任：建立健全企业相关方（如企业所有人、股东、员工等）经济收益保障机制，推进诚信体系建设，提高管理品质，增强风险防范能力，提升企业盈利能力，增加企业相关方的经济收益。

安全责任：建立和实施安全管理体系，推进安全生产责任制，创新安全生产技术，配置安全生产设施，发放劳动保护用品，加强施工现场的安全监督与管理，持续提升企业安全管理水平。

客户责任：了解客户需求，关注客户利益，为客户创造健康、环保、美

① 企业社会责任中国网，http：//www. csr － china. net/a/zixun/guandian/zhongguo/2015/0324/2599. html。

② 国际标准化组织（ISO）：《社会责任指南》，2010。

③ 国际标准化组织（ISO）：《社会责任指南》，2010。

观、舒适的工作和生活空间，提升客户的使用体验和感官要求，努力获得客户的恒久信赖。

环境责任：将“绿色、低碳、节能、环保”的理念贯彻到设计中，坚持推行绿色设计；选用绿色建材，引导绿色建材产业全面发展；努力做好施工过程中的资源控制和污染预防，全面助力打造绿色建筑，尽力降低建筑物在其整个生命周期内对环境的影响。

行业责任：主动适应国内外最新发展形势与要求（如互联网模式、PPP 模式），积极探索企业管理创新。推动新材料、新技术在研发、设计、生产、施工方面的集成，促进技术创新。贯彻行业主管部门的相关要求，参加行业主管部门与协会组织的相关活动，参与行业相关标准的制定、工业化试验推广，助力行业推进标准化，促进绿色建筑装饰行业的发展。①

伙伴责任：与供方结为命运共同体、互利合作，鼓励并督促供方遵守和履行公认的企业社会责任要求，全力打造责任供应链。督促供方及时发放农民工工资、配置必要的劳动保护设备设施、发放劳动保护用品，保护农民工合法权益，促进农民工发展。

员工责任：恪守以人为本，平等、规范地雇用员工，足额向员工支付工资，承认并尊重员工组织和参加工会、进行集体谈判的权利，关注员工职业健康与安全，帮助员工成就自我、创造多彩人生。

社区责任：合理投资，按时足额纳税，服务地方经济发展，保护农民工基本权益；持续支持和参与社区公益活动，有计划地组织志愿者活动，促进社区基础设施、教育、卫生、文化、环保等公共福利事业的发展，塑造并提升企业品牌形象。

（2）责任分类

基本责任：经济责任是基本责任，即履行社会责任的前提。一个建筑装饰企业在诚信经营的前提下实现股东盈利、员工获益本身就是在履行责任。而且企业只有在做好经济责任的前提下，才能更好地履行其他责任。

根本责任：客户责任与安全责任是根本责任。为客户奉上绿色、安全、实用美观的建筑产品，做好保障员工生命安全的各项工作，是建筑装饰企业安身

---

① 《绿色建筑装饰迎来快速发展期》，http：//www. chinajsb. cn/bz/content/2014 －09/05/content_139360. htm。

立命的根本，直接影响企业的生存与发展。

时代责任：近年来，环境问题日益受到关注。积极应对气候变化、保护地球生态健康及建设美丽地球是时代的要求，更是世界人民的共同愿望。建筑装饰企业应服务生态文明建设，为建设资源节约型、环境友好型社会贡献力量。

共同责任：员工责任、社区责任、伙伴责任、行业责任是共同责任。企业通过自身的努力，推进公司内部员工和谐、同行间和谐与供方和谐，促进地区间发展和谐，为构建和谐社会做出贡献。

（3）责任层次

建筑装饰企业社会责任是可以分层次的，具体分为必尽责任、应尽责任和愿尽责任。

必尽责任是企业必须要履行的责任，是企业从事经营或管理活动所必须遵守的法律义务要求，是其最低的义务要求。对于建筑装饰企业来说，遵循相关法律法规、按时足额纳税、减少污染、保护员工尤其是农民工的基本权益等是必尽责任。

应尽责任是企业应该履行的伦理责任，是社会公众生活对企业超出企业日常经营和法律法规要求范围的合理诉求和期望，是一种不具有必然性要求的责任形式，如提高资源利用效率、组织员工培训、增强股东获利能力等。

愿尽责任是企业从可持续发展角度解决重大问题而自愿承担的责任，是企业在当时的历史时期处理社会责任问题的最高要求，如帮助员工建立职业发展规划、打造责任供应链、推动行业提升社会责任管理水平等。

（三）责任方向的多维分析预测

1. 推动社会责任管理提升的力量多元化、力度加大

（1）力度加大

随着国家领导人对社会责任的日益重视，行业主管部门、地方政府、认监委、装饰协会推动建筑装饰企业社会责任管理提升的力度将加大。如相关机构未来可能会颁发企业社会责任管理评价证书，并将评价结果作为企业参加各种评选活动、优先推介企业的重要标准。

（2）力量多元化

随着“社会共治”时代的到来，除了行业主管部门、行业协会、地方政

府外，未来的行业媒体、专业咨询机构、行业社会责任专家等利益相关方将成为推动企业社会责任管理提升的重要力量。行业媒体将监督建筑装饰企业社会责任履行情况，宣传企业社会责任经典实践。专业咨询机构将根据企业需求编制标准、指引，为推动企业社会责任管理提升提供指导。行业社会责任专家将成为企业社会责任管理提升的直接推动者，能够帮助企业更为有效地落实社会责任管理的相关政策与要求。

2. 社会责任标准研究领域细分化、可操作性加强

（1）专业细分化

未来社会责任专业咨询机构将针对建筑行业专业细分领域开展相关标准研究，出台专业细分领域的社会责任报告标准、评价标准，如分别出台适用于公用建筑、民用建筑及幕墙的社会责任标准。

（2）可操作性加强

未来社会责任专业咨询机构将聚焦于社会责任管理标准可操作性上，积极推动社会责任标准与现有的管理体系（如质量、环境及职业健康安全等三体系）融合，促使社会责任能够真正落地，融入企业战略、运营管理、员工日常工作中。

3. 企业的社会责任管理提升要求体系化、全面化

建立社会责任管理体系将是建筑装饰企业社会责任管理提升的重要路径。届时将以社会责任组织机构建设、制度建设为支撑，采用利益相关方沟通参与的方法，将利益相关方的期望与要求融入公司战略决策、日常运营、员工管理中；通过指标管理、内部审核、管理评审持续改进企业社会责任管理体系，持续提升利益相关方的满意度。

4. 社会责任信息披露主体扩大，披露标准更加专业

（1）披露主体扩大化

社会责任报告是企业社会责任信息披露最主要的方式。截止到 2015 年，绝大多数建筑装饰企业未公开发布独立的社会责任报告。在未来行业主管部门与地方政府的要求、协会的倡议下，编制和发布社会责任报告将成为一种趋势。全国一级建筑装饰企业、幕墙企业可能都会被要求编制和发布社会责任报告。

（2）披露内容专业化

未来，社会责任报告披露标准将与建筑装饰企业管理标准、技术标准更加

紧密地结合在一起，披露内容将涵盖经营、设计、采购、施工、分包、技术、客户服务等各个方面，将会更加专业。

四 “十三五”建筑装饰行业履行社会责任建议

在“社会共治”的新时期，提升行业社会责任管理实践水平既需要企业充分发挥主体作用，不断提升自身的社会责任管理水平与履责能力，也需要行政主管部门、行业协会、咨询机构、新闻媒体发挥各自优势，引导和激励企业重视责任、履行责任，并将每个企业的履责智慧汇聚起来，在行业内进行推广，促进所有企业共同提升社会责任管理水平与履责能力。

（一）多方共同塑造责任氛围

1. 主管部门引导履责

行政主管部门是社会责任标准和指南的制定者、推动者及具体落实的监督者。通过发布社会责任标准及要求、开展社会责任评价等方式，引导企业重视社会责任，指导企业完善社会责任管理体系、提升履责能力。

（1）发布行业社会责任倡议、标准或要求

行业主管部门可以通过发布相关社会责任标准、指南，引导企业依据标准和指南的要求建立社会责任管理体系，真正地将社会责任与企业运营管理结合起来，进而推动企业持续地了解和回应政府、社区、客户、供方及员工等各个利益相关方的期望和要求，密切企业与利益相关方的关系，增强企业的可持续发展能力。

（2）开展社会责任评价，促进建筑装饰市场的规范

2015 年，国务院发布了《关于实行市场准入负面清单制度的意见》，进一步规范市场准入。行业主管部门可以建立社会责任评价机制，定期委托行业协会或第三方机构开展企业社会责任实践评价、社会责任报告评价，将评价结果作为企业进入市场与政府采购重要依据，进一步促进建筑市场的规范。

（3）构建行业社会责任大数据平台，助力行业持续发展

2015 年 9 月 5 日，国务院印发了《促进大数据发展行动纲要》。其旨在通过对数据的有效管理，进一步完善社会治理、提升政府服务和监管能力。行业

主管部门可以建立行业社会责任绩效平台，借助平台收集、统计、分析行业社会责任绩效。同时，通过定期发布社会责任评价结果与企业的“黑名单”，加强对企业的监管，满足客户、新闻媒体等利益相关方的信息需求，引导行业规范、健康发展。

2. 行业协会助推履责

行业协会既是政府与企业沟通的桥梁，也是企业发展的智库、企业间交流管理经验的平台。因此，行业协会可以充分发挥“桥梁”“智库”“平台”等作用，促进企业社会责任管理水平的提升。

（1）贯彻政府社会责任要求、收集企业社会责任意见

行业协会可以收集国家部委、地方政府、行业主管部门的社会责任管理要求和意见，定期将其反馈给企业，引导企业重视社会责任。同时，行业协会可以收集、整合企业对社会责任的看法和意见，定期反馈给行业主管部门，服务行业主管部门更好地完善社会责任政策与要求。

（2）组织编制行业社会标准或指南

标准、指南是企业社会责任管理提升的主要工具。行业协会作为社会责任发展的智库，可以基于建筑装饰行业的特色，参考国际标准化组织（ISO）的《社会责任指南》、社会责任国家标准（主要包括 GB/T36000《社会责任指南》、GB/T36001《社会责任报告编写指南》、GB/T36002《社会责任绩效分类指引》）、《全球报告倡议组织可持续发展报告编写指南（第四版）》（GRI. G4）、《中国对外承包工程行业社会责任指引》等国内外社会责任标准，遵循“国际化、本土化及专业化”的原则，编制建筑装饰行业社会责任评价标准、社会责任报告编制指南。

（3）开展社会责任评价

行业协会可以依据社会责任指南或标准，定期地开展社会责任实践评价、社会责任报告评价，帮助企业准确定位企业社会责任管理水平，发现社会责任管理的优势和提升空间，“倒逼”企业提升管理水平。

（4）组织编制或发布社会责任管理实践经典案例

行业协会可以在行业内收集经典案例，汇集成经典案例集在行业内进行推广；激励案例入选企业持续提升社会责任管理水平，为有志于社会责任管理提升的企业提供借鉴。

（5）建立社会责任管理经验分享平台

行业协会可以建立社会责任管理经验交流平台，定期将优秀的社会责任报告、社会责任管理实践上传到平台上；可举办社会责任研讨会邀请企业参加，共同交流社会责任管理实践经验；也可聚集建筑企业共同发布报告，增强企业的报告影响力，提高企业编制发布报告的信心。

3. 行业媒体监督履责

行业媒体具有舆论导向的作用，是社会责任氛围的塑造者。通过参与行业主管部门、行业协会举办的相关社会责任专项活动，配合开展优秀企业社会责任管理实践的宣传与报道，促使优秀社会责任企业获得广大公众的信赖与支持，促进企业社会责任品牌的塑造，同时引导业内其他企业重视社会责任。

4. 专业机构支持履责

专业咨询机构作为行业可持续发展的智库，有责任、有义务开展国内外社会责任趋势研究、社会责任管理实践研究，为行业主管部门、行业协会编制社会责任指南、开展社会责任评价等相关活动提供智力支持。

（二）责任主体需管理与实践并重

企业是履行社会责任的主体，需要从管理和实践两方面提升社会责任管理水平。

1. 责任管理全面融入

企业需要通过打造责任文化、制定社会责任战略规划、完善社会责任组织体系、深化员工责任意识、编制和发布社会责任报告等方式，全面地将社会责任融入公司战略、日常运营和员工管理中。

（1）打造责任文化

企业可以将社会责任理念融入现有的价值观中，形成具有企业特色的社会责任核心价值观；编制、发布社会责任承诺，并将社会责任承诺纳入公司发展目标中。

（2）完善社会责任组织体系

企业可以发文成立社会责任领导小组及办公室。以公司领导为组长，分管副总为副组长，其他领导为组员；办公室主任为社会责任分管领导，副主任是牵头部门管理人员，其他部门管理人员、子公司管理人员为成员，共同推进社会责任落实。

（3）提升员工责任意识

企业可编制社会责任员工手册，向员工普及社会责任知识，展示企业的履责实践，帮助员工发现履责标杆、掌握履责方法。同时，定期邀请行业社会责任专家，开展社会责任专项培训，不断提升员工社会责任意识与能力。

（4）制定社会责任规划

企业基于国家政策、行业主管部门要求，在公司发展战略的框架下，围绕服务企业主营业务发展和企业负责任品牌建设，制定企业社会责任规划。在社会责任规划中，进一步明确公司社会责任的总体目标、阶段性目标，找到关键路径、关键事件，细化具体的措施。

（5）编制和发布社会责任报告

企业可以参考国内外社会责任报告编制指南，编制社会责任报告；全面展示自身在质量、安全、员工、环境及社区管理方面的情况；满足利益相关方的信息需求，增强与利益相关方的沟通能力，以便获得利益相关方的理解和支持，从而服务业务拓展与市场开拓。

企业可以创新社会责任报告发布方式，如采用纸质版、电子版、网络版、H5 版等方式满足不同利益相关方的期望。同时，扩大企业社会责任报告应用领域，将社会责任报告作为宣传读物应用在“路演”与“反路演”中；可将社会责任报告作为读物发给骨干员工，便于骨干员工全面了解公司；可将报告用于社区活动中，以便获得社区的理解和支持；也可以将报告用于政府公关中，让政府全面了解企业业务与社会贡献等。

2. 责任实践全面提升

（1）安全责任

鉴于多数施工现场工人文化水平偏低的现状，企业可编制施工现场安全施工图集，以直观的形式告诉员工危险源及相应的防范措施，指导员工正确地使用劳动保护用品、操作设备设施，讲解建筑装饰材料的安全储存与使用管理知识，不断提高员工的安全意识。

（2）客户责任

企业建立客户信息保护机制，从客户信息获得、使用及管理三方面入手，加强客户信息保护。在客户信息获得方面，需要在客户知情的情况下获得其自愿提供的信息，避免在客户未知情的情况下从其他渠道获得信息。在客户允许的情况下，企业方能在营销方面使用客户的信息。在客户信息管理方面，企业要设定客户信息查阅的流程及权限，避免客户信息遗漏与外泄。

另外，企业需要梳理客户服务流程，识别客户接触点，找到每个接触点上客户最主要的期望和要求，采取相应的措施回应这些要求和期望，持续地满足客户的期望和要求，实现客户服务的全面管理。

（3）行业责任

管理创新领域：围绕国家供给侧结构性改革举措，积极推进互联网家装管理模式，更快捷地了解客户需求，更迅速地将客户需求贯彻到施工中，更方便地让客户监督施工现场与施工进度。

技术创新领域：围绕建筑工业化进行创新。在管理侧，全面运用 BIM 技术，实现设计施工全过程的信息化管理；在设计侧，推进各个品部的设计标准化；在采购侧，引导供方进行标准化、智能环保建筑材料的研发与生产；在施工侧，推动智能化施工机具、新型机具的研发，提高装配化水平。

（4）环境责任

在技术侧，企业通过加强信息化建设、应用互联网等新技术，实现设计、材料生产应用、施工等环节的互联互通，提高资源的利用效率，减少建筑垃圾的产生。

在施工管理侧，企业可以编制绿色办公与施工图集，以直观化的形式指导员工保护环境；在办公方面，传授员工节水、节电、节纸、节油及美化办公环境的方法；在施工方面，从节约能源、防尘、降噪、节材、废弃物再利用及有毒有害相关装饰材料的安全保管等方面加强对员工的指导。同时，加强施工过程中能源消耗、主要装修材料消耗的计量统计，将其作为项目的重要考核指标。

在客户侧，企业定期与客户举办沟通会，编制节水指导手册、垃圾回收手册、室内绿植养护手册等，指导客户节水、节电，进行垃圾分类，助力客户转变生活方式，促进可持续消费。

（5）员工责任

鉴于建筑装饰企业的业务遍布中国各地，部分企业业务延伸到海外，企业可以成立外埠职工帮扶中心，帮助外埠职工解决家庭困难，如子女入托上学、家庭遇到重大困难，家庭成员生病等，帮助员工平衡其家庭与生活。

(6) 伙伴责任

建筑装饰企业一方面需要引导行业主管部门，加强对建设单位的监督与管理，避免进行大量垫资等，另一方面要加强对劳务分包商的管理，将农民工权益保护情况作为选择劳务分包的重要标准，加强监督其农民工工资发放、劳动保护产品配置等。另外，适当地开展农民工维权培训，引导农民工进行自我维权。

(7) 社区责任

随着建筑工业化的逐步推进，建筑装饰企业对施工作业人员的能力和素质要求越来越高。企业可以招聘建筑工人，或与固定劳务公司合作，积极开展人员的技能培训，培养合格建筑工人。

公司要建立志愿者活动机制，将参加志愿者活动作为员工重要的考核指标。同时创新志愿者的服务内容，可将志愿者活动与主营业务结合起来。如可以与客户共同举办装修、装饰方面的论坛。在论坛中，普及装修知识，指导客户如何辨别装修材料，教授客户如何选择家具等。

在“社会共治”的新时期，提升行业社会责任管理实践水平需要行政主管部门、行业协会、企业、咨询机构、新闻媒体共同努力。行业主管部门可以通过发布相关社会责任标准、指南，引导企业依据标准和指南的要求建立社会责任管理体系。行业协会可以充分发挥“桥梁”“智库”“平台”等作用，促进企业社会责任管理水平的提升。行业媒体可以配合行业协会、企业开展优秀企业社会责任管理实践的宣传与报道，塑造履责氛围。咨询机构可以配合行业主管部门、行业协会编制社会责任指南、开展社会责任评价等相关活动，服务于行业主管部门规范建筑市场、建立行业社会责任的大数据平台。企业是履行社会责任的主体，需要将社会责任融入公司战略、日常运营和员工管理中。

发 展 篇

Development Reports

B.10

建筑装饰行业发展前景预测

摘　要：　2016年我国宏观经济将经历新常态以来最为严峻的一年，但随后几年宏观经济不利局面预期将有所缓解。伴随一系列宽松宏观经济政策的逐步实施以及“一带一路”等国家战略的正式开启，建筑装饰行业呈现增长速度稳定、区域发展格局持续深度优化、国际市场前景广阔的发展趋势。预计2016～2020年，住宅装饰、公共建筑装饰产值占建筑装饰总产值的比重均将进一步趋于下降，建筑幕墙产值比重将继续稳步上升，市场发展格局持续优化。与此同时，建筑装饰行业在市场秩序、从业人员结构、生产技术以及环境保护等方面仍将面临较大问题。因此，政府、行业协会与企业需进一步加强沟通、合作，促进建筑装饰行业加快转型升级，推进全行业持续、稳定、健康发展。

关键词：　宏观经济环境　建筑装饰业　细分市场

一　2016～2020年宏观经济和社会背景分析

建筑装饰行业发展面临的宏观经济和社会背景尽管复杂多变，但可以根据宏观经济增长趋势、中国城镇化发展进程、建筑业发展态势以及建筑装饰行业政策环境等几个方面进行分析。其中，建筑业发展具有直接推动作用，将在第二部分具体阐述，本部分讨论其他几个因素的影响。

（一）宏观经济环境

2015 年我国宏观经济整体形势偏紧，新常态特征明显。2015 年下半年，随着各类“稳增长”刺激政策的出台，上半年宏观经济快速下滑趋势得以缓解，整体经济运行态势逐步趋稳。与此同时，我国外需持续疲软，加上政策刺激效应的弱化，经济趋稳的基础并不牢固，宏观经济总体形势仍不明朗。预计在 2016～2020 年，在世界经济长周期、中国房地产周期以及宏观经济政策再定位等背景之下，中国经济仍面临较大的下行压力，在继续采取积极有效的政策组合同时，进一步加快推进向纵深领域的改革，以使经济增速保持在合理的运行区间。

1. 2016～2020年将保持中高速增长

自 2013 年以来，我国季度 GDP 增速呈波动下降趋势，这种从高速到中高速增长形势，明确显示我国经济发展进入新常态。国家统计局 2015 年公报显示，我国经济总量已突破 67.67 万亿元，比上年增长 6.9%。

从供给端来看，劳动力成本大幅上升等因素加大了第二产业增速下滑幅度，以服务业、旅游业、IT 等为代表的第三产业增速却逆势上扬。从需求端来看，以消费、投资和出口为代表的“三驾马车”均表现了不同程度的疲软，尤其是投资和出口增速回落最为明显。受到供求失衡、美元加息、大宗商品价格持续下滑等国内外多重因素影响，2015 年我国整体价格水平回落明显，其中 PPI 同比下降 5.2%，全国 CPI 同比上涨 1.4%，通货紧缩压力进一步增大。

外部需求的持续疲软，微观经济主体行为整体性变异带来的潜在经济增长率的下滑，加上地方政府债务高企、大范围产能过剩、房地产库存严重等引起的系统性风险，2016 年将是我国宏观经济持续探底的新的一年，也是进入

“新常态”以来最艰难的一年。根据国家“十三五”规划实现的经济发展目标，同时结合国内外相关机构对我国宏观经济指标的预测结果，我们对2016～2020年全国GDP增长率进行了预测，结果显示2016年经济增速将下滑至6.5%左右，此后企稳回升概率较大。

2. 固定资产投资将平稳回升

受宏观经济基本面影响，2015年我国固定资产投资增速出现较大幅度的下滑。全社会固定资产投资总量突破56万亿元，比上年增长9.8%。

从各产业投资分布上看，第一产业投资增速明显高于第二和第三产业。2015年第一产业固定资产投资增长31.8%，分别高于第二、三产业23.8个百分点、21.2个百分点。从行业投资分布上看，建筑业固定资产投资比上年增长10.2%，略高于全社会固定资产投资增速；房地产业固定资产投资仅比上年增长2.5%，对第三产业投资增速下滑影响较大。建筑业、房地产业与建筑装饰行业密切相关，前两项投资增速大幅下滑必定会对建筑装饰行业产生不利影响。

实际融资成本较高、PPP投资模式进展缓慢、地方政府债务高筑、工业大范围产能过剩等因素对投资稳定增长产生了较大的不利冲击。随着积极财政政策和货币政策的出台、以“一带一路”等为代表的国家战略正式开启、互联网产业与传统产业的加快融合，预计2016年固定资产投资仍有小幅下降，增速在9.7%左右，此后我国固定资产投资将出现平稳回升态势。

3. 城乡居民收入与消费差额进一步缩小

2015年，城乡居民收入实现了稳定增长。全国居民人均可支配收入21966元，比上年名义增长8.9%。城镇居民人均可支配收入是农村居民人均纯收入的2.73倍，达到31195元，城乡居民人均收入倍差进一步下降。

一方面，受益于收入的稳定增长，居民消费得以平稳增长，消费结构继续出现积极变化。2015年全年，全社会消费品零售累计总额达到300931亿元，比上年名义增长10.7%。按居民所在地划分，城镇、乡村消费品零售额分别为258999亿元、41932亿元，比上年分别增长10.5%、11.8%。从消费品分类来看，汽车消费鼓励政策的效应减弱，同比增长只有5.3%，家具、通信器材、建材消费增速超过平均水平，增长达16.1%、29.3%、18.7%，表明我国居民消费结构升级仍在缓慢进行。

另一方面，面临收入增速趋缓、失业显性化等不利局面，预计 2016 年城镇居民人均可支配收入、农村居民人均纯收入增速将进一步下滑，但随着经济增速逐步企稳回升，2017～2020 年我国居民收入有望继续保持较快速度增长，城乡收入差距进一步缩小。

4. 对外贸易形势趋于稳定

世界金融危机仍在继续，国际市场总体需求依旧疲软。2015 年，我国进出口总值下降了 7.0%，其中出口下降 1.8%，进口下降 13.2%，贸易顺差比上年进一步增加。从主要贸易国上看，中美双边贸易形势转好，中日、中欧之间的贸易大幅下降。2015 年，中美双边贸易总量达 3.47 亿元人民币，比上年上涨 1.7 个百分点。

由于 2016 年美国经济增速较为稳定，欧洲、日本经济回升态势较好以及人民币加入特别提款权等长期利好等因素，因此，预计 2016 年我国出口增速将在 0 附近徘徊，进口小幅下降，此后我国外贸形势也将趋于稳定。

总的来说，2015 年我国经济经历了较大的困难，“投资”、“消费”和“出口”三驾马车对经济的拉动作用均出现一定程度的减弱。宏观基本面的疲软，不可避免地会对我国建筑、房地产等相关行业带来较大的负面冲击，这进一步会影响到建筑装饰行业的发展。与此同时，伴随着供给侧结构性改革的逐步推进、居民消费结构加速转型以及“一带一路”战略正式开启，预期 2016～2020 年我国经济产业结构会进一步优化，经济增长效率会进一步提升，经济发展可持续性会进一步增强，这也将为建筑装饰行业营造一个有利的外部市场环境。

（二）中国城镇化进程分析及预测

1. 中国城镇化率现状

改革开放以来，我国城镇化实现了一个低起点、高速度的发展过程。1978～2015 年，城镇常住人口从 1.7 亿人增加到 7.7 亿人，城镇化率从 17.9% 提升到 56.1%，年均提高 1.03 个百分点。京津冀、长江三角洲、珠江三角洲三大城市群，以 2.8% 的国土面积集聚了 18% 的人口，创造了超过 1/3 的国内生产总值，有力推动了东部地区快速发展，成为带动我国经济快速增长和参与国际经济合作与竞争的主要平台。[1] 我国城镇化的快速推进，一方面完善了城市的基础设施和公共服务水平，另一方面吸纳了大量农村剩余劳动力，提高了全社会的劳动生产率，提升了城乡居民的生活水平。

自 2011 年我国城镇化率越过 50% 的拐点以来，城镇化推进的速度有所减缓，呈现平稳略降的趋势，这也符合世界城镇化发展的普遍规律。推进速度下降、全面提升质量将是我国未来城镇化发展的新趋势。

2. 2020年中国城镇化率将达到60%左右

为了提高城镇化的发展水平，党的十八大对我国新型城镇化发展进行了顶层设计和总体部署，明确提出以人为核心和提高城镇化发展质量的要求。2014 年 3 月出台了《国家新型城镇化规划（2014 ~ 2020 年）》，该规划明确提出，2020 年我国实现常住人口城镇化率、户籍人口城镇化率分别为 60%、45% 左右的目标。中国社科院预测，2016 ~ 2030 年城镇化推进速度将下调至 0.8 ~ 1.0 个百分点，2030 年我国城镇化率将达到 70%，2020 年中国城镇化率预测见表 1。

表 1　2020 年中国城镇化率预测

单位：%

测算方法	联合国预测(2014)	经验曲线法	经济模型法	综合预测
城镇化率	61.0	59.1	61.1	60.3

资料来源：笔者根据中国社会科学院城市发展与环境研究所内部资料整理。

3. 新型城镇化对建筑装饰行业的影响

新型城镇化的本质是人的城镇化、产业的城镇化，以及生活品质的城镇化。

人口转移是城镇化的标志，这将为住房市场带来巨大需求。近年来，我国城镇化率每年提高近 1.3 个百分点，每年新增城镇人口平均约 1800 万。假设城镇人均住房面积为 30 平方米，根据社科院对城镇化率的预测，不难推算出，在接下来的 15 年内，农村人口转移将带来住房需求量 81 亿平

① 徐绍史：《国务院关于城镇化建设工作情况的报告》，第十二届全国人民代表大会常务委员会第三次会议，2013 年 6 月 26 日。

方米。

城镇化的进一步推进将对作为主体项目的城市群形成更大的需求。京津冀、长三角、珠三角、成渝、长江中游等城市群的快速崛起，引致更大的交通、商业等基础设施建设，这将为建筑装饰行业市场提供广阔的发展空间。

随着国民人均收入稳步提高，人们对建筑品质将提出更高要求，促使建筑装饰平均造价稳步攀升，这也将大幅提升新增住房装修以及二手房再装修市场产值。

（三）政策环境

1. 政府直接管理趋弱，行业自治增强

中华人民共和国住房和城乡建设部是建筑装饰行业的主管部门，各地建设行政主管部门是该行业的监管机构。1994 年建设部发布《关于选择中国建筑装饰协会为建筑装饰行业管理中转变政府职能试点单位的通知》，明确要求中国建筑装饰协会在建设部指导下，加强建筑装饰行业管理。2016 年 3 月，《国务院批转国家发展改革委关于 2016 年深化经济体制改革重点工作意见的通知》明确提出，“开展‘证照分离’试点，改进和规范审批行为，清理规范中介服务”，这意味着中国建筑装饰协会将在建筑装饰行业的服务和管理方面发挥更大的作用。

1984 年 9 月，中国建筑装饰协会作为国家一级行业协会和建筑装饰行业唯一的全国性法人社团正式成立。30 多年来，中国建筑装饰协会在参与和制定行业规范、政策法规、质量标准以及服务行业企业（如技术推广、人员培训）等方面发挥了重要作用。通过举办中国建筑装饰百强企业峰会、评选全国建筑工程装饰明星企业奖、颁发企业工程承包资质等方式，中国建筑装饰协会致力于提高行业整体施工质量与设计水平、规范企业生产经营活动，以促进行业有序健康发展。

2. 行业发展将越来越法治化

目前，我国已基本形成了多层次、多门类、多形式的较为完善的建筑装饰行业规范法律体系，主要法律法规及主管部门制定的主要准入标准分别是《中华人民共和国建筑法（2011 年修正）》、《中华人民共和国招标投标法实施条例（2011 年修订）》、《中华人民共和国消防法（2008 年修订）》、《中

华人民共和国合同法》、《建筑业企业资质管理规定（2015 年修订）》、《建设工程质量管理条例》、《建设工程安全生产管理条例》、《建筑施工企业安全生产许可证管理规定》、《建筑装饰装修工程质量管理验收规范》、《民用建筑工程室内环境污染控制规范》、《室内装饰工程质量规范》、《绿色建筑评价标准（2014 年修订）》、《住宅室内装饰装修管理办法》、《建筑装修装饰工程专业承包企业资质等级标准》、《建筑装饰设计资质分级标准》、《建筑幕墙工程专业承包企业资质等级标准》和《建筑幕墙工程设计专项资质分级标准》。

上述行业政策法规在资质管理、工程质量管理、招投标管理、安全生产管理等方面对建筑装饰企业行为做出了规范，有利于维护公共利益和市场秩序，促使建筑装饰行业步入健康、可持续发展轨道。

3. 绿色、节能、智能化等政策将深刻影响建筑装饰行业发展趋势

30 多年粗放的经济增长模式，一方面为我国带来了经济增长的奇迹，另一方面也对我国生态环境造成了巨大破坏，部分地区环境问题已经严重影响到了居民的健康水平。随着我国资源、能源、环境与经济发展矛盾进一步凸显，高能耗、低产出、高污染的传统发展方式已不可持续，绿色发展理念应运而生。2014 年 3 月，《国家新型城镇化规划（2014 ~ 2020 年）》提出 2020 年城镇绿色建筑占新建筑比重实现 50% 的发展目标。2015 年 1 月，新版《绿色建筑评价标准》正式实施，新标准评价方法、指标更加科学合理。

“绿色建筑”相关政策的出台，促使建筑装饰企业寻求转型升级发展道路。能源紧缺、环境污染严重的发展现状表明，传统高污染、高耗能发展老路不符合市场需求，发展节能、低碳、环保的绿色建筑装饰，是建筑装饰行业的发展趋势和方向，也是建筑装饰行业企业的发展抉择。

近些年来，智能家居代表的舒适、快捷、低碳的生活方式，受到现代人士的青睐与推崇，也给物联网、家装、房地产等多个相关产业带来发展的新契机。绿色生活理念与绿色发展理念不谋而合，因此受到国家重视和扶持。2013 年 9 月，国家发改委、工信部等 14 个部门出台的《国家物联网发展专项行动计划》提出，智能家居作为战略性新兴产业列入 9 大重点领域应用示范工程。2015 年 4 月住建部正式发布了智慧城市第三批 84 个试点城市名单，我国的智慧城市试点已接近 300 个。政府加大力度投资建设智慧城市，有利于加速智能

家居的发展与民用化，扶持意图明显。

目前，国内一些主流建筑装饰企业已经开始进军智能家居领域。2014 年亚厦股份收购了万安智能，推进了公司对家庭消费及家庭服务领域的延伸。2015 年 9 月 2 日，国内装饰业领军企业广田集团正式发布旗下一款名为“图灵猫”智能家居品牌产品，正式宣告了企业进入智能家居领域。

二　建筑业及相关市场发展预测

（一）中国建筑业发展形势预测

1. 中国建筑业发展预测

按照国家统计局最新国民经济分类标准，建筑业包括房屋、土木工程建筑业、建筑安装业、建筑装饰业和其他建筑业等四个大类，其中以第一、二个大类为主。

自 2014 年以来，我国经济步入了新常态的新阶段，经济增速下滑明显，整体形势偏紧，全国固定资产投资增速明显回落，对建筑业发展产生了较大不利影响。2015 年我国建筑业总产值达到 18.08 万亿元，比上年增长 2.3%，建筑业总产值首次进入个位数增长，为 21 世纪以来国家公布建筑业总产值数据的最低增幅。建筑业发展模式粗放、管理手段落后，建筑企业经营效益也出现较大下滑。建筑业施工企业数量和从业人数增加较快，2015 年我国建筑施工企业数量达到 80911 家，从业人员超过 5000 万人。2016 年我国宏观经济形势具有进一步下探趋势，建筑行业发展局面预期难有较大改善，行业发展形势会依旧疲弱，这是我国新常态下经济增速换挡、产业结构调整的一个必经阶段。但随着我国各项深层次领域改革计划的扎实推进，预计 2017 ~ 2020 年，我国建筑行业不利发展局面将得到有效缓解。

2. 中国建筑业需求预测

2015 年建筑业新签合同额、新开工面积均有明显下滑，建筑业需求疲软。截至 2015 年底，建筑业新签合同额累计达到 184402 亿元，比上年下降 0.15%。同期，新开工面积累计达到 311413 万平方米，比上年下降 11.43%，建筑业新开工面积已经连续三个季度下降幅度超过 10%。建筑业在整体经济减速、产能过剩、刺激政策边际效应趋弱等宏观环境下，需求疲弱态势仍较为明显。预计2016年，我国建筑业需求仍将疲软，但在2017年之后，这种局面会逐步得到缓解。

3. 中国建筑业供给预测

2010～2015年，我国建筑业劳动生产率和行业供给能力显著提升。从劳动生产率角度来看，2010～2014年建筑业人均企业产值逐步攀升，表明建筑从业人员设计、施工等效率有了明显提高；2015年，建筑行业整体需求下行趋势明显，建筑行业结构的一定的分化，一些主流企业开始进军建筑智能、智慧城市领域，部分导致了人均企业产值的小幅下滑。从技术角度来看，建筑业企业技术装备率在2010～2015年经历了一个先大幅上升后持平再小幅向下的过程，这表明我国建筑业人均资本量在这段时期整体上有一个较大的提升；在这期间，建筑业动力装备率上升走势明显，显著提升了行业的生产效率，大大增加了行业的供给能力。预计2016～2020年，伴随宏观经济趋稳回升，我国建筑业供给能力也将保持平稳小幅上升发展态势。

4. 建筑业供需均衡分析预测

从建筑面积上看，建筑业市场供需均出现明显下降。截至2015年底，建筑业施工面积为124.26亿平方米，比上年下降0.6%，新开工面积为46.84亿平方米，比上年下降11.4%，竣工面积42.08亿立方米，比上年下降0.6%。建筑业新开工面积连续6个季度低于竣工面积的增长，同时增速差距仍在高位震荡，表明建筑业企业对未来一段时间的行业需求仍持有较弱的市场预期。

从新签合同额以及竣工产值的增速来看，建筑业新签合同额、签订合同额和竣工产值增速均出现大幅下滑。2015年底，建筑业新签合同额为18.44万亿元，比上年下降0.15%，签订合同额为33.80万亿元，比上年增长4.45%，竣工产值为11.01万亿元，比上年增长9.33%。2013～2015年，新签合同额增速连续8个季度小于竣工产值增速，签订合同额与年度竣工产值的差值仍有小幅扩大。

在经济调整期，需求增速低于供给增速的局面仍会维持较长一段时间。预计2016～2020年，随着建筑业企业逐步消化其在建或待建项目，建筑业较大供需矛盾的现状会有效缓解，建筑市场供需趋于均衡。

（二）建筑业及相关市场对建筑装饰业的影响

建筑业作为我国经济发展的支柱产业之一，对国民经济和社会生活产生重要的作用。建筑装饰业作为建筑业整体链条的下游，其市场需求直接取决于建筑业整体尤其是上游子行业的发展。从上述分析来看，预计 2016 年建筑行业市场需求很可能会继续保持低迷，这将对建筑装饰业的市场供给产生较大的不利影响；2017 ~ 2020 年，伴随着宏观经济趋稳回升以及新型城镇化的快速推进，建筑行业市场不利发展局面将得到有效缓解，这将对建筑装饰业产生积极影响。

作为建筑装饰业下游的房地产行业，各地市场供需分化严重。一方面，大部分地区尤其是三线城市房地产去库存仍面临较大压力；另一方面，一线以及部分热点二线城市新建商品住房尤其是二手住宅价格上涨较快，急剧分化的房地产市场对建筑装饰业也同样会产生非对称性的需求冲击。由于建筑装饰行业市场倾向于大城市，预计 2016 ~ 2020 年房地产行业将对建筑装饰业整体上产生正向影响。

三　建筑装饰市场预测

（一）建筑装饰市场规模预测

1. 建筑装饰市场产值预测

从历年建筑装饰产值与全国 GDP 比重上看，该比重基本在 5% 上下浮动，近几年呈小幅上升变动。因此，利用 GDP 在 2016 ~ 2020 年的预测数据和两者比重的这一关系，我们预测了 2016 ~ 2020 年建筑装饰市场总产值。从增速变动上看，2016 ~ 2020 年建筑装饰总产值增速均高于 GDP 增速水平，保持在 6.5% ~ 9.5% 的水平（见图 1）。

在预测了建筑装饰总产值之后，我们利用动态趋势滚动预测法，对 2016 ~ 2020 年三大细分市场的市场份额进行了预测。预测结果显示，2016 ~ 2020 年，建筑幕墙产值占建筑装饰总产值比重稳步攀升，到 2020 年达到 13.5%，比 2015 年增加了 3.2 个百分点；住宅装饰产值占建筑装饰总产值比重将持续下滑，到2020年达44.3%，比2015年下降了3.2个百分点；公共建筑装饰产值比重在2016年先上升了1.1个百分点，之后逐步下降，到2020年达到42.2%，相当于该细分市场在2015年的产值比重。

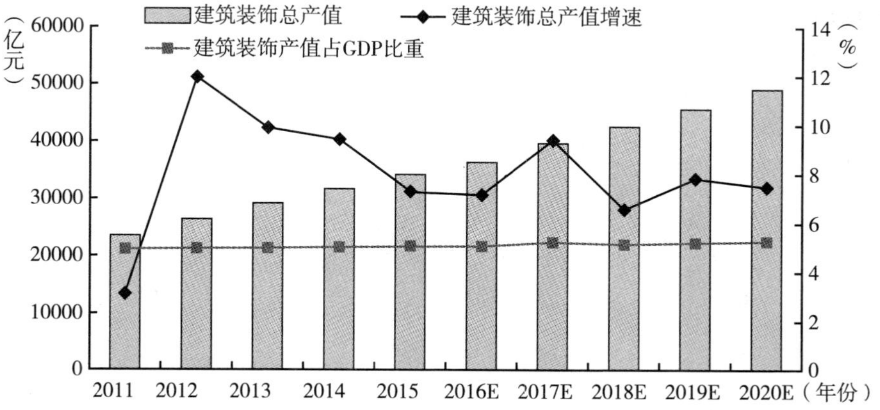

图1　2011～2020年建筑装饰总产值、建筑装饰总产值增速及其占GDP比重

资料来源：中国建筑装饰协会。

2. 建筑装饰行业企业预测

建筑装饰行业企业结构进一步优化。2014年底，住房和城乡建设部实施了新的建筑业企业资质标准与管理办法，2015年全行业有资质企业数量基本没变，但大约0.5万家缺乏从业资质的小微型建筑装饰企业退出了市场，建筑装饰企业总数维持在13.5万家左右。同期，北京弘高、上海科利达等7家建筑装饰工程企业成功上市，使得上市的建筑装饰企业总数达23家。随着建筑装饰行业规范逐步完善，预计2016～2020年建筑装饰企业市场集中度将进一步增加，企业规模继续扩大。

（二）建筑装饰装修行业区域发展趋势

从区域分布来看，国家统计局的数据显示，截至2015年底，华东地区产值最高，占到全行业的46.7%，中南地区、华北地区分列二、三位，比重分别达23.4%、14.4%，西北地区对建筑装饰的需求量最小，这与我国区域间的经济发展现状基本吻合。从目前发展形势上看，预计2016～2020年，华北地区、东北地区装饰装修产值比重会趋于下降，华东地区、中南地区装饰装修产值比重将稳步上升，而西南地区、西北地区市场规模较小、需求旺盛，装饰装修产值比重将有较大提高。

从地区分布来看，2015 年，浙江省的装饰装修产值排在首位，占到全行业的 14.3%，紧随其后的是江苏省（12.7%），广东省、北京市、上海市分列三至五位，这五个省市建筑装饰装修产值占到全行业的 54.4%，呈现“东强西弱”的分布格局。从近几年市场需求变化及地区经济发展程度上看，预计 2016 ~ 2020 年，江苏省装饰装修产值比重将进一步上升，并于 2018 年前后超过浙江省；浙江省装饰装修产值比重在 2016 年将下降 0.5 个百分点左右，并于之后几年保持稳定；广东省、北京市和上海市装饰装修产值比重将趋于下降，但在 2020 年之前仍将占据市场三至五位的位置。另外，预计这五个省份装饰装修的总市场占有率也将逐步下降，2016 年将达到 52% 左右，到 2020 年这一数值将下降到 47% 左右。

1. 华东地区

按照地理区位，华东地区包括上海市、江苏省、浙江省、安徽省、福建省、江西省和山东省共七个省市。截至 2015 年底，华东地区装饰装修产值增长 6.1%，占全行业的 46.7%。由于华东地区经济基本面向好，华东地区建筑装饰市场需求仍相当旺盛。预计 2016 ~ 2020 年，华东地区装饰装修产值仍将保持较快增长，其在全行业的市场占有率也将平稳上升。

分地区来看，浙江省、江苏省占比最高，上海市、山东省次之，安徽省产值最小。2015 年，浙江省、江苏省装饰装修产值比上年分别增长 8.6%、1.4%，分别占到华东地区的 30.6%、27.2%；上海市、山东省装饰装修产值比上年分别增长 2.4%、8.9%，分别占到华东地区的 12.4%、12.0%；江西省、福建省和安徽省装饰装修产值相对来说均较小，占到华东地区的 4% ~ 7%，但江西省、安徽省增长迅速，分别比上半年上涨 14.7%、20.9%。从近期走势来看，预计 2016 ~ 2020 年，浙江省、山东省装饰装修产值增速将继续保持在 8% 以上的增速，产值比重进一步上升；江苏省装饰装修产值增速会有较大回升，在华东地区的市场占有率将上升 1 ~ 2 个百分点；安徽省、江西省装饰装修产值增速将保持在 10% 以上，市场占有率也将有所提升；上海市、福建省装饰装修产值增速较慢，市场占有率将出现较大收缩。

2. 中南地区

按照地理区位，中南地区包括河南省、湖北省、湖南省、广东省、广西壮族自治区和海南省共六个省份。截至 2015 年底，中南地区装饰装修总产值比上年增长 1.7%，产值占到全行业的 23.4%。伴随中南地区经济基本面逐步向好，这将刺激对建筑装饰的需求，预计 2016～2020 年，该地区装饰装修产值占全行业比重将保持稳步上升态势，至 2020 年该比重将达到 24.5%，仅次于华东地区。

分地区来看，广东省占比最大，湖北省、河南省其次，广西壮族自治区、海南省产值较小。2015 年，广东省装饰装修产值比上年下降了 6.9%，占到中南地区的 48.3%；湖北省、河南省和湖南省装饰装修产值比上年分别增长 6.3%、16.4% 和 17.9%，分别占到中南地区的 19.4%、15.1% 和 12.1%；广西壮族自治区、海南省装饰装修产值占到中南地区的不到 5%，从产值增速上看，相比上一年，广西壮族自治区上涨 6.5%、海南省建筑装饰下降了 12.4%。从各省份对装饰装修需求现状上看，预计 2016～2020 年，广东省产值占中南地区比重将进一步趋于下降，但到 2020 年仍将占有中南地区 40% 以上的市场份额；湖北省、湖南省继续保持快速增长，在中南地区市场份额逐步攀升，分别占据二、三位；河南省产值增速有所减缓，在中南地区市场占有率也趋于小幅下滑；广西壮族自治区、海南省装饰装修在中南地区市场份额均有小幅提升。

3. 华北地区

按照地理区位，华北地区包括北京市、天津市、河北省、山西省和内蒙古自治区五个省份。截至 2015 年底，华北地区装饰装修产值比上年下降了 0.9%，占到全行业的 14.4%。预计 2016～2020 年，华北地区装饰装修产值在全行业比重将趋于下降，到 2020 年，该比重可能仅有 10% 左右。

分地区来看，北京市装饰装修产值最高，河北省、天津市、山西省市场次之，内蒙古自治区产值最小。2015 年，北京市装饰装修产值比上年下降了 0.9%，占到华北地区的 71.6%；河北省、天津市装饰装修产值比上年分别增长 2.1%、9.6%，分别占到华北地区的 13.7%、7.0%；山西省、内蒙古自治区装饰装修产值分别占到华北地区 5.8%、1.8%，从产值增速上看，相比上一年，山西省下降了 19.2%、内蒙古自治区上涨了 14.0%。从目前来看，伴随一、二线部分城市房地产逐步回暖，北京市建筑装饰市场需求有望企稳回升，天津市、内蒙古自治区、河北省仍会保持平稳增长势头，山西省对建筑装饰需求预期会出现较大幅度下降。预计 2016 ~ 2020 年，北京市装饰装修增速将有所上升，但产值在华北地区市场份额仍趋于缩小；天津市、河北省装饰装修产值将保持中高速平稳增长，市场份额将稳步上升；山西省装饰装修产值下滑幅度将有所缓解，市场占有率保持稳定；内蒙古自治区产值波动较大，市场份额仍在 1.5% ~2.5% 波动。

4. 西南地区

按照地理区位，西南地区包括重庆市、四川省、贵州省、云南省和西藏自治区五个省份。2015 年全年，西南地区装饰装修产值比上年上涨了 15.4%，占到全行业的 6.4%。西南地区经济强劲增长，这将进一步带动建筑装饰等行业的发展，预计 2016 ~ 2020 年，西南地区装饰装修产值将保持 9% ~13% 的增速，在全行业中的比重将稳步提升，到 2020 年，该地区装饰装修产值占全行业比重有望达到 8.5%，接近华北地区。

分地区来看，四川省、重庆市占比最大，云南省、贵州省次之，西藏自治区产值最小。2015 年，四川省、重庆市装饰装修产值比上年分别增长 14.6%、17.2%，分别占到西南地区的 40.0%、38.5%；云南省、贵州省装饰装修产值比上年分别增长 10.2%、22.5%，分别占到西南地区的 14.8%、6.3%；西藏自治区装饰装修产值很小，只占到西南地区的 0.5%，但该省增速强劲，达到 33.1%。从各省装饰装修发展态势以及宏观经济基本面上看，预计 2016 ~ 2020 年，重庆市装饰装修产值增速强劲，市场份额将进一步扩大，到 2020 年，有望达到 45%；四川省装饰装修产值将保持中速增长，但市场份额将有所下滑；云南省、贵州省装饰装修产值仍将继续保持较高速度增长，市场份额逐步扩大，到 2020 年，云南省、贵州省在西南地区市场占有率将达到 9.5%、18.6%；西藏自治区装饰装修产值基数小，波动较大，市场占有率将保持在 1% ~2%。

5. 西北地区

按照地理区位，西北地区包括陕西省、甘肃省、新疆维吾尔自治区、青海省和宁夏回族自治区五个省份。2015 年全年，西北地区装饰装修产值比上年上涨了 18.7%，占到全行业的 2.9%。“一带一路”等国家战略的快速推进必将为西北地区经济发展带来强大动力，这也为装饰装修行业创造了有利的外部环境。预计2016~2020年，西北地区装饰装修产值将保持10%左右的增速，在全行业比重进一步上升，到2020年，该地区装饰装修产值占全行业比重有望达到4.0%。

分地区来看，陕西省装饰装修产值占比最大，甘肃省、新疆维吾尔自治区次之，宁夏回族自治区、青海省产值最小。2015年，陕西省、甘肃省装饰装修产值分别比上年上涨了25.3%、23.2%，在西北地区的市场份额分别达到59.3%、21.5%；新疆维吾尔自治区装饰装修产值比上年下降了7.3%，占到西北地区的12.2%；宁夏回族自治区、青海省产值在西北地区的市场占有率分别只有5.6%、1.3%，从产值增速上看，宁夏回族自治区比上年增长了21.5%，青海省却比上年下降了7.3%。从当前各省份装饰装修发展态势上看，预计2016~2020年，陕西省装饰装修产值将继续保持高速增长，市场份额进一步扩大，到2020年有望达到63%；甘肃省装饰装修产值将实现较快增长，市场份额稳步小幅提升；青海省、宁夏回族自治区和新疆维吾尔自治区装饰装修产值增速均较低，市场占有率趋于下降。

6. 东北地区

按照地理区位，东北地区包括辽宁省、吉林省和黑龙江省三个省份。截至2015年底，东北地区装饰装修产值比上年下降了32.6%，占到全行业的6.2%。由于东北地区产业结构转型缓慢、人口流出较大，宏观经济基本面脆弱，预计2016~2020年，东北地区装饰装修产值将持续下降，但下滑幅度有所减小，到2020年，该地区装饰装修产值占全行业比重将下降1~2个百分点。

分地区来看，辽宁省占比最大，黑龙江省次之，吉林省产值最小。2015年，辽宁省装饰装修产值比上年下降了38.2%，在东北地区的市场份额达到72.5%；黑龙江省、吉林省产值在东北地区的市场占有率分别为16.0%、11.5%，产值分别比上年下降了6.2%、18.3%。从当前宏观环境、装饰装修市场需求上看，预计2016~2020年，辽宁省装饰装修产值增速下降较大，在东北地区市场占有率也将继续下滑；黑龙江省、吉林省装饰装修产值增速也趋于下降，但下降幅度较小，在东北地区的市场占有率均有所上升。

（三）建筑装饰行业国际市场前景

随着丝路基金、亚洲基础设施投资银行和金砖国家开发银行的成功设立，“一带一路”“走出去”等国家发展战略取得重大进展。国家商务部数据显示，2015 年全年，我国对外承包工程业务完成营业额 1541 亿美元，同比增长 8.2%，签订合同额 2101 亿美元，同比增长 9.5%。以互联互通基础设施建设为代表的“一带一路”，一方面将带动交通、基建、机械等行业的发展，另一方面将为寻求海外发展的建筑装饰企业提供难得的历史机遇。

2015 年建筑装饰企业国际化发展步伐明显加快。2015 年 3 月，亚厦股份在迪拜投资设立了亚厦股份阿联酋公司。四个月后，亚厦股份与印度当地企业展开合作，计划在印度开发 3D 建筑与建筑材料打印技术。2015 年 12 月，金螳螂获得了价值超过 10 亿元人民币的海外订单，对塞班岛加拉班度假酒店、赌场项目进行设计、施工与装饰装修。此外，广田股份、神州长城各自借助自身优势，积极参与海外设计与施工建设，走出了国际化实质性的一步。

随着“一带一路”“走出去”等国家发展战略的深入推进，预计 2016 ~ 2020 年，建筑装饰企业将在国际市场上取得更大的发展业绩。

四　建筑装饰细分市场预测

（一）公共建筑市场前景预测

1. 公共建筑装饰市场规模预测

从动态趋势滚动预测结果上看，2016 年公共建筑装饰产值将比 2015 年增长 9.8%，占到建筑装饰总产值的 43.3%；2016 年之后，公共建筑装饰增速有所下降，其占建筑装饰总产值的比重逐步下滑，到 2020 年回落到 42.2%，即 2015 年的水平。

2. 公共建筑装饰业驱动因素变动趋势

（1）星级酒店对公共建筑装饰业的驱动预测

高星级酒店的面貌反映了一座城市的服务能力、繁荣程度和开放水平。2015 年底，全国共有 10956 家星级酒店，三星级以上酒店占到 78.4%，其中

2015 年当年全国新增中高档酒店 150 家。从当前各地高星级酒店的拥有量来看，我国对于高星级酒店潜在需求仍很大，一是较多以旅游城市为代表的地级市对高端住房供给的需求空间很大，二是大型房地产企业发展壮大和业务多元化带来的对高星级酒店的需求。

伴随着居民生活水平的稳步上升、产业结构转型升级，国内旅游市场规模将急剧扩大，旅游市场也将向二、三线城市快速拓展，这将对酒店、交通等配套基础设施提出更高要求。预计 2016～2020 年，伴随着我国各地星级酒店尤其是高端酒店的大量增加，这一方面增加了装饰市场容量，另一方面也引致了对高品质装饰的需求，这将有利于公共建筑装饰行业加快转型升级的步伐。

（2）文化产业对公共建筑装饰业的驱动预测

文化产业的快速发展将为公共建筑装饰业市场需求提供强大支撑。2014 年，除了上海市、湖南省和青海省，绝大部分省区市人均公共图书馆面积均有不同程度增长；2014 年，艺术表演团体国内演出场次、艺术表演团体机构数增长明显，与上一年相比，同期分别增加 8243 场、591 家。随着我国居民生活水平的逐步提高，消费结构升级很重要的一方面就体现为提升精神文化生活的质量。

随着城市的不断发展，城市文化中心、体育中心在城市建设中开始占据越来越重要的位置。2015 年 11 月 3 日，《中共中央关于制定国民经济和社会发展第十三个五年规划的建议》指出，“十三五”期间要实现“公共文化服务体系基本建成，文化产业成为国民经济支柱性产业”的目标。此项规划表明，2016～2020 年我国文化产业将迎来重大发展机遇，这必将为公共建筑装饰市场需求提供稳定支撑。

（3）商业地产对公共建筑装饰业的驱动预测

与住宅房地产、工业地产不同，商业地产主要用于商业用途。2015 年，全国办公楼、商业营业用房开发投资额分别达 6210 亿元、14607 亿元，同比增长 10.1%、1.8%。商业地产作为我国城市经济发展的新引擎，蕴藏着巨大的公共装饰需求。

城市综合体作为商业地产的典型代表，日益成为城市经济新的增长点。顾名思义，城市综合体是集办公、商业、餐饮、文娱、展览、居住等功能于一体，通过商务写字楼、星级酒店、步行街区等城市建筑群有机结合所形成的一个“城中之城”。伴随着我国城镇化向更高质量推进，预计2016~2020年城市综合体建设数量将逐步增加，这将为随后引致的公共建筑装饰市场提供稳定的需求。

（4）机场、铁路等交通基础设施建设对公共建筑装饰业的驱动预测

高速增长的机场、城市轨道交通建设为公共建筑装饰业需求提供强大支撑。伴随着城镇化进程的快速推进，城市基础设施特别是城市交通设施与城镇化发展的矛盾逐渐显现，国家已将铁路和城市轨道的发展放在更加突出的地位。

中国民航局统计数据显示，2015年底，我国内陆地区民用航空机场共有210个，旅客吞吐量达到9.15亿人次，比上年增长10.0%，航空运输业固定资产投资达到1840亿元，比上年增长28.6%。随着我国对航空运输需求的日益增加，预期2016~2020年机场建设仍会继续保持，这将为公共建筑装饰提供大量需求。

2015年底，我国铁路运输业固定资产投资达到7730亿元，比上年增长0.6%。2016~2020年我国城市轨道交通将处于建设高峰期，北京、广州、深圳、天津等城市均有新线路开工，济南、南宁等12座城市轨道交通建设规划已于2015年获批。十余座城市的轨道交通建设规划，一方面带来了规模庞大的轨道交通线路，另一方面也为建筑装饰行业创造了巨大的市场需求。

（二）住宅装饰市场前景预测

1. 住宅装饰市场规模预测

我们的预测结果显示，2016年住宅装饰产值将达到36300亿元，比2015年增长3.1%，占到建筑装饰总产值的45.7%；2017~2020年，住宅装饰增速快速上升，基本上稳定在6%~8%，但其占建筑装饰总产值比重仍将趋于下降。

2. 住宅精装修的发展前景预测

一些主要的发达国家注重住宅标准、节能，目前已不再销售毛坯房。从韩国、日本、美国、法国、德国等主要发达国家住宅装饰装修发展路径来看，由于环保、节能、成本等方面的原因，除德国市场上仍有极少量毛坯房出售外，其他国家已经不再允许毛坯房销售，并同时在装修及验收标准、节能材料应

用、施工合同细则和纠纷解决机制等方面均做了极为详细的规定。如目前韩国、日本的商品住宅出售前必须为全装修，工厂化预制件应用比例很高，注重客户在“菜单式”装修细节上选择的多样性；美国则基本实现住宅产业化，采用工厂化建造，房屋建好后即可入住，同时法制健全，注重保护购房者利益；德国则比较注重住宅的节能表现，大力提倡对节能材料的应用，预售前需注明住宅的年耗能标准供购房者选择，而法国则是典型的“轻装修，重装饰”的国家，装饰过程中较少采用硬质装修材料。

为明确住宅装饰行业发展方向，国家大力出台政策规范、扶持。2010 年的《建筑业“十二五”规划》提出，鼓励和推动新建保障性住房和商品住宅菜单式全装修交房。2013 年的《商品住宅装修一次到位材料、部品技术要点》对住宅精装修标准做出了明确规定，“确立开发单位为住宅装修质量的第一责任人，承担住宅装修工程质量责任，负责相应的售后服务”。

根据住建部住宅产业化促进中心的预测，随着我国居民生活水平的提升，至 2020 年我国新建住宅需求将有望突破 200 亿平方米，人均面积在 38 平方米左右。而另外，目前我国精装修住房占比不到 15%，与发达国家 80% 的比例相差甚远，上海、深圳、北京这类一线城市，精装修住宅销售比例也仅只有 30% ~40%，未来提升的空间很大。在政策扶持、开发商大力践行的背景下，随着城镇化率和精装修住宅渗透率的不断提升，未来 10 年我国房地产市场将有望迎来精装修时代，即便我们按 50% 渗透率和 1000 元/平方米的装修标准测算，则未来 10 年年均精装修市场规模有望超万亿元。

房地产低迷期将推动精装房比例提升。房地产销售处于景气周期阶段时，由于自住和投资需求旺盛，商品房供不应求，开发商多急于快速回笼资金，加快新盘开发，较少关注下游终端客户的需求，毛坯房销售比例远大于精装修住宅，但随着宏观环境的变化、住房存量的过多积累，开发商竞争策略也在发生改变。第一，买房送装修策略盛行。随着房地产销量的下行，开发商均开始加大促销力度，买房送装修是目前开发商盛行策略，一方面可以降低消费者整体购房成本，增强购买欲望，另一方面由于装饰成本并不透明，开发商在促销过程中可充分调整量、价波动，使利益最大化。第二，关注用户体验，差异化竞争。在房地产市场萎靡不振时，开发商更多专注于差异化竞争，关注用户体验，而房屋的装修设计风格、空间布局、软装品质则能最好地体现楼盘各自特点，因此在房地产低迷期开发商更关注此类细节竞争策略，加大精装修楼盘比例。

从2013年开始，房地产去库存压力持续增加，新建住宅投资和新开工住宅面积增速均有明显下滑。2015年，全国房地产住宅投资64595亿元，比上年增长0.4%；房地产开发企业住宅新开工面积106651万平方米，比上年下降14.6%。

从长期来看，新开工面积的增速水平变化并不是影响精装修市场的主要因素，精装修渗透率水平和装修标准提升将是推动精装修市场增长曲线的主要动力。

由于新开工面积可以更好地反映未来精装修行业整体订单规模趋势，我们将精装修市场规模对精装修渗透率和装修标准进行敏感性分析。假设目前精装修占比约为20%，装修标准约为1300元/平方米，在维持新开工面积为11亿平方米不变的情况下，我们发现精装修渗透率每提升5个百分点，市场规模将增加715亿元，装修标准每提高200元/平方米，精装修市场规模则增加440亿元（见表2）。而相对来看，新开工面积每提升5个百分点，精装修市场规模约增加143亿元，因此渗透率和装修标准的弹性要远大于新开工面积变化对精装修市场的影响。

表2　以新开工面积为基准的精装修市场规模敏感性测试

单位：亿元

市场规模 / 精装渗透率 / 精装标准(元/平方米)	15%	20%	25%	30%	35%
900	1485	1980	2475	2970	3465
1100	1815	2420	3025	3630	4235
1300	2145	2860	3575	4290	5005
1500	2475	3300	4125	4950	5775
1700	2805	3740	4675	5610	6545

资料来源：笔者模拟计算。

需要强调的是，由于存量市场的施工面积中精装修的比例无法估算，因此这里仅考虑以新开工面积来进行敏感性分析，如果考虑目前在施工面积中精装修渗透率和装修标准的变化趋势，则新开工面积变化对精装修市场影响或将更为有限。

在精装修发展趋势明朗的前提下，渗透率和装修标准的提升将支撑精装修市场的增长曲线，加上国家出台的一系列房地产“促销售”的刺激政策，预计 2016～2020 年我国精装修市场会保持一个稳健发展态势。

（三）建筑幕墙装饰市场前景预测

1. 建筑幕墙装饰市场规模预测

我国幕墙行业骨干企业通过在国内市场上与国外优秀企业激烈竞争，不断提升自身研发、设计与施工技术水平，目前已占领了国内幕墙大部分市场份额。我们的预测结果显示，2016 年建筑幕墙装饰产值将达到 4000 亿元，比 2015 年上涨 14.3%，占建筑装饰总产值的比重将上升到 11.0%；2017～2020 年，建筑幕墙装饰产值增速均在 10% 以上，产值比重稳步上升，到 2020 年将达到 11.9%。

2. 建筑幕墙装饰发展驱动因素变动趋势

（1）固定资产投资驱动预测

大型建筑固定资产投资对建筑幕墙产生了大量需求。一方面，商业化投资项目（如高档写字楼、酒店、体育场馆、机场、车站、会展中心、商场等公共建筑）对建筑幕墙的需求不断增大；另一方面，高端高层住宅项目开始采用幕墙装饰，如大连中心裕景项目采用的单元体玻璃幕墙面积达到 9.62 万平方米。随着我国宏观经济继续保持中高速增长，预计 2016～2020 年平稳回升的固定资产投资将对建筑幕墙装饰业产生持久的推动作用。

（2）城镇化驱动预测

建筑幕墙属于“都市型”行业，市场主要集中于经济总量大、城市人口密集的大中城市。京津冀、长三角、珠三角等区域性发展规划有力地推动了我国城镇化发展步伐。2015 年，我国新增城镇人口 2200 万人，比上年增加 1.3 个百分点，我国城镇化率继续保持了较快的增长速度。从联合国、中国社会科学院等机构预测结果来看，2016～2020 年，我国城镇化仍将保持每年 0.8～1 个百分点的增速。

我国城镇化率的快速推进促使我国城市数量、规模稳步增加，一方面，直接拉动对大型建筑的需求，带来对建筑幕墙的引致需求；另一方面，幕墙市场主要集中在北京、上海等一线城市的局面将有所改变，市场重心由京沪广等大都市逐步向杭州、南京、泉州等热点二、三线城市转移。

（3）“绿色建筑”政策驱动预测

“绿色建筑”是建筑装饰行业发展趋势。研发和推广节能、环保新产品与新技术，一方面能缓解当前我国面临的能源短缺问题，另一方面为幕墙企业提供新的发展机遇，对新建建筑的节能改造，带来了新的广阔市场需求。预计2016～2020年，借着我国“绿色建筑”政策的东风，我国幕墙企业将加快实现转型升级，提升核心竞争力。

3. 建筑幕墙装饰全球市场前景预测

随着全球经济体经济复苏态势逐渐向好，各国将加大对固定资产的投资，包括各种公共设施、商业楼宇及高端住宅的建设，为全球建筑幕墙市场的增长提供坚实基础。

面对新一轮全球产业转移的浪潮，我国大型幕墙企业积极应对，先后承揽了迪拜无限塔、卡塔尔巴瓦金融中心等大量海外大型项目，而巴西世界杯、里约热内卢奥运会、卡塔尔世界杯等大型体育赛事的成功申报，以及新兴国家城市化的逐步推进，海外幕墙市场空间不断增大，我国幕墙企业面临广阔的发展机遇。

预计2016～2020年，欧美在幕墙产品技术研发方向上仍将继续拥有主导权，亚洲、中东等区域将成为各国建筑幕墙骨干企业角力的主战场。

五　小结

预计2016年我国宏观经济将经历新常态以来最为严峻的一年，但随后几年宏观经济不利局面将有所缓和。在投资领域，2016年我国固定资产投资仍有小幅下降，增速在9.7%左右，此后我国固定资产投资将出现平稳回升态势，这将对建筑装饰等行业稳定增长起到重要作用。在消费领域，2016年城镇居民人均可支配收入、农村居民人均纯收入增速将进一步下滑，但随着经济增速逐步企稳回升，2017～2020年我国居民收入有望继续保持较快速度增长，城乡收入差距进一步缩小，这将进一步刺激对建筑装饰行业需求。受全球金融危机向纵深方向推进的影响，我国对外贸易总量进一步下滑，但随着全球经济触底逐步回暖，以及人民币国际化成功向前推进（加入特别提款权），预期2016～2020年我国外贸形势会有一个稳步回升走势，这将为建筑装饰行业提供稳定的对外贸易环境，激励建筑装饰骨干企业扩大海外市场份额。

2016年，我国建筑、房地产等行业市场发展依旧疲软，这将对建筑装饰行业发展产生不利影响。但随着宏观经济逐步企稳回升以及新型城镇化的快速推进，预计2017～2020年，建筑等相关行业不利发展局面将得到有效缓解，这将刺激对建筑装饰市场的需求。

建筑装饰行业将呈现增长速度稳定、区域发展格局持续深度优化、国际市场前景广阔的发展趋势。伴随国家出台一系列行业规范政策，一方面部分资质不够、规模微小企业选择退出市场，另一方面一些业绩较好企业成功上市，表明装饰行业结构整合力度明显，这有利于行业持续、健康发展，预计2016～2020年建筑装饰行业将保持6.5%～9.5%速度稳定增长。与此同时，建筑装饰行业“东强西弱”分布格局将加快改变。华东地区、中南地区对建筑装饰的需求较大，将保持较快发展速度；华北地区建筑装饰需求较弱，在全行业的市场比重将进一步下降；西部地区（西南地区、西北地区）市场总量较小，但建筑装饰产值将保持高速增长，市场需求前景广阔；东北地区受经济下滑影响最大，建筑装饰需求将继续下滑。随着“一带一路”“走出去”国家发展战略的出台，我国建筑装饰优势企业迎来了海外发展重大机遇期，部分装饰领军企业已走在行业发展前列。通过充分利用和高效配置国内外资源，这些企业将快速提升自身的全球竞争力。

建筑装饰细分市场发展格局将逐步优化。星级酒店、文化产业、商业地产以及机场、地铁等交通设施基本面仍表现良好，公共建筑装饰未来发展空间依旧看好。受房地产去库存压力加大、家庭住宅装饰消费升级、精装修渗透率提高、“互联网+”技术推广等多重因素影响，通过前面对精装修市场规模敏感性测试，预期未来几年住宅装饰行业仍将保持中等发展速度；基础设施投资加大、绿色建筑理念推广、城镇化推进给建筑幕墙发展壮大提供了重要机遇，伴随着建筑幕墙企业逐步扩大海外市场，未来幕墙行业发展前景极其广阔。预计2016～2020年，住宅装饰、公共建筑装饰产值比重进一步趋于下降，建筑幕墙产值比重将稳步上升。

与此同时，2016～2020年建筑装饰行业发展仍面临一些较大的不利因素和挑战。一是建筑装饰市场秩序比较混乱，这突出表现在企业数量多、规模小，低价竞标等恶性竞争现象严重，无证经营现象普遍；二是建筑装饰企业施工技术比较落后，仍以传统的木、油、瓦、点、水等手工操作为主，在高新技术研发、推广等方面进展缓慢，这给行业的持续发展造成了很大的障碍；三是从业者队伍素质较低、培训手段传统单一，这主要表现为从业者整体受教育程度较低、接受正规专业训练的装饰设计人员和专有技术职称人员较少以及行业缺乏系统性的专业技术培训项目；四是资源利用、环保问题突出，由于施工技术水平较低、材料生产技术装备较落后，造成施工现场噪声、粉尘等污染物和工程垃圾较多，对周边环境产生较大的负面影响。倘若建筑装饰行业企业市场行为得到有效规范、从业人员队伍素质通过教育和培训等手段大力提升、“互联网+”等新技术广泛推广使用，面临跨界、转型、“走出去”的重要机遇期，建筑装饰行业发展前景依旧十分看好。

B.11
中国建筑装饰行业发展的新趋势

摘　要：　本章主要阐述了建筑装饰行业的总承包趋势、智能化趋势、绿色化发展趋势和“互联网+”模式趋势。这四个方面的发展变化将对行业的转型升级产生十分重要的影响：总承包趋势将促进企业并购和提高产业集中度，智能化将推进提升产业的核心技术，绿色化将对设计和材料选择带来变革，而“互联网+”模式将彻底改变运行和消费行为模式。

关键词：　装饰总包　智能家居　绿色建筑装饰　“互联网+”模式

过去的2015年，我国经济发展进入“新常态”，对于建筑业总体行业来讲，是外部发展环境最为复杂、建筑业发展最为困难的一年。建筑业发展遇阻，大型新建建筑量减少，进一步影响了建筑装饰行业的发展，但是城镇化的推进、大量既有建筑的节能设计改造、装饰行业国际市场的开拓，使得2015年建筑装饰行业的发展态势基本良好，并且促进了建筑企业、建筑装饰企业向更高一级资质的发展，建筑企业、建筑装饰企业施工总承包模式成为行业发展一大趋势。在经济发展的进程中，国家节能环保政策的实施对建筑业、建筑装饰产生重大影响，促使了智能建筑、智能家居快速发展，并且有一大批从事绿色建筑材料、建筑装饰材料的生产企业迅速占领大量的市场份额。此外“互联网+”、物联网发展模式的兴起，对建筑装饰行业传统的运营模式产生冲击，引领了建筑装饰行业“互联网+”的商业运营模式。

一　装饰总包趋势

（一）建筑装饰总承包模式及资质等级标准

1. 建筑装饰企业施工总承包模式[①]

（1）“设计＋采购＋施工”总承包（EPC）：建筑装饰企业承接项目以后，对项目的设计、采购、施工、安装全过程进行负责，消费者最后进行验收，此时项目具有即刻投入使用的鲜明特征。这是建筑装饰总承包最完整的模式。

（2）“设计＋施工”模式：装饰企业在承接项目以后，只负责项目的设计、施工工作。

（3）“设计＋采购”模式（EP）：建筑装饰企业主要负责项目的设计、相关材料的采购，在后续的施工阶段也可向消费者提供咨询服务，或者提供施工监理服务。项目的具体施工工作则由其他企业完成。

（4）“设计＋管理”：装饰设计企业承接该类型的项目，仅提供设计和管理服务，具体的施工则由其他企业完成。

（5）项目管理承包模式：装饰企业对承接的项目进行全过程、全方位的管理，包括对项目进行规划、定义、招标，以上工作完成后，对项目的设计、施工、采购进行全面接管。

（6）在单价合同中，某些分项采用“EPC”[②] 形式。例如在一个地铁建设项目中，土建施工工程以单价合同发包，但在该合同中，维护结构工程分项却采用总价的形式，承包内容包括维护结构的选型、设计、施工和供应。

2. 建筑装饰施工总承包资质等级标准

根据国家住建部出台的建筑装修装饰工程专业承包企业资质等级标准，建筑装饰企业的总承包资质分为三个等级。[③]

① 孙继德：《项目总承包模式》，《土木工程学报》2008 年第 9 期。

② EPC 是指公司受业主委托，按照合同约定对工程建设项目的设计、采购、施工、试运行等实行全过程或若干阶段的承包。

③ 中华人民共和国住房和城乡建设部网站。

一级资质标准：企业近5年承担过3项以上单位工程造价1000万元以上或三星级以上宾馆大堂的装修装饰工程施工，工程质量合格；企业经理具有8年以上从事工程管理工作经历或具有高级职称；总工程师具有8年以上从事建筑装修装饰施工技术管理工作经历并具有相关专业高级职称；总会计师具有中级以上会计职称；企业有职称的工程技术和经济管理人员不少于40人，其中工程技术人员不少于30人，且建筑学或环境艺术、结构、暖通、给排水、电气等专业人员齐全；工程技术人员中，具有中级以上职称的人员不少于10人；企业具有的一级资质项目经理不少于5人；企业注册资本金1000万元以上，企业净资产1200万元以上；企业近3年最高年工程结算收入3000万元以上；一级企业承包工程范围为可承担各类建筑室内、室外装修装饰工程（建筑幕墙工程除外）的施工。

二级资质标准：企业近5年承担过两项以上单位工程造价500万元以上的装修装饰工程或10项以上单位工程造价50万元以上的装修装饰工程施工，工程质量合格；企业经理具有5年以上从事工程管理工作经历或具有中级以上职称；技术负责人具有5年以上从事装修装饰施工技术管理工作经历并具有相关专业中级以上职称；财务负责人具有中级以上会计职称；企业有职称的工程技术和经济管理人员不少于25人，其中工程技术人员不少于20人，且建筑学或环境艺术、结构、暖通、给排水、电气等专业人员齐全；工程技术人员中，具有中级以上职称的人员不少于5人；企业具有的二级资质以上项目经理不少于5人；企业注册资本金500万元以上，企业净资产600万元以上；企业近3年最高年工程结算收入1000万元以上；二级企业承包工程范围为可承担单位工程造价1200万元及以下建筑室内、室外装修装饰工程（建筑幕墙工程除外）的施工。

三级资质标准：企业近3年承担过3项以上单位工程造价20万元以上的装修装饰工程施工，工程质量合格；企业经理具有3年以上从事工程管理工作经历；技术负责人具有5年以上从事装修装饰施工技术管理工作经历并具有相关专业中级以上职称；财务负责人具有初级以上会计职称；企业有职称的工程技术和经济管理人员不少于15人，其中工程技术人员不少于10人，且建筑学或环境艺术、暖通、给排水、电气等专业人员齐全；工程技术人员中，具有中级以上职称的人员不少于2人；企业具有的三级资质以上项目经理不少于 2 人；企业注册资本金 50 万元以上，企业净资产 60 万元以上；企业近 3 年最高年工程结算收入 100 万元以上；三级企业承包工程范围为可承担单位工程造价 60 万元及以下建筑室内室外装修装饰工程（建筑幕墙工程除外）的施工。

（二）建筑行业的总包趋势①

国家统计数据显示，在建筑行业，我国最近几年具备总承包资质的企业数量以及企业历年产值均处于上升趋势，企业数量由 2009 年的 38212 个上升至 2013 年的 46113 个，企业总产值由 2009 年的 67964.5 亿元上升至 2013 年 142433.80 亿元。2009 年，特级企业的总产值为 13628.22 亿元，2013 年总产值增加至 25777.16 亿元，一级企业总产值由 2009 年的 28873.95 亿元上升至 2013 年的 64607.70 亿元。

2014 年，建筑行业内特、一级企业数量达到 7214 个，实现产业总产值 94077.6 亿元，与 2013 年相比上升 17.7%，在各类工程中，房屋建筑类工程总产值 64554.0 亿元，总产值完成量排名第一位，紧跟其后的分别是公路工程、市政公用工程、铁路工程，产值完成量分别达到 64554.0 亿元、6848.1 亿元、5520.5 亿元，其中，87.6% 的产值由特、一级施工总承包企业完成。

就新签合同金额来看，2014 年，特、一级企业施工总承包企业新签合同金额总值达到 105960.5 亿元，新签合同的各类工程中，房屋建筑工程、铁路工程、公路工程和市政公用工程四类工程的新签合同金额排名前四位，合同金额数分别为 72258.4 亿元、6398 亿元、6329.8 亿元、5699.9 亿元。四个项目类别占建筑业新签合同金额总数的 85.58%。与上年相比较，特、一级企业新签合同金额增长 6.2%。

2014 年，建筑行业内特、一级施工总承包企业实现营业收入 85068.7 亿元，和 2013 年相比增长 9.2%。在各类工程中，房屋建筑工程实现收入 55324.9 亿元，排名第一位。公路工程、铁路工程、市政公用工程紧跟其后，实现营业收入额分别为 6575.1 亿元、5399.2 亿元、5267 亿元。以上四类工程

① 国家统计局网站 2009 ~ 2014 年《中国统计年鉴》。

实现营业收入占比达到85.3%。

2014年，建筑行业内特、一级施工总承包企业完成利润总额为3060亿元，与2013年相比增长6.9%。利润总额排名前四位的工程类别分别是房屋建筑工程、公路工程、市政公用工程、水利水电工程，利润额分别为1831.1亿元、188.7亿元、175.2亿元、81.5亿元。

（三）建筑装饰行业总包企业分析

根据国家建筑装饰企业总承包资质认证标准，以及相关部委对企业的资格认证，可以分析得出建筑装饰行业具有总承包资质的企业近年来呈现上升趋势，2001年，建设部核定批准475家主业为建筑装修装饰工程的企业具有专业承包一级资质，2004年，具有一级资质的企业数量增加了96家，同年核定批准具有一级装饰施工和甲级装饰设计资质的企业数量为46家，总计277家。2015年，全国建筑装修装饰工程专业承包一级资质企业数量达到974家，按地区分布来看，东部地区占据绝大多数，并且企业主要集中在沿海、一线城市，其中东部地区620家，中部地区265家，西部地区89家。一线城市中北京128家，深圳54家，上海66家。在具有总承包资质企业的工程量中，以总承包方式施工的比例逐年提高，以北京龙发建筑工程有限公司为例，2010~2015年，无论是住宅装饰还是公共建筑装饰总包比例均达到100%。①

另外，在建筑装饰行业，由于市场竞争的激烈，建筑装饰企业的工程承包范围由以前的工程承包得以发展延伸，成为综合服务提供商。建筑装饰企业的业务涉及范围也越来越广，公共建筑装饰、建筑幕墙、住宅装饰企业已经没有以往明确的界限，各企业在业务上互相渗透，成为综合性企业；在提供服务方面，建筑装饰企业发展为可以提供设计、材料选购、软装配套、装饰后管理等服务；还有一部分企业，进行了产业延伸，调整发展结构和业务结构，业务范围由上游的材料等产品延伸至下游，包括特色旅游、以房养老等特色服务，提升了企业的综合服务能力。

---

① 中国建筑装饰协会网站，http：//www.cbda.cn/。

二　智能化发展分析

智能化在建筑业、建筑装饰产业是一个全新的概念，是物联网技术逐渐发展成熟之后，才逐渐兴起的技术。运用物联网技术，在建筑产业及建筑装饰产业中，先进的信息化技术将办公用品、日常生活用品等连接在一起，通过计算机终端的智能系统进行控制，实现办公以及日常生活的智能化。智能化在建筑装饰产业中的发展，主要表现为智能（计算机）设计智能施工，例如机器人抹灰、刷漆，部件生产智能化，以及智能家居的布局应用，其中以智能家居的发展最为迅速，智能家居涉及建筑安装业、建筑装饰业的多个子行业，如图 1 所示。本节通过对智能家居的全面分析，反映建筑装饰智能化发展趋势。

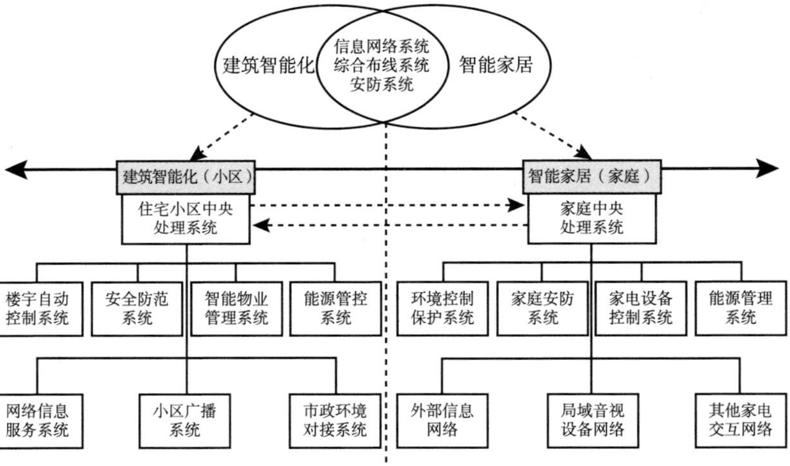

图 1　建筑、建筑装饰智能化

资料来源：WIND 经济数据库，《行业策略报告——智能家居系列》。

（一）智能家居市场发展分析

1. 智能化家居产业市场态势

智能家居本质上是一个通过各种感知技术探测信号并予以判断后，发出指令，家庭中与信息相关的各种智能设备根据指令做出相应动作，从而减少消费者劳动量，提高消费者体验的智能系统。包括六大功能：家庭安全防范、环境控制、照明系统控制、智能化控制、家电控制和多种用途控制。主要包括感知系统等十大子系统。

我国智能家居的发展起步较晚，产业的整体发展还处于新兴阶段，消费者对智能家居的需求也都停留在基础需求层面。我国智能家居产业至今未能规模化发展的原因在于：在我国房地产兴盛阶段，开发商在设计和建设时期并没有相应的智能系统的设计，国内大多数的住宅小区，对于智能系统的安装需求仍然处于基础层面，例如对局部网建设的需求以及安防设备联网、智能三表等的需求，产业发展遭遇瓶颈，另外，统一的技术标准的缺乏，同样阻碍了产业的快速成长、发展。但是，智能化家居作为新兴产业，市场需求增长有着很大的空间，WIND 经济数据库的调研数据显示，2014 年，全球智能家居市场规模达到 520 亿美元，预测到 2017 年，对智能家居的需求可以达到近千亿美元，根据调研数据测算，智能家居产业年复合增长率为 20% 左右，在我国，2009 ~ 2015 年，智能化家居市场规模从 510 亿元增长到 1240 亿元。另外，和发达国家 34% 使用智能系统的家庭数据相比较，我国家庭中使用智能系统的比例较小，仅为 4.45%，未来我国智能家居市场潜力巨大，如果按照平均每套智能家居系统 2 万 ~3 万元的价格计算，国内新建住房加上二手房的装修需求超过 1500 万套，假设智能家居系统有 10% 安装率，每年市场容量将达到 300 亿 ~ 450 亿元。①

2. 智能家居细分市场规模分析

根据智能家居产业发展的不同阶段特征，智能单品的出现和发展是实现智能家居产业快速、系统化发展的必要前提，就我国国内智能家居产业的发展情况而言，智能家居产业的发展目前处于起步阶段，需要智能家居单品市场的发展带动整体产业的发展。促进智能单品市场的快速发展，有助于在全产业内形成示范效应、规模经济效益。

通过对智能单品市场规模的分析，可以预测智能家居产业巨大的潜在市场规模。智能家居系统产品总计二十个类别，我们选取以下几个细分市场进行

① 中国建筑装饰协会网站，http://www.cbda.cn/。

分析。①

智能照明。智能照明的主要载体为 LED，通过对 LED 未来市场规模的测算可以反映智能照明市场的成长空间。2014 年，我国 LED 室内照明市场规模达到 600 亿元，占室内照明市场规模的 30%，根据美国 DOE 数据统计，我国 LED 照明渗透率为 8.9%，所以据此可以测算出，我国智能照明潜在市场规模可达到 6472 亿元。

智能遮阳。根据统计局相关数据统计，2014 年，我国窗帘国内的销售规模为 1997 亿元，如果市场内窗帘的销量全部为智能遮阳帘来计算，那么可以测算出智能遮阳帘的潜在市场规模可达 4992 亿元，随着生活水平的提高，人们对智能家居的需求也会逐步增加，智能遮阳帘的市场规模将大于上述预测数值。

运动与健康监测。以可穿戴的设备作为主要研究对象。2014 年，我国可穿戴设备的销售中，医疗健康类占比 27%，运动健身类占比 23%。预测到 2017 年，可穿戴医疗设备的市场规模达 48 亿元，运动健身类市场规模将达 41 亿元，两者合计市场规模将达 89 亿元。

智能门锁。2014 年，我国锁具销量每年约 22 亿把，智能锁占比约 2%，在欧美发达国家智能锁具市场占比约 50%，消费者对智能家居需求逐渐上升，若智能锁具市场占有量上升至发达国家水平，那么智能锁具的销售量将达到 11 亿把，按照每套 300 元的平均价格计算，智能门锁的潜在市场规模未来可达到 3300 亿元。

智能冰箱。2014 年，我国居民平均每百户拥有的冰箱台数为 82.0 台，同期居民户数约为 4.3 亿户，推算出冰箱市场存量规模为 352.6 亿台，按照 2013 年冰箱市场均价 2776 元计算，潜在的冰箱市场规模为 14682 亿元。

智能洗衣机。2014 年，平均每百户洗衣机拥有台数为 80.8 台，居民户数 4.3 亿户，计算出 2014 年我国洗衣机市场存量规模为 347.4 亿台，2014 年洗衣机均价 2194 元，假设智能洗衣机较普通洗衣机溢价 50%，那么我国智能洗衣机潜在市场规模为 11434 亿元。

智能安防。安防设备包括两类产品，电子类安防产品与实体类安防产品。

---

① WIND 经济数据库：《行业研究报告——智能家居细分市场规模预测》。

其中，视频监控是电子类安防产品中发展最快的行业，2010 年实现产值 400 亿元，占电子类安防产品全部产值的 58%。2010 年，智能安防行业总产值达到 2270 亿元，应用已从传统的公共场所、行业用户、企业用户等，逐步扩大至应急管理、信息安全、环境安全、社会家居安全等领域。

此外，近几年的发展中，国家大力推行"平安社区""安居工程"等项目的建设以及保障房的建设，资金投入将扩展到二、三线城市甚至我国的四、五线城市，我国智能安防产业的市场规模将稳定提升。"十二五"期间，智能安防产业年增长率在 20% 左右，2015 年，产业总产值达到 5000 亿元。

3. 智能家居市场需求情况分析

智能家居系统根据销售渠道的不同，可以将市场分为工程渠道市场和零售渠道市场，根据在建筑装饰过程中安装的时点不同，可以分为前装市场和后装市场。目前我国国内的智能家居市场需求量最大的是工程市场以及前装市场。2012 年，苏宁推出私享家服务，开启了智能家居向零售、后装市场发展的时代。

不同类别的市场，对智能家居产品提出的需求以及要求不同。工程渠道的消费者主要为房地产开发商以及物业管理公司等，需求产品一般为安防、智能灯光、社区管理等，Wind 经济数据库 2014 年调研数据显示，房地产商对智能家居产品需求结构：安防对讲占比为 80%、智能灯光占比 15%，其他类产品需求占比 5%。市场需求量较大的地区主要为深圳、上海、广州、北京等一线城市。房地产商对智能家居的诉求主要包括两个方面：第一，提升楼盘品质，同时尽可能地降低维护成本；第二，提供基本的管理功能。智能家居零售、后装市场主要服务对象是个人消费者，个人消费者的需求结构也呈现多样化的特点。其中，对于家庭影院的需求占比为 24%，安防对讲的需求占比为 20%，智能灯光的需求占比为 20%，电动窗帘的需求占比为 8%，温度控制、远程控制占比为 10%。

（二）智能家居产业重点企业分析

如前所述，智能家居细分市场涉及很多领域，所以智能家居服务的提供企业也涉及多个行业，但是国内市场上还没有形成规模化效应。进入智能化家居领域的企业其本身就拥有硬件设备网络优势以及客户资源优势，通常提供的服务只是侧重单个方面，还没有形成门内（家庭）和门外（物业）两个系统的融合。本部分内容中，选取青岛海尔及安居宝两家企业进行重点分析。

1. 青岛海尔股份有限公司

青岛海尔在智能家居行业的发展，已超过10年的时间，具备较强的综合实力，可以实现智能产品+系统集成+行业标准的全方位覆盖。作为“E家佳”行业标准的发起人，已经吸引了智能家居产业链上下游300多家企业加入，加强了自身在行业的领导权；公司通过开放式的研发平台，打造智能家居单品，并且不断进入零售市场，使得消费者日常生活中的智能化不断加深；另外，在开发产品和建立行业标准的基础上，海尔集团还具备系统集成能力，相较于其他品牌的智能家居系统，更具有开放性、兼容性、延展性、可靠性。

海尔集团为了推广智能家居系统，具有明确的商业模式定位——系统集成商，针对开发商提供前装楼盘智能系统，面向个人消费者提供后装服务，满足不同层次的市场需求。在前装市场，通过承接楼盘智能系统安装项目，推广自身的智能家居系统，包括监控、灯光、安防、楼宇对讲等，并且在楼盘的每个住户家中安装智能控制终端，有利于后装市场的发展。在后装市场上，住户则根据自身的需求和偏好，将需要智能控制的终端硬件和之前预置好的控制终端连接。2013年公司完成楼盘项目15个，实现收入约5亿元人民币。在智能家居系统推广和建设方面，海尔集团具有很大的优势，具体表现在以下五个方面：第一，技术起步早，发展成熟，智能家居单品成熟度高；第二，行业标准的倡导者、制定者，在智能家居行业具有很高的领导地位；第三，建设的智能家居系统具有较强的兼容性；第四，依靠自身强大的品牌优势，和开发商合作会提升楼盘品质，增加消费者信赖度；第五，具有发达的售后服务系统，海尔集团的售后服务点遍布全国，可以很好地解决售后服务问题。

对智能家居系统的推广，促进了海尔集团盈利能力的增长，短期内的盈利主要来自高端小区智能系统的实施和建设；中期的盈利则主要来自智能家居单品对传统家电的替代，智能家居单品的零售需求被激活；长期来看，依靠智能家电+智能家居系统，构成了两大重要的数据平台，数据平台的建设有助于企业发挥大数据挖掘功能，激发二次营销。

2. 安居宝数码科技股份有限公司

公司在楼盘对讲系统行业中具有很强的竞争实力。智能对讲系统的发展和房地产开发的景气度紧密相关，短、中、长期分别对应房地产开发竣工面积、施工面积、开工面积。近三年，房地产开发开工面积远大于竣工面积，显示了智能对讲系统行业未来成长空间巨大。2011～2013 年公司市场占有率分别为 12.6%、15%、20%。公司行业地位的持续上升并稳固主要原因如下：第一，利用公司本身的资金优势，通过“工程合作资金支持”的模式锁定房地产开发商；第二，全国范围内的销售策略以及服务网络建设，低端产品市场上采取低价竞争的方式，抢占市场份额；第三，采取“大客户”战略，加强和房地产开发商的合作。现阶段，公司已经实现从智能对讲系统供应商向总包商转变，这些都有助于公司将其他诸如监控系统、停车场系统引入既有的销售渠道。

公司的主要竞争优势在于：作为老牌生产智能对讲系统的厂商，与竞争对手比较，具有和工程商、房地产开发商长期合作的优势，通过在新建小区建设智能家居样板房，吸引潜在消费者，具有十分明显的渠道优势。在智能对讲系统的无线网络技术基础上，开发出智能网关、智能插座、灯光控制器、窗帘控制器、红外转换器和智能开关等全套智能家居产品。通过对公司财报的分析，公司智能家居业务基数虽然不大，但是近几年来一直在增长，2011 年、2012 年、2013 年相关营收的同比增速分别为 5.2%、40.3%、58.3%。

（三）智能家居行业技术标准及国家政策分析

1. 智能家居行业技术标准分析

智能家居发展的核心是物物相连，涉及的通信和控制技术极为广泛，涵盖的产品和系统多种多样，对应的监管职能分散于政府各部门，智能家居行业还没有形成统一的行业技术标准。

发达国家智能家居发展的历程及经验显示，智能家居行业的标准均由主导企业发起，再由行业联盟进行确认、推广。目前我国智能家居行业标准正处于主导企业发起阶段，行业内有“E 家佳”和“闪联”两个推荐性标准。其中，

"E 家佳"由海尔集团主导，主要由白电企业[①]参与，标准的侧重点在于家庭控制子网络，即通过互联网控制各种家用电器；"闪联"则由联想集团主导，主要由黑电企业[②]参与，侧重点在于通过互联网连接各种 3C 设备并产生资源共享，相当于家庭 IP 子网络。

两大标准面向的企业类型不同、侧重点也不尽相同，并不冲突。并且，行业技术标准之间的不同与竞争，不会对智能家居行业的发展产生阻碍，相反，行业内技术标准的竞争，可以显现不同智能家居系统之间成本的差异，以及稳定性和舒适度的不同，可以满足不同层次消费者的需求，促进智能家居行业的进一步发展。

从行业发展的长远来看，行业内不同的技术、技术标准会有融合发展的趋势，而市场才是决定技术能否胜出的决定因素，随着技术的不断完善，侧重点不同的两大标准将相辅相成、共同支撑智能家居系统未来的发展。

2. 促进智能家居行业发展的相关政策分析

智能家居行业的发展，得到了国家和地方政府政策的大力支持。近年来，不管是中央政府还是地方政府都相继出台了针对智能家居发展的扶持政策。2011 年 11 月，工信部出台《物联网"十二五"发展规划》，在规划中明确提出着力提升感知技术、传输技术、处理技术等物联网技术，着力构建物联网标准体系，这些技术体系的发展都和智能家居的发展息息相关，同时还提出将智能家居作为物联网技术重点支持方向。2013 年 2 月，国务院颁布《关于推进物联网有序健康发展的指导意见》，提出要加快传感器网络、智能终端、大数据处理、智能分析、服务集成等关键技术研发创新，这些技术的研发创新将会促进智能家居更快更好的发展。2013 年 9 月，国家发改委、工信部、科技部等 14 个部委共同发布《国家物联网发展专项行动计划》，计划中明确提出加强推动智能家居应用，面向消费者满足其对家居安全性、舒适性、功能多样性等需求，在全国大中城市中选择重点社区 20 个左右，针对 1 万户以上的家庭展开智能家居示范效应，主要示范内容包括：老人及儿童看护、水电智能计量、远程家电控制等，解决在规模化推广智能家居中存在的产业链协作不足、

① 白电企业，主要提供白色家电，白色家电指可以替代人们家务劳动的产品。

② 黑电企业，主要提供黑色家电，黑色家电可提供娱乐，像彩电、音响等。

成本过高、标准不统一等问题，促进智能家居技术、产品突破，充分发挥物联网优势，提高人民生活质量。

各地方政府也纷纷出台相关政策促进智能家居在当地的发展，北京、深圳于2015年底实现智慧社区覆盖率达到20%、30%。上海地区2013年实行智慧社区试点增加至50个，包括陆家嘴街道、碧云社区、金桥镇智慧社区等。①

（四）促进智能家居产业发展策略

（1）加大对智能家居宣传，引导消费者消费观念，带动和培养中产阶层对智能家居的消费。

（2）智能家居在我国还处于逐步发展的阶段，应当采取体验式营销策略，建立适合不同层次消费者的体验中心，进一步扩大消费者群体。

（3）针对不同的消费者群体设计出高中档产品满足其多样化的需求，强化智能家居产品的个性化特点。

（4）智能家居产品设计要更加简单化、方便化，方便不同年龄阶段的消费者群体使用，进一步扩大消费者群体。

三　绿色建筑装饰发展分析

（一）绿色建筑装饰发展概述

1. 绿色建筑装饰概念及内涵②

绿色理念包含多方面的内容，核心思想即为人和自然的和谐相处，在保护环境的前提下，实现经济、环境的可持续发展。例如废旧物品的回收利用，绿色建材的应用以及可再生能源的利用均为绿色理念的表现。

绿色建筑的内涵则主要包括：生态系统的良性循环、绿色经济、绿色社会，以此为基础，发展有利于环境保护的绿色建筑体系。绿色建筑的概念主要

---

① 资料整理于国家工信部、发改委、科技部网站。

② 仇保兴：《从绿色建筑到低碳生态城》，《城市发展研究》2009年第7期。

包括：在建筑物的寿命周期内，通过节能、节水、节材等措施减少污染，保护环境，提供给人们健康、舒适、高效的居住空间。

绿色装饰的主要内涵是，建筑物在使用过程中，通过节能、节水、节材等，降低装饰过程中对环境的污染，提供给消费者健康的居住、办公环境。在装饰施工过程中，选取节能环保的装饰材料最能体现绿色装饰的内涵。绿色建筑装饰是建筑装饰发展的新趋势，通过对绿色建筑装饰的追求，能够引起人们对环境可持续发展的重视，积极降低装饰过程中对环境的破坏。

绿色建筑装饰主要包括以下几方面的内容。第一，装饰绿色设计。绿色装饰理念是装饰设计的基础，要求装饰设计在环节上符合消费者的需求，更要在环保上达到标准，与人们的观念相适应。在装饰施工过程中，设计师首先要做到装饰与自然的统一。另外，还要注重设计理念的“绿色化”，降低对环保不达标材料的使用，减少不必要的烦琐的装饰以实现节能目标。第二，装饰施工现场绿色化。主要通过施工工艺的不同体现施工现场的绿色化。例如，施工过程中对油漆的使用，应避免出现对室内环境的污染，这就要求油漆在配比方面，加强科学指导，强化绿色功能；施工过程中严格控制灰尘污染以及噪声污染；施工过程中对污水垃圾回收，装饰施工过程中会产生大量的污水、垃圾，加强对污水、垃圾的处置管理，防止对环境产生破坏。第三，节能材料的应用。对节能材料的应用，是装饰施工过程中，最能体现绿色装饰理念的环节。例如，低辐射镀膜玻璃的应用，低辐射镀膜玻璃具备较强的采光能力，同时还能够将室内人体热量反弹，为室内增温，降低采暖能耗，为人们提供舒适的居住、办公环境，另外，该材料还能阻挡紫外线，降低紫外线对室内装饰材料的损害；软膜天花板的应用，利用软膜天花板材料可以实现很多设计立体效果，增加视觉美感，并且该材料具备很好的隔音效果，同时还具备一定的保温效果，符合装饰绿色的要求。节水方面。节水方面的施工主要是对一些智能设备的应用，例如应用延时自闭方法的出水设备，通过对光、电设备的智能化改进达到节水目的。

2. 国家建筑装饰环保标准

国家于2008年9月颁布实施《环境标志产品技术要求　绿色建筑装饰装修工程》，主要内容为，建筑装饰装修工程必须满足下列相关国家或地方法律、法规、规范和标准要求，见表1。

表 1　国家建筑装饰环保标准

项目	环保标准	阶段
装饰装修材料	建筑装饰装修工程所用材料的品种、规格和质量符合相关国家标准的要求。禁止使用国家颁布的限制类和淘汰类的材料与产品	规划设计/验收
	建筑装饰装修工程所用材料的燃烧性能符合《建筑内部装修设计防火规范》(GB50222)、《建筑设计防火规范》(GBJ16)和《高层民用建筑设计防火规范》(GB50045)的要求	规划设计/验收
	建筑装饰装修工程所用材料符合《民用建筑工程室内环境污染控制规范》(GB50325)的要求,室内装饰装修材料中的有害物质符合《室内装饰装修材料有害物质限量》(GB18580－18588)、《建筑材料放射性核素限量》(GB6566)的要求	规划设计/验收
	建筑装饰装修工程所用主要材料应符合中国环境标志产品标准的要求	规划设计/验收
施工	符合相关的国家或地方法律、法规、规范和标准要求	规划设计/验收
工程质量	建筑装饰装修工程施工质量验收符合《建筑安装工程施工质量验收统一标准》(GB50300)、《建筑地面工程施工质量验收规范》(GB50209)和《建筑装饰装修工程施工质量验收规范》(GB50210)等相关验收规范的要求	验收
室内环境质量	室内环境质量符合《民用建筑工程室内环境污染控制规范》(GB50325)	验收

资料来源：中国环境保护产业协会网站。

（二）绿色建筑装饰主要材料分析①

绿色理念的应用实践对装饰材料的选择较为重视。在建筑装饰施工中加大对绿色装饰材料的使用，不仅能达到较好的建筑装饰的效果，而且能及时适应激烈的市场竞争。因此在建筑装饰施工中绿色装饰材料的使用，对建筑装饰的发展带来了积极的影响。

1. 低辐射镀膜玻璃

装饰施工中，玻璃作为最基本的装饰材料得到广泛应用，但是传统方式生产的玻璃具有很多缺陷。第一，反光效果强，视觉刺激强烈，不利于眼部健

① 薛明、胡望社等：《绿色建筑发展现状及其在我国的应用探讨》，《后勤工程学院院报》2009 年第 3 期。

康，不利于视野。第二，吸光效果强，但是散光效果弱，尤其是炎热的夏天，无法提供凉爽的室内环境。第三，在消费者越来越关注居住环境环保效果时，传统玻璃的抗辐射能力差。

在总结传统玻璃缺陷的基础上，技术人员通过大量高科技研发，生产出低辐射镀膜玻璃，对传统玻璃的上述缺陷进行了完善。低辐射镀膜玻璃主要通过对传统玻璃表面进行多层的金属镀膜，添加金属混合物来生产，是一种新型节能材料，具备采光好、散热快、抗辐射、反光效果强等众多优势，另外还可以阻挡来自紫外线的伤害。建筑装饰施工中，对低辐射镀膜玻璃的广泛应用，起到了生态环保的效果。

2. 光触媒装饰材料

半导体材料光触媒近年来在装饰施工中得到应用，原理是将光触媒材料涂在普通的装饰材料上，产生类似光合作用的效果，具有很强的催化和降解功能。现如今的生活环境，由于工业的发展，空气中存在大量污染物、有毒气体，严重影响人们的健康。光触媒材料的应用，在很大程度上降低了此类危害。另外，在装饰施工过程中，也存在大量有毒气体，光触媒材料的应用可以分解有毒气体，减少施工过程中环境污染对人们的危害。光触媒材料同时还具有除臭和抗污染的功能，对环境的净化功能有进一步提升的作用。光触媒材料具备很多优点，但是由于造价成本太高，以及使用环境的限制，在建筑装饰行业中没能得到广泛应用，目前只有在大型建筑物上使用，但是随着人们节能环保意识的增强、技术工艺的不断进步，光触媒材料有着很大的应用空间。

3. 软膜天花板的应用

建筑装饰施工中对天花板也有大量使用，天花板的主要功能是对建筑物进行装饰，增加视觉美感。但是传统的固体天花板，形状很难被改变，施工程序也比较烦琐。软膜天花板的生产解决了施工中遇到的难安装的问题。软膜天花板由于形状可以软化，不但减少了安装工序，还可以整天安装，提升了整体感和美感。在建筑装饰中应用软膜天花板具有以下三方面的优势。

第一，隔音效果明显。软组织组成的软膜天花板，由于其高密度性使其具备良好的隔音效果，降低城市噪声对生活的影响。

第二，节能环保。软膜天花板节能环保的主要表现是省电，软膜天花板表面有许多凹凸纹路，有较强的反光扩散的作用，把电灯光源扩散开来，减少灯具的使用数量。软膜天花板是一种具有较好的绝缘性能的材料，具有较强的隔绝电流功能，通过对电源热量的吸收，可以保持室内温度。

第三，具有很强的装饰美学效果。软膜天花板由于材料的特性，使得设计更加丰富多彩。另外色彩分明、花样多也使得装饰美感得到提升。

4. 绿色环保的建筑涂料

以往的装饰施工中，溶剂性建筑涂料得到广泛应用，但是溶剂性建筑涂料对环境会产生严重污染，随着人们的环保意识的增强，溶剂性建筑涂料逐渐被市场淘汰。因此，世界各国都出台法规限制溶剂性涂料在装饰施工中的使用，鼓励发展低污染，甚至无污染的建筑涂料。建筑涂料的水性化很好地实现低污染甚至无污染的要求，水性化涂料是未来必然的发展趋势。

此外，绿色建筑装饰材料还包括：壁纸、抗菌卫生陶瓷和釉面砖、抗菌和除臭涂料、绿色木制人造板材等。

（三）绿色建筑装饰产业发展趋势

2010 年，我国建筑面积已经达到 560 亿平方米，但是其中 95% 以上都是高耗能建筑。所以，发展绿色建筑、绿色建筑装饰是解决建筑高耗能的重要途径。在政府政策鼓励下，绿色建筑得以快速发展，2012 年，我国绿色建筑的数量和面积超过了前四年的总和，绿色建筑项目总数达到 390 个，其中一星级 141 个、二星级 154 个、三星级 95 个。根据新型城镇化规划，2014 ~ 2020 年，要实现绿色建筑占总的新建筑面积 50% 以上。据此预测，届时绿色建筑面积将可达到 15.8 亿平方米左右。绿色建筑的高速发展，也为绿色建筑装材料的应用提供了广阔的市场空间。① 具体分析如下。

首先，在新建建筑方面，“十二五”期间，绿色建筑完成量总计 10 亿平方米；20% 的城镇新建建筑，按要求达到绿色建筑标准。在建筑市场中，一星级的绿色建筑成本增量为每平方米 50 元，二星级 150 元，三星级 270 元，据此预测，如果按照国家要求完成绿色建筑的施工量，将会带动 500 亿元以上的固定投资。进一步推动绿色建筑装饰的发展。

---

① 中国建筑装饰协会网站，http：//www. cbda. cn/。

其次，在节能改造方面，2015年，北方采暖地区既有居住建筑采暖设备改造累计完成4亿平方米以上，在夏热冬冷地区对既有建筑节能改造累计完成5000万平方米，公共建筑节能改造累计完成6000万平方米，公共机构办公建筑累计完成节能改造6000万平方米。根据节能改造过程中的测算，在北方地区节能改造成本达到220元每平方米。目前北方地区需要改造的建筑面积达到5.7亿平方米，如果进行全面改造，预测将会带动近1200亿元的建筑节能产业链。另外根据住建部规划，目前我国既有建筑面积达到400亿平方米，预计1/3的建筑面积需要进行节能改造。据此测算，未来十年建筑节能带动的相关行业产值可以达到1.5万亿元，绿色建筑装饰产业发展空间巨大。

最后，是可再生能源建筑发展的带动作用。2015年底，可再生能源建筑新增面积25亿平方米，可再生能源建筑的能耗占总建筑能耗的10%以上，据此推算，单就光伏玻璃用量而言，新增的可再生能源建筑将会带来2.5亿平方米的光伏玻璃市场，折合市值约200亿元。可再生能源建筑的发展，会带动建筑装饰绿色节能材料产业的快速发展。①

（四）促进绿色装饰发展建议

（1）从消费者方面来讲，要提高自身环保意识，充分认识小环境对人体健康的重要性，装饰材料要选用生物毒性指标、重金属含量以及挥发性有机物含量符合国家核定标准要求的材料，最好选用“中国环境标志认证委员会”认证的产品。现在家庭装修，有相当一部分人会选择省钱而不买环保产品，却不知这样的选择会给自己带来后顾之忧，从长远来讲对自己不利，况且绿色环保产品的价格并不比普通产品高多少，不是钱的问题，是观念的问题。选择材料要慎重，最好把家居环境质量也作为一个指标写入装饰合同中。

（2）作为装饰公司，在推动绿色装饰的过程中起着绝对重要的作用。在调研中发现，有些装饰公司，由于认识不够，也由于受利益驱动，在设计和选材中拒绝使用绿色环保产品，更不会正确引导消费者使用绿色环保产品，这样长期下去，不仅会给消费者带来危害，也会使装饰公司的路子越走越窄，甚至失去竞争力，丧失市场。

① 中国建筑装饰协会网站，http：//www.cbda.cn/。

（3）政府有关部门要加强宏观管理，加大对绿色环保建材的开发应用力度，对生产企业给予一定的优惠政策加以扶持和保护，尽量降低产品价格。杜绝污染超标产品的生产以及在施工中的使用。科技人员在治理室内空气污染方面，要加快研制性能良好的绿色环保建材，尽快让绿色环保建材产品的生产、使用社会化。同时制定出有关室内空气卫生的管理办法，把绿色装饰工作融入建筑工程和装饰工程的质量管理和验收工作之中，对室内环境问题从源头予以控制。只有政府、企业乃至全社会形成合力，大力倡导使用绿色环保产品，我们的建筑装饰业才会以更高的效率、更快的步伐、更大的规模、更新的业绩健康发展，我国的城乡建筑和住宅，将在未来才会变得更加漂亮。

四　“互联网＋”模式发展趋势

（一）“互联网＋”模式概述

1.“‘互联网＋’模式”概念及竞争优势①

“‘互联网＋’模式”的基本概念可以概括为：借助发达的网络技术、渠道，通过对行业内资源的整合，提供给消费者高质量、低价格的家装服务。“互联网＋”模式的家装能够低价格提供高质量的服务，原因在于其改变了传统家装行业的交易模式，对家装的整条产业链进行精简，同时引入互联网强大的信息共享和监督评价机制。

传统模式的家装服务存在很多弊端，包括：①消费者和装修企业之间存在严重的信息不对称现象，又缺乏第三方的监督，装修施工的最终质量参差不齐；②施工过程中，消费者处于劣势地位，装修企业提供的服务不达标，加价项目繁多，产生种种纠纷，没有有效的解决途径；③家装业务对于消费者来说，属于一次性消费，对于装修施工中，建材家具、施工队和设计师的品质评价，很难广泛传播，导致家装体验往往很差。

而“互联网＋”模式装修的出现，解决了消费者和装修企业信息不对称、施工无人监管、缺乏评价体系的问题。“互联网＋”模式的家装，相较于传统

① WIND经济数据库：《行业深度研究报告——家装电商系列》。

模式，最大的优势在于降低了消费者装修过程中的交易成本，装修过程中消费者的交易成本包括三方面的内容：搜寻成本、讨价还价成本以及执行成本。①搜寻成本。市场上的装修材料质量参差不齐，消费者要辨认挑选出质量有保证的装饰材料，需要付出巨大的搜寻时间成本。“互联网+”模式的出现改变了传统行业这一状况，建立评价体系，借助专业知识帮助消费者筛选，降低搜寻成本。②讨价还价成本。互联网家装平台的出现，缩短了建材、装修产品的中间环节，降低了价格，减少了消费者讨价还价的成本。③执行成本。互联网家装的出现，降低了消费者和装修公司之间产生纠纷的可能性，充当了监管者和调节者的角色，降低了执行成本。

2. “互联网+”模式的盈利模式

对于“互联网+”模式的装修企业来讲，收入主要来自以下几个方面。①流量费收入。针对平台上注册的装修企业，每年收取固定的注册费用，以及成功签单后的营收返点。收取固定的开店费用可能会损害商家开店的积极性，一般互联网平台企业会在前期采用减免固定开店费用的方式，所以，针对装修公司收取的营收返点构成平台类电商的主要收入。②广告位收入。电商平台上提供的装饰商品种类繁多，抢占广告位可以促进销售量的提升，广告位收入成为电商另一主要营收。③增值服务收入。针对消费者提供付费的施工监理服务。

主要的交易成本包括以下几个方面：①获取流量的费用；②开线下体验店的运营和折旧费用；③家装平台的特有费用，包括对施工队和设计师的培训，第三方监理、调节服务的支出，云设计等开发；④网络平台运营的费用，包括对建材供应商、施工队和设计师评价体系的建立；⑤研发费用，主要是网络平台的开发、维护费用。

“互联网+”模式的装修目前存在两种发展模式：平台模式、垂直模式。

第一，平台模式。平台模式的出现，一定程度上解决了信息不对称的问题。但是平台模式本质上就是消费者和装修公司之间的中介，所以介入装修施工的监管绝非易事。

第二，垂直模式。垂直模式的核心在于，对于整条装修链条负责，包括设计、采购、施工、监管。另外，建立交易、交付平台，能够更好地保障消费者权益。

通过以上分析可以看出，平台模式的电商通过提供装修资源给消费者，装修企业因而获得收入，虽然承担监管的职责，但是针对消费者不承担主要责任。所以，从长远发展的角度分析，垂直模式将是行业发展的趋势。

（二）“互联网+”装修重点企业分析①

1. 土巴兔——“互联网+”模式装修领军式企业

土巴兔“互联网+”模式装修公司于2008年7月成立，通过搭建B2C电商平台，整合全国范围内的装饰公司，提供家装、公装服务。

土巴兔主要的运营模式是通过B2C平台引入目标客户，和平台上注册的装修公司进行合作。除此之外，还提供一系列保障消费者权益的服务，诸如装修预算审核、全程免费装饰监理、支付保障，满足了消费者对装修服务不同层面的需求。

土巴兔的主要收入来源包括三个方面。第一，引入目标客户，如果和平台上注册公司签约成功，则注册公司支付一定比例的费用。第二，网站上广告位的出租费用收入，主要针对各大装修公司。第三，除对消费者提供免费的装修保障服务以外，还提供付费的高质量的装修服务。

通过对土巴兔运营模式的分析，可以看出，土巴兔之所以取得巨大成功，主要取决于以下因素：对消费者提供各种装修保障服务，增加了消费者信心，促进了平台上注册的装修公司签约的成功率；改变了装修行业在施工过程中存在吃回扣、施工质量参差不齐的现象；提高了消费者和装修公司之间的信息对称度，达到三赢的效果。

土巴兔通过电商平台提供装修服务的模式，和以往传统的装修模式相比较，消费者更愿意在土巴兔平台上寻找装修公司的原因在于，第一，节省寻找合适装修公司的时间成本。消费者可以获得在土巴兔注册的三家不同公司的服务：量房、设计、预算。第二，土巴兔作为第三方，针对以上设计、预算提供免费的审核服务，并在装修施工过程中提供免费的监理服务。第三，作为第三方保障消费者装修资金的安全。消费者的装修支出不直接交给装修公司，而是存在土巴兔提供的装修保里，施工完工验收满意后，才转账给装修公司。而对

① WIND经济数据库：《行业深度研究报告——家居家装垂直电商业务及盈利模式介绍》。

于装修公司来讲，选择和土巴兔合作可以获得以下三方面的优势。第一，土巴兔在上线之前，赔钱运营三年时间，存有大量的客户资源。2015 年土巴兔的客户资源达到 45 万。第二，很好的广告宣传平台，并且在消费者中有很高的信誉。第三，土巴兔提供给消费者的装修保障服务，使得装修公司的签单成功率更高。

2. 齐家网——提供一站式装修解决方案

齐家家居网于 2005 年 3 月成立，主要业务是通过 B2C 平台提供装饰装修服务以及建材、家电家具的导购。

齐家网的运营模式和土巴兔相类似，也是通过对装修公司资源的整合提供各种装修服务。具有自身鲜明特色的服务包括两点。第一，金牌施工队资格认证。由齐家网培训、认证，一旦出现消费者投诉情况，则取消其认证资格。第二，齐家娘老舅。主要针对消费者提供施工过程中和装修公司之间沟通的服务，进行矛盾调解，一周内没有解决问题，转为投诉进行公布。

齐家网的收入来源包括：对于在平台上注册的建材、家电家具厂商收取流量费，这类收入占据齐家网收入的很大比例，齐家网 2012 年公布的数据显示，建材类厂商每年收取 12000 元的费用，家电家具厂商每年收取 6000 ~ 12000 元不等的费用；此外，和土巴兔类似，针对合作的装修企业收取流量费；最后一部分收入来自齐家网自营家居商品的销售收入。

对于提供电商平台的“互联网 +”模式的装修企业来讲，高昂的流量导入费会大大降低企业的利润率，甚至全部吞噬掉利润，而齐家网能在激烈的市场竞争中脱颖而出，首先，在于其具有获取廉价流量的能力，这是齐家网参与市场竞争的核心竞争力所在。其次，通过引入客户流量，并将流量转化为真实的购买力也是取得成功的核心竞争力，通过提供真实的线下体验，齐家网将流量转化为真实购买力的成功率很高。最后，全国范围内的扩张，也是齐家网保持快速发展的关键。齐家网在长三角地区占据了大量的市场份额，并以此为跳板向全国市场进军，获得长足发展。

通过以上分析，可以得出齐家网装修平台获取成功的主要优势包括三个方面。第一，轻资产的经营战略。齐家网仅通过电商平台引入客户流量，并没有进行仓储物流的建设，这样耗费的资产成本并不高，经营更加具有灵活性。第二，老牌家居电商的号召力。齐家网作为家居电商，起步很早，市场占有率很高，2015 年注册会员达到 500 多万人，交易额占据市场总交易额的 30% 以上。第三，创新的 O2O 模式。主要有三种模式：自建大型体验店、招商线下商场、周末团购。

3. 美乐乐——全国渠道的 O2O 家居电商

美乐乐刚开始在淘宝网上进行运营，2008 年建立 B2C 网站，主要提供建材、家电家具销售服务以及装修服务。主要采取自主销售模式，这是和如土巴兔、齐家网等平台模式最大的不同。

美乐乐的收入主要来自三个方面。第一，商品销售的收入。建材、家电家具等商品的销售收入是其主要的收入来源。根据美乐乐公布的数据，2014 年这一部分的收入达到近 20 亿元。第二，对合作的装修公司收取一定比例的费用，这部分运营模式类似土巴兔、齐家网，不过不是其主要营收部分，收入相对较少。第三，开放 O2O 平台的收入。面向全国范围的建材、家电家具企业开放 O2O 平台，收取一定的流量费。2014 年，美乐乐开设 292 家体验店，遍布全国 190 余座城市，体验店平效达到 1 万 ~1. 2 万，远高于传统的家具销售渠道。注册会员达到 1000 多万。

美乐乐近几年保持良好的发展势头，保持高速发展，核心竞争力在于四个方面。第一，体验店遍布全国。目前美乐乐拥有近 300 家的体验店，遍布全国近 190 座城市，强大的市场资源是吸引各类装修一线品牌合作的主要优势，促使其 O2O 平台的顺利开展。第二，实体店定位明确。线下实体店主要提供家装体验，店面的选址及布局合理，吸引了大量消费者。第三，自主经营的建材、家电家具品牌采取委托加工的模式，全球代购，保证质量，并具有超高的性价比。通过统一采购、批量生产，面向全国在线销售，控制运营成本，提高商品性价比。第四，将大数据技术应用到供应链体系中。通过对销售数据的积累，科学预测各类产品在各地的销售数量，以此进行订单确认及运输，降低了库存成本以及运输时间成本。

4. 我爱我家——电商 + 店商 + 专业服务商

我爱我家网 2003 年成立，隶属于上海鸿洋电子商务有限公司，通过电商平台提供建材、家电家具的销售服务以及装修服务，主要采用自主销售模式。

我爱我家的营收主要来自两个部分。第一，建材、家电家具的销售收入。第二，对平台上注册的装修公司收取流量费。2014 年仅在上海地区，平台上注册的装修公司就达到556家，其中，线上注册的彰典公司客户量已经达到2000余人次。

5. 家装e站——通过天猫平台获得发展的家装电商

家装e站是借助天猫电商平台成立的O2O商家，运营的主要模式是通过天猫平台，将传统的装修企业所提供的服务进行销售。家装是公司的主要业务内容。

家装e站的主要收入和传统模式的装修公司没有区别，主要包括设计、装修施工、建材的收入，不同之处在于家装e站的一部分收入来自行业内装修企业的加盟费用。

家装e站目前业务范围涉及北京、上海、合肥等全国15个城市，在这15个城市建立分站，为当地消费者提供实体店咨询，参观样板房、工地等服务，消费者确定合作意向后在网上下单。根据家装e站公布的数据，2009年第一个“双十一”活动，销售额突破1000万元，其中设计包销量最高达到29000个，施工包的销量达到365个。

和平台模式的“互联网+”装修公司不同，家装e站的主营业务就是装修，不提供诸如土巴兔提供的装修保障等服务。在主营业务运营方面，家装e站通过打造家装O2O模式，改变传统行业内费用收取不清晰、不够标准化的现象，尝试家装消费的透明化、标准化，推出标注明细收费项目的设计包、施工包、主材包。设计包主要由家装e站的设计团队提供服务，打造具有消费者鲜明个性的设计风格。主材包具有很高的透明度，选用的主材品牌、规格、价格在网上公示，根据不同的系列，选取不同的建材品牌，收取不同的费用。施工包则根据房屋面积进行收费，不存在施工过程中加项收费等情况，并且通过支付宝付款，有效地保证消费者的权益。

通过天猫电商平台进行销售的家装e站，与传统的装修企业运营模式相比较，核心竞争优势在于三个方面。第一，线上销售装修服务，开创O2O家装模式。最大限度利用了天猫平台拥有大量客户流的优势，并将线上大量客户流成功转化为线下，实现成功签单，促进销售额的快速增长。第二，行业内首次实现价格标准化。对消费者来说，装修施工过程中，承诺“无增项收费”具有很大的吸引力。第三，天猫提供的用户评价平台，可以保证消费者的监督权益，提高装修施工质量，借助天猫平台，可以提高公司知名度。

（三）“互联网+”模式未来发展趋势

1. 家装业务的发展遇到阻碍

平台类的互联网装修企业如齐家网、土巴兔，互联网装饰企业在施工过程中，成本较为透明，压缩空间最大的是材料，但是由于采购体系的分开，在装饰材料的采购方面不具备优势，产品的性价比普遍较低；与其他诸如纺织服装等产品不同，装饰所需产品并没有中间渠道商，以互联网为销售平台并没有缩短销售渠道层级从而降低终端售价的优势；互联网装饰的主要目的是低成本获取客户，但是对于平台类的互联网装饰企业来讲，20%的装饰企业占据80%的业务量，所以对于加入平台的大多数装饰企业而言，并不会带来较大的业务量。以土巴兔深圳站为例，平台上装饰企业共有1000家，但是有业务量的企业只有99家，其中前五名的装饰企业获取业务量的比例达到39%。

2. 家居业务是“互联网+”装修企业发展的重点

短期内，平台类的互联网装饰企业可以通过装饰业务扩大客户群，积累流量，提升品牌知名度，通过装饰材料的销售实现变现。从中长期的发展来看，应该通过装饰材料的销售来积累流量并实现变现。例如齐家网的装饰材料销售规模和盈利的增速较快，流量来源也更为广泛，具备独立运营快速发展的基础。

3. 标准化产品成为中低端市场主流

建筑装饰企业的竞争往往集中在设计、施工、产业链、信息化系统等形成的综合服务平台之间，由于消费者个性化的需求，交易往往采取线下交易的方式，与高端市场相比较，消费层次处于中低端的消费者会更加注重装修的性价比和快捷性，标准化的套餐产品方便消费者选择，同时也更具备快捷性，另外大规模集中采购会降低建材价格，成为中低端市场的主流产品。

B.12
“十三五”建筑装饰行业人力资源战略

摘　要：本报告分为四个部分，第一部分主要从我国建筑装饰行业人才形势和人力资源管理现状及存在的问题等角度对我国建装行业的人力资源现状进行了较为详细的分析。第二部分对我国建筑装饰行业人力资源成本效益状况进行了详细的分析，并结合当前我国建筑装饰行业发展新趋势，论述了建装行业的快速发展对新型人才的需求状况。第三部分主要阐述了未来我国建筑装饰行业人力资源管理的发展趋势，并重点指出未来我国建装企业人力资源管理的战略性意义。第四部分在上述分析的基础上，详细阐述了我国建装行业企业人力资源战略的目标、任务以及实现路径等重要问题。

关键词：建筑装饰行业　人力资源现状　人力资源成本效益　人力资源战略

一　建筑装饰行业人力资源现状分析

（一）从业人员总体业态分析

据中国建筑装饰行业协会统计数据，经过30余年的发展，2015年我国建筑装饰行业从业人员大概有1620万人，比2014年增加了20万人，增幅为1.25%；其中，应届大学毕业生约20万人，与2014年基本持平。业内受过高等教育人数达到260万人，比2014年提高了8.33%，约占从业人员总数的16.05%，比2014年提高了1.05个百分点。2015年新增建筑装饰工程设计人员约12万人，增长幅度约为4.83%，全行业设计人员总数约为157万人，占从业人员总数的9.69%，比2014年提高了0.59个百分点。优秀的建筑装饰企业如金螳螂公司的设计人员数量可达到从业者总数的20%甚至更高，然而总体来看，我国建装行业的设计型人才还是相当匮乏的。

在生产、施工一线受过中专、职高、技校等专业技术教育人数比例持续升高，2015年全行业共接收专业技术工人约30万人，比2014年增加了12万人，增加幅度在67%左右。目前在生产、施工一线年轻专业技术工人的数量约为60万人，占全部一线人员的14%左右。在管理领域，2015年金融、法律、计算机、自动化等专业人才数量有了较大幅度增长，使得行业管理、科技人才队伍结构更为丰富，人才储备更为多样化。

由于移动互联网的推广普及、工程设计标准化水平的提高、工业化加工技术装备的应用、施工现场机械化安装设备等先进技术与装备的应用，我国建筑装饰行业人均劳动生产率不断提高。2015年全行业人均劳动生产率为20.99万元，比2014年提高了1.24万元，提高幅度为6.28%，是近几年来增长速度较快的一年。劳动生产率的持续提高，表明行业的升级换代正在进行中。

从从业人员年龄构成来看，20～35岁人员主要集中在工程设计、施工管理、工厂加工领域；其中，女性比例在20%左右。40岁以上人员主要从事施工现场作业，男性占90%以上。由于缺乏年轻技术工人，施工现场劳动力老化观点日益严重，从业人员年龄、性别结构亟待优化。全行业改变施工作业方式、转变发展方式已经迫在眉睫。

（二）人才形势严峻性分析

建筑装饰企业之间的竞争归根结底是人才的竞争。企业综合实力包括诸多要素，而人的因素则居首位。如果企业从业人员具有较高科学文化与专业知识，能够创造性地解决问题，就能迅速实现精神与物质的相互转化，许多的问题都能迎刃而解。然而，当前我国建筑装饰行业的从业人员现状却不尽如人意。

1. 专业技术人员断层

建筑装饰企业技术人员的专业素质，关系建筑装饰企业的生死存亡。目前我国建筑装饰行业中的专业技术人员知识水平偏低、知识结构老化、知识更新缓慢等问题比较突出，未能顺应市场的发展变化及时做出改进和提升，对于当前流行的新理念、新技术、新工艺、新材料、新科技等的了解和掌握更是不够，并且随着行业中原有的技工退休或即将退休，大多数技术岗位青黄不接情况严重，这严重制约了我国建筑装饰企业的进一步发展壮大。

2. 设计人员短缺

中装协数据显示，目前我国建筑装饰设计人员大约157万，高级设计人员仅6万左右。而公装领域，一级注册建造师仅2万余人，二级注册建造师也才7万余人，其中还包括部分挂证人员；家装领域，由于暂无相适应的职业认证标准，家装工程的技术和设计人员素质更是参差不齐。相对于我国建筑装饰行业2015年完成工程总产值3.4万亿元的规模和迅猛发展势头来说，设计人员数量严重不足。

另外，设计人员数量短缺也可以从行业内资质企业数量反映出来。2014年，我国建筑装饰行业内企业总数在14万家左右。其中建筑装饰装修施工一级资质企业1647家、建筑装饰装修设计施工一体化一级资质企业371家、建筑装饰装修工程专项设计甲级资质企业1069家；建筑幕墙施工一级资质企业496家、建筑幕墙工程设计施工一体化资质企业184家、建筑幕墙工程专项设计甲级资质企业477家，而且以上数据均包含兼营资质。2015年，全行业企业总数约为13.5万家左右，比2014年减少了约0.5万家，下降幅度约为3.57%。退出市场的主要是三、四线城市中没有资质，主要承接住宅散户装修装饰的小微型企业。据中装协公布的2016年最新数据，我国建装企业数量已经增长至近15万家。由于住房和城乡建设部于2014年底颁布实施了新的建筑业企业资质标准及管理办法，暂停了建筑业企业资质晋级，建筑业企业2015年的主要工作是新资质证书换证，故全行业企业资质等级状况没有变化。资质企业数量与我国建筑装饰行业产值之间的“倒挂”及资质企业占比较低，也反映了我国建筑装饰行业设计人才的匮乏。

3. 复合型人才缺乏

建筑装饰行业不仅需要会照图施工、照章办事的技术和管理人员，还需要那些有技术、懂经营、擅管理，又有一定决策和预测能力，而且熟悉国内外法律法规的复合型人才，这种人才正是我国建装行业所缺乏的。另外，也可以看出，我国建筑装饰行业一方面是人才资源的总体过剩，另一方面是关键、重要岗位的优秀人才的高度短缺。

4. 从业人员教育程度不高

虽然建筑装饰行业从业队伍庞大，但总体文化层次较低，受过系统高等教育的从业者仅占16%左右。另外，我国建装行业从业人员技术水平不高，受过专业训练的装饰设计人员较少，有专业技术职称的人数更少。施工队伍的主体是农民工，他们技术较低，教育程度也较低。行业培训的主要形式是师傅带徒弟，缺乏现代化的培训方法与手段。整个行业缺乏受过专业技术培训及具有各种装饰业务技能的技术骨干。

5. 人员流动性较大

由于建筑装饰行业是以民营经济为主导的行业，企业规模普遍偏小，进入的技术门槛很低。行业内部竞争激烈，造成行业内人才流动性很大，人才使用很不规范，复合型人才、高端人才的培养难度极大。

6. 员工就业环境差、福利难保障

建筑装饰行业特别是施工单位员工，社会地位低、工作条件艰苦、工作环境恶劣、薪酬待遇偏低等是导致高素质人才避而远之的重要原因。另外，一直以来，我国政府监管不严，建筑装饰行业工人的正常权利很难得到保障，拖欠工人工资的情况经常发生，不过近年来随着国家对农民工权利的重视和相应保障措施及政策的陆续出台，这种局面已经大有好转。

7. 施工人员断档

目前我国建筑装饰行业施工人员大多是50后和60后。随着这批人年龄的增长和逐渐“退休”，再加上现代年轻人对于工作环境和生活品质的追求越来越高，多不愿从事这种“又脏又累”的体力活，因而，未来我国建筑装饰行业可能会面临施工人才断档的风险。不仅如此，未来由于劳动力资源短缺，以及招聘渠道单一所造成的招聘成本增长的压力，会给我国建筑装饰行业施工队伍的建设和管理带来巨大压力。

（三）人力资源管理现状和存在问题分析

目前我国建筑装饰行业大多数企业的人力资源管理还处于以“事”为中心，强调“事”的单一方面的静态的控制和管理，不见人与事的整体性、系统性，注重投入、使用和控制，强调完成任务，而对完成任务的“人”给予的关注度不够。大中型企业缺乏现代人力资源规划，人力资源管理体系还在建立过程中；小微企业人力资源部门很难统筹管理整个公司的人力资源，管理系统和制度缺乏激励效果。总体上看，人力资源管理普遍存在以下几个问题。

（1）大多数建筑装饰企业对人力资源管理不够重视。有的企业只建立了人事档案，有的企业连人事档案也没有，有的企业更严重，到底有多少员工都不知道。加之员工来源杂乱，流动性较强，往往也加大了管理的难度。

（2）当前，我国建装行业仍以中小企业居多，大多数企业机构不健全，制度不完善，招聘渠道单一，没有一个统一的用工标准，员工素质参差不齐，因此很少有员工能达到经营管理者满意的程度。

（3）不少企业尚处于家族式管理状态，缺乏现代化的企业管理理念和模式，通常对员工的职责划分不够明确，多数企业没有制定有效的岗位说明书。岗位说明书是表明企业期望员工履行职责的汇总，它可以避免责任不清带来的效率问题。当然，岗位说明书应该根据公司具体情况，尽量保证内容具体，避免流于形式。一个公司如果没有有效的岗位说明书，就是没有明确各岗位的职责，部门之间很可能就会存在灰色地带，一旦出现问题，部门之间相互推诿，效率自然不高。

（4）绩效考核机制不完善。建筑装饰用工具有一定的季节性和项目性特点，职工因工种和岗位不同而聘用的方式各不相同，有长期聘用的管理和技术职工，有季节性聘用的辅助人员，也有项目工程聘用的一线施工人员。对于多数企业而言，这样的人员结构只能实行模糊考核、模糊管理，或者简单使用承包制，个别考核、个别结算。加上各类作业的行业标准缺乏，考核往往成了一句空话。

从上述分析中可以看出，目前我国建筑装饰行业从业人员不仅受教育程度偏低，新知识、新技术掌握不够，专业技术水平不高，而且从业者队伍尤其是施工队伍老龄化严重，新鲜血液补充不足，人才断档风险加剧。从业者队伍受教育程度不高，纪律意识不强，给我国建筑装饰企业的人力资源管理工作带来了巨大的挑战，另外，加之我国建筑装饰企业的人力资源管理体系本身不够完善，制度建设不够健全，薪酬和激励体系设计不够科学等诸多原因，我国建筑装饰企业的人力资源管理效率低下，人力资源管理在实现企业战略目标和提高企业经营效率中所应发挥的作用没有得到充分体现。

二　建装行业人力资源成本效益和市场需求分析

（一）建装行业人力资源成本分析

1. 我国建装行业企业总体人力资源成本分析

随着企业平均总资产即规模的不断扩张，我国建装行业企业的员工工资总额也是不断上涨的。中国建筑装饰研究会的调查数据显示，无论是大中型企业还是小微型企业，平均职工薪酬都是不断增加的。其中，在所考察样本区间，我国大型建装企业的平均职工薪酬由2010年的不足1.24亿元增加至2015年的超过2亿元，年均增速10.03%；中型建装企业的平均职工薪酬由2010年的2000万元左右一路增加至2015年的3384万元，年均增速为11.09%；小型建装企业的平均职工薪酬由2010年的不足300万元迅速增加至2015年的480万元，年均增速为9.86%；而微型建装企业的平均职工薪酬则由2010年的73万元快速增加至2015年的118万元，年均增速为10.08%。可以发现，我国建装企业职工薪酬增长速度基本与总资产的扩张速度是一致的。

2. 建装行业代表性企业人力资源成本分析

金螳螂公司历年年报中应付职工薪酬大体反映了金螳螂公司的人力资源成本状况。2007~2014年，随着公司资产规模的不断扩大，其应付职工薪酬也是在逐渐增加的，但是这只是总量关系，而公司规模扩张和员工工资支出增长之间更细致的关系可以从图1中反映的二者增长率之间的关系中看出。

从图1可以看出，金螳螂公司总资产和应付职工薪酬增长率之间大体上呈现较为一致性的变化趋势，但是更细致地观察不难发现：剔除2007年这一异常年份来看，2010年之前，金螳螂公司总资产增速是快于应付职工薪酬增速的，说明这段时期内，公司规模的快速扩张并没有带来人力资源成本的过快增长；而在2010~2013年，公司应付职工薪酬增长率是稍高于总资产增长率的，说明金螳螂公司在这段时期内人力资源成本的增长快于总资产的扩张；而进入2014年，情况有所好转，即人力资源成本增长率开始低于总资产的扩张率。

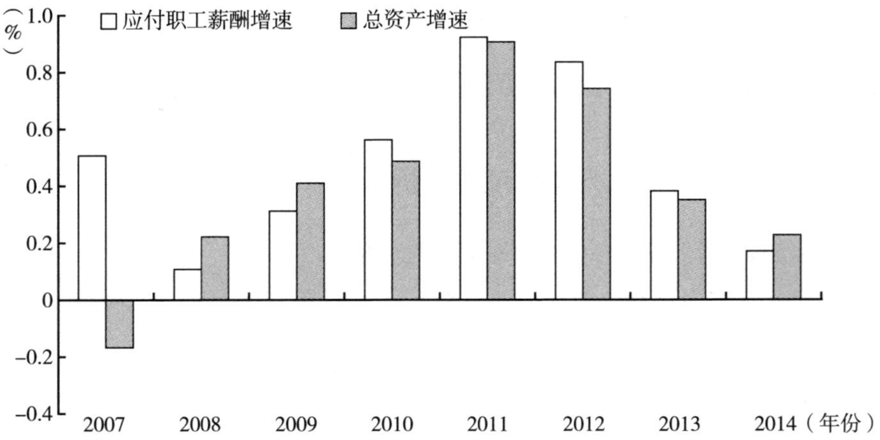

图1　金螳螂公司应付职工薪酬及总资产增长率

资料来源：金螳螂公司历年年报。

（二）建装行业人力资源效益分析

1. 建装行业企业总体人力资源效益分析

根据中国建筑装饰研究会的数据，2011 年我国大型建装企业的平均净利润为 2. 28 亿元，达到近几年来的峰值，2013 年最低，不足 1. 97 亿元，2015 年为 2. 19 亿元左右，“十二五”期间年均增长率仅为 1. 21%；2010 年我国中型建装企业的平均净利润为 1053 万元，到了 2015 年逐步增加至 1705 万元，年均增长率达到 10. 12%；2010 年我国小型建装企业的平均净利润不到 200 万元，2015 年迅速增加至 321 万元，年均增长率 9. 92%；2010 年我国微型建装企业平均净利润为 11 万元，2015 年增加至 18 万元，年均增速高达 10. 35%。这说明，我国经济进入新常态，从事公共建筑装饰的大型企业受到的冲击最大。

从我国建筑装饰行业企业的净利润年均增速与对应的平均职工薪酬年均增速的对比中可以发现，不同规模企业存在显著差异。其中大型建装企业的平均职工薪酬年均增速为 10. 03%，显著高于其 1. 21% 的净利润年均增速，说明我国大型建装企业的职工薪酬的刚性增长压力较大，而中型、小型和微型建装企业的净利润年均增速与对应的平均职工薪酬年均增速基本上不相上下。

2. 建装行业代表性企业人力资源效益分析

根据金螳螂公司历年年报数据，随着金螳螂公司规模和人员的增加，其净利润总额是不断增加的。当然，也可以看到，自2010年以后，公司的净利润增速开始进入下行通道，由2010年的93%一直下降至2014年的20%多。需要说明的是，净利润增速的下降并不一定说明随着公司规模和人员的扩张，其经营效益下降了。除了少数年份应付职工薪酬增速要高于净利润增速外，其余绝大部分时期内公司的净利润增速都是高于应付职工薪酬增速的，尤其是2013年以后，这也说明了人力资源效益近年来呈逐渐提高趋势。

三　建筑装饰行业的人力资源战略

（一）人力资源战略的重要意义

1. 充分激发员工的积极性

科学合理的人力资源管理能够有效地调动和激发企业员工的积极性，而员工工作的积极性与工作能力的发挥之间具有重要的相关性。调查数据显示，通常情况下，企业员工的工作能力只发挥了一半甚至还不到，而在科学的人力资源管理体制下，员工工作能力的发挥可高达80%甚至更高。因此，完善人力资源管理不仅可以充分调动和激发员工的工作热情和潜力，提高工作效率，而且对实现企业的经营目标和发展战略也具有十分重要的意义。建立与完善这种激励机制，是企业人力资源开发的核心。

2. 优化企业的人员配置

合理的人力资源管理可以实现人力资源的最优配置。人力资源的最优配置实质就是按照知人善任和因地制宜的原则，将最正确的人安排到最适合的岗位上去，实现员工与岗位的“完美匹配”。这样不仅可以提高员工的利用效率，避免人力资源的浪费，实现员工价值的最大化，而且也内在包含了企业经营利润的最大化。也就是说，企业通过人力资源管理，将最正确的人配置到最合适的岗位上去，可以从根本上提升员工的工作效率和企业的经营效益。

3. 实现人力资本的扩张

企业所拥有的人力资源是推动企业发展和进步的核心要素。现代企业之间的竞争归根结底是人力资源的竞争，谁拥有了最具竞争力的人才资源，谁就可以在竞争中立于不败之地。建筑装饰行业领头羊苏州金螳螂公司之所以这么成功和强大，就是因为它们拥有全行业最优秀的设计师团队，金螳螂公司成立于1993年，目前不仅成立了自己的设计研究院，而且拥有国内最大的设计师团队以及最大的境外设计师团队。金螳螂设计研究总院的设计师队伍已经超过了3000人，除了苏州总部以外，在北京、上海、南京、杭州等多个城市都有分部。2012年，金螳螂收购了有1200多人的设计师队伍的全球著名的HBA酒店设计公司，这样整个设计师团队就超过了4500人，成为全球规模最大的专业从事装饰设计的团队。而金螳螂公司为什么可以网罗天下英才，这跟金螳螂一贯重视人力资源开发和管理是密不可分的。因为科学合理的人力资源开发和管理，一方面，可以通过科学严格的招聘和考核方式为企业招募大量的高素质人才，给企业快速、稳定发展提供人才支撑；另一方面，企业可以通过对员工进行继续教育和岗位技能培训、进修等方式，最大限度提高企业员工的管理能力、工作技能以及综合素质，最大限度提升员工的工作效率，为企业创造更多的价值。同时，科学合理的人力资源开发和管理还内在地包含了科学的制定薪酬和激励制度，合理的薪酬体系和激励制度，不仅可以最大限度地激发员工的积极性和潜力，而且可以增强员工的成就感和归属感，降低跳槽率，减少企业人力资本流失，为企业的稳步发展提供坚强后盾。总之，科学合理的人力资源开发和管理，不仅能够为企业的发展壮大吸收优秀人才，而且可以通过提供继续学习、进修、培训和合理的激励等措施提升企业员工的综合素质与能力，增加企业人才存量，形成企业隐形资本，对实现企业人力资本的扩张具有重要意义。

4. 更好地实现企业的战略目标

我国建筑装饰企业之间的竞争更多的是人才之间的竞争。谁能够持续不断地吸收优秀人才的加入，并将人才的效能和潜力充分地挖掘出来，谁就能在竞争中赢得先机和优势，否则就会在激烈的竞争中“倒下去”。而企业人力资源管理的核心就是对“人”的管理，所以，现代企业人力资源管理与企业战略之间的关系愈发紧密，企业人力资源管理也因而被赋予了更多的战略性意义，对于一个企业的生死存亡具有重要意义。基于此，很多企业聘请人力资源专家实质性地参与企业的战略研究和制定的全过程。这种将人力资源管理和企业的战略目标融为一体的管理方式对于更快更好地实现企业的战略目标具有重要的现实意义。因此，人力资源与企业战略的一体化管理从根本上提供了人力资源及其管理对企业贡献的机会。未来人力资源管理在企业整个经营管理过程中的战略性意义将会逐渐受到越来越多的建筑装饰企业的重视。

（二）人力资源战略的主要目标

人力资源战略是为实现企业总体战略服务的。因此，必须按企业总体战略的要求，来确定我国建筑装饰行业企业人力资源战略的目标。当然，我国建筑装饰行业企业人力资源战略目标的确定和我国建装行业人力资源现状以及建装企业人力资源的现实需求状况是密不可分的。如前文所述，当前，我国建装行业从业者队伍总体学历偏低，专业素质不高，知识和技术结构陈旧，人才队伍尤其是施工队伍的"老龄化"趋势很严重，而新生代由于对工作环境和生活品质的追求较高，多不愿从事所谓的"又脏又累"的建筑装饰工作，对建筑装饰行业的认识还存在一定误区，这带来的直接后果就是近年来我国不管是建筑装饰行业还是整个建筑业行业都出现了"人才断档"和"青黄不接"的不利形势。同时，由于行业现有大部分从业人员的受教育程度有限，接受新知识、新技术和新理念的能力不强，很难顺应行业的发展变化对于新型人才的需求，这主要体现在近年来随着我国建筑装饰行业的不断发展壮大，对于高端建筑设计、装饰设计人才的需求大大增加，尤其是随着我国建筑装饰行业的转型发展和创新发展的不断推进，行业企业对于拥有绿色低碳环保理念的新型设计人才、施工人才以及新型 IT 人才的需求激增。而目前，我国建筑装饰行业恰恰急缺这些类型的人才，这在一定程度上阻碍了我国建筑装饰行业的转型升级和高级化发展。不仅如此，我国建筑装饰行业企业在人力资源管理方面也存在诸多问题，比如，对于人力资源管理的认识不够所导致的重视程度不够，有部分建筑装饰企业的人力资源管理仅仅停留在人事档案管理层面，甚至有的小微企业根本不了解何为人力资源管理，更不要说其对于实现公司战略目标及其发展壮大的重要性的认识了。

针对我国建筑装饰行业企业的实际情况，现将我国建筑装饰行业企业人力资源战略目标主要归结为以下几个方面。

第一，通过各种途径和方法使各建筑装饰企业尤其是业内小微企业能够更加清楚地认识到人力资源战略对于企业做大做强的重要性和现实意义。

第二，人力资源总量目标。根据我国建筑装饰企业中长期发展的要求，保证其对人力资源总量需求。

第三，人力资源结构目标。优化我国建筑装饰行业企业人力资源结构，包括年龄结构、知识结构、性别比例、教育背景等，顺应市场发展潮流，增加对于精通“互联网+”、智能家居以及绿色建筑装饰设计和施工等新型人才的招聘及储备，形成更加合理的人才结构，满足企业对不同类型、不同层次、不同领域人才的需求。

第四，人力资源素质目标。努力提高每一位从业人员素质，使其与岗位工作的要求相适应，从而提高整体队伍素质，发挥人力资源的整体效能。

第五，激发人力资源潜力目标。通过科学合理的人力资源管理，充分调动每个员工的积极性，激发员工的潜能，努力把人力转化为人才，促进每个从业者都能成才，发挥他们的积极性、主动性和创造性，使其为企业创造更大的价值，从而为企业发展进步做出更大贡献。

（三）人力资源战略的主要任务

在竞争日益激烈的行业环境下，传统的价格竞争和产品无差异化的劣势越发明显，加之当前我国经济发展已经进入亟待提质增效的新常态时期，传统的建筑装饰行业一直以来所依靠的高投入、高消耗、高污染的粗放式发展模式已经难以为继，因而，我国建筑装饰行业的转型升级和创新发展迫在眉睫。顺应当前我国经济转型发展的大潮，我国建筑装饰行业的发展也可谓是日新月异，传统的建筑装饰行业正在酝酿一场前所未有的变革。

首先，进入“十三五”开局之年，家电“智”造、产业升级成为2016年中国家电及电子消费领域最热门的话题。以此为契机，国内智能家居行业也迎来近二十年来的最快发展。据研究机构最新发布的数据预测，2018年智能家居市场规模将达到680亿美元，智能家居的前景广阔是公认的。不过，我国智能家居业务模块发展过程中存在的场景碎片化、操作复杂、用户体验差、缺乏有效商业模式仍然是其进一步发展壮大的最大困扰。

其次，随着“互联网+”战略的逐步推广和流行，国内建装行业巨头诸如金螳螂、亚厦股份以及广田股份等纷纷“触网”，开启了我国建装行业拥抱互联网的热潮。据了解，2015 年上半年金螳螂依托本身强大的资源优势和管理能力，积极实践家装 O2O 平台，在家装电商施工管控、城市分站管理、材料 F2C 模式、中心仓物流模式等方面取得了一些经验，为公司将来加码电商业务打下了良好基础。金螳螂将互联网作为提高家装产业效率的工具，给家装产业添上双翼，推动家装产业快速迭代。亚厦股份则依托优势资源，于 2015 年上半年打造了互联网家装品牌“蘑菇 +”，运用 O2O 模式和前沿信息技术，打造以家为中心的生态系统，从生活方式入手，推出硬装、软装、家具、家电、智能家居一体化的“集成家”家装解决方案，真正实现“所见即所得”，亚厦股份正走出一条“工业 + 互联网”化的特色家装之路。同时，广田股份也几乎在同期推出了互联网装修平台——过家家装修网。过家家装修网借助广田 20 年的住宅精装修经验，以广田深厚的设计、施工管理、供应链为基础平台，与互联网技术结合，打造电子商务平台与用户进行互动，为用户提供快速设计、DIY 设计、APP 远程施工监管等服务，重构家装商业生态圈，与智能家居业务有效黏合，推动企业转型升级。

最后，我国建筑装饰行业发展的另一引人注目的新动向当数时下我国建筑装饰行业绿色发展越来越受到国家层面、行业层面、企业层面以及业主等各个方面的关注。随着科技进步和生活水平的不断提高，人们对室内装饰、装修污染危害更加重视，尤其是近年来室内污染问题频发造成不良影响，改善室内环境成为人们迫切需要解决的大问题。“十三五”规划纲要也明确提出“建筑业要推广绿色建筑、绿色施工”和“大力发展符合绿色建筑要求的新型建材及制品”，“绿色、生态、环保”产品逐步成为全球意识和国际主流价值观，以其独特的优势和巨大的市场成为世界经济发展的热点。

近年来我国建筑装饰行业也迎来了绿色发展的新时期。在第二届中国建筑行业绿色发展大会上，中国建筑装饰协会会长李秉仁强调推进绿色建筑装饰发展的必要性。他说，绿色装饰要坚持“四节一环保”原则、倡导绿色理念、坚持绿色设计、推进绿色施工、使用绿色材料，将绿色体现在装饰装修的每个环节。发展绿色建筑装饰，绿色设计是源头、绿色施工是关键、绿色材料是保障。李秉仁称，建筑装饰设计要遵循为人们创造健康、环保、美观、舒适的工作和生活空间这一原则。在保证美观、舒适的前提下，科学、合理地利用每一寸空间，使有限的空间发挥最大的效益、实现最大的节约。在绿色施工方面，建筑装饰企业特别是大型骨干企业加大了研发、创新力度，在全面推进工厂化加工、现场装配式施工等方面取得了积极进展。工程中应用的成品化部品、部件比重有了新的提高，在异型吊顶成品化、部件及构件标准化、节能门窗、新型保温材料和节水卫浴产品等方面取得了一批新的专利技术，为实现绿色发展提供了强有力的技术物质保障。在推进绿色建材使用中，要加强建材生产、流通和使用环节的质量监管和稽查，杜绝不达标的建材进入市场。积极支持绿色建材产业发展，组织开展绿色建材产业化示范，助推我国建筑装饰行业发展再上新高度。

结合当前我国建筑装饰行业人力资源的现状以及行业的最新发展动向，可以看出，未来我国建筑装饰行业企业人力资源战略的主要任务不仅是要在保证总量供给的前提下，通过外部招聘和内部培训等方式不断优化从业者的年龄结构、性别比例、知识结构、技术水平、管理水平、提高投入产出效率等建装企业所关注的传统问题，更要顺应建筑装饰行业发展新趋势，着重网罗熟悉互联网经营环境，精通智能化终端技术，以及拥有绿色设计、绿色施工理念的新型建筑装饰人才。当然，正如我国建筑装饰协会会长李秉仁所说的那样，新型绿色建筑材料的研发和供给是我国建筑装饰行业绿色发展的基本前提和保障，所以，未来我国建筑装饰行业企业要在注重解决传统人力资源问题的同时，更加注重对于新型建筑装饰材料研发人才的网罗和“汇集”，为我国建筑装饰行业企业的绿色发展和转型发展提供智力支撑和人才保障。我国建筑装饰行业发展趋势已经很明显，很显然，谁能在网罗新型人才方面“先声夺人”、占据优势，谁就将是未来的最大赢家。

（四）人力资源战略路径与保障

很明显，通过以上对于我国建筑装饰行业人力资源战略目标及其主要任务的分析可以看出，要想解决当前我国建筑装饰行业企业面临的人力资源问题，实现我国建装行业企业的人力资源战略目标，完成建装行业创新发展和转型发展的主要任务，需要人力资源战略作为后盾和保障，为此，建装行业企业应该着重从以下几个方面来开展人力资源工作。

第一，通过专家讲座和学习，提升建装企业管理人员及其员工对人力资源管理重要性的认识。我国建筑装饰行业企业多为小微企业，人力资源管理很不规范，对于人力资源及其管理对实现公司战略目标及其经营效益提升的重要性认识不够，因而，未来企业自身或者行业应该努力创造条件聘请人力资源管理专家深入企业开展人力资源管理专题讲座，讲座不仅是针对建装企业内部管理人员，同时也要覆盖到其他非管理人员，使公司上下全体员工对人力资源管理的重要性形成统一认识。同时聘请人力资源管理专家协助小微建装企业制订适合自己的人力资源方案，从人力资源管理角度入手，挖掘每个员工的潜能，使其为公司创造更大的价值。

第二，在员工招聘环节多下功夫，保证人力资源总量和结构目标的顺利实现。员工招聘是为建装企业补充新鲜血液、吸收优秀人才，保障总量供给的基础性一环，另外，它对于优化建装企业员工结构、提升全体员工整体质量也具有重要作用。为此，建装企业在招聘员工时应该注意以下几点。①拓宽招聘渠道，保证人员供给的稳定性。我国建筑装饰行业企业大多数为小微企业，没有一个完善正规的招聘渠道，许多企业的用工都是通过“口口相传”、熟人介绍或者师徒之间的连带关系而实现的，这无法保证企业发展对于新员工及各类人才的需求，在竞争日益激烈的行业环境下，这严重阻碍了企业的进一步发展壮大。因而，拓宽建装行业企业的招聘渠道，通过借助第三方平台，诸如智联招聘、前程无忧、赶集网等，或者创造条件建立自己的公司网站和正规招聘渠道，以保证人才来源的稳定性，对于建装企业尤其是小微企业的发展至关重要。②优化从业人员结构。首先，我国建筑装饰行业从业人员大多知识水平较低，据不完全统计，当前我国建筑装饰行业从业人员中初中以下学历占到80%左右，甚至更高，尤其是施工队伍不仅人数巨大，而且质量更是参差不齐。我国建筑装饰行业的一线工人大多来自农村转移的剩余劳动力，所以绝大多数没有受过多少教育，上岗前更是没有经过系统的入职培训和专业的技术训练，因而，未来应该增加对知识水平较高、具有相关从业经验人员的招聘。其次，目前，我国建装行业从业人员，尤其是一线施工人员多为接近“退休”的中老年人，这一方面影响了企业的生产效率，另一方面中老年人由于反应速度和突发情况应变能力减退，施工作业时发生事故的频率也会随之增加，因而，我国建装企业在招聘员工时，应该增加对年轻人的录用比例，优化我国建装行业从业人员的年龄结构。最后，虽然我国建装行业的规模较大，发展速度也很快，但是行业内具有专业技术和中高级职称的设计人员、工程监理人员，以及高素质的项目管理和运营人员少之又少，这严重影响了我国建筑装饰行业的发展壮大和转型升级。所以未来我国建筑装饰企业在招聘新员工时，应该着力优化企业从业人员结构，增加对专业技术人员、中高级设计师和工程监理人员以及优秀管理人才和营销人才的招聘。从源头抓起，不断优化我国建筑装饰企业从业者的队伍结构，提高建筑装饰企业的整体运营和生产效率。③提高从业人员质量。我国建筑装饰企业招聘员工时不仅要注重结构的优化，而且要重视员工总体质量的提升。在设计师录用方面，要摒弃使用那些设计理念陈旧、设计思路落后的设计师，加大对那些具有设计灵感和现代化设计理念尤其是具有低碳设计理念、绿色设计理念以及环保设计理念类设计师的招聘，因为好的设计可以赢得好的口碑，从而可以通过设计的拉动效应来促进企业业绩的提升。例如，金螳螂公司就曾如此强调："设计作为装饰业务的龙头，对施工和公司整体业务的驱动力非常明显""金螳螂非常注重发挥设计的龙头作用，全方位推动设计的发展"。在工程监理人员的招聘方面，首先要坚持"持证上岗"的原则，增加对于具有中高级职称的工程监理专业人员的招聘力度；其次要更加注重其是否具有责任心和事业心，可以通过试用期对其进行严格的考察，对于那些考察不通过者一律不予录用。在施工人员招聘方面，要注重其是否具有相关行业的从业经验，而不能仅仅停留在会的层面上，未来对施工人员的要求是做精做细。在管理人员录用上，要求要逐渐提高，不仅要是专业的管理人才，懂得管理的艺术，而且要求懂技术、懂营销，做一个真正可以统筹兼顾、协调各方的全面型复合型管理人才。④加大对新型建筑装饰人才的招聘力度。当前，我国建筑装饰行业朝着"互联网+"方向以及智能家居方向加速发展，因而我国建装企业要顺应我国建筑装饰行业发展新趋势，注重对于熟悉互联网运营环境及模式，精通智能化终端技术的新型人才的网罗和招聘，为企业在经济新常态下的转型发展和创新发展储备力量、积蓄人才。我国建装行业的发展动向已经很明显，未来谁能在新型建筑装饰人才储备上占据优势，谁就可以引领潮流，赢得最后的胜利。

第三，更加注重员工培训的重要性，加大员工培训力度，提升企业人力资本和经营效益。如果说外部招聘是保证建装企业人员供给和增加其人力资本积累的基础性一环，那么对内部员工进行培训和外派深造则是提升企业人力资本快捷、有效的方式。不仅如此，与外部招聘相比，内部培训不仅成本较低、环节较少，而且由于对于企业的日常运营和工作性质及内容更加熟悉，所以上手更快，价值创造效应更加明显。因而，很多业内优秀企业，早已将内部员工培训作为提升公司竞争力的有力“抓手”，比如，我国建装行业龙头企业金螳螂公司对人才的重视，不仅表现在重金吸引人才、留住人才，还表现在不断努力开拓多个渠道，提供更宽广的平台让员工去学习。1996 年，金螳螂派出了一批优秀设计师，分赴我国的港澳台地区参观学习。后来还与意大利的多莫斯学院、米兰理工大学，英国的切尔西学院，美国的罗德岛学院等国际顶尖设计院校合作，在国内也和清华大学、同济大学等一流高校合作。2013 年，金螳螂针对各地的设计院院长，与同济大学合作启动了院长培训班，第二年又启动了院长助理培训班。根据金螳螂公司半年报，2014 年上半年，公司共组织各条线各类型在职员工培训近 2000 场，共 5 万多人次，人均近 40 小时。此外，金螳螂还注重从源头培养人才，在苏州大学设立了金螳螂建筑与城市环境学院。学生们在读期间，就可以在金螳螂带薪实习，优秀的还会被送出国交流。因而，未来不仅是内部培训和外派深造，校企联合培养和办学也是我国建装企业提升自身人力资本，保证人才来源的良好选择。

第四，完善薪酬体系和激励制度，最大限度地激发员工的潜力和动力，为公司创造更大价值。广义的薪酬体系不仅包含工资、奖金、员工持股等物质激励，而且也包含了职位晋升、学习培训、出国深造、节假日礼品等非物质激励。物质激励就是从满足员工的物质需要出发，对物质利益进行调节，从而激发员工的工作热情和积极性。在我国目前经济发展水平和社会文明程度下，物质激励仍是最重要的激励手段。而非物质激励主要是从满足员工的心理需要出发，通过对员工心理状态的影响来达到激励的目的。比如职位晋升、带薪休假、开会表扬等。物质和非物质激励的最终目标都是要调动员工积极性、主动性和创造性，以最佳的工作状态和热情更好地为公司服务，从而创造更大的价值。它们是相辅相成、互为补充、互相促进的，缺少了任何一方都会使另一方的效果大打折扣：单纯的物质激励会逐渐加深员工对物质追求的欲望，但可能出现边际效用递减的结果，最终导致企业的资金压力加重；单纯的非物质激励也只能在短期内调动员工的积极性和创造性。因此，科学合理的薪酬体系设计不仅能够为员工提供物质生活保障，起到为公司吸引和留住优秀人才的作用，而且可以调动员工积极性，提高公司经营运作效率。未来，我国建装企业人力资源管理要在薪酬体系和激励制度设计上多下功夫，通过完善的薪酬体系和科学合理的激励制度建设来激发员工的积极性和创造性，从而为公司创造更大的价值。

从上述分析中可以看出，人力资源战略对于建装企业优化员工配置、实现企业人力资本的扩张、充分激发员工潜能和积极性，进而实现经营目标和经营战略具有重要意义。鉴于现代人力资源管理对于实现企业战略目标的重要作用，我国建筑装饰行业企业要在明确人力资源管理目标和任务的前提下，着重探索和不断完善人力资源管理的路径和保障，以充分发挥人力资源管理对于实现我国建装企业做强做大的应有作用。

四　小结

当前，我国建筑装饰行业企业多属于中小企业，规模小，管理落后，管理人员的素质偏低，有的甚至不懂得任何管理经验和管理知识。因而，在招聘、使用以及制定薪酬和激励制度时，无法做到客观科学合理，往往具有很大的随意性和主观性。对人力资源管理缺乏科学合理的认识，对其重视度显然不够，导致人力资源管理在促进我国建筑装饰企业实现其经营目标和企业战略过程中所发挥的作用极其有限。不仅如此，不合理的人力资源管理措施和方法不仅对于实现企业目标毫无益处，甚至很可能会阻碍企业经营目标和战略的实现，甚至“逼走”优秀的人才，这可能也是我国建筑装饰行业企业人才流失严重、跳槽率较高的重要原因之一。

其实，人力资源与经营、成本、产品、研发一样，都是非常重要的职能，它越来越成为建筑装饰企业战略的核心。因为企业任何战略目标的完成，都离不开人力资源的配合与协调。对于建筑装饰企业来说，人力资源战略管理的实质是根据企业的战略规划和经营方针，通过将最合适的人放在最恰当的位置上来最大化人力资源利用率和实现公司的效益最大化、实现既定的战略目标。目前我国建筑装饰行业多半以上是中小企业，除了融资难、税费高等问题，另一制约我国建筑装饰行业企业发展的真正瓶颈是缺乏行之有效的人力资源管理。忽视人力资源管理，建筑装饰行业许多中小企业的繁荣将只是短暂的。建筑装饰企业的竞争，人才是核心和关键。科学合理的目标和行之有效的方案源于公司内部的人才，因而最终起决定作用的还是企业对高素质人才的拥有量，不仅如此，如果只是拥有一批高素质的优秀人才，而缺乏一个科学合理的人力资源管理战略，不能将最适合的人放置在最合适的岗位上并且通过合理的激励方式激发出其最大潜能，那么每位员工的效能也无法最大限度地发挥。因而，高效合理的人力资源管理战略可以有效地利用与企业发展战略相适应的管理和专业技术人才，最大限度地发挥他们的才能，更好地促进企业的发展和壮大。

B.13 “十三五”时期建筑装饰行业投资分析

摘　要：　本报告主要分为四个部分，前面两个部分主要从当前我国建筑装饰行业投资概况和相关产业政策对未来行业发展影响方面入手，分别进行了较为详细的分析和解读；第三部分对“十三五”期间我国建筑装饰行业面临的主要投资风险进行了较为细致的阐述。在前面分析的基础上，第四部分主要针对“十三五”期间我国建筑装饰行业的投资策略和目标市场的选择提出了相关意见和建议。

关键词：　建筑装饰行业　产业政策　投资风险　目标市场

一　建筑装饰行业投资概况分析

（一）建筑装饰行业投资环境分析

1. 机遇

（1）新型城镇化加快发展。我国正在进行社会主义现代化建设，而城镇化是现代化的应有之义和必由之路。发达国家的城镇化率，一般在75%～80%，甚至更高。2015年国家统计局公布的按常住人口衡量的我国城镇化率已经达到56.1%。但是如果改用户籍人口作为统计口径的话，那么我国真实城镇化率只有36%左右。2016年中央经济工作会议要求，“着力提高城镇化质量”。而如何提高城镇化质量，这当然包括医疗卫生条件的改善、配套基础设施以及社会保障体系的完善等，但更加基础性的莫过于帮助进城的农村人口解决“住”的问题。据人社部统计，目前我国拥有大约2.74亿农民工，其中外出务工人员约1.68亿。如果按照2014年出台的《国家新型城镇化规划（2014～2020年）》要求：“到2020年，我国常住人口城镇化率达到60%左右，户籍人口城镇化率达到45%左右，努力实现1亿左右农业转移人口和其他常住人口在城镇落户。”那么若以2012年我国城镇人均住房面积32.91平方米推算的话，则2014~2020年新增城镇人口1亿人所产生的新住房需求将超过32.91亿平方米，年均新增住房需求约5.49亿平方米。未来由此而带动的建筑装饰行业的新增需求将是巨大的。

（2）改善性住房需求增加。随着新型城镇化的推进、收入水平的提高以及家庭结构的小型化，我国城镇人口的居住质量将有较大的上升空间，改善性需求将快速释放。改善性需求在很大程度上受到人均面积提升的影响。而人均面积的变化主要取决于三个指标：家庭规模、户均套数以及套均面积。预计到2020年家庭规模达到2.83人左右，户均1.0套左右，套均面积平均数在110平方米左右，也就是人均住房面积为38.87平方米，比2013年底增加5.96平方米左右。若以7.49亿城镇常住人口计量，未来几年现有城镇居民的改善性住房增量需求约为44.63亿平方米，年均增长5.58亿平方米。进一步考虑新增城镇人口在2016~2020年的各种住房需求，未来建筑装饰行业的新增需求将是巨大的。

（3）拆旧改造住房需求增长空间巨大。我国城市棚户区改造、旧城改造速度不断加快，预计2016~2020年由房屋拆旧改造带来的新增住房需求将达到40亿平方米左右。另外，按照“十三五”规划要求，到2020年实现城镇棚户区住房改造2000万套，如果套均面积按100平方米计算的话，新增住房面积也将达到20亿平方米，由此而带动的未来建筑装饰行业的新增需求将是巨大的。

（4）公装市场需求量巨大。2016年公装市场的兴旺主要集中在交通运输服务及科教文卫建筑等公共服务相关建筑的装饰和改造装饰。首先，快速增长的城市轨道交通、机场建设等进一步拉动了建筑装饰需求。“十三五”规划指出：“新增城市轨道交通运营里程3000公里，投资总额超过7000亿元。”预计将带来数百亿元的装饰市场需求。另外，“十三五”期间要完成建设北京至香港（台北）等高速铁路，建设川藏等延边铁路，确保高速铁路覆盖80%以上大城市，新增高铁里程1.1万公里，高铁内部装饰及其客运站建筑装饰需求也会逐渐凸显。“十三五”期间我国将迎来各地新建和改扩建民用机场的高峰期，新增民用运输机场50个以上，投资规模将超过5000亿元，将为建筑装饰行业带来巨大市场需求。改革开放以来，交通领域的建筑装饰工程始终保持30%以上的增长速度，为建筑装饰行业提供年增长20%左右的工程资源。其次，文化、医疗等场馆装饰需求保持稳定增长。“十三五”规划明确强调“推动文化产业成为国民经济支柱性产业，增强我国文化软实力和国际竞争力”。随着这一战略的实施，各地文化馆、体育馆、艺术馆、图书馆等场馆的建设力度将持续加大，预计年增长率将达到10%以上；同时“十三五”期间还将重点发展卫生与科技“基础设施重点工程”，对建筑装饰提出新的需求。总之，随着综合国力的不断增强，越来越多国际会议、大型活动在我国举办，大型会议中心、金融机构、体育场馆、会展中心、酒店等公共建筑的建设将会逐渐增加。新增场馆的装饰及存量场馆的改造和重新装修将为建筑装饰行业带来巨大的市场需求。

（5）房屋改造再装饰市场巨大。传统的建筑装饰材料往往含有大量的甲醛、苯、氡、氨等有害物质，不利于人体健康。近年来，绿色装饰需求激增，市场潜力巨大。如2014年以来，建筑节能改造任务加重，对既有房屋进行节能改造，是实现低碳发展，建设资源节约型、环境友好型社会的重要内容。其中，大城市中老旧居民区楼房的楼顶改造、外墙保温、金属门窗等改造大面积展开，已经形成了一个巨大的再装饰市场。不仅如此，建装行业“互联网+”战略和智能家居的兴起和流行，也会给行业创造巨大的潜在需求。因而，建筑装饰企业应该高度重视这一细分市场，并顺应行业发展新动向，积极做好人才、技术、施工管理等方面的储备，形成新的比较优势，在既有建筑物节能改造和行业新发展过程中做大做强企业。

2. 挑战

（1）国内外经济形势的限制。受国际金融危机、国内经济转型升级等多重因素影响，我国GDP增速总体呈下滑趋势。未来几年全球经济仍将处在深度结构调整和增长乏力的阵痛期，我国经济下行压力仍然较大，经济发展过程中的不确定性因素增多，因而各行各业投资者的投资热情趋于下降，对于扩大新增投资多持观望和谨慎态度。而建筑装饰支出作为家庭以及社会消费投资的一个重要组成部分，必然会受到波及。

（2）房地产开发企业实际投资增长率减缓。自2010年以后房地产开发企业投资总体上开始出现明显的下滑趋势，2015年我国房地产企业开发投资实际增长率仅为2.8%，表现在以下四个方面。一是房地产施工及竣工面积增速下降，其中，施工及竣工面积增速从2010年的15%左右“平稳”降至2014年的7%左右，而2015年，房地产开发企业房屋施工面积73.6亿平方米，比上年仅增长1.3%，房屋竣工面积100039万平方米，下降6.9%，降幅扩大3.4个百分点。二是房地产土地购置面积增速则由2010年最高点的25%一路下降至2014年的-14%，2015年我国房地产开发企业土地购置面积22811万平方米，比上年下降了31.7%。三是新开工面积增长率下滑。自2010年以后，房地产市场新开工面积增长率总体上呈现快速下滑趋势，尤其是在2014年房地产企业新开工面积全年负增长。进入2015年情况仍不见好转，2015年我国房屋新开工面积15.4亿平方米，较上一年度又下降了14%。四是房地产销售面积增速下降。2009年之后，我国房地产销售面积增速在整体波动中出现了大幅度的下滑，2014年，商品房、住宅以及办公楼销售面积增速出现了2000年以来的第二次负增长，增长率跌至-10%左右。2015年，我国商品房销售面积128495万平方米，比上年增长6.5%，增速比1~11月回落0.9个百分点。其中，住宅销售面积增长6.9%，办公楼销售面积增长16.2%，商业营业用房销售面积增长1.9%。虽短期有所好转，但中期情况不甚明朗。

（3）建筑装饰行业自身发展状况限制。突出表现为四个方面。首先，我国建筑装饰行业产业化水平不高。我国建装行业企业绝大多数规模较小，经营能力较差，管理模式落后，产业链协调能力不高，产业化水平较低。仅有少数大企业开始注重向产业化方向发展。虽然在工程运营、技术及施工工艺、管理模式等方面取得进步，但由于时间较短，制约因素较多，社会认同程度低等原因，产业化水平仍然不高，而且行业创利水平还在逐年下降。我国建筑装饰企业间受恶性价格竞争的影响，建筑装饰工程造价不断降低，还时常遭遇甲方克扣、拖欠和赖账。而人工、材料及设备价格大幅度上涨，加上税费较高、工程保证金过高并长期扣压、结算周期过长、社会保险负担过重等，使得建筑装饰工程项目的创利能力不断下降。其次，市场管理仍然不够规范。市场管理的主体及其法律地位不明确、管理手段不到位、管理的效果不明显，政出多门、制度建设滞后、对业主约束力差、部分地区地方保护措施频出、市场操作不规范、大量企业游离在行业管理之外。特别是住宅装饰装修市场，无机构主管，放任企业承接工程，市场管理不规范。再次，行业整体诚信水平不高。材料生产经销企业存在偷工减料、以次充好、粗制滥造等损害业主及消费者合法权益的现象。业主存在工程欺骗、恶意压价、肢解工程、拖延结算、违规操作、拖欠工程款等损害工程企业合法利益的现象。工程企业也存在坑蒙业主、拖欠货款、克扣工资等现象。从业人员存在恶意跳槽、私拿回扣、私揽工程、盗卖公司资源等现象，行业运行中潜规则多、市场风险大、交易成本高、社会认知度低。最后，同质化问题较为严重。我国建装企业在工程设计领域具有自主产权的原创设计少，抄袭、克隆、仿制的现象极为普遍。企业项目管理模式同质化、专业化、差异化发展能力弱，主导施工技术的变革与发展较为缓慢，这些因素导致行业的精品工程、创新工程、传世工程不多。以上种种问题，在一定程度上制约了我国建筑装饰行业的进一步发展壮大。

（二）建筑装饰行业投资规模分析

1. 建筑装饰业固定资产投资规模及增速

从图 1 可以看出，我国建筑装饰行业固定资产投资规模在 2006 ~ 2014 年，总体上呈现稳步增长态势。2006 年，我国建筑装饰行业固定资产投资规模仅为 15. 97 亿元，随着我国建筑装饰行业的快速扩张，这一规模已迅速增加至 2014 年的 118. 28 亿元，10 年不到的时间，增长了近 7 倍，年均复合增长率超过 28% 。

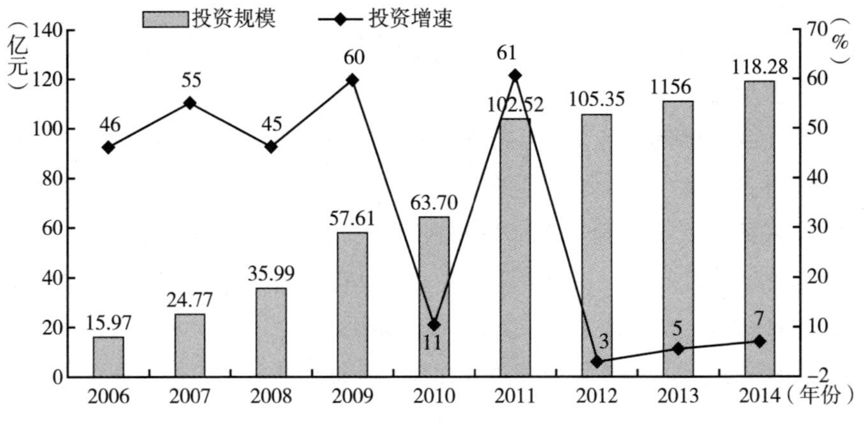

图 1　我国建筑装饰业固定资产投资规模及增速状况

资料来源：国家统计局历年统计资料。

然而，如果从增长率角度来看，情况可能并没有那么乐观。从图1中不难看出，在2009年之前的四年时间里，我国建筑装饰行业固定资产投资增速“惊人”，年均增长率超过50%。但是，2010年我国建筑装饰行业固定资产投资增速陡然跌至11%。2011年又出现了报复性反弹，行业固定资产投资规模较上一年增加了近40亿元。2012年，行业固定资产投资增速由2011年的61%“猛然”降至3%左右，随后两年增速虽有小幅回升，但是2014年投资增速仍然不足10%。

2. 建装行业代表性企业经营状况分析

苏州金螳螂公司创立于1993年初，是一家以室内装饰为主体，集安装幕墙、家具、景观、艺术品、机电设备等为一体的专业化建筑装饰企业。该公司有3000多人的设计团队，其中有30多名全国最具影响力的资深设计师和183名全国杰出中青年设计师，公司还拥有一支500多人的注册一、二级建造师，项目经理队伍，为每个项目的效果和质量提供了充足的人才保证。

金螳螂拥有木制品加工、幕墙、石材生产基地，通过工业化生产、装配化施工保证了工程的质量、环保、工期等，为此公司装修的2008年奥运会主会场（鸟巢）、国家大剧院、国家博物馆、北京人民大会堂常委厅等重点工程，以及洲际、万豪、希尔顿、喜来登、威斯汀等国际知名酒店管理集团的项目都获得了业主的认可和好评。

金螳螂公司连续6年成为中国建筑装饰百强企业第一名，2006年11月20日于深交所上市（股票代码：002081），并成为装饰行业首家上市公司，获得业内首个“中国驰名商标”。截止到2014年金螳螂已获得中国建筑工程鲁班奖61项、全国建筑工程装饰奖202项，成为行业获得“国优”最多的装饰企业。

金螳螂公司已经成为我国建筑装饰行业企业的标杆，那么金螳螂公司的规模扩张和投资效益如何呢？下面做个简要分析，以给“十三五”期间我国建筑装饰行业企业的投资和经营提供一点参考。

图2根据金螳螂公司年报制得[①]，虽然金螳螂公司总资产扩张率在2007年

① 由于金螳螂公司2015年度年报尚未公布，因而，2015年的数据采用了前三季度的数据进行了替代，虽然跟年度数据不具有多大的可比性，但是可以作为一种参考。

出现了 -18% 的增长率，但是其余各时期的增长率均为正，在 2011 年更是较上一年扩张了近一倍；另外，其净资产增长率在所考察期间均为正，在 2006 年和 2011 年分别达到 226% 和 158% 的超高水平。因而，也说明了金螳螂公司自 2006 年内上市以后，无论是以总资产还是净资产衡量，公司规模都是在迅速扩张的。再者，从其固定资产投资扩张率角度也可以印证以上结论：金螳螂公司固定资产投资扩张率除了在 2013 年出现了 2% 的负增长以外，其余年份均保持了正增长趋势，其中在 2009 年较上一年增长了 208%，即使在 2014 年也有 72% 的固定资产投资扩张率。

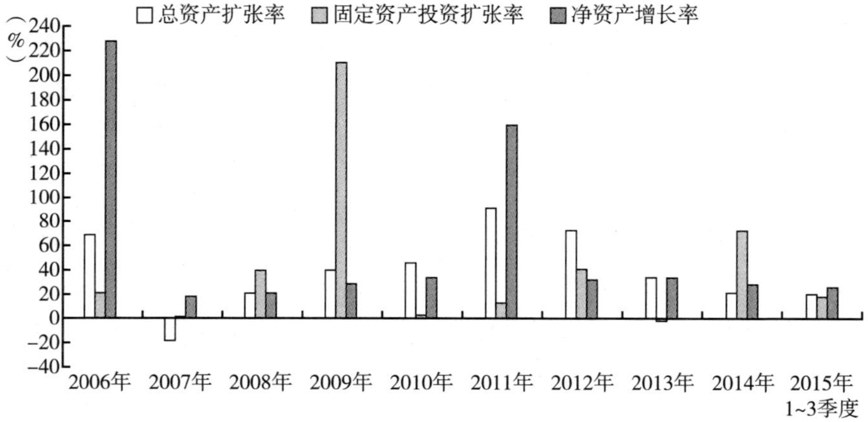

图 2　金螳螂公司资产扩张情况

图 3 根据金螳螂公司年报制得，它反映了金螳螂公司 2009 年至 2015 年前三季度的投资收益及其增速状况：从投资收益角度来看，在所考察样本区间，金螳螂公司的投资收益总量呈现不断增长态势，尤其是自 2013 年以后，随着公司的进一步发展壮大，其投资收益总量尤为可观，并且增加迅猛，由 2013 年的 3600 万元左右，快速增长至 2014 年的 7500 万元以上，不仅如此，仅 2015 年前三季度，其投资收益就超过了 9600 万元。从投资收益增速角度来看，除了 2011 年增速为负以外，其余年份增速均处于较高水平，尤其是 2013 年投资收益较上一年增长了近 16 倍，即使是在 2014 年其投资收益增速下降明显，但也超过了 100%。

从净收益角度看，金螳螂公司 2009 年净利润仅为 2.11 亿元，到了 2014

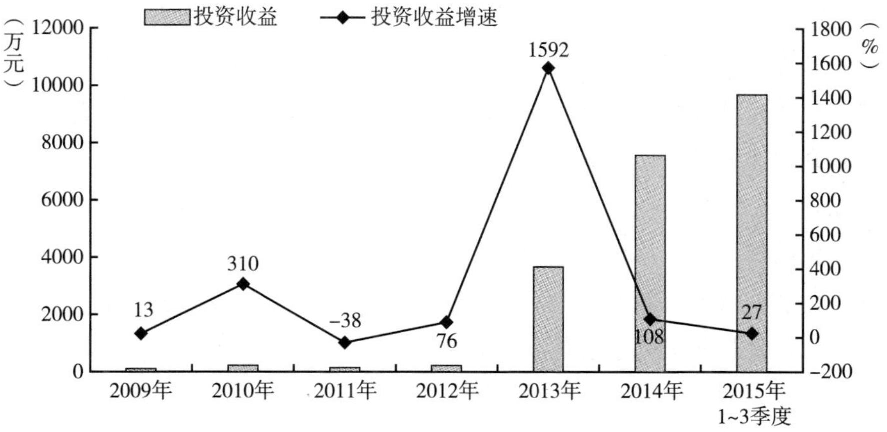

图 3　金螳螂公司投资收益状况

年净利润接近 19 亿元，5 年间增长了 8 倍。从净利润增长率角度来看，金螳螂公司的净利润增速波动较大，2010 年增长率达到近几年来的峰值，较上一年增长了 93%，但是自 2010 年我国经济发展进入新常态以后，总体经济形势下行压力较大，建筑装饰行业也受到了波及，金螳螂公司的净利润增长率自 2010 年以后一路下滑至 2014 年的 20%。

从本部分的分析中可以看出，从行业发展规模角度来看，我国建筑装饰行业总体规模自 2011 年以来在稳步扩张，但是从增长率角度来看，自 2011 年以来一直呈现下滑趋势；从建筑装饰行业的细分行业发展状况来看，住宅装饰业的规模虽然也在逐步扩张，但是近年来增长率波动较大，而公装领域的发展状况与行业总体发展状况基本一致，即总体规模在稳步扩张，但是增长率总体上是"稳步"下滑的。

从行业投资环境角度来看，一方面，随着城镇化的不断推进、棚户区改造、去库存等重大政策的逐步落实，我国建筑装饰行业未来的发展前景是广阔的；另一方面，也存在不少诸如总体经济下行压力增大、固定资产投资减速、行业自身发展不规范等不利因素。因而，未来我国建筑装饰行业发展可谓是机遇和挑战并存，即我国建筑装饰行业的发展前景是光明的，但是道路是曲折的。

从行业投资规模角度来看，我国建筑装饰行业的投资规模在 2006～2014

年总体上是呈增长态势的，但是2011年以后，增长率明显下降，这可能跟我国建筑装饰行业的转型发展和升级发展有关，即以往过度依赖投资的粗放型发展模式已经开始向主要依靠创新和技术变革转变，因而近年来我国建筑装饰行业的投资增速下滑比较明显。

从行业总体投资经营效益角度来看，我国建装行业不同规模企业的总资产和总产值的年均增长率均超过10%。但是，从利润增速角度来看，近年来我国大型建装企业的总利润和净利润增速仅为1.21%，而中型、小型和微型建装企业无论是总利润增速还是净利润增速均超过了10%，即不同规模建装企业的利润增速存在显著的差异。

二　建筑装饰行业投资风险分析

（一）投资环境恶化的风险

1. 总体经济下行压力增大

据2015年度宏观经济数据，中国经济面临的下行压力有加大趋势。首先，最显著的就是GDP增速已经从2015年一季度和二季度的7.0%，降至三季度的6.9%。其次，根据国家统计局公布的数据，规模以上工业企业实现利润的同比增长率在2014年已降至3.3%这一较低水平，不仅低于国内生产总值的增长率6.9%，亦低于城镇居民人均收入的增长率6.8%，更低于全国财政收入的增长率8.6%。如果企业盈利预期持续下降，那么必然会影响企业投资，进而企业的技术创新和升级步伐也会相应放缓，相应的其他经济活动也会减弱。

不仅如此，我国经济发展进入新常态以后，除了经济增速换挡降至中高速以外，产能过剩问题也很突出，经济结构调整以及产业迈向中高端也迫在眉睫。人口红利逐渐消失，要素成本进入集中上升期，资源环境约束趋紧，传统的主要靠要素投入、牺牲环境为代价以及大规模投资拉动的经济增长模式已经难以为继，因而我国经济发展亟须转换动力，寻找新的经济增长点，但这必将是一个长期而缓慢，甚至充满“痛苦”的过程。另外，加上全球金融危机的影响尚未完全消散，外部市场的需求不振，致使我国外贸发展遇到了瓶颈，近年来出现增长“乏力”现象。受国内外经济形势的“拖累”，人们的消费、投资热情必定会受到不同程度的影响。而建筑装饰支出作为家庭以及社会消费投资的一个重要组成部分，必然会受到波及。未来几年全球经济仍将处在深度结构调整和增长乏力的阵痛期，我国经济下行压力仍然较大，经济发展过程中的不确定性因素增多，因而各行各业投资者的投资热情趋于下降，对于扩大新增投资多持观望和谨慎态度。

2. 固定资产投资增速回落

当前，固定资产投资下行压力仍然较大。投资领域需要密切关注的主要问题有：企业自主投资意愿不强、实际融资成本较高、地方政府及融资平台投资能力受限、政府和社会资本合作模式进展较慢、房地产市场库存仍然较高。

2015 年以来，市场需求总体偏弱，工业领域价格和企业效益低迷，PPI 当月同比增速已经连续 45 个月下跌，工业企业利润受到明显侵蚀，自主投资意愿不强。工业企业整体仍处在去库存阶段，缺乏扩大再生产的投资意愿。尽管 2015 年二季度以来商品房销售持续回暖，量价齐升，但库存压制着房地产投资意愿，土地购置面积、房屋新开工面积等先行指标双双深度下滑。房地产销售走强带动房地产开发投资回升一般需要 6 ~9 个月的传导期，在库存高企的情况下传导期会显著延长，因而房地产投资形势不容乐观。

2016 年是“十三五”开局之年，一方面，推动经济转型升级和降杠杆将抑制投资增长。另一方面，改革红利释放、新兴产业以及服务业快速发展等将支撑投资增长。展望 2016 年，固定资产投资增速还将继续探底，预计回落到 9. 5% 左右，并将延续“一高两低”的基本格局，即基础设施投资高增速、制造业投资低增速、房地产开发投资极低增速，甚至大概率出现下降态势。

3. 房地产市场热度下降

2015 年，全国房地产开发投资 95979 亿元，比上年名义增长 1. 0%（扣除价格因素实际增长 2. 8%），增速比 1 ~11 月回落 0. 3 个百分点，住宅投资 64595 亿元，增长 0. 4%，增速回落 0. 3 个百分点。住宅投资占房地产开发投资的比重为 67. 3%。2015 年，房地产开发企业房屋施工面积 735693 万平方米，比上年增长 1. 3%，增速比 1 ~11 月回落 0. 5 个百分点，住宅施工面积 511570 万平方米，下降 0. 7%。房屋新开工面积 154454 万平方米，下降

14.0%，其中，住宅新开工面积106651万平方米，下降14.6%。房屋竣工面积100039万平方米，下降6.9%，降幅扩大3.4个百分点，其中，住宅竣工面积73777万平方米，下降8.8%。土地成交价款7622亿元，下降23.9%，降幅收窄2.1个百分点。投资代表着未来的需求，房地产行业投资以及土地购置面积下降意味着未来建筑装饰行业的潜在需求必定会受到不同程度的影响。

4. 建筑业市场总体下滑

住建部公布的建筑业行业发展数据显示，2015年前三季度，建筑业总产值7.2万亿元，同比下降0.1%；营业收入6.6万亿元，同比下降3%；实现利润总额2013亿元，同比仅增长0.7%；应收工程款2.1万亿元，同比增长16.6%；房屋建筑施工面积72.6亿平方米，比上年同期增长2.9%，而房屋建筑竣工面积，仅比上年同期增加了1.9%。最显著的就是新签工程承包合同额与上年同期相比下降了7.8%。从就业者人数和工资角度来看，2015年前三季度与上年同期相比，从业人员工资总额增长了近4%，而从业人员期末人数却下降了2.4%。建筑业发展状况在一定程度上预示着未来装饰行业的需求，如果建筑业发展速度回落，那么未来建筑装饰需求肯定也会受到影响。

（二）装饰材料供求错位的风险

1. 行业供给状况

（1）产品质量。目前我国建筑装饰产品的流通相对比较混乱。国内装饰装修材料的质量不稳定，其原因是多方面的。首先，我国建筑装饰行企业的生产技术和设备较为落后，前后批次产品的“一致性”较难保证。其次，我国建筑装饰企业规模一般较小，行业内企业数量众多，行业集中度较低，各个厂商的生产工艺和标准不一，必然导致产品质量参差不齐。最后，行业内企业的质量管控机制不够完善，没有一个严格科学的生产配方，为了降低成本往往会出现偷工减料现象。各种原因的综合作用，往往导致生产出来的材料不达标不合格。

（2）产品结构。我国新型建筑装饰材料近年来有了较大的发展，但是仍然具有很大的进步空间。例如，就地面装饰材料而言，与发达国家相比，我国新型地面装饰材料无论在档次、品种还是用量等方面与发达国家还有很大差距。相关统计数据显示，目前我国地面装饰材料中，有60%左右是陶瓷材料，

10%是大理石或者是花岗岩材料，其余的还有塑料地板、木地板等材料。但是，进一步的统计研究发现，在整个地面装饰材料构成中，有机类的材料与无机类的材料的比例是2∶8。这个比例与发达国家恰好是相反的，也就是说，我国的建筑装饰的材料的产品结构、产业结构相对来说还不十分合理。

（3）产品更新换代。我国很多地区市场中所流行的装修材料，与发达国家相比，无论档次还是配套性以及款式等方面，竞争力都不强。比如我国的墙纸、墙布的生产，近些年在行业努力推动的背景下，相关生产工艺以及生产的款式已经有了一定的发展，但是与国外的相关产品相比，花色品种相对还是比较少，款式上也很陈旧。其主要的原因在于，国内的相关企业在生产过程中，不能根据市场的需求及时更新相关技术和花型。因此，在国内很多建筑装饰材料的门类中，产品的可供选择性比较差，在很大的程度上根本满足不了更高层次的需求。更不用说当前日益流行的绿色低碳环保新材料的研发和使用了。

2. 行业需求状况

（1）对产品质量和款式的要求更高。随着人们收入水平和生活水平的快速提高，无论是在家装还是公共建筑装饰方面，人们不再仅仅要求其可以提供基本的使用功能，以及以往简单单调的设计和款式，对于视觉效果和美观印象的追求更加强烈，对于产品质量和款式的要求更加苛刻。

（2）对绿色安全产品的需求量激增。在经济发展水平和居民收入水平偏低的阶段，人们在选择建筑装饰材料的时候，可能更多的是考虑价格和实用性，而将品质和舒适性甚至安全性置于其后。但是，随着经济的快速发展和居民生活水平的不断提高，一方面，人们的消费能力和消费水平也随之提高；另一方面，人们的绿色安全意识以及健康意识显著增强。因而，人们在进行消费的时候会更加注重产品的安全性和环保性，未来人们对绿色安全产品以及绿色设计、绿色施工的需求会明显增加。

（3）对节能减排产品需求更强烈。改革开放30多年来，虽然我国经济社会发展取得了举世瞩目的巨大成就，但是我国总体上走的还是一条高投入、高能耗、高排放的“粗放式”发展道路，因而在我国经济社会取得快速发展的同时，环境污染、生态破坏越来越严重，发展的不可持续性日益凸显，人们的生产生活日益受到威胁。因而，为了增强我国经济社会发展的科学性和可持续性，“科学发展观”应运而生。随着“科学发展观”逐渐深入人心，人们在生产生活的各个方面对于节能减排产品以及低碳产品的偏好开始增强。当然在建筑装饰材料的选择和购买中也不例外，近年来，随着人们的节能意识和环保意识的逐渐增强，人们对于节能减排类产品的偏好大大提高。

3. 供求“错位”矛盾突出

从上面对我国建筑装饰材料的供求状况分析中可以看出，随着我国经济社会的不断向前发展，消费者对于生活品质和产品质量的追求不断提高，人们的绿色环保理念也不断增强，而传统的产品质量不过关、参差不齐，款式太少，缺乏新意；传统建筑装饰材料往往含有大量的有害物质如甲醛等，对人们的居住办公环境造成污染，对人们的健康构成威胁；另外，传统的建筑装饰行业通常存在高能耗、高排放的“粗放式”发展的不良现状。因而，不难看出，我国建筑装饰行业的供求越来越呈现不对称不匹配的状况，供求“错位”的矛盾日益凸显。另外，从长远来看，随着人们健康和环保理念的不断增强，未来建筑装饰行业不仅对于绿色材料的需求将大大增加，对于绿色设计、绿色施工等的需求也必然会大大增加，如果各建筑装饰企业不能顺应市场需求的改变而做出相应调整，那么将来我国建筑装饰行业供求“错位”的矛盾会更加突出。

（三）用工成本上升的风险

1. 行业总体用工成本上升

建筑装饰施工成本主要由建筑装饰材料成本和人工成本及其他成本构成。建筑装饰材料主要包括木材、石材、钢材等，约占施工成本的71.8%；施工业务中，人工成本占比一般在20%左右。而原材料中占比大的木材、石材的价格波动幅度一般较低，加上我国各地基础类建材供应充足，供应商的议价能力较弱，装饰企业可以通过长期合作等方式做到原材料价格的相对稳定性，因而建筑装饰材料的成本上涨并不明显。重要的是施工人员工资的上涨过快。近年来随着我国社会老龄化以及农民工返乡潮的影响，加之新生代对于工作环境以及待遇要求的提高，多不愿从事建筑业行业，因而建筑装饰行业一线工人出现了供给下降、“青黄不接”的不利局面。调查数据显示，2015年，我国40家大型建装企业从业人员平均工资已经达到7.6万元；132家中型建装企业从业人员的平均工资为6.4万元；195家小型建装企业从业人员的平均工资为5.2万元；33家微型建装企业从业人员的平均工资为3.3

万元。① 这明显高于同期建筑业行业从业人员平均工资。

从我国建筑业行业从业人员平均工资与全国平均工资水平的增速中可以看出端倪。在2008年之前，我国建筑业行业的平均工资增速明显低于全国平均水平。但是在2008年之后，情况出现了反转，建筑业行业的平均工资增速明显高于全国平均水平。2012年在全国平均工资水平增速大幅度下降的情况下，建筑业行业的平均工资增速反而逆势上扬。说明建筑业行业工人用工成本的上升已经成为建筑业企业必须要面对的一个严峻问题。

2. 管理、设计人员用工成本提高

经过30余年的发展，2015年我国建筑装饰行业从业者队伍约为1620万人，比2014年增加20万人，增加幅度为1.25%。其中新接收大专院校毕业生约20万人，与2014年基本持平。行业内受过高等教育的人数达到260万人，比2014年提高了8.33%。受过高等教育人数占从业者总数的16.05%，比2014年提高了1.05个百分点。2015年新增建筑装饰工程设计人员约12万人，增长幅度约为4.83%，全行业设计人员总数约为157万人，占从业者队伍总数的9.69%，比2014年提高了0.59个百分点。

其中，生产、施工一线接收中专、职高、技校等接受过专业技术教育的比例持续升高，2015年全行业共接收专业技术工人约30万人，比2014年增加了12万人，增加幅度在67%左右。目前在生产、施工一线年轻专业技术工人的数量约为60万人，占全部一线人员14%左右。在管理领域，2015年金融、法律、计算机、自动化等专业人才数量有了较大幅度增长，使得行业管理、科技人才队伍结构更为丰富，人才储备更为多样化。

从以上的分析中我们可以看到，与2014年相比，我国建筑装饰行业从业人员总数增幅虽然较小仅为1.25%，但是从业者队伍结构进一步优化，最明显的就是行业内受过高等教育的人数达到260万人，比2014年提高了8.33%，而且新增建筑装饰工程设计人员约12万人，增长幅度约为4.83%。当然这在长期内对于行业未来朝高级化发展以及转型发展有利，但是短期

① 企业规模以2015年销售额划分，其中，大型企业，年销售额≥8亿元；中型企业，年销售额在6000万元及以上但低于8亿元；小型企业，年销售额在300万元及以上但低于6000万元；微型企业，年销售额低于300万元。

内，必然会给建筑装饰企业的工资成本带来巨大压力。因为与普通劳动力要求的工资待遇相比，拥有高等教育背景的人要求得更高。因而，行业内拥有高等教育背景人数及占比的不断提高，必然会对建筑装饰企业用工成本的快速上涨构成压力。

调查数据显示，2015 年，参与调查的 40 家大型建装企业、132 家中型建装企业、195 家小型建装企业和 33 家微型建装企业设计人员平均工资分别为 10 万元、8 万元、7. 1 万元和 4. 4 万元，分别为各自从业人员平均工资水平的 1. 32 倍、1. 25 倍、1. 37 倍和 1. 33 倍。不仅如此，那些具有绿色低碳环保设计理念的高级设计师的薪酬在大幅攀升。英才网联旗下建筑英才网统计数据显示，当前绿色建筑岗位普遍高薪。其中，钢结构工程师以 9198 元的平均月薪位居榜首，其高层平均月薪可达 20000 元。紧随其后的是绿色建筑咨询工程师和节能工程师，平均月薪分别为 7171 元和 6991 元，高层为 18000 元和 16000 元左右。另外，园林/景观工程师为 6033 元、固废技术工程师为 5833 元、净化工程师为 5448 元。

可见，未来伴随着行业内绿色低碳环保理念的逐渐流行和传播，同时也是为了满足消费市场的多样化和高端化发展，对于具有绿色低碳设计理念的高端人才的需求会大幅度增加，短期内必然会加重建筑装饰企业的成本负担。

从本部分的分析中可以看出，我国建筑装饰行业的投资面临诸如投资环境恶化、装饰材料供求错位、用工成本上升以及经济新常态下的转型风险等诸多风险和不利因素，但是风险中同样孕育着机遇。如果我国建筑装饰行业企业能够顺应市场和行业需求的变化，积极做出改变和创新，顺利实现经济新常态下的转型发展和创新发展，那么当前的风险不仅会迎刃而解，而且会助推我国建筑装饰行业发展再上一个新台阶。

三　建筑装饰行业投资建议

（一）投资模式选择

李克强总理在 2015 年的政府工作报告中提出，制定“互联网 +”行动计划，推动移动互联网、云计算、大数据、物联网等与现代制造业结合，促进电子商务、工业互联网和互联网金融健康发展，引导互联网企业拓展国际市场。“互联网+”，是创新2.0下的互联网发展新业态，是知识社会创新2.0推动下的互联网形态演进。“互联网+”代表一种新的经济形态，即充分发挥互联网在生产要素配置中的优化和集成作用，将互联网的创新成果深度融合于经济社会各领域之中，提升实体经济的创新力和生产力，形成更广泛的以互联网为基础设施和实现工具的经济发展新形态。“互联网+”为经济社会打开了无限的想象空间，各行各业都在利用互联网思维勾画新的发展蓝图，马化腾表示，互联网的功效是打破信息不对称、降低交易成本、促进分工深化和提升劳动生产率，这个“+”号后面可以接传统行业的各行各业。在“互联网+”的影响下，以中国建筑装饰百强企业为代表的建筑装饰行业也正加速布局互联网，纷纷搭建网上平台，以“O2O”方式进入亿万家装市场，谋求转型升级，实现新的跨越式发展。

2015年，“互联网家装”概念的迅速升温，吸引了大批互联网企业、建材家居企业、传统装修公司、风投等多方争相涌入。据统计，近一年来，家装行业涌入了超过40亿元资本。从齐家网、土巴兔等建材、装修信息平台，到新浪、搜房等门户网站的家装频道；从国美、苏宁等家居卖场，到阿里、京东等电商巨头，再到恒大、万科等一线房企，各路资本蜂拥而入，共同掀起了一场互联网家装革命。

当然，在这场互联网家装热潮中，少不了传统装饰企业的身影，它们成为家装革命浪潮中一股不容忽视的力量。2014年，金螳螂用2.7亿元自建家装电商平台“金螳螂·家”，进军家装市场；亚厦股份试图用自家电商平台“蘑菇+”来重新定义互联网家装；广田股份旗下过家家装修网以绿色家装O2O的创新业态和家装设计优势，引发业界关注；洪涛股份旗下家装电商平台“优装美家”，首推“装修管家”团队，推动互联网家装行业进入比拼服务的新阶段。

在互联网思维的影响下，我国建筑装饰产业或将迎来革命性变化。借助互联网的力量，建筑装饰企业纷纷“触网”，截至2015年我国互联网家装企业已经超过200家，他们用互联网思维审视用户、产品、市场及企业价值链乃至整个商业生态，以创新为驱动，为客户提供更便捷、更高效、更优质的多元化服务；借助互联网思维及先进技术，创新商业模式，拓宽业务链，开拓更广阔的市场。这不仅顺应了互联网时代的发展需求，颠覆了传统家装业务模式，也不断扩展了公司的业务范围，形成新的利益增长点。另外，通过“互联网+”可以改变建筑装饰行业小而散的现状，未来通过这个平台，那些小而散的公司不仅有可能从施工方变成服务商，行业也许将加速整合，在这个过程中“互联网+”会给建筑装饰行业带来无限商机。

（二）投资策略的选择

1. 培育人力资本，增强企业“硬实力”

在我国经济发展进入以经济增速平台降低、产能过剩严重、产业结构亟待调整和转型升级为特征的“新常态”背景下，资源能源环境约束趋紧，劳动力等生产要素价格进入集中上升期，传统的主要依靠要素驱动型增长方式已经难以为继。因而，在经济新常态下，我国建筑装饰行业不仅要在投资模式上进行创新，充分挖掘“互联网+”潜力，在投资策略上也要避免盲目的规模扩张，要以技术创新为首要选择，通过技术创新来降低成本、挖掘新的利益增长点，这才是我国建筑装饰企业生存和长久经营之道。然而，创新从来就是跟人才的培养和引进分不开的。为此，首先，各建筑装饰企业要加大对建筑装饰行业新型人才尤其是高端设计人才的投资力度。好的作品源于好的设计。目前，我国建筑装饰行业的高端设计人才还较为匮乏，尤其是随着人们生活水平和质量的不断提高以及健康意识和环保意识的不断增强，人们对于绿色设计、低碳设计以及环保设计的需求开始大大增加。其次，增加对于研发人才的引进和投资。传统的建筑装饰材料大多含有甲醛、氡、二甲苯等有害物质，长期接触会对人的身体健康造成严重威胁。随着人们健康意识的不断增强，人们对于安全无公害类新型建筑装饰材料的需求不断增加，而我国建筑装饰行业内新型材料的供给无论是在量上还是类别上都显得严重不足，无法满足消费者不断发展变化的需求。新型建筑装饰材料在量和类别上的供给不足背后反映的是建筑装饰材料领域内研发人才的不足。未来随着新型建筑装饰材料需求的增加，建筑装饰企业应加大对新材料研发人员的投资力度。最后，应加大对施工人员和项目管理人员的培训和投资力度。施工人员和项目管理人员的素质和水平在很大程度上决定了工程完成的质量和优劣。因为前期设计再好，如果施工人员和项目管理人员在施工的过程中没能力完全“呈现”原先的设计和理念，那么最终的装饰效果会大打折扣。

因而，未来在建筑装饰行业激烈的市场竞争中，要想赢得先机站稳脚跟就必须要在技术创新和人才培育方面加大投资力度，逐步实现由要素驱动的粗放式发展向创新驱动的集约式发展转变。

2. 借力资本市场，加快上市步伐

2015 年开年以来，建筑装饰行业在资本市场上的表现极为抢眼，多家企业相继上市，建筑装饰行业在资本市场正风生水起。

2 月 26 日，苏州柯利达装饰股份有限公司在上海证券交易所 A 股成功上市；3 月 20 日，上海全筑建筑装饰集团股份有限公司在上交所挂牌上市；3 月 25 日，深圳时代装饰股份有限公司正式挂牌新三板；4 月 2 日，深圳市建装业集团股份有限公司在全国股份转让系统挂牌，正式登陆新三板；8 月 18 日，中标集团在新三板正式挂牌，将资本舞台锁定在新三板；12 月 22 日上午，深圳市奇信建设集团股份有限公司在深圳证券交易所中小板即时开盘，标志着公司的正式上市。

同时，已经上市的建筑装饰企业在市场上也取得了亮眼成绩。北京时间 2015 年 7 月 8 日，《财富》（中文版）杂志发布了中国企业 500 强排行榜，其中，金螳螂以 206. 886 亿元（人民币）的收入，排名第 250 位，较上年上升 14 位；亚厦股份以 129. 171 亿元（人民币）的收入，排名第 359 位，较上年上升 8 位；广田股份以 97. 88 亿元（人民币）的收入，排名第 446 位，较上年上升 32 位。

长期来看，“一带一路”、新型城镇化、绿色建筑等国家战略的深入实施，将为建筑装饰行业的快速、可持续发展提供利好的宏观环境。再加上经济转型升级的变革需求，建筑装饰行业必将迎来一股创新升级潮流，更多的装饰企业将踏上上市之路，在资本市场谋求更大的发展空间，释放更强的增长潜力。

3. 推进转型升级，加速资源整合

目前，我国经济下行压力较大，新旧动能正处于切换过程中。转型升级，提质增效，已成为经济发展的主线。在培育新动能的过程中，各行各业都在探索转型升级之道，建筑装饰企业也不例外。

2015 年 5 月 12 日，广田股份与四川门里天府投资有限公司、深圳朗泓房地产有限公司、法拉帝国际酒店管理（北京）有限公司、中国建筑第四工程局有限公司、香江集团有限公司、浙江佳源房地产集团有限公司、深圳市恒荣置地有限公司、深圳市鹏城置业投资发展有限公司签署了《框架合作协议》，进一步扩大业务范畴。

2015 年 7 月，亚厦股份与中大房地产集团有限公司签署了《战略合作意向书》，双方就合力开展家装业务达成合作意愿。10 月 13 日，亚厦与万向信托达成战略合作伙伴关系并签署了协议，双方将充分发挥各自领域中的专业优势，实现互信协作、共同发展。

2015 年 9 月 12 日，洪涛股份公告称以 2. 97 亿元收购上海学尔森文化传播有限公司 85% 股权，以 3900 万元收购北京金英杰教育科技有限公司 20% 股权，以自筹资金与公司董事长之子刘望共同投资筑龙伟业，公司出资 2000 万元占 10% 股权、刘望出资 1000 万元占 5% 股权。洪涛股份正加快调整企业的发展战略，促进企业转型升级。

2015 年 10 月 8 日晚间，金螳螂发布公告称，公司拟与中国电力建设股份有限公司下属全资子公司中电建建筑集团有限公司合资设立中电建金螳螂建筑装饰工程有限公司。

2015 年 10 月 13 日，上海全筑建筑装饰集团股份有限公司发布公告称，公司拟与北京途家置业顾问有限公司，自然人钱俊杰、陆晓栋、王健曙、蔡锋共同出资设立上海途筑建筑装饰系统工程有限公司，切入度假公寓装饰装修这一细分领域。中装建设集团与华洋创融举行交流会，在创新发展、合作共赢方面达成诸多共识。

2015 年 10 月 19 日晚间，柯利达发布公告称，公司与河南正商置业有限公司签订了《战略合作框架协议》，拟在建筑装饰相关业务领域结为战略合作伙伴，实现资源共享和优势互补，整合多方资源，形成规模效应，共同做大产业规模。

此外，宝鹰股份相继收购高文安设计、武汉矽感科技有限公司，全力打造“互联网 + 建筑装饰”的物联网电子商务生态圈，促进公司实现跨越式发展。东易日盛相继收购南通东易通盛装饰公司和集艾室内设计（上海）有限公司，推进加盟商整合与业务拓展。

在我国建装行业转型升级的过程中，建筑装饰企业通过整合优质资源，推进产业合作，发挥产业链的协同优势，对于推动我国建筑装饰企业发展壮大具有重要意义。

4. 发力供应链，释放“金融能量”

中国人民银行支付结算司副司长樊爽文在2015年度中国供应链金融高峰论坛上提到：在互联网化、扁平化和综合化的大背景下，依托互联网金融的发展，支付服务的提供者和金融服务的提供者都能够在供应链上有更加全面深入的介入，在供应链金融中发挥更大作用，从而推动一个行业踏上新的台阶。建筑装饰行业也看到了供应链金融的优势，并积极布局。

2015年6月16日晚间，金螳螂发布非公开发行股票预案称，公司拟以30亿元用于投资装饰产业供应链金融服务项目。金螳螂表示，通过资源整合和工艺优化，公司将掌握更多的供应商资源，取得更大的采购定价话语权，使其成为公司获得更多工程项目、提高毛利率的一种有效方式。

9月6日，亚厦股份旗下“蘑菇+”正式携手中国建设银行，达成战略合作协议，推出“蘑菇+金融”服务——家装贷。据悉，家装贷服务手续便捷，用户最优可享受“0抵押、0担保、0利息”的三“0”政策，专享一站式通道办理，实实在在减轻经济负担。

11月16日，广田股份及实际控制人方控制的企业与“过家家”核心团队控制的企业共同投资设立云万家科技（香港）有限公司，并由云万家香港公司拟设立全资子公司深圳云万家科技有限公司从事传统家装业务与互联网结合的新型商业模式，打造“过家家”品牌B2C电子商务平台，为各城市合作伙伴、供应商、用户提供供应链金融、家装微贷、家装质量保险等服务，实现多方共赢，重构家装商业生态圈。

11月27日，神州长城宣布与北京道口贷科技有限公司达成战略合作，双方将在供应链金融服务领域展开合作，后者将为神州长城供应链上游企业提供融资服务。此次神州长城选择与道口贷展开合作，可以借助自身龙头地位，为供应链伙伴提供更好信用保证，使得这些中小企业获得更优的金融支持，实现普惠金融。

此外，宝鹰集团与兴业银行就金融合作达成了诸多共识，兴业银行将在境外融资和供应链管理方面为宝鹰集团正在起飞的国际业务和供应链平台提供全面的金融服务，助力国际业务的腾飞和供应链管理平台的成熟。柯利达将把资产管理公司打造成为金融平台，围绕装饰行业产业链开展投融资活动，以发挥资金对业务的撬动作用，促进公司业务规模的快速发展。建元股份也提出了以装饰为核心，互联网和金融业务为两翼，石材、木制品、幕墙、集成化建筑为四轮的发展战略，发力供应链金融。

目前，供应链金融发展相对较为成熟的是阿里、京东等电商平台，主要面向电商供应链上的中小企业，而平台可以通过数据分析和信用体制等来控制融资风险。传统行业正在被移动互联网所改变，建筑装饰企业借助金融创新丰富自身业务，多条腿走路，是非常好的尝试。但因为产品不标准，供应商信息不是基于大数据分析而来，所以风险把控方面还有待进一步研究。

（三）投资领域选择

1. 绿色低碳领域

发展绿色低碳装饰，主要是倡导绿色低碳理念，坚持绿色低碳设计，推进绿色低碳施工，使用绿色低碳材料。这是时代发展的必然趋势，反映了人们对科技和文化进步以及环境和生态破坏的反思，也体现了企业社会道德和责任的回归。

“绿色低碳装饰将成为未来发展大方向”，中国建筑装饰协会会长李秉仁在2014年10月第十一届中国建筑装饰百强企业峰会上如此断言。这份笃定，来源于其对整个建筑装饰行业未来发展趋势的精准判断。作为实现绿色低碳装饰的必备基因，无论是宏观层面的国家经济转型，中观层面的行业产业化，还是微观层面的企业工厂化，都会给行业未来的发展带来太多惊喜。我国国民经济发展的第十三个五年规划中更是明确提出“建筑业要推广绿色建筑、绿色施工，着力用先进建造、材料、信息技术优化结构和服务模式”。当前，我国的建筑及装饰能耗约占全社会总能耗的30%左右，因而，发展绿色低碳装饰已经成为一种必然趋势，这是产业经济为适应人类环保与健康需要而产生并表现出的一种必然状态。因而，我国建筑装饰企业未来在绿色低碳领域将会大有可为。

2. 循环可持续领域

随着我国经济的快速发展以及城镇化和人民生活水平的不断提高，我国建筑装饰行业的发展状况也有了大幅度的提升，但与此同时，也出现了一些不规范，尤其是不可持续的现象，在造成了资源能源大量浪费的同时，也对生态环境和住户的身体健康构成了极大的威胁。因而，人们在选择建筑装饰方案及其材料的时候，不再仅仅关注其实用性和价格，而是越来越关注其环保性和可持续性。比如，在可持续性方面，通过对建筑物生态环境的了解，在保证建筑装饰设计安全性和稳定性的基础上，制定出绿色环保可持续的设计主题和设计方案，提高建筑装饰的整体效果和质量。在节约性方面，基于建筑物必需的能源和资源消耗的基础上，通过合理的设计方法最大限度地减少建筑装饰过程中的资源和能源消耗以及浪费。在材料选择方面，人们开始越来越多地关注那些可循环使用的新型建筑装饰材料。未来，随着人们环保理念和生态环境意识的不断增强，建筑装饰行业无论是在设计理念还是在可循环使用的新材料的发展方面都将会迎来一个黄金发展期。

3. 安全无公害领域

在经济发展水平以及居民收入水平偏低的阶段，消费者在选择建筑装饰材料时更多考虑的是其实用性和价格，将舒适性甚至是安全性至于其后。但是，随着经济发展水平以及人们消费能力的不断提升，人们在选择建筑装饰材料时会更多地关注其舒适性尤其是安全性。而传统的建筑装饰材料，在满足人们基本使用功能的同时，往往会对人体健康产生危害。因为传统建筑装饰材料通常含有超标的有害物质，例如胶合板等会散发甲醛、合成纤维和塑料等含有苯，花岗岩等石材含有氡，油性油漆、涂料中含有二甲苯等。这些物质散发到空间环境中，很难在短时间内得到有效去除，容易给人体造成极大的伤害，甚至可能引发中毒、致癌等，而新型建筑装饰材料就可以有效避免上述一系列问题，对传统建筑装饰材料不仅具有很好的替代性，而且使用起来也很方便。比如用新型无粘接板材代替胶合板，用无毒害树脂类产品取代传统塑料制品，研发水性漆来取代溶剂型的油漆等。而目前受安全无公害建筑装饰材料种类以及供应量的限制，我国在建筑装饰过程中的无公害材料使用占比仍然偏低。但是，未来随着科技的发展以及消费者需求偏好的提升，相应地会出现更多的安全无公害建筑装修材料，以实现建筑装饰过程的全面无害化。因此，未来安全无害化建筑装饰材料代替那些对人体有害的传统建筑装饰材料是我国建筑装饰行业发展的必然趋势。因而，建筑装饰企业加大对安全无公害建筑装饰材料的研发和投资，从长远来看将会是一个不错的选择。

4. 智能化家装领域

智能家居是建筑装饰行业未来发展的重要领域和趋势之一。近年来，国家和地方政府多次出台相关扶持政策支持智能家居产业发展。2013 年 9 月，国家发改委、工信部等 14 个部门共同发布《国家物联网发展专项行动计划》，明确将智能家居作为战略性新兴产业来培育发展，将智能家居列入九大重点领域应用示范工程之一。在打造中国经济升级版和建设智慧城市的宏观环境下，智能家居将成为建筑装饰行业最新、最活跃的增长点，也必将成为行业未来竞争的制胜高地。

（四）目标市场的选择

1. 住宅建筑装饰市场需求分析

（1）新型城镇化加快发展。发达国家的城镇化率，一般在 75% ~80%，甚至更高。2014 年国家统计局公布的按常住人口衡量的我国城镇化率已经达到 54.77%，但是如果改用户籍人口作为统计口径的话，那么我国真实城镇化率只有 36% 左右，不仅远低于发达国家 80% 的平均水平，也低于人均收入与我国相近的发展中国家 60% 的平均水平。可见，中国的城镇化，依然有着广阔的发展空间。如果按照 2014 年出台的《国家新型城镇化规划（2014 ~2020 年)》要求："到 2020 年，我国常住人口城镇化率达到 60% 左右，户籍人口城镇化率达到 45% 左右，努力实现 1 亿左右农业转移人口和其他常住人口在城镇落户。"那么若以 2012 年我国城镇人均住房面积 32.91 平方米推算的话，则 2014 ~2020 年新增城镇人口 1 亿人所产生的新住房需求将超过 32.91 亿平方米，年均新增住房需求约 5.49 亿平方米。由此而带动的未来建筑装饰行业的新增需求将是巨大的。

（2）改善性住房需求增加。随着新型城镇化的推进、收入水平的提高以及家庭结构的小型化，我国城镇人口的居住质量将有较大的上升空间，改善性需求仍将快速释放。改善性需求在很大程度上受到人均面积提升的影响，而人均面积的变化主要取决于三个指标：家庭规模、户均套数以及套均面积。

根据前文对家庭规模、户均套数以及套均面积的分析，我们可以估计出到 2020 年我国城市人均住房面积大约为 38.87 平方米。若不考虑新增城镇人口在 2014 ~2020 年的改善性住房需求，2020 年人均住房面积将比 2013 年底增加

5.96平方米左右。若以2014年国家统计局公布的7.49亿城镇常住人口为衡量指标，未来几年现有城镇居民的改善性住房需求约为44.63亿平方米，年均增长5.58亿平方米。由此而带动的未来建筑装饰行业的新增需求将是巨大的。

（3）拆旧改造住房需求增长空间巨大。近年来，我国城市棚户区改造、旧城改造速度不断加快。“十三五”规划纲要明确指出：“加大城镇棚户区和城乡危房改造力度。”因而，近年来我国存量房屋拆迁速度保持在高位。根据统计年鉴和人口普查数据，2010年末我国城镇人口约为6.7亿人，城镇居民人均住房面积31.6平方米。按此推算，2010年末城镇居民住房总存量约为211.72亿平方米。据测算，其中1990年以前建成的房屋户数、建筑面积占比分别为28%、22%（约46.58亿平方米），而至2020年末上述房屋的使用年限均将超过30年。虽然相关法律规定住房的最低使用年限是50年，但是事实在我国却很少能够达到，按照住建部的数据，我国的房屋使用寿命只有25～30年。经国际比较发现，亚洲、特别是东亚地区的住宅周期一般在30～40年。因此，将我国房地产更新周期设定为30年。假定到2020年，1990年以前建成的房屋大部分拆旧改造，1990年以后建成的房屋一部分拆旧改造，预计2014～2020年由房屋拆旧改造带来的新增住房需求将达到40亿平方米左右。即使是按照“十三五”规划要求：“到2020年实现城镇棚户区住房改造2000万套”的指标，如果套均面积按100平方米计算的话，新增住房面积也将达到20亿平方米，由此而带动的未来建筑装饰行业的新增需求将是巨大的。

另外，随着我国房地产行业去库存政策开始发力、二胎政策落地、住房全装修、户籍制度改革等利好政策相继出台，未来我国住宅建筑装饰市场的需求将是巨大的。

2. 公共建筑装饰市场需求分析

随着我国城镇化、工业化以及现代化的不断推进，公装市场将会是一个具有相当吸引力的市场。公装是指公共建筑装饰，它主要包括交通运输类、办公建筑、商业建筑、科教文卫建筑等公共建筑装饰及改造装饰。

（1）快速增长的城市轨道交通、机场建设等进一步拉动了公装市场需求。随着我国经济的快速发展，城镇化进程的不断推进，城市基础设施特别是城市交通设施与城镇化发展的矛盾逐渐显现。国家已将铁路、城市轨道交通以及民用航空事业的发展放在更加突出的地位。“十三五”规划指出，“十三五期间新增城市轨道交通运营里程3000公里，投资总额超过7000亿元。”另外，近年来随着我国高铁事业的快速发展，高铁内部装饰及其客运站建筑装饰需求也会逐渐凸显，“十三五”规划指出：“十三五期间完成建设北京至香港（台北）等高速铁路，建设川藏等延边铁路，实现我国高速铁路由2015年底的1.9万公里到2020年的3万公里，确保我国高速铁路覆盖80%以上大城市。”此外，在机场建设方面，随着我国居民生活水平的不断提高和进一步国际化发展的需要，“十三五”规划纲要明确指出，“十三五期间，加快建设哈尔滨、深圳、昆明、成都、重庆、西安、乌鲁木齐等国际航空枢纽，建设郑州等以货运功能为主的机场，新增民用运输机场50个以上”。在此期间民用机场投资规模将超过5000亿元。以上都将会给公共建筑装饰市场带来巨大需求。

（2）文化、医疗等场馆装饰需求保持稳定增长。根据国家统计局发布的《2012年国民经济和社会发展统计公报》，至2012年末，全国文化系统共有艺术表演团体2089个，博物馆2838家，公共图书馆2975家，文化馆3286家，医疗卫生机构961830家，各类提供住宿的社会服务机构4.7万家。

政府已在“十三五”规划中再次明确强调“将大力发展我国文化产业，推动文化产业成为国民经济支柱性产业，增强我国文化软实力和国际竞争力”。随着我国大力发展文化产业战略的实施，各地文化馆、体育馆、艺术馆、图书馆等场馆的建设力度将持续加大，预计年增长率将达到11%左右。同时“十三五”规划强调“未来几年将重点发展卫生人才与科技基础设施重点工程”，因而，新增文化、医疗等场馆装饰需求加上现有场馆的装饰更新需求，未来这块公装市场需求有望保持稳定增长。

（3）大型赛事及会展业的发展为公装市场提供了巨大的增长空间。北京奥运会、上海世博会、广州亚运会、深圳大运会的成功举办带动了我国建筑装饰行业新一轮的发展。同时，随着中国综合国力的不断增强、经济水平的不断提高，越来越多国际会议、大型活动在我国各大城市举办，大型金融机构、体育场馆、会展中心等公共建筑的建设将会逐渐增加。大量新增场馆的装饰及存量场馆的改造和重新装修将为建筑装饰行业带来巨大的市场需求。

（4）涉外旅游、国内星级酒店的发展带来大量的建筑装饰需求。随着我国经济快速增长，商务差旅活动需求不断扩大，居民生活水平的逐渐提高带来了消费升级以及越来越多的出游需求。根据中国建筑装饰协会数据统计，国内星级酒店数量在1999～2011年平均增长率达到9.8%，其中五星级酒店平均增长率达7.25%，四星级酒店平均增长率达到8.21%。截至2013年9月末，我国星级酒店已多达12921家，其中五星级酒店数量为717家、四星级2346家、三星级5798家。一般而言，酒店的装修周期为5～7年，如果以30年的经营期限计算，每家酒店都需要进行4～6次的装修，大量新增酒店的建设及存量酒店的改造装修将为建筑装饰行业带来巨大的市场需求。

3. 建筑幕墙行业市场需求快速增长

幕墙市场可分为城市公共空间、城市商业空间及住宅楼宇等。城市公共空间主要包括机场、车站、轨道交通、博物馆、图书馆、体育场馆、学校、医院等建筑。城市商业空间主要包括商务写字楼、星级酒店及城市商业综合体等。随着我国经济的持续发展，建筑幕墙行业年产值呈现稳步增长态势。中装协数据显示，2012年全国幕墙行业产值为2300亿元，2015年，全国幕墙行业总产值超过4000亿元，“十二五”期间，我国幕墙行业总产值年均复合增长率达20%。

建筑幕墙市场主要集中在大中型城市，伴随着城镇化率的不断提高，我国城市数量和城市规模也在稳步上升，“十三五”规划明确指出，到2020年城镇化率将达到60%左右，城镇化速度和规模的扩张将直接拉动对大型建筑及建筑幕墙的需求。另外，近年来，随着天津滨海新区开发、西部大开发、振兴东北、中部崛起、京津冀协同发展、建设长江经济带、“一带一路”战略等一系列国家战略的实施以及成渝、武汉等国家区域规划的出台，推动了幕墙行业市场中心由“北上广深”国际型大都市不断向其他直辖市、省会城市等二、三线城市转移，加上宏大的区域经济振兴规划以及国家层面的宏大战略的逐步推进和落实将形成巨大的幕墙行业市场需求。

从本部分的分析中可以看出，未来我国建装行业的投资模式要顺应行业发展新趋势而不断创新，充分挖掘“互联网+”潜力；在投资策略上除了要注重人力资本投资和培育以外，还要努力借力资本市场，加快转型升级，实现跨越式发展；在投资领域的选择上，更要关注市场需求变化和消费者偏好转变，适时推出新产品、新设计满足不断升级变化的消费者需求；至于在投资目标市场的选择上，要综合考量，虽然未来我国住宅建筑装饰市场和公共建筑装饰市场以及幕墙市场的需求和增长潜力都是巨大的，但是，就住宅装饰市场档次较多更为适合不同规模和技术水平的建筑装饰企业发挥各自优势而言，公共建筑装饰市场以及幕墙市场通常不仅要求企业规模较大，具有强大的资金实力、高超的研发设计能力以及公关能力作为后盾，而且要有很强的工程管理和项目运营能力，甚至上下游产业链协调能力，因而不同建筑装饰企业要根据自身条件和实际状况来选择未来的投资市场。

通过以上分析可以看到，我国建筑装饰行业未来的发展机遇和增长潜力巨大，但同时挑战也不容小觑。因为任何一个行业的发展都不可避免地要受到宏观经济环境以及经济政策甚至社会政策的影响。在中国经济增速放缓的大背景下，地方政府投资低迷，房地产发展态势短期内并不明朗，民间投资尚在观望，经济新常态过渡期的转型阵痛不可避免，但是建筑装饰产业持续高速增长的坚实基础是真实而强大的市场需求，需求决定供给，需求是经济增长最根本、最可靠的动力。因而我们依然坚信，不可逆转的城市化进程必将为我国建筑装饰产业创造持续的、巨大的市场需求，支撑建筑装饰产业继续维持较高的发展速度。我们有充分的理由相信，我国建筑装饰行业的未来，当然会有风有雨，但风雨之后必将是灿烂的彩虹，建筑装饰行业未来的壮阔前景已徐徐展开。

B.14
后　记

改革开放三十多年来，中国经济社会取得了卓越的进步。对千千万万个家庭来说，最直接和最强烈的体验之一就是住房条件的改善以及和建筑装饰的亲近。在经济进入新常态、社会发展进入更高层次需要的今天，建筑装饰行业不但成为国民经济发展的重要支撑，也成为公众幸福感实现的重要依托。但长期以来，关于我国建筑装饰的研究集中在历史、设计、技术、材料、工程、施工等方面，主要从工科视角介入。近年来，从经济社会视角探讨我国建筑装饰领域行业发展的研究开始出现，除若干研究生毕业论文的尝试性探讨之外，多半是行业组织为把握行业发展状况的自发行为，如中国建筑装饰协会自 2012 年开始，对上一年中国建筑装饰行业发展的总体状况进行总结研究并发布报告，2011 年全国建筑装饰行业完成工程总产值 2.35 万亿元。此后，根据协会的报告，行业 2012～2015 年的工程总产值分别达到 2.63 万亿元、2.89 万亿元、3.16 万亿元和 3.40 万亿元。另有市场研究公司、证券投资公司每年发布若干建筑装饰专业市场数据。但总体上看，这些年度综合研究显得简单、粗略，只能提供诸如行业完成工程总产值、主要细分市场（公共建筑装饰、住宅装饰）产值、从业者总体规模、全行业人均劳动生产率等基本资料。

究其原因，是行业尚未建立系统的统计体系和制度。国家统计局在对建筑业的年度统计中，曾经发布了建筑装饰业的年度产值数据，如 1995 年为 125 亿元，占建筑业产值的比重为 2.16%；2012 年为 5310.19 亿元，占建筑业产值的 3.87%。但不难看出，国家统计与行业协会统计数值相差甚远，以 2012 年为例，行业协会统计的总产值是国家统计数值的 4.95 倍。协会专家指出，国家统计未包括占行业产值 50% 左右的家装产值和 4% 左右的幕墙产值，这些产值由资质外企业和施工队创造，加上漏报和瞒报，行业协会的统计总产值比国家统计最多高出近 10 倍。2013 年以后，国家统计局没有再发布建筑装饰行业产值数据。现有的行业研究是碎片化的，对行业发展现状的分析并没有得到行业专业人士的一致认可，如国家住建部对建筑装饰行业产值的统计与国家统计局及中国建筑装饰协会又都不同，数值介于二者之间，甚至协会发布的数据在业内也存有相当大的异议，如另有行业资深专家认为，2015 年行业总产值已经达到 5 万亿元左右。

建筑装饰行业一直处于粗放式快速增长之中，并未得到足够的关注和应有的研究。作为行业服务和管理承担者的中国建筑装饰协会，积极响应国家相关主管部门关于摸清行业家底、开展行业统计的建议，肩负起了对行业发展状况和存在问题进行监测研究的基本职责。2015 年，中国建筑装饰协会成立了中国建筑装饰研究会，旨在从经济学、社会学、装潢设计学等不同视角切入，展开系统行业研究；具体委托中国社会科学院社会发展战略研究院课题组开展相关研究工作，并完成《企业调查及行业基础研究报告》。报告尤其关注农民工群体在新型城镇化中的发展状况。建筑装饰行业 90% 以上的从业者是农民工群体，所以这个行业的职工薪酬、全员劳动生产率、职工的劳动保护等行业发展数据直接反映了新型城镇化的特质和性状。

2016 年 4 月，中国建筑装饰协会成立建筑装饰蓝皮书编委会，结合行业专家、科研院所和高校学者，第一次较为全面地从经济学、社会学、装潢设计学角度系统梳理建筑装饰行业发展状况、存在问题和发展前景，勾画行业的整体面貌，旨在为行业精准管理和科学发展提供参考。蓝皮书以企业调查和数据库建设为依托，力求逐渐把握行业发展的整体面貌，并为深入研究提供数据支持。为获得较为丰富的行业发展研究数据，课题组依托各级协会着手建立了数据采集网络，第一批 400 多个样本企业的数据库已经建立，相关的数据分析为研究报告提供必要的基础数据。

本书的写作提纲由主编在中国建筑装饰研究会的相关委托课题成果基础上，组织编委会讨论商定。执笔人主要是中国社会科学院工业经济研究所、社会发展战略研究院、信息情报院的专家学者以及研究生院工业经济系、数量与技术经济系、政府政策与公共管理系的博士研究生，具体分工如下：B. 1 由葛道顺（中国社会科学院社会发展战略研究院研究员）、卢娟（中央文化管理干部学院副研究员）执笔，B. 2 由王娜娜（中国社会科学院信息情报院编辑，经济学博士生）执笔，B. 3 由吴陈锐（中国社会科学院研究生院数量与技术经济系博士生）执笔，B. 4 由刘芳（中国社会科学院研究生院政府政策与公共管理系博士生）执笔，B. 5 由张旖旎（中国社会科学院社会发展系博士研究生）

执笔，B. 6 由郝丹（中国社会科学院工业经济研究所博士后）执笔，B. 7 由任羽菲（中国社会科学院研究生院数量与技术经济系博士生）执笔，B. 8 由喻崇武（中国社会科学院研究生院数量与技术经济系博士研究生）执笔，B. 9 由吴琳（中国有色集团总部社会责任主管，中国社会科学院工业经济系企业管理专业在职博士生）执笔，B. 10 由汪勇（中国社会科学院研究生院数量与技术经济系博士生）执笔，B. 11 由郝丹（中国社会科学院工业经济研究所博士后）、陈晓东（中国社会科学院工业经济研究所研究员）执笔，B. 12 由戴翔（中国社会科学院工业经济研究所博士后、安徽财经大学教授）、陈晓东（中国社会科学院工业经济研究所研究员）执笔，B. 13 由戴翔（中国社会科学院工业经济研究所博士后、安徽财经大学教授）执笔。

本书力求客观公正讨论行业发展状况，由学者先行成立课题组进行基础调查和研究，成立蓝皮书编委会后，也主要由科研人员担任执笔人，既注重实践经验，也突出学理和行业发展规律，保证了研究报告的科学性和连续性。但是，相对于复杂纷纭的行业发展状况，课题组和执笔人在行业数据非常短缺的条件下开展初步调查、独立搜索和计算，加上经验、能力和知识的局限，偏差和谬误一定难以避免，恳请同行和广大读者给予批评指正，以便编委会和课题组改善后续研究工作。

编委会

2016 年 5 月 26 日

Abstract

This report is based on the achievements gained from the project "The Study of the Development of the Building Decoration Industry in China" entrusted by China Building Decoration Committee and undertaken by the National Institute of Social Development, CASS. It is composed mostly by experts, scholars and PhD candidates from CASS, the government and the industry association in the fields of industrial economics, business management, quantitative and technical economics, cultural economics, and industrial sociology. Based on basic surveys and industry research, this report aims at disclosing the development pattern of building decoration industry and the industry association, along with their impacts on China's economy. Following the principle of objectivity, impartiality and scientificalness, the research committee will explore actively and strive to contribute an authoritative annual research report.

The development of China's economy has entered a stage of the "New Normal". The extensive mode of management is no longer advisable. Therefore, the aggregate demand should be expanded in a moderate degree. At the same time, we should strengthen the structural reform of the supply front to increase the quality and efficiency of supply system and provide a growth impetus for sustainable economic development. In addition, in order to ensure the reform achieves its effects, we must fully implement the five development concepts of "Innovation, Coordination, Green, Open, Sharing" proposed on the Fifth plenary session of the eighteenth CPC central committee to comprehensively promote the quality of economic development. In the progress of the four decades of reform and opening up, building decoration industry and the construction industry affiliated to it have always been the mainstay of China's economy. They have made great contribution to the construction of the nation and the development of society. Although the building decoration industry is not confronted with the pressure of "destocking" and "overcapacity reduction" in the structural reform of supply-front, the pressure of transforming and updating induced by technology revolutions like green energy, Internet plus and intelligentization is no less than traditional manufacturing industry. Therefore, the building decoration industry should conform to the market trend and firmly deepen reforms to maintain its position as the forerunner.

The General Report develops its discussion with the focus on the transformation and upgrade of China's building decoration industry under the "New Normal". The Market Reports concentrate on various topics to analyze the current condition, problems, and countermeasure of the building decoration industry. Reports on Design and Material discuss the current condition and the drive for innovation of decoration design as a subsidiary industry, and elaborate the market condition of major construction materials. The Enterprise Reports specifically analyze the development condition and competition pattern of major competitive enterprises in the building decoration industry, parallelly discuss the significance of human resource strategy and social responsibility strategy to the development of the enterprise. The Development Reports watch the new trend and human resource strategy of the industry and give an analysis of the investment environment and prospect of the building industry during the "thirteenth five - year". The whole book has also discussed the leading role of structural reforms of the supply - front, such as the intelligentized construction and the Internet plus, in the development of the industry.

As a major component of the construction industry, building decoration industry plays an important role in national economy and the people's livelihood. As an indispensable part of the comprehensive construction of a well - off society, it should receive high attention from the government and all walks of life.

Contents

Ⅰ General Report

Abstract: Since the reform and opening up, the building decoration industry in our country has seen a rapid development and a great achievement. In 2015, the gross output value of this industry reaches 3400 billion RMB, which accounts for 5.02 percent of the GDP. In the "thirteenth five-year", along with China's economy entering the "New Normal", the growth of building decoration industry will also shift from a rapid one to a moderate one. The development of the industry will be confronted with a series of structural pressure. In order to promote the transformation and upgrade of the industry, and to make more contribution to national economy, we should keep in pace with the trend of technological development (such as Internet plus, green energy and intelligentization), and constantly deepen the structural reforms of the supply-front.

Keywords: The New Normal; the Building Decoration Industry; Internet Plus; Intelligentization

Ⅱ Market Reports

Abstract: From a general view, the building decoration industry steadily developed in 2015. Although the market demand went into a nurturing period and the cost increased also, the vigorous development of related industries, the Silk Road Economic Belt and the 21st-Century Maritime Silk Road, new-type urbanization promoted the development of the building decoration industry. Competition and cooperation were coexistenced in the industry. The competition became more standardization and legalization. The building decoration industry showed its huge development potential. The importance of the building decoration industry increased. It promoted the economic development, social progress and environmental protection. The research and application of the green design and materials became more and more which achieved the unity of social benefit and economic benefit.

Keywords: The Building Decoration Industry; Technology Innovation; Competition Cooperation; Green Development

Abstract: In 2015, the overall development of the public building decoration industry has slowed down, declining in business volume, poor project payment, together with increasing financial pressure push the enterprise into a bad situation. However, due to the continuous improvement of integral decoration design ability and widespread application of science and technology, a group of specialized public decoration enterprises are formed, as well as some powerful leading enterprises which focus on all fields. The fierce competition within the industry and bad external macroeconomic situation make the public decoration enterprises choose to put together the industrial chain resources, and expand the market space. Alongside with economic development and the promotion of national policy, the public decoration market will expand further in the future, at the same time, more attention will be paid to green development. As a result, the industry concentration will upgrade and accelerate, meanwhile the leading firms will seek to transform to integrated service provider. More specifically, various fields keep growing, regional market structure will be adjusted, the leading advantage of specialized contractor will be consolidated and even expanded.

Keywords: Public Building Decoration Industry; Operation and Competition; Segment Market

Abstract: After the economic crisis in 2008, although the growth rate fluctuated slightly, the total output value of China's housing decoration was in a stable growth period. In the long future time, the market has attractive development space. This development results from several market forces: firstly, urbanization stimulates the population pouring into the cities, forming the huge demand for housing decoration; secondly, most residents benefit from China's economic development, and they put forward higher demand for housing decoration; thirdly, the expansion of the real-estate market and the policy of de-stocking drive the demand for housing decoration. In the complex market environment, the development direction of housing decoration market becomes clear: firstly, market stratification still exists, but the gap between levels narrows; secondly, quality and brand have become the key of development of enterprises; thirdly, design plays an more important role on housing decoration market, which meets the needs of individual consumers and highlights the advantages of enterprises; fourthly, "internet plus" supported by technology provides a new mode of development, which builds platform sharing information and resources.

Keywords: Housing Decoration; Internet Plus; Real-estate Industry; Consumption Upgrade

Abstract: Soft decoration is a fresh element of building decoration industry. This report introduces the current situation of soft decoration market in China in the following ways: the concept of soft decoration, product mix, soft decoration design and internet soft decoration. The first section introduces the basic information of soft decoration, including the concept, product mix, market size, soft decoration companies, consuming characteristics, etc. The second section introduces soft decoration design of China, including the track of soft decoration design, design principles, design style and the development of internet soft decoration. The third section analyzes the development trend of soft decoration industry in the next five years. Under the influence of international wave, traditional architecture decoration companies began to transform. On the one hand, soft decoration companies unite with decoration companies to catch up the latest ideas and technology. On the other hand, they inherit classic strategies, such as building brand, combining with Chinese traditional culture. In conclusion, soft decoration is expected to become a trend in the field of architectural decoration industry.

Keywords: Soft Decoration Market; Soft Decoration Companies; Soft Decoration Design; Internet Soft Decoration

Ⅲ Reports on Design and Material

Abstract: Development of building decoration design industry was driven by the rapid development of building decoration industry, besides, with the demand increase on living environment art from people, the status of building decoration design in building decoration industry is increasingly prominent, and the building decoration design has been the flagship of the industry development. This report analyzes the status quo of China's building decoration design industry and the development of the design industry. Via analysis on core competitiveness of building decoration design enterprises, it helps other enterprises in the industry to be familiar with advantages and disadvantages of self-development, and promote high-quality development of the whole industry. The final part of this report mainly analyzed the challenge and opportunity of decoration design industry in the trend of increasingly developed digitization technology.

Keywords: Decoration Design; Core Competitiveness; Digital Age

Abstract: This report sums up the problems and future trends of decorative building materials in China, based on the analysis of the overall situation of decorative building materials' market, including the structure of supplying and demanding. In addition to the general analysis of decorative building material, this report also did an analysis of sub-sectors including the markets of building curtain wall, wood flooring, coating materials, architectural ceramics, glass, plastics, stone, kitchen& bath and lighting appliances. Through the above analysis of the overall situation of decorative building materials market, this report gives a rough depiction and the corresponding market forecast, which aims to provide a reference to understand the decorative building materials market.

Keywords: Decorative Building Materials; Curtain Wall; Stone; Kitchen & Bath

Ⅳ Enterprise Reports

Abstract: By using the five-force model, strategic groups and SWTO analysis methods respectively, this report discusses the competition status in China's building decoration industry from the level of industry, top 100 – strong enterprises and listed companies. As the industry begins to mature and the construction industry slows down, industrial competition becomes more and more insensitive. Industrial competition analysis shows that the bargaining power of suppliers is not strong, threats from potential entrants and substitutes vary, bargaining power of buyers will be growing. Strategic group analysis of the top 100 – strong enterprises shows that the competition among them is far from balance, the four strategic groups show some strategies in common respectively while the competition intensity varies between groups, and the Midwest and Northeast areas of China are still blue sea areas for the industry. Although there are less than 20 listed companies in the building decoration industry currently, dramatic changes have taken place in the past two years. Internet house decoration, services integration and diversified development or developing overseas markets become the mainstream strategies of the listed companies. Lastly, this report provides the companies in the building decoration industry with some advices for 2016.

Keywords: Five-force Model; Strategic Groups; Industrial Competition; Building Decoration Industry

Abstract: This CSR article of building decoration industry is composed of four parts: status of CSR management practices, CSR report compilation and release status, what is CSR for building decoration corporates and improvement proposals for building decoration corporates. In part 1, status of CSR management practice focus on the introduction of the concurrent situation for CSR special management and concrete practice in the building decoration industry; In part2, 5 weighted listed companies' CSR reports are chiefly analyzed to summarize the responsibility content for the building corporates; In part 3, the significance of fulfilling social responsibility, the proper understanding of CSR and the trends of the future CSR are stressed; in the last part, improvement proposals in aspects of CSR special management and concrete practice are offered to the building decoration corporates.

Keywords: Building Decoration Corporates; Social Responsibility Management; Practices of CSR; Comprehension of CSR

V Development Reports

Abstract: It is in 2016 that China's macro economy will experience the most serious circumstances since the new normal, but such a situation is expected to be eased in the following few years. With the implementation of a series of loose macroeconomic policies step by step and the official beginning of the national strategy—The Belt and Road, the building decoration industry will show the following development trend—the stable speed of its growth, the lasting deep optimization of its domestic regional market distribution and the broad prospect of its global market. In the foreseen 2016 –2020 year, the ratio of the output value of housing decoration to the overall value of building decoration will be further inclined to decrease, so is the counterpart of public building decoration; however, the proportion of the value of building curtain wall in building decoration industry will continue firmly to increase. These changes will make constant contributions to optimizing the distributions of the building decoration sub-industry. Meanwhile, the building decoration industry will still face several problems on the fields of the employees' structure, technology and the environment's protection. Hence, it is necessary for the government, the building decoration industry association and firms to have further effective communication and cooperation, so that the industry will transform and upgrade faster, and then will keep sustained, stable and health development.

Keywords: Macroeconomic Environment; the Building Decoration Industry; Market Segment

Abstract: The future development trend of building decoration industry was mainly analyzed from four aspects in the report, including general contracting trend, intellectualization trend, green development trend, and decoration trend of internet plus pattern, which will play great important roles in the transformation and upgrading of the industry.

Keywords: Decoration General Contracting; Smart Home; Green Building Decoration; Internet Plus Pattern

Abstract: There are four sections in this report. The first section mainly introduces the human resource status of China's building decoration industry from the perspectives of talent situation and existing problems in human resource management. The second section details the cost-effectiveness situation of the industry, elaborates the demand situation of new talents with the fast development of building decoration industry. The third section mainly articulates the future development trends of human resource management of China's building decoration industry, and then point out that the strategic implication of the human resource management will be more prominent. And the last section explains in detail the goals, tasks and realization paths of human resource strategy of China's building decoration industry on the bases of above analysis.

Keywords: Building Decoration Industry; Human Resource Status; Human Resource Cost-effectiveness; Human Resource Strategy

Abstract: Here are four sections in this report, the first two sections detail the investment status and the impact of related industrial regulations and policies on the future development of building decoration industry. The third section mainly elaborates the main investment crisis of building decoration industry in the 13th Five-year Plan. On the bases of the above analysis, the last section mainly offers some advice and suggestion on the investment strategy and the choice of targeted markets of building decoration industry in the 13th Five-year Plan.

Keywords: Building Decoration Industry; Investment Status; Industrial Regulations and Policies; Investment Crisis; Targeted Markets

皮书起源

“皮书”起源于十七、十八世纪的英国，主要指官方或社会组织正式发表的重要文件或报告，多以“白皮书”命名。在中国，“皮书”这一概念被社会广泛接受，并被成功运作、发展成为一种全新的出版形态，则源于中国社会科学院社会科学文献出版社。

皮书定义

皮书是对中国与世界发展状况和热点问题进行年度监测，以专业的角度、专家的视野和实证研究方法，针对某一领域或区域现状与发展态势展开分析和预测，具备原创性、实证性、专业性、连续性、前沿性、时效性等特点的公开出版物，由一系列权威研究报告组成。

皮书作者

皮书系列的作者以中国社会科学院、著名高校、地方社会科学院的研究人员为主，多为国内一流研究机构的权威专家学者，他们的看法和观点代表了学界对中国与世界的现实和未来最高水平的解读与分析。

皮书荣誉

皮书系列已成为社会科学文献出版社的著名图书品牌和中国社会科学院的知名学术品牌。2011 年，皮书系列正式列入“十二五”国家重点出版规划项目；2012~2015 年，重点皮书列入中国社会科学院承担的国家哲学社会科学创新工程项目；2016 年，46 种院外皮书使用“中国社会科学院创新工程学术出版项目”标识。

中国皮书网

www.pishu.cn

发布皮书研创资讯，传播皮书精彩内容
引领皮书出版潮流，打造皮书服务平台

栏目设置：

- □ 资讯：皮书动态、皮书观点、皮书数据、皮书报道、皮书发布、电子期刊
- □ 标准：皮书评价、皮书研究、皮书规范
- □ 服务：最新皮书、皮书书目、重点推荐、在线购书
- □ 链接：皮书数据库、皮书博客、皮书微博、在线书城
- □ 搜索：资讯、图书、研究动态、皮书专家、研创团队

中国皮书网依托皮书系列“权威、前沿、原创”的优质内容资源，通过文字、图片、音频、视频等多种元素，在皮书研创者、使用者之间搭建了一个成果展示、资源共享的互动平台。

自 2005 年 12 月正式上线以来，中国皮书网的 IP 访问量、PV 浏览量与日俱增，受到海内外研究者、公务人员、商务人士以及专业读者的广泛关注。

2008 年、2011 年中国皮书网均在全国新闻出版业网站荣誉评选中获得“最具商业价值网站”称号；2012 年，获得“出版业网站百强”称号。

2014 年，中国皮书网与皮书数据库实现资源共享，端口合一，将提供更丰富的内容，更全面的服务。

法律声明

“皮书系列”（含蓝皮书、绿皮书、黄皮书）之品牌由社会科学文献出版社最早使用并持续至今，现已被中国图书市场所熟知。“皮书系列”的LOGO（）与“经济蓝皮书”“社会蓝皮书”均已在中华人民共和国国家工商行政管理总局商标局登记注册。“皮书系列”图书的注册商标专用权及封面设计、版式设计的著作权均为社会科学文献出版社所有。未经社会科学文献出版社书面授权许可，任何使用与“皮书系列”图书注册商标、封面设计、版式设计相同或者近似的文字、图形或其组合的行为均系侵权行为。

经作者授权，本书的专有出版权及信息网络传播权为社会科学文献出版社享有。未经社会科学文献出版社书面授权许可，任何就本书内容的复制、发行或以数字形式进行网络传播的行为均系侵权行为。

社会科学文献出版社将通过法律途径追究上述侵权行为的法律责任，维护自身合法权益。

欢迎社会各界人士对侵犯社会科学文献出版社上述权利的侵权行为进行举报。电话：010-59367121，电子邮箱：fawubu@ssap.cn。

社会科学文献出版社

权威报告·热点资讯·特色资源

皮书数据库

ANNUAL REPORT(YEARBOOK)
DATABASE

当代中国与世界发展高端智库平台

皮书俱乐部会员服务指南

1. 谁能成为皮书俱乐部成员?

- 皮书作者自动成为俱乐部会员
- 购买了皮书产品（纸质书/电子书）的个人用户

2. 会员可以享受的增值服务

- 免费获赠皮书数据库100元充值卡
- 加入皮书俱乐部，免费获赠该纸质图书的电子书
- 免费定期获赠皮书电子期刊
- 优先参与各类皮书学术活动
- 优先享受皮书产品的最新优惠

3. 如何享受增值服务?

（1）免费获赠100元皮书数据库体验卡

第1步 刮开附赠充值的涂层（右下）；

第2步 登录皮书数据库网站（www.pishu.com.cn），注册账号；

第3步 登录并进入“会员中心”—“在线充值”—“充值卡充值”，充值成功后即可使用。

（2）加入皮书俱乐部，凭数据库体验卡获赠该书的电子书

第1步 登录社会科学文献出版社官网（www.ssap.com.cn），注册账号；

第2步 登录并进入“会员中心”—“皮书俱乐部”，提交加入皮书俱乐部申请；

第3步 审核通过后，再次进入皮书俱乐部，填写页面所需图书、体验卡信息即可自动兑换相应电子书。

4. 声明

解释权归社会科学文献出版社所有

www.pishu.com.cn

皮书俱乐部会员可享受社会科学文献出版社其他相关免费增值服务，有任何疑问，均可与我们联系。

图书销售热线：010-59367070/7028
图书服务QQ：800045692
图书服务邮箱：duzhe@ssap.cn

数据库服务热线：400-008-6695
数据库服务QQ：2475522410
数据库服务邮箱：database@ssap.cn

欢迎登录社会科学文献出版社官网（www.ssap.com.cn）和中国皮书网（www.pishu.cn）了解更多信息

社会科学文献出版社 SOCIAL SCIENCES ACADEMIC PRESS (CHINA) 皮书系列

卡号：716927207747

密码：

S 子库介绍
Sub-Database Introduction

中国经济发展数据库

涵盖宏观经济、农业经济、工业经济、产业经济、财政金融、交通旅游商业贸易、劳动经济、企业经济、房地产经济、城市经济、区域经济等领域，为用户实时了解经济运行态势、把握经济发展规律、洞察经济形势、做出经济决策提供参考和依据。

中国社会发展数据库

全面整合国内外有关中国社会发展的统计数据、深度分析报告、专家解读和热点资讯构建而成的专业学术数据库。涉及宗教、社会、人口、政治、外交、法律、文化、教育、体育、文学艺术、医药卫生、资源环境等多个领域。

中国行业发展数据库

以中国国民经济行业分类为依据，跟踪分析国民经济各行业市场运行状况和政策导向，提供行业发展最前沿的资讯，为用户投资、从业及各种经济决策提供理论基础和实践指导。内容涵盖农业，能源与矿产业，交通运输业，制造业，金融业，房地产业，租赁和商务服务业，科学研究环境和公共设施管理，居民服务业，教育，卫生和社会保障，文化、体育和娱乐业等 100 余个行业。

中国区域发展数据库

以特定区域内的经济、社会、文化、法治、资源环境等领域的现状与发展情况进行分析和预测。涵盖中部、西部、东北、西北等地区，长三角、珠三角、黄三角、京津冀、环渤海、合肥经济圈、长株潭城市群、关中-天水经济区、海峡经济区等区域经济体和城市圈，北京、上海、浙江、河南、陕西等 34 个省份及中国台湾地区。

中国文化传媒数据库

包括文化事业、文化产业、宗教、群众文化、图书馆事业、博物馆事业、档案事业、语言文字、文学、历史地理、新闻传播、广播电视、出版事业、艺术、电影、娱乐等多个子库。

世界经济与国际政治数据库

以皮书系列中涉及世界经济与国际政治的研究成果为基础，全面整合国内外有关世界经济与国际政治的统计数据、深度分析报告、专家解读和热点资讯构建而成的专业学术数据库。包括世界经济、世界政治、世界文化、国际社会、国际关系、国际组织、区域发展、国别发展等多个子库。